जननी

माँ, बेटियां, मातृत्व

जननी

माँ, बेटियां, मातृत्व

संपादन

रिंकी भट्टाचार्य

SAGE | bhasha

Los Angeles | London | New Delhi
Singapore | Washington DC | Melbourne

Originally Published in 2006 in English by
SAGE Publications India Pvt Ltd as *Janani—Mothers, Daughters, Motherhood*

This edition published in 2017 by

SAGE | bhasha

SAGE Publications India Pvt Ltd
B1/I-1 Mohan Cooperative Industrial Area
Mathura Road, New Delhi 110 044, India
www.sagepub.in

SAGE Publications Inc
2455 Teller Road
Thousand Oaks, California 91320, USA

SAGE Publications Ltd
1 Oliver's Yard, 55 City Road
London EC1Y 1SP, United Kingdom

SAGE Publications Asia-Pacific Pte Ltd
3 Church Street
#10-04 Samsung Hub
Singapore 049483

Published by Vivek Mehra for SAGE Publications India Pvt Ltd, typeset in 11/13 pt Kruti Dev 010 by Diligent Typesetter India Pvt Ltd, Delhi and printed at Repro India Ltd., Mumbai.

ISBN: 978-93-866-0227-5 (PB)

Translator: Kuldeep N. Seth
SAGE Team: Syed Husain Naqvi, Vinayak Dubey

हमारी माताओं, दादी–नानियों, स्वयं,
हमारे बच्चों, उनके जन्मे–अजन्मे बच्चों के लिए...

विषय–वस्तु

प्राक्कथन xi
प्रस्तावना xxiii

हमारी माताएं

मेरी माँ 3
भारती रे

मेरी माँ, मेरी बेटी 10
मैत्रेयी चटर्जी

जब अलामेलु ने कंधे झटके 22
सी.एस. लक्ष्मी

घर में बाहर वाला 32
नीला भागवत

उनके अनंत रूप 37
रोशन जी. शाहनी

सूली ढोती औरत 49
उर्मिला पवार

मेरी माँ का बगीचा 57
तुतुन मुखर्जी

सत्रह की उम्र में सौतेली माँ 64
मैथिली राव

हम स्वयं

मातृत्व और मैं 75
धीरुबेन पटेल

एक माँ, मैं 84
कमला दास

एक नाजुक बंधन 87
प्रतिभा रानाडे

मातृत्वः मजाक नहीं है! 95
नोबोनीता देव सेन

माँ बनना सीखना 112
शशि देशपांडे

बच्चे नहीं, रोना नहीं! 120
दीपा गहलोत

हमारे बच्चे

बेटी से बढ़कर एक दोस्त 131
ज्योत्स्ना कमल

मेरे बच्चों को पत्र 140
मल्लिका साराभाई

चित्रकला और नर्सरी गीत 145
रेखा रॉडविटिया

गुल्हड़ का रंग 150
नीता रमैया

माँ, जो नहीं थी: जिसे जन्म लेना चाहिए था, जा चुका है 156
अन्वेषा आर्य

शब्दावली 171

संपादिका एवं योगदानकर्ताओं का परिचय 174

प्राक्कथन

मातृत्व – एक पुनरावलोकन

पूछ रहा है बालक माँ से
'आया हूँ मैं कहाँ से?'
लाई क्या तुम उठा मुझे कहीं से
हँसती–रोती सी बोली माँ
लगाती पुत्र गले से
'तुम मेरे हृदय की अभिलाषा थे'

–रबीन्द्रनाथ टैगोर

जननी जन्मभूमिश्च स्वर्गादपि गरीयसि।।
(माँ और मातृभूमि का पद स्वर्ग से भी ऊंचा है)

–उपनिवेश–विरोधी प्रतिरोधक साहित्य में
प्रायः उल्लिखित संस्कृत की उक्ति

यह प्राक्कथन लिखना वास्तव में मेरे लिए अत्यंत प्रसन्नता और गर्व का विषय है। मातृत्व का चित्रण करने वाले दृश्यों के अपने दर्शनीय प्रयासों के उपरांत रिंकी भट्टाचार्य ने प्रकाशन के माध्यम से मातृत्व सम्बन्धी विषयों को सम्बोधित करने का निर्णय किया है। उन्होंने सृजनात्मक क्षेत्र के साथ–साथ महत्वपूर्ण क्षेत्रों में मौजूदा निर्भीक नारीवादी कार्यकर्ताओं में से कुछ का चयन किया है ताकि इस विषय पर अनुभाविक रूप से ध्यान केन्द्रित किया जा सके। चूंकि अनुभव महिलाओं के लेखन में एक महत्वपूर्ण उपकरण होता है, अतः पुस्तक में संपादिका द्वारा अत्यंत ही सावधानी एवं विचारपूर्वक संकलित किए गए लेख अत्यधिक ठोस सिद्धांतों को निरूपित करते हैं।

जब मैं यह लिख रही हूँ तब मेरी दृष्टि महिलाओं द्वारा निर्मित दो चित्रों पर है जो माँ एवं बच्चे से सम्बन्धित हैं। पहले चित्र में, कलाकार एक महिला है जिसने विवाह के परिणामस्वरूप जन्मे पुत्र को एक एकल अभिभावक के रूप में पाला–पोसा है। यह इसका एक प्रतीक हो अथवा न हो, परंतु इसमें माँ–बेटे की अंतःक्रिया को दर्द से परिपूर्ण होने के रूप में प्रदर्शित किया गया है। दूसरे चित्र, जिसे मेरी पुत्री द्वारा बनाया गया है, में मुझे अपनी विद्रोही पुत्री को कढ़ाई का एक कार्य पूरा करने के लिए अनुशासित करने वाली माँ के रूप में प्रदर्शित किया गया है। यह चित्रण माँ–बेटी के सम्बन्धों को जटिलताओं में डूबा हुआ प्रकट करता है।

मातृत्व 'अनंत विविधताओं' सम्बन्धी एक सच्चाई है, यद्यपि प्रायः यह 'रिवाजों' द्वारा घिसा–पिटा सा प्रतीत होता है। तथापि, ऐसा चाहे मिथकों अथवा परंपराओं में हो अथवा वैज्ञानिक रूप से रूपांतरित मनोविश्लेषणों में, मातृत्व प्रजनन के प्रमुख परिणामों में से एक है। हमें यह अवश्य याद रखना चाहिए कि ऐसा नहीं है कि मात्र मानव प्रजाति का ही प्रजनन होता है, बल्कि स्वयं मातृत्व एवं ममता का भी प्रजनन होता है (Chodorow 1978) ताकि समाज की पितृसत्तात्मक संरचना को कायम रखा जा सके–ताकि 'महिला लिंग की वैश्विक–ऐतिहासिक पराजय' को अमर बनाए रखा जा सके (Engels 1972: 20)। आधुनिक भारतीय समाज में मातृत्व नारीत्व तथा स्त्रीत्व के अनिवार्य संकेतकों में से एक है। प्रस्तुत संग्रह इस अनिवार्यकारक उपकरण के माध्यम से महिलाओं के जीवन के संचालन के लिए एक उपयोगी संकेत है। मातृत्व, एक अपरिवर्तित अचल श्रेणी बने रहने से कोसों दूर, समाज के स्तरों की निर्धारक कुछ प्रमुख श्रेणियों में कुछ दिशा परिवर्तन लाते हुए अनेक आमूल परिवर्तन लाने में सक्षम है। रोजाना के हालातों की हमारी समझ तथा अनुभव में मातृत्व की स्थित अत्यन्त जटिल है। अनावश्यक रूप से न तो मातृत्व का महिमामंडन किया जा सकता है और न ही नारीवादी खोजों के प्रति हमारी प्रतिबद्धताओं में इसे महत्वहीन ही बनाया जा सकता है। अतः, हमें उन बहसों, जिन्हें 1970 के दशक में नारीवादियों के द्वारा प्रारंभ किया गया था, में से कुछ को संक्षेप में दोहराना होगा।

ब्रिटिश काउंसिल के सूचना–पत्र *कनेक्टिंग* के हाल के एक अंक में यह उल्लेख किया गया है कि अंग्रेजी भाषा में सर्वाधिक सुंदर तथा प्यारे शब्द पर किए गए एक व्यापक सर्वेक्षण का परिणाम 'मदर (माँ)' शब्द के रूप में प्राप्त हुआ है। मेरा ऐसा सोचना है कि अन्य भाषाओं में भी निष्कर्ष यही प्राप्त होगा। ऐसा अकारण ही नहीं है कि प्रस्तुत संग्रह की संपादिका ने माँ–बच्चे के सम्बन्ध को 'सर्वाधिक पुरातन प्रेम–कहानी' के रूप में वर्णित किया है। अत्यंत ही रोचक तौर पर, इस सम्बन्ध की अपरिहार्यता इसे सर्वाधिक विवादास्पद विषयों में से भी एक बना देती है। नारीवादियों के लिए विशेषतौर पर मातृत्व के दो अर्थ रहे हैं, पहला, महिलाओं की व्यक्तिपरकता का एक सुस्पष्ट दावा तथा दूसरा, पितृसत्तात्मक शासन के समक्ष सर्वाधिक स्पष्ट समर्पण। कैथरीन मैकिनन ने नारीवाद तथा मार्क्सवाद के संदर्भ में लैंगिकता तथा श्रम के सम्बन्ध में जो कुछ भी कहा है वह मातृत्व के लिए कहे गए कथनों से अधिक सच हैः यह कि जो कुछ उसका सबसे अधिक अपना है, उसे सहजतापूर्वक छीन लिया जाता है। उसके बाद किसी भी महिला की प्रजनन करने एवं पोषण करने की सर्वाधिक सहज शक्ति को

उसके दासत्व का सर्वाधिक प्रभावी तरीका बना दिया जाता है। यह समाज के सर्वाधिक प्रमुख विरोधाभासों में से एक है जो सामान्य तौर पर मातृत्व को घेरने वाले आभामंडल के छद्मावरण से ढंक जाता है।

यह विरोधाभास एक ऐसी दासी महिला की स्थिति में और अधिक गहरा हो जाता है जिसका मातृत्व उसकी दासता का एक अंतर्भूत हिस्सा हो। ऐसी ही आवाज है सोजरनर ट्रूथ की, जिनका मातृत्व वास्तव में उनकी दासता की एक पूर्ववर्ती शर्त था, क्योंकि अपने उत्पादक परिश्रम के अलावा प्रजनन सम्बन्धी प्रसव–पीड़ा उनकी दासता के पैकेज का एक भाग थी।

> मेरी ओर देखो! मेरे हाथों को देखो! मैंने जोताई एवं बुवाई की है, और खलिहान में अनाज भरा है, और कोई भी पुरुष मेरा मुखिया नहीं बन सका! और क्या मैं एक महिला नहीं हूँ? जब भी मुझे मिलता है, मैं उतना ही काम कर सकती हूँ और उतना ही खा सकती हूँ जितना कि एक पुरुष, और चाबुक भी सहन कर सकती हूँ! और क्या मैं एक महिला नहीं हूँ? मैंने तेरह संतानों को जन्म दिया है, और अधिकांश को दासता के लिए बिकते हुए देखा है, और जब मैं एक माँ के दर्द के साथ रो रही थी तब मात्र जीसस को छोड़कर किसी ने भी मेरे रोने को नहीं सुना! और क्या मैं एक महिला नहीं हूँ? (Sojourner Truth 1851)।

जैसा कि पाया गया है, वर्ग एवं जाति–ग्रस्त समाजों के लिए विशेषाधिकार की कसौटी उन महिलाओं में निहित है जिन्हें उत्पादक परिश्रम से पृथक कर दिया गया था तथा प्रजातियों की वंशवृद्धि के द्वारा सामाजिक स्थिति के पुनर्निर्माण में झोंक दिया गया था। मैं 'माँ' शब्द के अनेक पर्यायवाचियों में से *जननी* शब्द, जो प्रजनन को इंगित करता है, का चयन करने हेतु प्रस्तुत पुस्तक की संकलनकर्ता को बधाई देती हूँ। मातृत्व का संस्थागत निर्माण, चाहे वह उच्च–जातियों के रीति–रिवाजों द्वारा किया गया हो, विशेषतौर पर जब कोई महिला एक पुत्र को जन्म दिए जाने के द्वारा पितृवंशीय कुटुम्ब को जारी रखने की आशापूर्ति करती है, अथवा कोई श्वेत, सुपोषित माँ के द्वारा आनंददायी मुस्कान वाले स्वस्थ शिशुओं को स्तनपान कराने के द्वारा किया गया हो–सब ही विशेषाधिकारों के प्रभुत्वशाली पितृसत्तात्मक ढाँचे को पुनः निर्मित किए जाने सम्बन्धी कार्य हैं। अतः, यह याद रखा जाना लाभदायक है कि मातृत्व का कमजोर बिन्दु, जैसा कि अश्वेत गुलाम महिला के द्वारा स्वतंत्रता प्राप्त करने के पूर्व अनुभव किया गया था, का नाम सोजरनर ट्रूथ रखा जाएगा।

नारीवादियों की दूसरी लहर की मातृत्व के विषय के साथ प्रारंभिक संलिप्तता, जो कि इसके सैद्धांतिक तथा संस्थागत दोनों ही पहलुओं में विद्यमान थी, की मात्र आशा की जानी थी, और इन प्रारंभिक प्रयत्नों ने कुछ स्मरणीय परिणाम हासिल किए थे। एड्रियेन रिच की पुस्तक *ऑफ वूमेन बॉर्न* (1977), जिसे सिमोन द बोउआर की पुस्तक *द सेकेण्ड सेक्स* (1953) के साथ सम्बद्ध किया गया है, मातृत्व की जीत तथा प्रसव–पीड़ा की एक शानदार रूपरेखा है। नैन्सी चौडोरो की *क्लासिक डायगनोसिस* (1978) हमारे समाज की मातृत्व एवं ममता को जारी रखने की अंतहीन आवश्यकताओं

को सामने लाती है ताकि इसे सहज रूप प्रदान किया जा सके। जो कुछ भी अत्यंत ध्यान देने योग्य है वह है मातृत्व सम्बन्धी मिथकों की ओर तथाकथित पारंपरिक और तथाकथित आधुनिक अभिसरण क्योंकि यह महिलाओं पर पितृसत्तात्मक नियंत्रण को अत्यधिक प्रभावी बढ़ावा प्रदान करता हुआ प्रतीत होता है–न केवल उसके शरीर पर, वरन् उसके मस्तिष्क पर भी। बाद के नारीवादियों के अनुसार, पश्चिम में किसी बच्चे के मनोवैज्ञानिक विकास को निर्दिष्ट किए जाने में फ्रायडवादी क्रांति ने प्रकृति–संस्कृति द्विभाजन को पुनः सुदृढ़ कर दिया–जिसमें माँ सभ्यतापूर्व की प्रकृति में खड़ी थी। मार्क्स के अपने गहन अध्ययनों के साथ Mary O'Brien (1982) एवं Allison Jaggar (Jaggar and McBride 1989) ने मार्क्स के द्वारा प्रजनन एवं प्रसव के बीच के अंतर को स्वीकार कर लिए जाने हेतु इस मुद्दे को उठाया है, जिसमें मातृत्व मात्र प्रजनन के रूप में निजी क्षेत्र को अपने अधीन रखता है, जबकि इतिहास का सम्बन्ध सार्वजनिक क्षेत्र से है क्योंकि यह उत्पादन एवं राजनीति की दुनिया है। ठीक उसी प्रकार, जैसे कि फ्रायडवादी स्पष्टीकरण प्रणाली के अंतर्गत पिता के शासनकाल में समाजीकरण को सौंपा गया है, वैसे ही मार्क्सवादी प्रणाली की एक अविवेकपूर्ण समझ में ऐतिहासिक परिवर्तन का क्षेत्र उन पुरुषों के प्रभावाधीन होता है जो स्पष्ट रूप से उत्पादक क्षेत्र पर कब्जा कर लेते हैं।

परंपरागत हिन्दू विश्वासों के अंतर्गत, मातृत्व देवियों वाली दुनिया में एक सहजीवन हेतु प्रवेश करता है, जिसके द्वारा एक मिथकपूर्ण दुनिया का निर्माण होता है। इस मिथकपूर्ण दुनिया के अनुसार, देवी माँ को *शक्ति* ऊर्जा कहा जाता है, मातृत्व के साथ एक आरोपित शक्ति जोड़ दी जाती है। इसके बाद भी, माँ बनना अभी तक परंपरागत अथवा गरीब परिवारों में सामाजिक भूमिकाओं में सर्वाधिक अधिकारविहीन बनाने वाला कार्य है (Bagchi 2001)। मातृत्व को चारों ओर से घेरे रखने वाली द्वैधवृत्ति का विस्तार अंतरसांस्कृतिक प्रतीत होता है। इस प्रकार, मातृत्व अधिनायकवादी शासन, जैसे कि साम्राज्यवादी देशों में हैं, को लागू किए जाने का एक मानक तरीका है। स्वदेश में मातृत्व का फासीवादी एजेंडा ऐसा ही एक दूसरा मिथक है जिसके अंतर्गत प्रभुत्व को पुनः उत्पन्न करने के उद्देश्य से साथ महिला तथा उसके गर्भ को लक्ष्य बनाया जाता है (Haug 1988)।

हालांकि, इस पितृसत्तात्मक आभा से अलग मातृत्व एवं माँ बनना महिलाओं के अभिकर्तव्य, उसके भावात्मक गुणों तथा उसकी इच्छाओं एवं स्वप्नों को संलिप्त करता है। अतः, मातृत्व का मिथक एवं वास्तविकता एक ऐसी कठिन एवं जटिल समस्या उत्पन्न करता है जिसका समाधान सरल नहीं है। जैसा कि Mary O'Brien (1982) ने अत्यधिक जोरदार तरीके से तर्क दिया है, सामाजिक उत्पादन के उपलब्ध सिद्धांत में महिलाओं की प्रजनन क्रिया का जानबूझकर अपकर्ष किया गया है:

> महिलाएं मनुष्यों को जन्म दिए जाने के एक मानवीय कृत्य से स्पष्ट रूप से बँधी हुई हैं। नर–स्वरबद्ध बौद्धिक मंडली की मतैक्यता एवं सद्भाव का कुछ विचित्र एवं हानिकारक प्रभाव रहा है। उदाहरण के लिए, Simone de Beauvoir

ने अपने कार्य में शक्ति एवं अखंडता मौजूद होने के बावजूद बिना प्रश्न किए ही बच्चे के जन्म के मूल्यांकन को एक न्यून पशुवत गतिविधि तथा स्त्रीत्व के लिए एक जैविक अभिशाप के रूप में स्वीकार कर लिया है। (पूर्वोक्तः 104)।

इसी प्रकार Mary O'Brien Shulamith Firestone के द्वारा मातृत्व की जैविक–केन्द्रीयता की व्याख्या की प्रत्यालोचना करती हैं और जूलिएट मिशेल के साथ सहमत व्यक्त करती हैं कि प्रकृति को तकनीक के साथ प्रतिस्थापित किया जाना, जैसा कि फायरस्टोन ने सुझाया है, द्वैतवादी है न कि द्वंद्ववादी और, इसीलिए, एकतरफा है (O'Brien 1982)। यद्यपि गर्भनिरोध मातृत्व में पसंद एवं इच्छाशक्ति के लिए गुंजाइश उत्पन्न करने में क्रांतिकारी परिवर्तन उत्पन्न करता है, तथापि, महिलाओं को इसके द्वारा प्रदत्त अधिकार सीमित होते हैं क्योंकि यह पितृसत्तात्मक नियंत्रण, जो पितृत्व को विनियमित करने की इच्छा रखता है, की धारणाओं से भरा हुआ है।

निजी एवं सार्वजनिक

यदि प्रजनन एवं प्रसव के बीच का विभाजन द्वंदात्मक तनावों से भरा हुआ है, तो मातृत्व एवं मातृभाव के प्रश्न पर निजी एवं सार्वजनिक के बीच का विभाजन भी समान रूप से तनावों से भरा हुआ है। आधुनिक एवं पारंपरिक समाजों में समान रूप से गर्भधारण एवं प्रसव के साथ जुड़ी समस्त निजता हेतु मातृत्व सर्वाधिक सार्वजनिक रूप से नियंत्रित संस्थानों में से एक है। सर्वाधिक निजी तौर पर अनुभव की गई चिंताओं के अधिकांश भाग को जीवन में सार्वजनिक क्षेत्र के रंगमंच पर खुल्लमखुल्ला प्रदर्शित किया जाता है (Bagchi 1990)।

यदि प्रजनन को निजी क्षेत्र में इतना अधिक स्पष्ट तौर पर हस्तांतरित कर दिया गया है तो फिर जनसंख्या नियंत्रण खुलेआम सार्वजनिक नीति का हिस्सा क्यों बना हुआ है? वास्तविकता यह है कि उस संपूर्ण आत्मविश्वास, जिसके साथ सामाजिक संगठन की 'आधुनिक' व्यवस्था सार्वजनिक को निजी से पृथक करने का प्रयास करती है, के समक्ष जैसे ही महिलाओं के अभिकरण पर एक नजदीकी दृष्टि डालने तथा यह क्या *उत्पन्न* कर सकता है का मामला उपस्थित होता है, तब *निजी* एवं *सार्वजनिक* के बीच, प्रजनन तथा प्रसव के बीच की लोहे की दीवार एक सातत्य पैदा करने हेतु धाराशाई हो जाती है। महिलाओं के मातृत्व के समान ही महिलाओं के लेखन भी सार्वजनिक क्षेत्र की बहसों के उतने ही बड़े भाग हैं जितनी कि राजनीतिक बहसें एवं सरकारी नीतियाँ। प्रत्येक मामले में प्रसव का स्थान महिलाओं के निजी स्थान से जुड़ा होता है–जैसे कमरे का कोई कोना (क्योंकि उसके पास *अपना स्वयं का कोई कमरा* मौजूद नहीं हो सकता है), अथवा किसी *अंतरघर* का एक कृत्रिम एकांत अथवा, सर्वश्रेष्ठ रूप से किसी अस्पताल के पृथक किए गए प्रसूति वार्ड–परंतु नागरिक समाज पर उनका प्रभाव व्यापक होता है। जनसांख्यिकी का विज्ञान जन्मों, उत्तरजीविता तथा मृत्यु के

चारों ओर निर्मित होता है। यही वह क्षेत्र है जिसके अंतर्गत जनसंख्या नियंत्रण के नाम पर राज्य प्रायः ही पंचायती राज संस्थानों सहित कहीं पर भी सार्वजनिक पद प्राप्त करने हेतु अधिकतम दो संतान वाले नियमों को बलपूर्वक लागू किए जाने के द्वारा जन्मों को नियंत्रित करने का प्रयास करता है। जैसा कि जनसंख्या के आँकड़ों को विभिन्न धार्मिक समुदायों के अनुसार अलग–अलग प्रदर्शित किए जाने पर बहुसंख्यक हिन्दुत्ववादी शक्तियों की प्रारंभिक प्रतिक्रिया से संकेत प्राप्त होता है, अल्पसंख्यक समुदायों की महिलाओं के बीच प्रजनन की दर देश में साम्प्रदायिक शक्तियों के लिए एक खतरा प्रस्तुत करती हैं। अतः, मानदंड एवं उत्क्रमणकारी दोनों ही दृष्टिकोणों से महिलाओं की कोख देश–राज्य के सत्ता के खेल में महत्वपूर्ण खिलाड़ी बन जाती है।

इन गंभीर प्रतिवादों, शक्ति एवं शक्तिहीनता के बीच के इन दोलनों के प्रकाश में मातृत्व सम्बन्धी अनुभवों पर आधारित कथाओं का यह संग्रह एक अत्यंत महत्वपूर्ण आयाम अर्जित कर लेता है। ये कथाएं स्पष्ट रूप से मातृत्व की अवधारणा को अपनाए जाने की निरर्थकता की ओर इशारा करती हैं, जिसे पथभ्रमित कर दिया गया है क्योंकि यह इस अत्यंत घनिष्ठ सम्बन्ध के अनेक आयामों के साथ–'सर्वाधिक पुरानी कहानी' है जैसा कि संपादिका ने इसे हृदयस्पर्शी ढंग से सम्बोधित किया है। ये 19 अद्भुत कथाएं समकालीन भारत में महिला आंदोलन तथा महिलाओं के अध्ययन से जुड़ी हुई कुछ सर्वश्रेष्ठ विदित व्यक्तित्वों द्वारा रचित हैं, जिन्होंने अपने दिलों को खोला है, चाहे उन्होंने ऐसा अपनी स्वयं की माताओं के अनुभव का स्मरण किए जाने में किया हो अथवा माँ के रूप में स्वयं द्वारा अर्जित अनुभवों को प्रकट किए जाने में, अथवा अपनी संतानों (जैविक अथवा दत्तक) पर माँ के रूप में ध्यान केन्द्रित किए जाने में। चूंकि कथाएं वर्ग के अनुसार सीमित हैं, अतः यही सीमा इस पुस्तक की शक्ति भी है। यह भारत के विभिन्न भागों से उन महिलाओं की उभरती हुई वर्ग व्यक्तिपरकता की ओर एक खिड़की खोलती है, जिनके द्वारा अपने मातृत्व के अलग–अलग स्थलों के अन्वेषणों को स्पष्ट तौर पर परिवारों के अंदर ही काम पर उनकी संलिप्तता को लैंगिक राजनीति के साथ स्पष्ट रूप से सम्बद्ध कर दिया गया था। निजी रूप से, इन निबंधों का अध्ययन करते समय किसी को भी यह स्वीकार करना होगा कि काम पर ध्वंसात्मक रणनीतियों के एक स्फूर्तिदायक स्तर के साथ राजनीति निजी होती है, सर्वाधिक अविस्मरणीय है सी. एस. लक्ष्मी के 'जब अलामेलु ने कंधे झाड़े', जिसके अंतर्गत एक ब्राह्मणिक रसोईं की वर्जनाओं के साथ अलशेसियन का अनुपालन अपनी पीठ और पूँछ को रसोई के बाहर रखने के बराबर था, अपनी माँ के द्वारा ब्राह्मणिक रसोईं के नियमों एवं वर्जनाओं को भंग करने के प्रयासों के समान। हालांकि, वंशाक्रम पर बहुत अधिक जोर दिए बिना किसी को भी यह अवश्य ही देखना चाहिए कि अम्बाई को शक्ति कहाँ से मिल रही थी।

माताएं, स्वयं हम तथा हमारी संताने जैसे तीन खंडों में से पहला न केवल सबसे बड़ा है, बल्कि हमारी भावात्मक संवेदनाओं को सबसे अधिक आकर्षित करता है। रोचकतौर पर, यह तीनों खंडों में सर्वाधिक राजनीतिक है। किसी की माँ के साथ संभावित सम्बन्धों

की खोज निश्चित रूप से महिला आंदोलनों के एक नए चरण के माध्यम से नारीवादी उत्थान से जुड़ा एक बड़ा सौदा हैं, मैत्रेयी चटर्जी के वाक्यांश का उपयोग किया जाए तो, हमने इसे स्वायत्त महिला आंदोलन भी कहा है, जिसने किसी की भी राजनीतिक सोच में निजी–सार्वजनिक के बीच के विभाजन को तोड़ने में व्यापक सहायता प्रदान की है। ये मैत्रेयी चटर्जी ही हैं जो खुलेआम इस 'अनुभव' को उजागर करती हैं।

> जैसे–जैसे मैं महिलाओं के आंदोलन में गहराई तक संलिप्त होती गई वैसे–वैसे पैमाने मेरी आँखों से ओझल हो चुके थे। मेरे समक्ष मेरी माँ एक नए प्रकाश में खड़ी हो गई थीं। मुझे प्रायः आश्चर्य हुआ करता था–क्या उन्हें वो स्थान मिला था जिसकी उन्हें इच्छा थी? क्या उन्होंने कभी यह अनुभव किया कि यह उनका अधिकार था? अथवा उन्होंने बलिदान देने वाले जीवन के समक्ष समर्पण कर दिया था क्योंकि उनसे इसी की अपेक्षा की जाती थी? जब से याद कर सकती थी तब से ही अपनी माँ के संघर्ष की कहानी पर मैंने चिंतन प्रारंभ कर दिया था, उनकी शक्तिशाली झगड़े, हमारे प्रति उनका पूरा समर्थन–ताकि हम, उनकी पुत्रियाँ, एक बेहतर जीवन का आनंद ले सकें।

मैत्रेयी जो कुछ भी इतने खुले रूप में व्यक्त करती हैं वह इस 'हमारी माँ' नामक समूह के अंतर्गत शामिल कथानकों में से अनेक के सहायक–गद्य के रूप में प्रकट होता है। वर्जीनिया वूल्फ ने जिसे 'हमारी माताओं के माध्यम से सोचना' कहा था था, वो एक राजनीतिक कार्य था जहाँ 'निजी राजनीतिक होता है', क्योंकि हमारी छवि को इस प्रकार से प्रस्तुत किया जाना जो हमें हमारे कार्यकर्ता जीवन में प्रणोदित करता हो, उस संघर्ष का एक उत्पाद है जो संघर्षरत् माताओं के द्वारा एक से दूसरी पीढ़ी को हस्तांतरित होता है। यही वह मचान था जिसने आशापूर्ण देबी* द्वारा लिखित उपन्यास–त्रय, आधुनिक बंगला महिला के उद्भव की महान गाथा जब महिलाएं इतिहास की प्रेरक शक्ति बन गई थीं, को कायम रखा हुआ था।

धीरूबेन पटेल शारीरिक रूप से जन्म देने के कष्ट सहे बिना ही मातृत्व–बंधन के अनुभव के बारे में लिख रही हैं। उनके लिए, मातृत्व दूसरों, बच्चों अथवा बड़ों के साथ जुड़ने का एक विशिष्ट तरीका है। उन्होंने अपने भतीजे की आँखों में आँसू ला दिए जिसने इस लिए तिरस्कृत अनुभव किया था क्योंकि उन्होंने एक बाहर वाले से यह कह दिया था कि वो उनके भाई की संतान था, ठीक वैसे ही जैसे उन्होंने आइरिश–अमेरिकी लेखिका पुत्री पैट्रीशिया, जर्मन पुत्री, ग्रेटेल और अनाम हिमालय वाली पुत्री की आँखों में आँसू ला दिए थे। मन को आहत करने वाले अनेक अन्य उदाहरणों, जिन्हें पुनर्जन्म के सिद्धांत के द्वारा स्पष्ट किया अथवा नहीं किया जा सकता, वो एक सामान्य प्रेक्षण करती है जो, हालांकि, पूरी तरह विश्वसनीय हैः 'मातृत्व का जादुई रिश्ता कई बार

*आशापूर्णा देबी, प्रसिद्ध बंगला लेखिका को उनके उपन्यास–त्रय के लिए जाना जाता है जिसमें *सुबर्णलता* एवं *बाकुल कथा* शामिल हैं।

दो लोगों के बीच बिना किसी जैविक सम्बन्ध के भी स्थापित हो जाता है।' उनका आख्यान उन अनजाने तरीकों को सामने लाता है जिनके द्वारा कोई भी औरत एक माँ बन सकती है, चाहे खून का सम्बन्ध अथवा उम्र कुछ भी क्यों न हो। क्या यह पिछली पीढ़ी से सम्बन्ध रखने वाले सर्वाधिक व्यापक तौर पर सम्मानित गुजराती लेखकों में से एक होने का अपवर्तन है?

इस खंड में कई ऐसी महिलाओं के द्वारा मातृत्व की अनेक किस्मों का वर्णन किया गया है जिन्होंने सृजन और और आलोचनात्मकता के अपने द्वारा चुने गए क्षेत्रों के माध्यम से समकालीन भारत पर विशिष्ट छाप छोड़ी है। प्रत्येक के लिए, मातृत्व ने उनकी अनुभूतियों की दुनिया में केन्द्रीय महत्व के एक चिन्ह को छोड़ा है। इसीलिए, मातृतव की अनुभूति ने उनके मर्म के प्रमुख तारों को झंकृत कर दिया है, ताकि मातृत्व अपने अनेकानेक आकारों एवं स्वरूपों में जीवंत हो सके।

नीला भागवत, जो अपने संगीत, राग दुर्गा में स्वरबद्ध किए गए अपने खुद के गीत की व्याख्या करती है और दुनिया को समृद्ध करती हैं, अपना दावा प्रस्तुत करती हैं कि मातृत्व सभी सम्बन्धों का आधार होता है, सदैव–उपस्थित और सदैव–परिवर्तनशील उपस्थितिः

कभी तुम हो बहना
कभी सखी प्यारी
कभी बालक हो बिलखत
कभी पिया की रीत न्यारी

वो प्रेरणा के साथ गाती हैं क्योंकि *तुम ही हो आधार माई, दरस देत परस करता, करुणा ही तेरी रीत।*

'हमारी माँ' खंड के सर्वाधिक मर्मभेदी पहलुओं में से एक यह है कि इन उच्च–उपलब्धि प्राप्तकर्ता महिलाओं की जिन्दगी में माताओं को क्या अर्थ रहा है इसकी हमारी समझ उनकी आत्मखोज के क्षण के साथ एक अनोखे तरीके से मेल खाती है और, इसीलिए, आत्म–सशक्तीकरण की प्रक्रिया के केन्द्र में थी। जहाँ यह मैत्रेयी चटर्जी के आख्यान में सर्वाधिक प्रखर रही है, वहीं यह भारती रे के वर्णन में एक सहायक–गद्य के रूप में मौजूद है। स्वयं उनके और उनकी माँ के लिए अनावश्यक रूप से 'साधारण' की उपाधि की उनकी मामूली धारणा के बावजूद उनके पास दिल्ली विश्वविद्यालय के इंद्रप्रस्थ कॉलेज से स्वर्णपदक विजेता और एक तैराकी चैंपियन एक असाधारण माँ मौजूद थी। बेटी, जिसने स्पष्ट रूप से इस बात को अन्यायपूर्ण पाया कि उसकी माँ को एक छाया की भांति अपने पति का अनुसरण करना चाहिए, किसी शास्त्रीय मजबूरी के कारण नहीं, बल्कि उनके प्रति अपने प्यार के कारण। वो 'पहचान' के उस क्षण को दर्ज करती हैं जब माँ, वृद्ध और अशक्त, स्वीकरण करती है कि उसने, वास्तव में, स्वयं की उपेक्षा की है। यही वह सम्बद्धता के पल हैं जो नारीवादी कार्यकर्ता को सामने ले आते हैं। अथवा, समकालीन भारत के प्रमुख दलित लेखकों में से एक उर्मिला पवार

के मामले को ही ले लीजिए, जो मातृत्व के क्षणों को ऐसे क्षणों के रूप में दर्ज करती हैं जब कमजोर माँ उठ खड़ी होती है, बिना किसी सहायता के, उस आघात से जो उसके अंतिम जीवित बचे पुत्र की मृत्यु से लगा था, यह घोषणा करने के लिए कि उसकी निगाह में सभी संताने एक समान हैं। यह एक नारीवादी घोषणा थी, क्योंकि उसकी सभी शेष जीवित संताने लड़कियाँ थी, जिनमें से उर्मिला पवार भी एक थीं। मातृत्व को अनेक क्षमतावान एवं समझदार महिलाओं के द्वारा गैर–जरूरी करार दिया जा चुका है। रोशन जी. साहनी के मामले में, माँ और सास का सम्बन्ध मातृत्व के साथ सम्बद्ध अभिव्यक्तियों की 'अंतहीन किस्मों' को जताने का सर्वाधिक असाधारण तरीका है। तुतुन मुखर्जी की अपनी माँ द्वारा सृजित सुंदर कढ़ाई में, अथवा उनके द्वारा अपने पाक–कौशल से सृजित यथार्थ बगीचों में, मसालों तथा आनुपातिक रूप से काटी गई सब्जियों की सुंगध में एलिस वाकर की *इन सर्च ऑफ आवर मदर्स गार्डन* (1999) का किया गया पुनर्सृजन उन 'भिन्न' तरीकों की एक बार फिर से की गई पुष्टि है जिनके द्वारा माताओं के अंदर की सृजनात्मकता को व्यक्त किया जाता है।

इस भावना को धीरूबेन पटेल द्वारा उस मातृत्व सदृश गहन बंधन के किए गए अनुभव के असाधारण वर्णन द्वारा पोषित किया गया है, जिसका अनुभव उन्होंने एक जैविक माँ हुए बिना ही किया था। धीरूबेन पटेल ने पुनर्जन्म के हिन्दू विश्वास के साथ ग्रेटेल, अपनी बेटी, को एक 'संक्षिप्त सी मुलाकात' में सांत्वना प्रदान की थी; और नीता रमैया ने कृत्रिम गर्भाधान के तरीके को अपनाने से इसलिए इंकार कर दिया था क्योंकि उनका विश्वास था कि यह वैवाहिक शुद्धता सम्बन्धी 'भारतीय' धारणा के विरुद्ध जाता है! परंतु पीढ़ियों, क्षेत्रों तथा जातिगत विभाजनों से होकर गुजरने वाले इस आख्यान के द्वारा यह पूरी तरह से स्पष्ट कर दिया गया है कि मातृत्व इतना विविधतापूर्ण होता है कि यह सहज सामान्यीकरण को परास्त कर देता है। उदाहरण के लिए, धीरूबेन पटेल ने शादी करने और जैविक मातृत्व की पीड़ा और सुख को अपनाने से तो इंकार कर दिया, परंतु जैसा कि पहले कहा जा चुका है, उन्हें मातृत्व की प्राप्ति अत्यंत असाधारण परिस्थितियों में हुई, कभी–कभी तो एक कुदृष्टि रखने वाली एक चुड़ैल मान लिए जाने के जोखिम के साथ भी!

उस खंड में, जिसमें लेखिकाओं ने स्वयं पर ध्यान केन्द्रित किया है, जन्म देने का अनुभव मार्मिकता और तीव्रता के साथ प्रकट होता है। कमला दास के द्वारा संक्षेप में वर्णन किया गया अनुभव देखभाल की उस समृद्ध संवेदनाओं से भरा हुआ है जिसे हमारी लड़कियों को मात्र तब प्रदान किया जाता है जब वे संतान जन्म के द्वारा गौरवान्वित होती हैं। उपन्यासकार शशि देशपांडे मातृत्व को विखण्डित करने के अपने प्रयासों के द्वारा सही मायनों में घबराई प्रतीत होती हैं। जहाँ वो उन महिलाओं, जिन्होंने मातृत्व के रूढ़िवादी स्वरूप को पूरी तरह से आत्मसात् कर लिया है ताकि उनकी समस्त मानवता (निश्चित रूप से यौनेच्छा सहित) मातृत्व में विलीन हो जाए, से खुलेआम घृणा करती हैं, वहीं, वो उस समय असहज हो जाती हैं जब वो अपनी माँ के द्वारा स्वयं के लिए कुछ चाहने पर नाराज हो जाती हैं, अथवा जब वो स्वयं को अपने ही बच्चों से इसलिए बहुत अधिक अपेक्षाएं करते हुए पाती हैं क्योंकि वो उनकी माँ हैं! उनके

द्वारा हमारे समय की एक प्रतिष्ठित उपन्यासकार होने के दावे को उचित ठहराते हुए ये अनसुलझे मसले शशि देशपांडे के आख्यान में बार–बार भूत बनकर प्रगट होते हैं।

प्रतिभा रानाडे, जो स्वयं एक सुपरिचित अनुवादक हैं, मातृत्व की भूमिकाओं में चलने वाले संघर्षों पर चर्चा करती हैं, यहाँ तक कि अनुशासन की उस भूमिका की वापसी की भी जिसका प्रतिकार एक बार उनके द्वारा ही किया जा चुका था। इस प्रकार, मातृत्व की श्रृंखला सरलता से नहीं टूटती। मल्लिका साराभाई, प्रतिभावान कलाकार हैं, अपने बच्चों को एक पत्र लिख रही हैं, उनसे जीवन, वर्तमान और पहले के बारे में, अपने पति से सम्बन्ध–विच्छेद की बातें करते हुए, किन्तु सबसे अधिक अपनी रचनात्मक प्रतिभाओं के बारे में, जिसका अर्थ लंबी अनुपस्थितियाँ, उनसे उत्पन्न होने वाली वे दूरियाँ होती हैं जब उन्हें किसी प्रदर्शन के लिए दूर जाना होता है। मातृत्व, जो बच्चों पर अपना पूरा ध्यान समर्पित कर देता है, को समय और गुंजाइश के साथ नया बनाने की आवश्यकता है ताकि माताएं अपने सृजनात्मक कार्यों पर विचार कर सकें और उन्हें संपन्न कर सकें; नृत्य की आदी माँ मल्लिका कहती हैं 'मैं अपने ही अंदर एकांत और सद्भावना के लिए एक छोटी सी जगह के लिए तरसती हूँ। मैं तुमसे दूर रहकर मिलने वाले समय का उपयोग अपनी कला को और पुष्ट करने तथा अपने मूल्यों को फिर से जाग्रत करने में करती हूँ। केन्द्रित हो सकने के इस अवसर के बिना मैं तुम दोनों के लिए उतनी अच्छी माँ नहीं रह जाऊँगीं।' माँ के पृथक अस्तित्व के बिना मातृत्व पूरा नहीं होता। दूसरी ओर चित्रकार रेखा रॉडविटिया ने अपने बच्चे के जीवन के पहले 7 वर्षों के दौरान उसका पालन–पोषण एकल–अभिभावक के रूप में किया है। उनके लिए, मातृत्व मात्र किराए की एक दोस्ती नहीं है बल्कि ये विशिष्ट सम्बन्ध है जिसमें उन दोनों को माँ और बेटे का स्थान प्राप्त है। उदाहरण के लिए, इसमें उसे लंदन जाने तथा अपनी मास्टर्स की डिग्री पूरी करने के लिए अपनी माँ के पास छोड़ने का दर्द शामिल है, या फिर अंधेरे से लगने वाले *उनके अपने* भय से मुक्ति पाने के लिए बच्चे के सो जाने के बाद उसके छोटे–छोटे हाथों को अपने हाथों में पकड़े रहना, अथवा जब वो चित्रकारी कर रही हों तो अपने स्टूडियों के एक कोने में उसे स्थान प्रदान किया जाना शामिल है।

नीता रमैया ने गोद लेने सम्बन्धी मातृत्व तथा गर्भावस्था की लंबी, मंदगति तैयारियों के बिना इसकी अन्य अनपेक्षित चुनौतियों के अपने अनुभव का लेखन किया है। परंतु मातृत्व में अनुभव की गई चुनौतियाँ और आनंद में गुणात्मक रूप से कोई अंतर नहीं होता, जबकि वे नए पहलुओं को भी जोड़ती हैं। नीता रमैया की कहानी अनेरी के बारे में बातें करती है जिसने अपनी गोद ली संतान का नाम *जासुद* रखा है, जिसका अर्थ गुल्हड़ का फूल होता है। गुल्हड़ के फूल के स्वयं द्वारा चुने गए रंग में चमकते हुए, वो "पूर्णतः अधिकारप्राप्त" होने का अनुभव करती हैं। एक *अपराजिता* (नोबोनीता की बेहद प्रतिभावान माँ का अहंकार) की बेटी, नोबोनीता देव सेन का तीन बेटियों, जिनमें से दो जैविक तथा तीसरी रजोनिवृत्ति उपरांत प्राप्त हुई थी, की माँ बनने का अदम्य वर्णन तीनों खंडों पर छा सा गया है, हालांकि प्रकट तौर पर इसका सम्बन्ध तीसरे के साथ ही है। अपनी साहित्यिक सृजनात्मकता को अपने मातृत्व के साथ एक सहजीवी सम्बन्ध में धारण किए रहते हुए नोबोनीता हमें मातृत्व की कविता का दुर्लभ उपहार

प्रदान करती हैं। जन्म देने की प्रक्रिया का समारोह मनाते हुए उन्होंने जो कविताएं लिखी हैं उन्होंने उनके अन्यथा रूप से कठोर–प्रहारकर्ता आख्यान को एक अनूठा पहलू प्रदान कर दिया है। नोबोनीता देव सेन की माँ बनने की कहानी हल्केपन तथा वजन के उस संयोजन को दर्शाती है जिसने इस पूरे ग्रंथ को समृद्ध बना दिया है।

यह श्रेय संपादिका का है कि उन्होंने अभावों के सर्वाधिक गुंजायमान होने से संकोच नहीं किया है। दीपा गहलोत का मातृत्व, यहाँ तक कि दत्तक मातृत्व के भी जाल में न फंसने का निर्णय, विशेषतौर पर जब उन्हें मुखर बच्चों के साथ संवाद करने में उनकी सहजता के लिए जाना जाता है, बोझ उठाए जाने तथा उस सामाजिक अयोग्यता से केवल नकरात्मक इंकार किए जाने सम्बन्धी एक सकारात्मक टिप्पणी ही नहीं है जो उन तरीकों में अंतनिर्मित हो चुकी है जिनके अंतर्गत मातृत्व का सामना करना पड़ सकता है। किसी को भी महसूस होता है कि यह खंड अन्वेषा आर्य के गर्भ समापन के उस निजी वर्णन कि बिना अधूरा ही रह गया होता जिससे होकर वे गुजरी थीं, यद्यपि कि यह चिकित्सकीय गर्भपात अधिनियम (एमटीपी) के अधीन कानूनी रहा हो सकता है। गर्भपात, जैसे कि इस 'कार्य' को सामान्यतः सम्बोधित किया जाता है, अभी भी ऐसे चोरी–छिपे करवाया जाने वाला कार्य है जिसके लिए इन संवेदनशील माताओं के लिए कोई भी दृश्य समर्थन प्रणाली उपलब्ध नहीं है जिनके द्वारा जन्म दिए जाने को क्रूरतापूर्वक रोक दिया जाता है। ऐसी एक मार्मिक कथा ने आधुनिक भारतीय संदर्भ में मातृत्व को गैर–जरूरी बनाए जाने की प्रक्रिया को पूर्ण कर दिया है।

इस प्रकार, मातृत्व के घुमावदार मार्ग पर घूमते हुए इन उल्लेखनीय महिलाओं ने अपनी योग्यता और रचनात्मकता की धुरी को स्पर्श किया है। मातृत्व इन महिलाओं में विद्यमान इन विविधतापूर्ण और समृद्ध प्रतिक्रियाओं को प्रकाश में लाता है जो नाजुकपन के अंदर इनके टिकाऊपन, अधिकारहीनता के अंदर अधिकार का एक परीक्षण है (Krishna Raj 1995)।

–जशोधरा बागची

संदर्भ

Bagchi, Jasodhara. 1990. 'Representing Nationalism: The Ideology of Motherhood in Colonial Bengal', *Economic and Political Weekly*. WS 20–27.

———. 2001. 'From Heroism to Empowerment: Identity and Globality among the Slum Women of Khidirpur', *Identity Locality and Globalization. Experiences in India and Indonesia*. New Delhi: ICSSR.

Chodorow, Nancy. 1978. *The Reproduction of Mothering*. Berkeley: University of California Press.

De Beauvoir, Simone. 1953. *The Second Sex*. New York: Alfred Knopf.

Engels, Frederick. 1972. *On the Origin of Family Private Property and the State*, ed. Eleanor B. Leacock. New York: International Publications Co. (First Published 1884).

Haug, Frigga. 1988. 'Mothers in Fatherland'. *New Left Review*. November–December.

Jaggar, Alison M. and William L. McBride. 1989. 'Reproduction as Male Ideology', in *Women's Studies International Forum*. Special Issue featuring *HYPATIA*, Pergamon Press.

Krishna Raj, Maithreyi. 1995. 'Motherhood, Power and Powerlessness', in Jasodhara Bagchi (ed.), *Indian Women, Myth and Reality*. Hyderabad: Orient Longman.

O'Brien, Mary. 1982. 'Viewpoint Feminist Theory and Dialectical Logic', in Nannerl O. Keohane, Michelle Z. Rosaldo and Barbara C. Gelpi (eds), *A Critique of Ideology*. University of Chicago: Harvester Press.

Rich, Adrienne. 1977. *Of Woman Born. Motherhood as Experience and Institution*. London: Virago Press.

Sojourner Truth. 1797–1883. Ain't I A Woman? Speech delivered in 1851 at the Women's Convention, Akron, Ohio, USA. http://www.fordham.edu/halsall/mod/sojtruth-woman.html. Accessed 13 March 2005.

प्रस्तावना

लगभग पंद्रह वर्षों पहले की हमारी, विशेषतौर पर मेरी, व्याकुल मनोदशा की तत्क्षण प्रतिक्रिया थी *जननी*। मुझे याद है यह कौतूहलमिश्रित उलझन में डालने वाला समय था। एक अवधि, जिसमें मैं अपने ही परिवार की मुख्यधारा की गतिविधियों से खुद को कटा हुआ महसूस कर रही थी। किन्तु, मुझे यह महसूस करने में मूर्खतापूर्वक बहुत लंबा समय लग गया कि मैं वास्तव में एक माँ के तौर पर 'सेवानिवृत्त' हो चुकी हूँ। हालांकि, मेरी सेवानिवृत्ति ने मुझे ऐसा कोई भी लाभ प्रदान नहीं किया था जिसे लोग अनेक वर्षों की समर्पित सेवा के साथ जोड़ते हैं। न ही मैं रातों–रात सलेटी रंग के बालों वाली पूज्य वृद्धा बनी थी। कुछ समय के लिए, मैं ऑर्केस्ट्रा के कलाकारों की टुकड़ी के शांत हो जाने के बाद हवा में लटके किसी एकल स्वर के समान हो चुकी थी।

एक हलचल भरे घर की आदी, बच्चों की आज्ञा का पालन करते हुए मैं अनावश्यक और दुःखद रूप से, अवांछित प्रतीत हो रही थी। इस अवस्था को 'खाली घोसला' की अवधि कह कर संदर्भित किया गया है–जब बच्चे, पक्षियों की भाँति बड़े होने के बाद कहीं दूर उड़ चुके होते हैं। यह पूरी तरह से स्पष्ट हो चुका था कि मेरे बच्चों को अब एक माँ की जरूरत नहीं रह गई है। मात्र कुछ दुर्लभ अवसरों को छोड़कर। मिनट–दर–मिनट वाली मेरी आवश्यकताएं समाप्त हो चुकी थीं। पारंपरिक मातृत्व की छवियों में कैद महिलाओं की ही भाँति भारतीय महिलाएं भी यह विश्वास करने से इंकार कर देती हैं कि बच्चे, कभी भी, बड़े हो सकते हैं। कुछ ही महिलाएं होती हैं जो अपने प्यारे बच्चों के लिए अनावश्यक हो जाने की इस वास्तविकता को स्वीकार कर पाती हैं। परिणामस्वरूप, माताओं को सदमा पहुँचाने वाले अनुभवों का सामना करना पड़ता है। कभी–कभी, यह माताओं एवं बच्चों के बीच के सम्बन्धों पर विपरीत प्रभाव डालता है–प्रायः स्थाई घाव छोड़ते हुए।

मैं एक काफी लंबी अवधि के लिए पूरी तरह से गुमराह होने और ठेरा लगने को स्वीकार करती हूँ.....वास्तव में, मुझे तिरस्कृत किए जाने की इस भावना से उबर पाने में कई वर्षों का समय लग गया था। कई बार मुझे आश्चर्य होता है कि क्या मैं इससे पूरी तरह से उबर पाई हूँ? हाल ही में, जेम्स एम. बैरी (पीटर पैन के सर्जक) द्वारा उत्कृष्ट रूप से तैयार की गई फिल्म जीवनी देख रही थी, जिसका शीर्षक है *फाइंडिंग नेवरलैंड,* जिसमें साहसी जॉनी डेप ने लेखक अर्थात् बेरी की भूमिका अदा की है।

एक अविस्मरणीय दृश्य में वो उत्साहपूर्वक कहता है: *'बच्चों को कभी भी सुलाना नहीं चाहिए, क्योंकि इसके पहले कि हमें पता लगे कि वे बड़े हो चुके हैं, वे एक दिन बड़े होकर जागते हैं।'* ये वो भावनाएं हैं जिसका अधिकांश माताएं समर्थन करेंगी!

एक सेवानिवृत्त माँ होने के अलावा, 1990 के दशक के प्रारंभ में, मुझे तलाकशुदा और अकेले होने की दोहरी उपाधि प्राप्त हो चुकी थी। अल्पभाषी होने हेतु इस घातक संयोग से उपजा सामाजिक पृथक्करण एकांतमयता था। सकारात्मक पक्ष देखें तो मेरी अनेक सहेलियाँ माताओं के पद से तेजी से 'सेवानिवृत्त' हो रही थीं। हमारे बच्चों में से कुछ विदेशों में बस चुके थे। अन्य अपने–अपने जीवन में आगे बढ़ चुके थे। उन्होंने–बच्चों ने–वाकई में अदृश्य होने वाला कार्य किया था। परंतु हममें में से यदि कोई भी इस अलगाव की यातनाओं से गुजर भी रहा था तो उसके दर्द को दबा दिया गया था, या फिर दूसरों से सफलतापूर्वक छिपा लिया गया था। सावधानीपूर्वक बनाए गए उदासीनता के एक मुखौटे को धारण कर हमने अपने स्पंदनशील दर्द और अपरिहार्य रिक्तता को छिपा लिया था। हममें से कुछ स्वायत्त महिला आंदोलन के साथ सक्रिय रूप से सम्बद्ध रह चुकी थीं। महिलाओं से सम्बन्धित मुद्दों की हमारी जानकारियों ने हमें ऐसी ही परिस्थितियों के अंतर्गत महिलाओं–अथवा माताओं–की कठोर वास्तविकता को समझने के एक निश्चित किनारे तक पहुँचा दिया था। उर्मिला (पवार) ने महिलाओं से सम्बन्धित अपने आख्यान, 'सूली ढोती औरत' में बार–बार इस धारणा को सच होता पाया है कि एक औरत का एक माँ के अलावा न तो कोई दूसरा अस्तित्व होता है और न ही पहचान। महाश्वेता देवी के संग्रह, *इन द नेम ऑफ मदर्स* (2004) में 'माँ फ्रॉम डॉन टू डस्क' शीर्षक से एक कहानी है। उनका भावपूर्ण शीर्षक इस बात की पुष्टि करता है कि महिलाएं और कुछ नहीं बस माँ होती हैं।

प्राचीन लोग कभी सभी महिलाओं को 'माँ' कहा करते थे। उन्हें यह प्रेरणा उनकी महिलाओं की लोगों को जन्म दे सकने की क्षमता के प्रति उनकी श्रद्धा के कारण प्राप्त होती थी–*'एक चमत्कार जो सभी महिलाएं और मात्र महिलाएं ही दिखा पाने में सक्षम होती हैं, चाहे हम ऐसा करें या न करें'*। महिलाओं के सम्बन्ध में इस सार्वभौमिक धारणा में बहुत मामूली परिवर्तन हुआ है। इस व्यवस्था के अंतर्गत, यदि महिलाएं चाहें तो भी वे मातृत्व से बचने की उम्मीद मुश्किल से ही कर सकती हैं।

हालांकि, ऐसा उन महिलाओं के लिए पूरी तरह से असत्य था जिन्होंने अंततः *जननी* की रचना की है। हममें से कोई भी बस माँ मात्र नहीं थी। न ही हम वे थीं जैसी चिरस्थाई रूप से सिसकती रहने, रूढ़िवादी तरीके से बलिदान देते रहने वाली माताएं होती हैं जिन्हें प्रायः बॉलीवुड के पर्दों पर प्रदर्शित किया जाता रहता है! यहाँ तक सर्वाधिक बुरे दिनों में भी मेरे पास लिखने के लिए कम से कम एक समाचारपत्र का कॉलम बना रहा था। सेवानिवृत्त हो रही माताओं में अनेक दिग्गज–विख्यात लेखिकाएं, प्रदर्शन कलाकार, कार्यकर्ता और रचनात्मकता के साथ–साथ आलोचना के क्षेत्र में सर्वाधिक अग्रणी महिलावादी विदुषियाँ भी शामिल थीं। प्रत्येक ने एक मुकाम हासिल किया है। मैं इसे *जननी* के सर्वाधिक आकर्षक और महत्वपूर्ण पहलुओं में से एक मानती हूँ।

मैं सोचती हूँ अभिशप्त अकेलेपन में रचनात्मक प्रक्रिया प्रारंभ कर सकने का विलक्षण कौशल निहित होता है। एक बार यह प्रक्रिया प्रारंभ हो जाने के बाद हम यह स्वीकार करने लगते हैं कि मामला और अधिक खराब नहीं होने वाला है। और यह पुस्तक उस तथ्य का एक जीवित साक्ष्य है कि दर्द की गहरी खाई से बाहर निकलना महान महत्व का काम करता है। मेरे अपने बढ़ते हुए अकेलेपन को समाप्त करने के लिए जिन कामों में मैं संलिप्त हुई थी उनमें से एक था घर पर विचारपूर्वक 'चाय' का आयोजन करना। आखिरकार, मैंने सेवानिवृत्त हो चुकी माताओं में से कुछ, जो मेरी प्रिय सहेलियाँ हैं, को आमंत्रित किया। शीघ्र ही घर पर होने वाले 'चाय' के ये सत्र एक जीवंत मंच बन चुके थे। एक अनौपचारिक मंच पर हमारी शिकायतें, यहाँ तक कि क्रोध को भी आवाज दी जाती थी या फिर संक्षेप में ही सही, हमारी भावनात्मक शून्यता को भरा जाता था।

इन सभाओं में से एक में, मुझे याद है मैंने औपचारिक तौर पर यह सुझाव दिया था कि मातृत्व के सम्बन्ध में सामान्य तौर पर हमें अपनी कुंठाओं, क्रोध, भ्रम तथा विवादित विचारों को दर्ज करना चाहिए और इन्हें अपने निजी अनुभवों के साथ जोड़ना चाहिए। दूसरे शब्दों में, एक बार बच्चों के दूर चले जाने के बाद महिलाएं जिस प्रकार से महसूस करती हैं उसके बारे में ईमानदारीपूर्ण प्रेक्षण किए जाने चाहिए। हर बार जब हमारे छोटे ग्रुप की सभा होती–जो प्रायः बिना किसी एजेंडे के होती थी–तो हमारी घनिष्ठता बढ़ती जाती। पुदीने वाली चाय और नमकीनों के साथ बार–बार आयोजित चक्रों ने हमारी आत्माओं को पुनर्जीवित कर दिया था। हम उन मुद्दों पर चर्चाएं करने लगे थे जो हमारे दिल के करीब होते थे। मातृत्व के द्वारा अपनाए जा चुके अकेलेपन के मार्ग की ओर ध्यान आकर्षित किया जाने लगा था और महिलाओं की 'माताओं' (सामान्यतौर पर माता–पिता के रूप में) की निरर्थकता के प्रति हमारी चिंताओं ने शीघ्र ही अन्य चिंताओं पर कब्जा जमा लिया था। यहाँ तक कि हममें से अनेक ने आश्चर्य व्यक्त किया था कि क्या मातृत्व बिना किसी अधिकार अथवा पुरस्कार के निर्वहन किए जाने वाला कर्तव्य भर था?

जब अंतरिम तौर पर *जननी* का प्रारंभ हो रहा था, लेखिकाओं में से किसी को भी हमारे निबंधों के भाग्य का किंचित भी आभास नहीं था। परंतु इस विचार का उत्साहपूर्वक स्वागत किया गया। जैसा कि पहले ही उल्लेख किया जा चुका है, महिलाओं में से कोई भी *मात्र* गृहणी अथवा माँ नहीं थीं। हममें से प्रत्येक के पास एक विशिष्ट पेशेवर पहचान थी–उदाहरण के लिए, नवज्योत एक सुविख्यात समकालीन चित्रकार थी (वो बाद में समूह से बाहर निकल गई), नीला भागवत–एक लब्धप्रतिष्ठ *ख्याल* गायिका और उर्मिला एक अत्यधिक सम्मानित दलित लेखिका थीं। धीरूबेन हम सबके बीच सर्वाधिक प्रशंसित और प्रेरणादायी चरित्र थीं। रोचक बात यह है कि वो मातृत्व पर लिखने वाली एकमात्र गैर–जैविक माँ हैं। धीरूबेन ने खुशी–खुशी तर्क दिया है कि, एक माँ होने के लिए, किसी को भी वास्तव में जन्म देने की आवश्यकता नहीं होती! इस विश्वास की वो एकमात्र अभ्यासकर्ता हैं। भारतीय संयुक्त परिवार प्रणाली में–संतानहीन विधवाएं प्रायः ही स्थानापन्न (सरोगेट) माताएं बन जाती थीं, जैसे कि अविवाहित बुआएं। यह

प्रथा आज भी जारी है। ये महिलाएं जैविक माताओं से किसी भी प्रकार से कम स्नेह करने वाली नहीं होती थीं।

जिस मुलाकात के दौरान मातृत्व पर हमारे विचारों को अभिव्यक्त किए जाने के विचार को आगे बढ़ाया गया वो एक निर्णायक क्षण था। इसने इस उत्कृष्ट संग्रह की आधारशिला रखे जाने में सहायता प्रदान की थी। जिस प्रकार से एक ही क्षण में हमारे विचारों को दस्तावेज का रूप दिए जाने का निर्णय हुआ था–उसी प्रकार से निबंधों के मामले में भी हुआ। इसके बाद, दूसरी मुलाकात में, हमने अन्य लोगों–प्रतिष्ठित महिलाओं......नृत्यांगनाएं, लेखिकाएं, कार्यकर्ता, चित्रकार, कवित्रियाँ, जिन्होंने अपने पेशे, अपनी नियति चुन रखी थी, से भी मातृत्व और पुत्रीत्व के उनके निजी अनुभवों को साझा करने सम्बन्धी इस पुस्तक की परियोजना में शामिल होने का निवेदन करने का निर्णय कर लिया। मुझे संदेह है कि इन दोनों अनुभवों को किसी निर्विवादित हिस्सों में विभाजित किया जा सकता है–दोनों ही निरंतर एक–दूसरे के साथ सम्बन्धित, संघर्षशील, अथवा पूरक हैं और एक दूसरे के पोषक भी हैं–जैसे कि वर्जीनिया वूल्फ 'थिंकिंग थ्रू अवर मदर्स' के रूप में संदर्भित करती हैं।

बिना किसी देरी के मैंने इन निवेदनों को विभिन्न सहेलियों को प्रेषित कर दिया था। एक सप्ताह से भी कम समय में बहुत से निबंध आ भी गए थे। सबसे पहले कमला दास से निबंध प्राप्त हुआ था। शशि देशपांडे का पहला लेख, 'माँ बनने की शिक्षा' उसके बाद आया था। मल्लिका (साराभाई) और रेखा (रॉडविटिया) ने तुरंत ही प्रत्युत्तर दिया था। संग्रह अब एक ग्रंथ बनता जा रहा था। ये निबंध और ज्योत्स्ना कमल एवं प्रतिभा रानाडे के लेख प्रारंभिक चरण से सम्बन्धित थे–मोटे तौर पर 1994–95 से। परंतु *बिहाइंड क्लोज्ड डोर्स* (2004) के समान ही, मुझे *जननी* को ठंडे बस्ते में डाल देना पड़ा था। घरेलू हिंसा पर मेरी उपरोक्त पुस्तक के जारी किए जाने तथा उसके बाद उसे स्वीकृति प्राप्त होने तक–*जननी* की पांडुलिपि लटकी रही थी।

जून 2004 में कोलकाता में *बिहाइंड क्लोज्ड डोर्स* के विमोचन के दौरान मेरी मुलाकात भारती रे से हुई। मैंने ऐसे ही भारतीदी से उल्लेख कर दिया कि मैं *जननी* शीर्षक से निबंधों के एक संग्रह पर काम कर रही हूँ, जो उसमें बहुत रुचि लेती प्रतीत हुईं। उन्हें अधिक संतुष्ट करने की आवश्यकता नहीं पड़ी और उनका हृदय स्पर्शी निबंध कुछ ही सप्ताहों में आ पहुँचा था। उस समय तक 'सेज' ने इस परियोजना में सकारात्मक रुचि व्यक्त कर दी थी, जोकि निश्चित रूप से एक उत्साहवर्धक समाचार था। अतः, मैंने साहसपूर्वक अनेक प्रख्यात लेखिकाओं–रोशन जी. साहनी, नोबोनीता देव सेन, नीता रमैया, सी.एस. लक्ष्मी को इस परियोजना में शामिल होने हेतु आमंत्रित कर डाला। इसी बीच, डॉ. जशोधरा बागची ने प्राक्कथन लिखने हेतु सहमति प्रदान कर दी थी। उनके द्वारा प्राक्कथन प्रेषित कर दिए जाने के बाद भी, हमारी योगदानकर्ताओं में से दो, पहली पत्रकार दीपा (गहलोत) तथा मेरी बेटी अन्वेषा (आर्य), जो इस समूह में सबसे कम उम्र वाली थीं, ने भी योगदान करने की इच्छा व्यक्त कर दी थी। बिना किसी हिचक के मैंने उनका स्वागत किया। ये दोनों मातृत्व के गंभीर रूप से विक्षोभित करने वाले–वास्तव में अंधेरे पक्ष पर गहन शोध में संलिप्त रही हैं। दीपा की मौलिक

एवं महत्वपूर्ण रचना एक ऐसे समाज में एक महिला के संतानहीन रहने के निर्णय का जीवटता के साथ बचाव करती है जिसमें ऐसे किसी भी निर्णय के द्वारा सम्मान को नहीं, उपहास को आमंत्रित किया जाता है। लेकिन दीपा नए–युग की महिला का प्रतिनिधित्व करती है। वो उस आम बोझे की ओर हमारा ध्यान आकर्षित करती है जिसे माताएं ढोया करती हैं–अपराधबोध का बोझ। समानुरूपता के विरुद्ध दीपा का निजी संघर्ष, उसका संतानहीन रहने का निर्णय, मातृत्व के *विरुद्ध* उठने वाली एकमात्र आवाज है।

और अन्वेषा का मर्मभेदी वर्णन उस समय प्राप्त हुआ जब किताब मेरी मेज से प्रकाशक के पास जा चुकी थी। अकथनीय –'गर्भपात'– पर उसका निबंध एक युवती की उस निराशाजनक अप्रसन्नता से भरा हुआ है जिसकी मातृत्व की दिशा में की गई यात्रा को सामाजिक प्रतिबंधों की चाहरदीवारी में कैद कर दिया गया था। एक आनंददायी संयोग से वह अपनी पहली संतान की माँ बनने को है। तुतुन (मुखर्जी) का उद्‌बोधक निबंध उनकी माँ के दुःखद निधन के कारण विलंबित हो गया था और मेरी सहेली मैथिली (राव) कृपालुतापूर्वक पिछले महीने ही साथ जुड़ने को सहमत हुई थी–उनका लेख *जननी* के आकर्षक चक्र को पूरा करता है।

ये निबंध मातृत्व को तीव्रगति से परिवर्तनशील दृष्टिकोण के वर्णक्रम से देखते हैं। लेखिकाओं में से अनेक ने अपनी माताओं को श्रद्धाजंलियाँ प्रस्तुत की हैं। क्या यह दुःखद विडम्बना नहीं है कि हम हमारी माताओं के जीवनकाल में उन्हें महत्व नहीं प्रदान करते और बहुत देरी से उनकी कीमत समझते हैं? कुछ ने अपने बच्चों के बारे में लिखा है और कुछ कम संख्या में लेखिकाओं ने स्वयं पर अपनी अंतरआत्मा की दृष्टि डाली है। ये दो युवा लेखिकाएं ही हैं जिन्होंने गैरपरंपरागत निजी पसंदों के सम्बन्ध में अपने विचारों और मातृत्व के परंपरागत विचारों के साथ अपने सिर के बल होने वाले टकराव को व्यक्त किया है। महिलाओं के लेखन में अनुभव को एक महत्वपूर्ण उपकरण माना जाता है। महत्वपूर्ण मुद्दों से आनुभाविक तौर पर निपटने में ये सभी निबंध हमारी सांस्कृतिक विरासत को आईना दिखाते हैं।

हालांकि, किसी भी लेखिका ने भारतीय समाज के द्वारा उन महिलाओं, जो संतान को जन्म देने में असफल रहती हैं, की निंदा किए जाने सम्बन्धी गंभीर विषय में प्रवेश नहीं किया है। न ही इस बात पर कोई बहस की गई है कि किस प्रकार से संतानहीन औरतों को एक अपवित्र प्राणी मानते हुए उनके साथ आमतौर पर दुर्व्यवहार किया जाता है, जिसे विशेषतौर पर अधिकांश प्रजनन सम्बन्धी रीतियों के दौरान उनके बहिष्करण किए जाने के रूप में देखा जा सकता है। साथ ही, उन माताओं, जो अपनी बहुओं को जला कर मार देती हैं, का चित्रण भी तस्वीरों की इस गैलरी से नदारद है। परंतु पितृसत्तात्मक विचारधारा अपने समस्त दुर्भाग्यों के लिए महिलाओं को ही दोष देती है। यदि वे बेटों को जन्म नहीं देतीं, या फिर किसी न किसी दूसरे बहानों से उन्हें प्रताड़ित किया जाता है अथवा त्याग दिया जाता है। ये मुद्दे हमारे सतर्क ध्यान को आकर्षित करने के पात्रता रखते हैं, किसी–न–किसी दिन, किसी दूसरी किताब में।

कठोर और अंतहीन संघर्ष में संलिप्त होने के बावजूद–अथवा शायद इसी के कारण–मैं इस अद्भुत संकलन को प्रकाशित करवाने हेतु दृढ़संकल्पित थी। महत्वपूर्ण

दस्तावेजों–पासपोर्ट, चेकबुकें, राशन कार्ड–को खो देने की मेरी भयानक पिछली उपलब्धियों के बाद यह किसी चमत्कार से कम नहीं है कि पहले प्राप्त सारे निबंध सुरक्षित बचे रह गए थे। हमारे सामूहिक कार्य, जिसे कई महत्वपूर्ण प्रकाशकों के द्वारा अनेक बार अस्वीकृत किया जा चुका था, और लगभग एक दर्जन वर्षों तक लटके रहने के बाद, यह अविश्वसनीय सा ही है कि यह पर्दे के पीछे से बाहर निकल चुका है।

मैं उन मित्रों, विशेषतौर पर आशा दामले की आभारी हूँ जिन्होंने मुझे प्रोत्साहित किया है। और मैं अत्यंत भाग्यशाली हूँ कि मुझे अपने योगदानकर्ताओं तथा मेरे प्रकाशक सेज पब्लिकेशंस इंडिया के द्वारा भरपूर सहयोग प्रदान किया गया है।

हमारी माताएं

मेरी माँ

भारती रे

यदि आप जानना चाहते हैं कि दुनिया के इतिहास के वास्तविक हीरो कौन हैं, तो सिर्फ माताओं पर दृष्टि डाल लीजिए।

—पीटर होग, डेनिश लेखक

'यहाँ आ जाओ, उनकी हालत नाजुक है। नहीं, जल्दी नहीं है, लेकिन तुम्हारा आना आवश्यक है।' जैसी कि पहले से उम्मीद थी, कलकत्ता (अब कोलकाता) के अस्पताल से फोन आ गया था। मेरा भाई अभिजीत, उसकी पत्नी और मैंने नाश्ते की मेज छोड़ी और सीधे आईसीयू भागे जहाँ मेरी माँ लगभग एक पखवारे से अपने जीवन के लिए संघर्ष करते हुए भर्ती थीं। लिफ्ट से बाहर निकलने के पहले ही मेरे भाई ने कहा, 'मैं नहीं चाहता कि वे अभी हम सबको छोड़कर जाएं।' मैंने उसके गालों को दबाया और धीरे से बोली, 'उसे जाने दो अभिजीत।'

हम अस्पताल के कमरे में पहुँचे। वो पहले ही दुनिया छोड़ चुकी थीं—शायद, जब उन लोगों ने हमें फोन किया था तब ही। मेरा भाई और उसकी पत्नी, दोनों ही विदेश से उनके अंतिम दिनों में उनके साथ रहने के लिए वापस आए थे, सपाट दृष्टि से उनके चेहरे पर निगाह टिकाए हुए थे, दुःख से भरे और अभिभूत से।

तब, वो तो चली गईं, मैंने सोचा। मुझे वे दिन याद आ गए जब मैं उनके बिस्तर के बगल में बैठ जाया करती थी और वो अपने अशक्त हाथों से स्नेहपूर्वक मेरे हाथों को दबाया करती थीं और बार–बार मुझे आशीर्वाद दिया करती थीं। वो अत्यधिक प्रसन्न थीं कि मैं उनकी देखभाल और परवाह कर रही थी। किन्तु क्या उन्हें मालूम था कि

में क्या सोचा करती थी? क्या कोई भी अंदाजा लगा सकता है? जहाँ हर कोई उन्हें *रसोगुल्ला* (जो उन्हें अत्यंत प्रिय था) खिलाने, उनके चेहरे पर मुस्कराहट लाने और उनकी हर प्रकार से देखभाल करने का प्रयास करता रहता था ताकि वे और दीर्घायु हो सकें, वहीं अकेली मैं ही थी जो बैठ कर प्रार्थना करती रहती थी, 'हे ईश्वर! इन्हें उठा ले,' ये जिन्दगी नहीं है। ये जिन्दगी अपमानजनक थी। भोजन, स्नान एवं बार–बार गंदी चादरों को बदलने तक के लिए दूसरों पर निर्भर रहना! मैं स्वयं अपने लिए ऐसा जीवन नहीं चाहती और न ही अपनी माँ के लिए। सभी लोगों को एक आघात लगा हो सकता था यदि मैं उन्हें ये बता देती कि उनके चेहरे पर दुलार से हाथ फेरते समय मैं क्या सोचती रही हूँ। वे सब यही कहा करते थे, 'वो हमारे साथ हैं। वे बातें करती हैं, वे हंसाती हैं, वे भोजन करती हैं।' *आया* लोग भी खुश थीं, उन्हें अपना वेतन मिल रहा था और रोगिणी काम कुछ भी नहीं बताती थी, मेरी *मौसी माँ* अपनी बहन के साथ रहने में कोई समस्या नहीं थी, मेरी बहन ताप्ती इस बात को लेकर प्रसन्न थी कि उसके पास अभी भी *बापेर बाड़ी* (माता–पिता का घर) मौजूद है। हम तीन बहनों में सबसे छोटी और प्यारी प्रोनोति को पूरा विश्वास था कि हमारी माँ एक संरक्षक देवदूत हैं। हमारे सभी दूसरे रिश्तेदार मेरे पिता के प्रति अपने मन में सम्मान के कारण उनके स्वस्थ तथा दीर्घायु होने की कामना कर रहे थे। अकेली मैं ही थी जो उनके देहावसान की कामना कर रहीं थी!

तो क्या मैं अपनी माँ से प्यार नहीं करती थी? मैंने हमेशा यही सोचा है कि मैं उन्हें बहुत अधिक प्यार नहीं कर सकी। मैंने उनके प्रति सिर्फ अपने कर्तव्य का पालन किया है, सबसे बड़ी संतान होने के नाते और ऐसा कर पाने की सर्वश्रेष्ठ स्थिति में होने के कारण। वो लगभग 90 वर्ष की हो चुकी थीं, दुबली–पतली, क्षीण एवं बदसूरत, मुँह में एक दाँत नहीं, झुर्रियों से भरी त्वचा, सूजी हुई आँखें और पार्किन्सन नामक रोग से पीड़ित।

मुझे याद है जब वो और मैं दोनों ही कम उम्र के थे। न, मैं उन्हें प्यार नहीं करती थी, परंतु मुझे उनपर गर्व था। वो अत्यंत ही सुन्दर एवं स्मार्ट थीं। 1934 में दिल्ली विश्वविद्यालय के इन्द्रप्रस्थ कॉलेज से सभी लड़कियों के बीच प्रथम आते हुए उन्होंने स्वर्ण पदक के साथ स्नातक उत्तीर्ण किया था (जिसे उन्होंने विरासत में मुझे सौंप दिया था) और गणित तथा अर्थशास्त्र उनके विषय रहे थे। एक खाते–पीते *मामाबाड़ी* (ननिहाल) में मामा लोगों के साथ पाली–पोसी गई (मेरी नानी उस समय मात्र 14 वर्ष की थी जब उन्होंने मेरी माँ को जन्म दिया था) मेरी माँ, कल्याणी, सभी के लाड़–प्यार से बिगाड़ दी गई थी और सब की प्यारी भी थीं। पूरी दुनिया उनके कदमों में प्रतीत होती थी। वे प्रसन्न थीं ओर जो कुछ भी उन्होंने सोचा और चाहा वह सबकुछ उन्हें मिल गया था।

फिर उनका विवाह हुआ, और यही उनकी सबसे पहली एवं गंभीर गलती थी। वे पूरी तरह से मेरे पिता के प्यार में डूब चुकी थीं। मै मानती हूँ कि वे भी हर मामले में एक असाधारण व्यक्ति थे परंतु जैसा कि हमारे प्राचीन *शास्त्र* बुद्धिमत्तापूर्ण चेतावनी देते हैं, *'सर्वम् अत्यंतम् गर्हिताम्'*–अर्थात्, किसी भी बात में अति बुरी होती है। अपने पति को प्यार करना अच्छी बात हो सकती है, परंतु उस प्यार के वश में हो जाना और स्वयं को पूरी तरह से भुला देना, अपने व्यक्तित्व को पूरी तरह से त्याग देना अच्छी बात नहीं है। मेरी माँ ने यही किया था। उन्होंने मेरे पिता की छाया की तरह अपना

जीवन व्यतीत किया। नहीं, इसलिए नहीं क्योंकि वे एक समर्पित हिन्दू थी, और न ही इसलिए क्योंकि *शास्त्र* किसी भी महिला के लिए *पतिव्रता* होने का निर्धारण करते हैं। तथाकथित *शास्त्रों* पर आधारित धर्म और मेरी माँ दोनों ही दुनिया के दो ध्रुवों के समान थे। किन्तु प्यार प्यार होता है। और मेरे पिता को प्यार करते समय उन्होंने आगे न तो पढ़ाई की, और न ही अपना जीवन बनाने को सोचा और न ही अपनी रुचियों को विकसित करने की सोची। इसी बीच हम दो बहनें पैदा हो चुकी थीं, और वो–एक मूढ़ नहीं लेकिन समझदार माँ की तरह हमें घर पर ही पढ़ाती थीं, हमारे कपड़े सिलती थीं, *निरामिष* रसोई में मेरी *ठाकुर माँ* तथा *पिषी माँ,* जो सदैव हमारे साथ ही रही थीं, के लिए भोजन पकाती थीं और उन असंख्य मेहमानों की देखभाल करती थीं जिनका हमारे घर में आना–जाना लगा रहता था। मुझे याद है कि जब हमसब कुल पाँच थे, तीन बहन और हमारे माता–पिता, तब हमारे पिता जी की नियुक्ति दार्जिलिंग के कुर्सियाँग में हो गई थी और तब हमारे घर में एक ही समय पर 36 मेहमान एक साथ आ गए थे। बड़े से दीखने वाले हमारे परिवार में हर किसी का स्वास्थ्य खराब प्रतीत हो रहा था और उन सबको आबो–हवा में परिवर्तन की आवश्यकता थी। सदैव से कोमल, मृदुभाषी मेरी माँ कभी भी चिल्लाई नहीं, न कभी अपना आपा खोया, न कभी बहुत अधिक बातें की और न ही कभी भी किसी प्रकार का रोष व्यक्त नहीं किया। सादा भोजन यानि दाल, एक *सब्जी* और रसेदार मछली सभी को भोजन में परोस दी गई थी। फर्श पर *मादुर* (चटाई) और *सतरांची* से बिस्तर लगा दिए गए थे, जल्दीबाजी में पुराने कपड़ों, जिन्हें पुराने कुशन के खोलों में भर दिया गया था, को भरकर तकिए बना दिए गए और पुरानी साड़ियों के साथ सिलकर *कांथे* (लिहाफ) तैयार कर दिए गए थे (उस कला का भला हो!) जिन्हें मेहमानों को सर्दी से बचाव के लिए ओढ़ने हेतु दे दिया गया था। आने वाले लोगों, जो मुख्यतः हमारे रिश्तेदार ही थे, ने खाया–पिया, सोये, पहाड़ियों में घूमे–फिरे, और मेरे पिता की प्रशंसा करते समय सभी एकमत थे। उनकी उदारता (वे उदार थे), उनके आकर्षक तौर–तरीके (वे वास्तव में आकर्षक थे) उनके विनोदपूर्ण वार्तालाप (वे एक ईश्वरप्रदत्त संवादपटु थे) ने सभी को प्रसन्न कर रखा था। बुजुर्गों ने उन्हें आशीर्वाद दिए और युवाओं ने उनकी प्रसंशा की। किसी ने भी मेरी माँ से अथवा उनके बारे में अधिक कुछ नहीं कहा।

हम दो बहनों, ताप्ती और मैंने (प्रोनति का जन्म 10 वर्षों के बाद हुआ और अभिजीत का तो और बाद में) साझा सहमति से माता–पिता का अपने बीच बँटवारा कर लिया था। *बाबा* मेरे थे, *माँ* ताप्ती की। बहनों के रूप में हम बहुत घनिष्ठ और स्नेही थे। मुझे कभी नहीं लगा कि *बाबा* हम दोनों में कोई भी अंतर करते थे (संभव है ताप्ती को कुछ अलग लगता हो), परंतु मुझे सदैव ऐसा लगा कि मेरी माँ हममें अंतर किया करती थीं। शायद इसलिए क्योंकि ताप्ती दोनों में से कमजोर थी, दुबली–पतली और प्रायः बीमार रहा करती थी, शायद इसलिए भी क्योंकि हमारे रिश्तेदार मुझे उसकी अपेक्षा अधिक पसंद करते थे, *माँ* ताप्ती की ढाल बनी रहती थीं। एक बार, जब हम बारिसाल जिले के पाटुआखाली में थे, मेरी माँ ने सिर्फ ताप्ती के लिए एक शर्ट और ट्राउजर्स सिले थे। मैं कई दिनों तक उन्हें बड़े ध्यानपूर्वक और प्यार में डूबी हुई सिलाई करते हुए देखती रही थी, मात्र ताप्ती के लिए (ऐसा मुझे प्रतीत हुआ था)। जब कपड़े तैयार हो

गए तो बहुत ही सुंदर बने थे, मैं और सहन नहीं कर पाई थी। जैसे ही वे कमरे के बाहर गईं, मैंने कैंची उठाई और लाल धारीदार शर्ट में एक इंच लंबा हिस्सा काट दिया था। मेरी माँ अपनी पूरी मुस्कराहट के साथ वापस आईं ताकि वे मेरी बहन के शरीर पर उस कपड़े को पहना कर परख सकें, और देखते ही उनकी भाव–भंगिमा परिवर्तित हो चुकी थी। मुश्किल से ही मैंने उनके चेहरे पर वैसा गुस्सा देखा था। उन्होंने मुझे एक जोरदार थप्पड़ जड़ा, और बोली, 'छी! तुम ईर्ष्यालू हो। ईर्ष्या पाप होती है।' वही पहला और अंतिम अवसर था जब मेरी माँ ने कभी मुझे थप्पड़ मारा था। मैं छः वर्ष की थी। मैं स्तंभित थी। नहीं, मैं आश्वस्त थी कि मैं उन्हें प्यार नहीं करती।

तथापि, मुझे गर्व था। मेरी सहेलियाँ मुझसे ईर्ष्या करती थीं। 'तुम्हारी माँ तो स्नातक हैं जो तुम्हें पढ़ा देती हैं। इसीलिए तो तुम्हारी गणित बहुत अच्छी है।' 'हाँ,' मैं गर्व से जोर देकर कहती थी, 'वो दिल्ली युनिवर्सिटी में गणित में फर्स्ट क्लास रहीं हैं, तुम्हें नहीं मालूम?' 'तुम्हारा अनुवाद इतना अच्छा है, और सारांश तो इतने उच्च स्तर का है', आदि मेरी उन सहपाठिनों की टिप्पणियाँ थी जो उस छोटे से कस्बे के स्कूल, जिसमें मैं पढ़ा करती थी, में मेरे साथ पढ़ती थीं। मैं उनकी प्रसंशा को स्वीकार करती थी और आत्मतुष्टि के भाव से कहती थी, 'तुम्हें पता है–मेरी माँ मुझे पढ़ाती है। उसने दिल्ली में पढ़ाई की है और उसने दिल्ली युनिवर्सिटी में गोल्ड मेडल प्राप्त किया था? मैं ये सब ऐसे कहती थी जैसे कि यह जानना उनका कर्तव्य हो!!

अपनी सहेलियों के सामने शेखी बघारने के लिए मेरे पास मेरी माँ के असंख्य गुण मौजूद थे। वह एक उत्कृष्ट तैराक थीं जिसने मुर्शिदाबाद (जहाँ उनके माता–पिता रह चुके थे) में बहरामपुर में रेकार्ड समय में गंगा को पार किया था और साथ ही वो एक प्रतिभाशाली एथलीट थीं जो मेरे पिता के पुरुष मित्रों के साथ सह–खिलाड़ी अथवा प्रतिस्पर्धी के रूप में बैंडमिंटन खेलना पसंद करती थीं (उस समय टेनिस इतना लोकप्रिय नहीं हुआ था), असाधारण शारीरिक साहस एवं ठंडे दिमाग वाली एक महिला थीं जैसा कि परिवार में आए किसी भी संकट के समय स्पष्ट होता रहता था, चाहे वह दंगों का समय (सन् 1940 के दशक के रक्तरंजित दिन) रहे हों अथवा मेरी पिता की गंभीर बीमारी का मामला। इन सबके बावजूद, अपने तमाम कौशलों में से किसी को भी विकसित करने के बजाए उन्होंने एक गृहणी बनना पसंद किया। क्या यह वाकई उनका चयन था? अथवा, क्या उन्होंने परिस्थितियों के समक्ष आत्मसमर्पण कर दिया था? मुझे विश्वास है कि सोचना उनका पसंदीदा मनबहलाव नहीं था। खाना था, जैसा कि चल रहा था। दोनों के लिए बहुत अधिक गुंजाइश नहीं थी, किन्तु उन्होंने इन दोनों कामों के लिए प्रबंध कर लिया था।

उन्हें सजने–संवरने का भी शौक था। परंतु वे ऐसा कर नहीं सकीं। हमारे रुढ़िवादी परिवार में चालीस वर्ष से अधिक आयु वाली किसी भी महिला को रंगीन *साड़ियाँ* पहनने की इजाजत नहीं थी। जैसे ही वे चालीस पर पहुँची उन्होंने इन्हें पहनना छोड़ दिया था। मुझे याद है कि उन्होंने एक गहरे नीले रंग की प्रिंटेड शीफॉन की *साड़ी* और लंबा *जरोआ* पहना था, मोर की आकृति वाली कानों की बालियाँ भी जिन्हें उनके माता–पिता ने उन्हें उपहार में दिया था। जब इनका रंग उतर गया तो उन्होंने इसके बदले में दूसरा नहीं खरीदा। एक कारण यह था कि पैसा कभी भी घर में नहीं रहता

था, और दूसरी थी मेरी विधवा *ठाकुर माँ* और *पिषी माँ* का हमारे साथ रहना। यद्यपि मेरी *ठाकुर माँ* के चार पुत्र थे, जो सभी उन्हें एक से बढ़कर एक प्यारे थे (वो बहुत ही भाग्यशाली माँ थीं), फिर भी वे खुलेआम कहा करती थीं कि वे अपने सबसे छोटे बेटे के पास रहना पसंद करती हैं क्योंकि वे उसे सबसे अधिक प्यार करती हैं और क्योंकि उसकी पत्नी बहुत *सरल* और *सदा सत्यवादी* है और इसीलिए उसे देखभाल की आवश्यकता है!

परिवार को मेरी *ठाकुर माँ* नहीं चलाती थीं, मेरी माँ चलाती थीं। *ठाकुर माँ* के पास कष्ट उठाने का कोई कारण भी नहीं था। वे अत्यंत बुद्धिमती थीं और जानती थीं कि उनकी मामूली सी इच्छा को भी हमारे घर में सर्वोच्च प्राथमिकता प्रदान की जाएगी। वे मेरी माँ के प्रति कठोर नहीं थीं। *पिषी माँ* थीं। सारा दिन वो उनकी आलोचना करती रहती थीं और उनके हर काम में गल्तियाँ ढूँढती रहती थीं। एक दिन तो मैं विशेषतौर पर गुस्सा हो गई क्योंकि *पिषी माँ* मेरी माँ के प्रति निर्लज्जता की हद तक कठोर हो गई थीं। *माँ* ने अपना वो हाथ इस्तेमाल कर लिया था जो उनके अनुसार गलत था, बायें हाथ की जगह दायां हाथ, क्योंकि इससे *पीतल–हाँडी,* जिसमें वे भोजन बना रहीं थीं, वो *ईटो* हो गई थी। जब मेरी माँ *निरामिष* रसोई से बाहर आईं तो मैंने उपदेश दिया, 'तुम सुबह से ही भोजन पकाती रही हो, और वो तुम्हारे बगल में बैठी बस आलोचना करती जा रही हैं। तुम जानती हो किसी को भी अन्यायी नहीं होना चाहिए, परंतु अन्याय को सहन भी नहीं करना चाहिए, रबीन्द्र नाथ टैगोर ने भी कहा है। यदि तुम विरोध न करो तो मैं उन्हें अपने दिमाग में से थोड़ा सा दे दूँगी, हालांकि मैं उन्हें प्यार करती हूँ।' मेरी माँ मुझे खींचकर अपने कमरे में एक किनारे ले गईं और अत्यंत ही भावुक आवाज में बोलीं, 'ऐसा मत करना, भारती, उनके बारे में कभी भी ऐसे शब्द मत निकालना। वो *दूखी* हैं। हम उनके जीवन के बारे में चर्चा नहीं करते। तुम्हें मालूम है उनके बारे में? उनकी असाधारण सुंदरता (यह सच है। 50 की उम्र में भी वो बेहद सुंदर थीं) के कारण बहुत कम उम्र में उनका विवाह एक अच्छे परिवार में हो गया था, परंतु जब वे सिर्फ 19 वर्ष की थीं तभी विधवा हो गईं। और उस नाजुक उम्र में, उन्हें एक हिन्दू विधवा का कठोर जीवन जीना पड़ा था। एक रुढ़िवादी और स्नेहविहीन *ससुरबाड़ी* (ससुराल) में उन्हें कुछ राहत दे सकने वाला मात्र एक पुत्र ही था। कुछ परिवार विधवाओं के साथ अच्छा व्यवहार करते हैं, विशेषतौर पर जब वे सुंदर हों, वे उसे अपने पति की मृत्यु के लिए उत्तरदायी होने का अनुभव करवाते हैं। जब उनका पुत्र 21 वर्ष का हुआ तो उन्होंने एक बेहतर जीवन की आशा करना प्रारंभ किया ही था कि अचानक पैदा हुई दो दिन की बीमारी में उसकी भी मृत्यु हो गई। यही वह क्षण था जब उन्होंने अपनी *ससुरबाड़ी* का परित्याग कर दिया और हमारे साथ रहने आ गईं, निर्धन और निःसंतान। क्या तुम उनकी तकलीफ बढ़ाना चाहती हो? मैं ऐसा नहीं करूँगी। उन्हें अपनी कुंठाओं, अपने दर्द को मुझपर निकाल लेने दो। मुझे बुरा नहीं लगता। मैं समझती हूँ। *और मैं चाहती हूँ तुम भी समझो।* उनके अंतिम कुछ शब्द उनके स्वभाव के विपरीत बहुत कठोर थे।

इस बड़े से परिवार में हर कोई मेरे पिता का बड़ा प्रशंसक था। वो रिश्तेदारों तथा ढाका के उस गाँव, जिससे उनका मानसिक सम्बन्ध जुड़ा हुआ था, से आने वाले

लोगों की देखभाल किया करते थे। यदि कोई भतीजी विधवा हो जाती थी तो उसका परिवार उनकी चिंता बन जाता था; उनके *जमाईबाबू* एक सांप्रदायिक दंगे में मारे गए थे, स्वाभाविक रूप से मेरे पिता की बहन और उनके बच्चों की शिक्षा उनका ही उत्तरदायित्व होगा; मेरी *ठाकुर माँ के गुरू* की छप्पर वाली छत आग में नष्ट हो गई, उसे पुनः बनवाना उनका उत्तरदायित्व था। परिणामस्वरूप, हमारे घर में धन कभी रहता ही नहीं था। चूंकि मेरी माँ घर चलाती थी और मेरे पिता अपनी पूरी आमदनी उन्हें सौंप देते थे, हम सोचा करते थे कि वो बहुत मितव्ययी थीं।

चूंकि मैंने उनके बारे में कभी भी बहुत अधिक नहीं सोचा था इसलिए उनके प्रति मैं अशिष्ट थी, अवज्ञाकारी और अधीर थी। मात्र दो ही अवसर ऐसे थे जब मैंने उनके नजदीक होने का अनुभव किया था–मेरी दोनों पुत्रियों के जन्म के दौरान। बंगाल में कहते हैं न कि आप अपनी माँ का ऋण तभी चुका सकती हैं जब आप स्वयं माँ बनें–मात्र तभी आप मातृत्व की पीड़ा को समझ सकती हैं! तीसरी बार जब मैंने उनके नजदीक होने का अनुभव किया वह उनके अस्वस्थता के अंतिम दिन थे–जब वो मृत्यु के निकट जा रही थीं। उनके देहांत के बाद ही मैंने ऐसा अनुभव किया कि अपने पूरे जीवन में मैंने उनसे बेहद प्यार किया है और मनोवैज्ञानिक रूप से उनपर निर्भर रही हूँ।

'माँ! मैं उससे विवाह करना चाहती हूँ।'

'हाँ, तुम अवश्य करोगी।' हमेशा सौम्य रहने वाली माँ अपना समर्थन व्यक्त करने में दृढ़ थीं और मैंने एक शानदार शादी रचाई।

अपनी पुत्री को मैं किस स्कूल में डालूँ, इसमें या उसमें?' मैं बंगला–माध्यम वाले एक स्कूल में पढ़ी थी, उस समय जब अंग्रेजी माध्यम के स्कूलों का प्रचलन प्रारंभ हो रहा था। उन्होंने सलाह दी और वह स्कूल मेरी पुत्री के लिए बिल्कुल उपयुक्त सिद्ध हुआ। आज सदैव के लिए चुप हो चुकीं, कोई माँग न करने वाली, चट्टान की भांति स्थिर महिला जा चुकी थी। मैंने सोचा कि मैं उसे उसके जीवनकाल में प्यार नहीं किया। मैं उसकी मृत्यु पर उसे प्यार करती हूँ।

मेरी माँ कोई प्रसिद्ध व्यक्तित्व नहीं था जिसकी एक इतिहासकार के रूप में मैं जीवनगाथा लिखूँ, उन्होंने ऐसा कोई संस्थान स्थापित नहीं किया जिसे मैं उनके देहांत के बाद उनकी स्मृति के रूप में आगे बढ़ा सकूँ उन्होंने मुझे वसीयत में ऐसी कोई विरासत नहीं छोड़ी जिसका मैं आनंद उठा सकूँ। वो एक मध्यमवर्गीय गृहणी थीं–साधारण सी, यदि साधारण मानकों से देखा जाए–और वह साधारण से मध्यम–वर्गीय बच्चों की माँ थीं। उनके पास महत्वाकांक्षाएं नहीं थीं। उनकी एक गुप्त इच्छा थी जिसे एक दिन उन्होंने मुझसे प्रकट किया था। वो चाहती थी कि उन्हें प्यार किया जाए।

मेरी माँ के लिए ये कठिन था कि उन्हें उन लोगों से स्नेह प्राप्त हो जिनसे उनकी मुलाकात अपनी सामान्य दैनिक रुढ़िवादी क्रियाकलापों के दौरान होती थी, अथवा उन अनेकानेक रिश्तेदारों से जिनकी वे घर पर आवभगत किया करती थीं। उनके अंदर एक बहुत बड़ी कमी थी। वे झूठ नहीं बोल सकती थीं!!! यदि आप चाहते हैं कि लोग आपको प्यार करें तो आपको एक संत बनना पड़ेगा, जैसे मदर टेरेसा; यदि आप लोकप्रियता हासिल करना चाहते हैं तो आपको यह जानना होगा कि 'कार्य' (ढोंग) कैसे किए जाएं, कैसे बिना प्रसन्नता के मुस्कुराहट का प्रदर्शन करें तथा दूसरों के प्रति

अपने स्नेह का भारी–भरकम प्रदर्शन किस प्रकार किया जाए। लोकप्रियता हासिल करना बहुत सरल है, बशर्ते आप जानते हों कि कैसे, और मात्र तभी जब आप काले अथवा सफेद झूठ का एक शब्द भी न बोलने के प्रति जिद्दी नहीं हैं, जैसी कि माँ थीं। निश्चित रूप से, प्यार लोकप्रियता से अलग होता है। मेरी माँ को प्यार की ख्वाहिश थी–अपने विनयशील तरीके से–और अनेक लोगों से उन्हें ये नहीं मिला था। यहाँ तक कि मैं भी उन्हें प्यार नहीं दे सकी थी। मैं नहीं कह सकी थी, '*माँ*, हम सब आपको प्यार करते हैं। मैं आपको बहुत प्यार करती हूँ।' चूंकि मैंने उनके जीवन के दौरान उन्हें प्यार नहीं किया–इसलिए मैं उनके देहांत के बाद उन्हें प्यार करती हूँ।

अपनी बीमारी के अंतिम दिनों के दौरान जब मैं उनके और नजदीक आई तो एक दिन हम बातें कर रहे थे। मैंने उनसे एक अत्यंत व्यक्तिगत प्रश्न पूछ लिया था। 'माँ! मुझे बताओ कि आप क्या सोचती हो कि आपने अपने जीवन में सबसे बड़ी गल्ती क्या की, ताकि मैं आपसे कुछ सीख सकूँ।' क्षण भर की एक हिचकिचाहट के बाद उन्होंने प्रत्युत्तर दिया था, 'मैंने स्वयं अपनी देखभाल कभी नहीं की।' कुछ और क्षण व्यतीत होने पर बोलीं, 'तुम्हारे पिता ने कभी मेरी उपेक्षा नहीं की। न ही किसी और ने। मैंने स्वयं अपनी ही उपेक्षा की। मैं सुंदर थी, मैंने अपने रूपरंग का बनाए रखने का प्रयास नहीं किया, मुझे अनेक प्रकार के वरदान मिले थे किन्तु मैंने उन वरदानों का उपयोग नहीं किया। मैं बोल सकती थी (उनका आशय वक्ता होने से था) लिख सकती थी, मैं साइकिल चला सकती थी, तैर सकती थी, मुझे गणित और गणित के प्रश्नों को हल करने से प्यार था। मैं पाकविद्या के साथ–साथ वस्त्र–निर्माण एवं डिजाइनिंग में भी आगे जा सकती थी। मेरी अनेक महत्वाकांक्षाएं थीं और कुछ क्षमता भी थी, परंतु मैंने उनमें से किसी का भी उपयोग करने का प्रयास नहीं किया। मैंने स्वयं के प्रति अपने कर्तव्य का निर्वाह नहीं किया है।' सच, अहसास और दर्द सबकुछ तो था लेकिन तब हुआ जब बहुत देर हो चुकी थी।

मैं भी एक माँ हूँ। मैंने अपने जीवन को अपनी माँ से भिन्न तरीके से जिया है। उनके विपरीत, मैंने योजनाएं बनाई और व्यवस्थाएं कीं। मैं जानती थी कि मुझे क्या चाहिए और मैंने इसके लिए मेहनत की। मैंने अपने बच्चों को समय और विचार दिए और वो सबकुछ किया जो मुझे लगा कि उनके लिए अच्छा था। परंतु क्या यह पर्याप्त था? और भी महत्वपूर्ण, क्या यह सबकुछ वही था जिसकी उन्हें इच्छा थी?

किसी एक आयु समूह के लोगों के लिए दूसरे आयु समूह की नब्ज का अनुभव करना कठिन होता है। प्रत्येक पीढ़ी के पास अपने अलग मूल्य एवं आदर्श, उनके अपने भगवान और भगवान–विरोधी, अपनी स्वभावगत आस्थाएं एवं अंधविश्वास होते हैं, अपने–अपने प्रक्षेपपथ होते हैं।

जब मैं नहीं रहूँगी तो क्या मेरे बच्चे कहेंगे, 'हमें लगता है हमने अपनी माँ के जीवन में उनसे प्यार नहीं किया? हम उनके देहांत के बाद उन्हें प्यार करते हैं?' अथवा क्या वे कहेंगे, 'हमने अपनी माँ को उनके जीवनकाल में बहुत प्यार किया। उनकी मृत्यु के बाद....'

मुझे नहीं मालूम।

मेरी माँ, मेरी बेटी

मैत्रेयी चटर्जी

एक बच्चे के लंचबॉक्स में
एक माँ के विचार बंद होते हैं।
—जापानी कहावत

बंगला हिन्दू परिवारों में हम मातृत्व की अनेक वीरतापूर्ण कहानियाँ सुनते—सुनते बड़े हुए हैं। निश्चित रूप से यह बात किसी धर्म अथवा संस्कृति विशेष के लिए अनूठी नहीं है। परंतु मैं सिर्फ बंगाल के बारे में ही बता सकती हूँ। दृश्य कलाओं के विषय मातृत्व का प्रदर्शन करते हैं। मैं मुख्य रूप से जैमिनी रॉय[1] के माँ एवं शिशु की छवि को उद्धृत कर रही हूँ। मूर्तिकला में मीरा मुखर्जी[2] की माँ की ताम्र प्रतिमा, जिसमें माँ अपने बच्चे को आश्रय देने के लिए अपनी बाहों को फैलाए हुए है। बचपन की जिन कहानियों को मैं चावपूर्वक याद कर सकती हूँ उनमें से अनेक प्रसिद्धिप्राप्त पुत्रों से जुड़ी हुई हैं, जिनमें देवता तथा मनुष्य सभी शामिल हैं। विद्यासागर[3] द्वारा अपनी माँ से किए गए वादे को पूरा करने के लिए एक तूफानी रात में खतरनाक दामोदर नदी पर विजय पाने की कहानी हमें वीरता के एक अद्वितीय उदाहरण के रूप में सुनाई गई थी। हमें देवी दुर्गा[4] के दो पुत्रों, गणेश एवं कार्तिक के सम्बन्ध में लोकप्रिय पौराणिक कहानी सुनने को मिली थी।[5] उनकी *मातृभक्ति* का अनुभव करते हुए समर्पित पुत्रों की ये कहानियाँ हमारे बचपन की पसंदीदा कहानियों में से थीं। बंगालियों के लिए यह भी बहुत आम बात है कि वे अपनी माताओं को *मातृ देवी* के रूप में संदर्भित करते हैं। स्वामी रामकृष्ण[6] और कवि रामप्रसाद[7] दोनों ही देवी माँ के उत्कट उपासक थे। मातृत्व

को एक अत्यंत ही ऊँचा दर्जा तो दिया गया हो सकता है किन्तु भारतीय माताओं की जमीनी हकीकत पूरी तरह से एक अलग विषय है। भारत की उच्च मातृ–मृत्युदर और गंभीर कुपोषण मातृत्व के मिथकों का मजाक उड़ाते हैं......और फिर भी हम पाते हैं कि अपने बलिदान सम्बन्धी अनेकानेक कार्यों के द्वारा महिलाएं मातृत्व को वैध ठहरा रही हैं। भारतीय माँ सबसे अंत में भोजन करती है, या फिर करती ही नहीं है। और निश्चित रूप से, असुरक्षित नसबंदियों को प्रोत्साहित करने वाली परिवार नियोजन सम्बन्धी योजनाओं में सरकार का मुख्य लक्ष्य अपरिहार्य रूप से पहले से अदृष्ट युवा माताएं ही होती हैं। महिलाओं को कई बार गर्भावस्था से होकर गुजरना पड़ता है ताकि वे परिवार में पुरुषों की पंक्ति को जारी रख सकें अथवा भ्रूण के कन्या होने पर उन्हें गर्भपात का जोखिम भी उठाना पड़ता है.......क्या भारत में महिलाएं अंतहीन बलिदानों के मातृत्व सम्बन्धी मिथकों को बनाए रखने अथवा परिवर्तित कर पाने में सक्षम हैं? इस प्रश्न के उत्तर को हवा में उड़ा दिया जाता है।

ये सारी बातें निश्चित रूप से मेरे दिमाग में मेरी प्यारी माँ–अथवा सिर्फ *माँ* को ला खड़ा करती हैं। हमारा रिश्ता बहुत बारीकी से बुना हुआ था। *माँ* की जो सबसे पहली जीवंत स्मृति मेरे पास है वह है टाटा यू–डी–कोलोन वाले साबुन की मीठी सुगंध की। और इसके अलावा सभी रेल यात्राओं पर स्प्रिट लैंप से निकलने वाली खुशबू की जो हमारा स्वागत करती थी। *माँ* को हमारा साफ–सुथरा रहना पसंद था और इस बात का वो विशेष ध्यान रखती थीं कि हम क्या खा रहे हैं। सड़क–पटरी अथवा स्टेशन के प्लेटफार्म से कुछ नहीं खाना है....कभी भी नहीं। हमारे बचपन की स्मृतियाँ पेचीदा तौर पर बेंत की एक डलिया से जुड़ी हुई हैं जिसमें रेल यात्राओं के लिए भोजन भरा रहता था और साथ होता था गर्म पानी का एक बड़ा सा थर्मस। हमारे साथ जितनी भी यात्राएं *माँ* ने की थीं वे उनकी अपनी ओर से की गई थीं। हमारे पिता, जो एक प्रधानाचार्य थे, को स्कूल से मुश्किल से ही छुट्टी मिलती थी। कोलकाता कि यात्राओं के दौरान, *मामा* हमें स्टेशन पर लेने आ जाते थे। परंतु जयपुर, जहाँ माँ की बड़ी बहन रहा करती थीं, की यात्रा के लिए सुरक्षाकर्मी का साथ होना अति–आवश्यक रहा करता था। उन दिनों कोई सीधी रेलगाड़ी नहीं हुआ करती थी और हमें या तो टूँडला अथवा पुरानी दिल्ली पर उतरना पड़ता था। एक अकेली महिला, जो एक से छह वर्ष वाले अपने चार शिशुओं के साथ यात्रा कर रही हो, यह एक अत्यंत ही खतरनाक यात्रा हुआ करती थी।

बचपन की स्मृतियों में से बार–बार सामने आने वाली हैं *माँ* के द्वारा कहानियाँ सुनाया जाना। ऐसे अवसर बहुत अधिक नहीं आते थे क्योंकि उनके पास व्यस्त रहने के लिए घरेलू कामों की कमी नहीं रहा करती थी। परंतु *माँ* ने बंगला पढ़ना सीखने के लिए मुझे प्रोत्साहित करने के अलावा उसकी वर्तनी को सीखने में भी मेरी सहायता की थी। जब हम बड़े हो रहे थे तो एक बच्चे की दुनिया को वयस्कों की दुनिया से कठोरतापूर्वक छिपा कर रखा जाता था। बड़े लोग जब बातें कर रहे हों तो हमसे वहाँ मौजूद रहने की अपेक्षा नहीं की जाती थी। हमारे टेलीविजन–विहीन और रेडियो को भी बार–बार न सुन पाने वाले बचपन में, पड़ोसी महिलाएं गपशप करने के लिए किसी एक

घर में एकत्रित हो जाती थीं, और बच्चों के स्कूल से लौट आने तक व्यंजन–विधियों को परस्पर साझा करती रहती थीं। सर्दियों में, ये *अड्डे* नर्म धूप में डूबे हुए किसी न किसी के गर्म आँगनों में स्थानान्तरित हो जाया करते थे। *माँ* भी इस समूह का एक हिस्सा थीं और इसके बावजूद उनका रंग कुछ अलग ही हुआ करता था। सूक्ष्म रूप से यह अंतर जो भी था वह एक रहस्य ही बना हुआ है। ऐसा संभव है कि इसकी बारीकियों को समझ पाने के लिए हमारी उम्र बहुत छोटी रही हो। परंतु मुझे यह अवश्य स्वीकार करना चाहिए कि हमें अपनी माँ पर जबरदस्त गर्व था।

बचपन के हमारे मनोरंजनों में से एक हमारा पसंदीदा मनोरंजन था सचित्र बंगला वार्षिकियों को खंगालना। देवियों, महारानियों, परियों के चित्र–हमारी आँखों को हमारी माँ के समान प्रतीत होते थे। खुश होकर हम *'मागो मानी, मागो मानी'* (प्यारी माँ) गाते रहते थे। हम ऐसा हल्ला मचाते थे कि *बाबा* को अपने अध्ययन कक्ष से आकर हमें शोर न करने के लिए डाँटना पड़ता था।

मैं एक जन्मजात हृदयदोष के साथ पैदा हुई थी–वास्तव में मेरे दिल में एक छेद था। जब तीन महीनों की आयु में इसका पता लगा तो पारिवारिक डॉक्टर ने मेरे लिए एक अल्पआयु की भविष्यवाणी कर दी थी। हालांकि, मैंने किसी न किसी तरह से जीने का प्रबंध कर लिया। मात्र 9 वर्ष की आयु के बाद ही मुझे स्कूल जाने की अनुमति दी गई थी। जब तक ऐसा नहीं हुआ, मैं, अपने भाई–बहनों के साथ, घर पर ही पढ़ाई किया करती थी, यद्यपि मेरा भाई लड़कों के उस स्कूल में जाया करता था जहाँ मेरे पिता प्रधानाचार्य थे। अध्ययन के अलावा, मैंने अपना अधिकांश समय समर्पित अनुयायियों की एक श्रृंखला के साथ विभिन्न क्रीड़ाओं की खोज करने और *दीदी*, जो हैमलिन की पाइड पाइपर के समान हमारा नेतृत्व करती थी, के साथ व्यतीत किया था। हमारे घर के बाहर एक छोटा सा गड्ढा हुआ करता था। मानसून के दिनों में, इस गड्ढे में इतना पानी भर जाया करता था कि उसमें इधर–उधर छप–छप किया जा सके, हाँ उसमें कोई डूब नहीं सकता था। मुझे याद है कि सन् 1948 के ओलम्पिक खेलों की फिल्म हाल ही में रिलीज हुई थी। ओलम्पिक की तैराकी के आयोजन और लंबी दूरी वाले आयोजनों ने हमारी कल्पनाओं को पंख प्रदान कर दिए थे। यह पानी का गड्ढा हमारा तरणताल बन गया था और अपने आँगन के चारों ओर का भाग हमारा दौड़ का मैदान बन चुका था। एक सुबह, जब मेरी माँ ने अपना कर्तव्य पूरा करते हुए हम सबको नहला दिया था तो अचानक मेरे मन में ओलम्पिक की तैराकी की नकल करने की इच्छा जाग्रत हो गई। मैं तुरंत घर के बाहर दौड़ी थी और मेरे पीछे सब बच्चे आ गए थे। हमने अपने साफ–सुथरे कपड़ों का सत्यानाश करते हुए प्रसन्नतापूर्वक खूब छीटें उछाले। जब *माँ* दोपहर के भोजन के लिए हम सबको बुलाने आई तो स्पष्ट था कि घर के अंदर उन्हें कोई भी नहीं मिला था। हमारे प्रफुल्लित ठहाके उन्हें घर के बाहर ले आए थे। हमारी हालत देखने से लगे आघात और क्रोध से वे लगभग बेहोश ही हो गई थीं। मेरी पहचान नेता के रूप में हुई थी और निश्चित रूप से मुझे थप्पड़ पड़े थे। एथलेटिक्स का हमारा अगला आयोजन था दौड़। पानी से भीगे शरीर के साथ पूरे आँगन के चक्कर लगाना मजेदार हुआ करता था। फिर से बेचारी *माँ* को साबुन के पानी और गीले पैर दौड़ने के दागों को साफ करने के लिए मेहनत करनी पड़ती थी।

स्कूल ने हमारी मौजमस्ती और खेलकूद पर एक विराम लगा दिया था। स्कूल बस ठीक आठ बजे हमारे दरवाजे पर आकर खड़ी हो जाती थी। हम नहाए–धोए, साफ कपड़े पहने, टिफिन बॉक्स और पानी की बोतल लेकर तैयार रहा करते थे। *माँ* एक *दाल, भात* और *तरकारी* वाला साधारण भोजन पकाती थीं जो हमारी भूख अच्छे से शांत करता था। हमने कभी भी स्कूल बस नहीं छोड़ी। रेफ्रिजरेटर, रसोई गैस अथवा प्रेशर कुकर के बिना वाले हमारे बचपन में यह कोई कम महत्वपूर्ण उपलब्धि नहीं थी। स्कूल में एक बड़ा छायादार स्थान हमारा भोजन कक्ष बन चुका था। सप्ताह के पाँच दिन *माँ* पाँच अलग–अलग व्यंजन पकाया करती थी। मैत्रेयी और मधुमती (बहन) का टिफिन उनकी कक्षाओं में चर्चा का विषय बन चुका था। किसी न किसी तरह से यह समाचार ननों के कान में पहुँच गया था। चार ननों को बस की ड्यूटी में लगा दिया गया था–दो प्रातःकाल की बस और दो शाम वाली बस में। एक सुबह, सिस्टर हिल्दा ने *माँ* से मिलने की इच्छा व्यक्त की। मैं बहुत अधिक नर्वस हो गई थी क्योंकि मैं स्कूल में भी हंसी–मजाक करती रहती थी। हालांकि, अगली सुबह *माँ,* बहुत सारी हिचकिचाहट के साथ, स्कूल के बरामदे की सीढ़ियों पर खड़ी हुई थीं। सिस्टर हिल्दा ने मुस्कराते हुए *नमस्ते* के साथ उनका अभिवादन किया था।

'इतनी अच्छी माँ होने के लिए हम आपकी प्रशंसा करते हैं। क्या आपके पास सहायता करने वाला कोई बावर्ची भी है?' उन्होंने *माँ* से पूछा था। सिस्टर यह सुनकर आश्चर्यचकित थीं के *माँ* सबकुछ अकेले खुद ही किया करती थीं। इस घटना के बाद बस की सभी ननों ने बारी–बारी से *माँ* को सादर *नमस्ते* कर डाला।

मेरी किशोरावस्था के वर्षों में एक छोटी सी अवधि ऐसी रही जब मैं *माँ* के साथ बार–बार असहमत हो जाया करती थी। ऐसा मुख्यतः इस वजह से होता था कि वो स्कूल अथवा कॉलेज में कुछ लड़कियों के साथ मेरी मित्रता को अस्वीकृत कर देती थीं। स्कूल का जीवन तो उस समय बहुत ही कठिन हो गया था जब एक अन्य स्थानीय स्कूल के प्रधानाचार्य, जो बाबा के समकक्ष थे, से बाबा ने यह सुन लिया कि मेरी सर्वश्रेष्ठ सहेली अत्यधिक इश्कमिजाज लड़की थी। अच्छी खासी चिंता के साथ *बाबा* ने इस बारे में *माँ* के साथ राय–मशविरा कर डाला। मामला उस समय गर्म हो गया जब मैंने स्कूल के बोर्डिंग हाउस में अपनी संदिग्ध मित्र के साथ सप्ताहांत मनाने के लिए *माँ* से अनुमति माँग ली। मैंने मदर सुपीरियर से लिखित अनुमति प्राप्त कर रखी थी। खैर, मैंने ईस्टर के उस अवकाश को अपनी इश्कमिजाज सर्वश्रेष्ठ सहेली के साथ ही बिताया। जब मैं घर वापस आई तो *माँ* बहुत जोर से गुस्सा थी और उसने मुझसे बात करने से इंकार कर दिया। ऐसा एक सप्ताह तक चलता जब तक मैं रो नहीं पड़ी थी।

कॉलेज की अपनी समस्याएं थीं। मैं एक ऐसी लड़की के साथ मित्रता कर बैठी थी जिसकी शहर में बहुत खौफनाक ख्याति फैली हुई थी। यहाँ तक कि यह भी कि उसी उम्र में उसके सम्बन्ध एक विवाहित पुरुष के साथ थे। एक जिन्दादिल व्यक्तित्व, इस लड़की के साथ रहना मजेदार था। मैं *माँ* से वाकई में गुस्सा थी क्योंकि उन्होंने स्वीकृति नहीं दी थी। अधिकांश समय *बाबा* उनका पक्ष लेते रहते थे मुझसे यह समझाते हुए कि मुझे माँ की इच्छाओं का सम्मान करना चाहिए।

मैं बीस वर्ष की हो चुकी थी जब मैंने स्नातकोत्तर अध्ययनों के लिए अपना घर छोड़ा था। बहुत जल्दी, मुझे एक नौकरी भी मिल गई थी और अपने ऑफिस में ही मेरे भावी पति से मेरी मुलाकात भी हो गई थी। हमारी शादी को लेकर मेरे पिता के रिश्तेदारों की तरफ से भारी विरोध किया गया था। जाति के अनुसार हमलोग *वैद्य* थे और मेरे पति एक ब्राह्मण। कुछ शुरुआती प्रतिरोधों के बाद माँ के परिवार ने मेरी पसंद को स्वीकार कर लिया और मेरे समर्थन में खड़े हो गए। इस पूरी अवधि में, जैसा कि मेरे कन्यापन में था, मैंने *माँ* के असाधारण समर्थन के सम्बन्ध में कुछ भी नहीं सोचा था–स्वाभाविक तौर पर मैं उनकी स्वीकृति मान बैठी थी। क्या सभी माताओं से अपने बच्चों का समर्थन करने की आशा नहीं की जाती?

लकवे का आघात पड़ जाने के बाद से *बाबा* अपने देहांत तक साढ़े–सात वर्षों तक बिस्तर से हिल नहीं सके–उनके देहांत के समय मेरी माँ तिरपन वर्ष की हो चुकी थीं। *बाबा* के देहांत के बाद का समय *माँ* के लिए विशेषतौर पर बहुत कठिन हो गया था। उन्होंने हमारे शोक–संतप्त परिवार की जिम्मेदारी संभाल ली थी। वास्तव में, उन्हें अधिकांश निर्णय *बाबा* की बीमारी के दौरान ही लेने पड़े थे। हालांकि, आधिकारिक तौर पर *बाबा* को ही परिवार का *कर्ता* अथवा मुखिया माना जाता रहा था। एक स्नेही व्यक्ति, *बाबा* का एक शक्तिशाली व्यक्तित्व था और उन्होंने मुश्किल से ही कभी अपनी असली भावनाओं को प्रदर्शन किया था। पक्षाघात होने के बाद वे अपनी मानसिक शक्ति खो चुके थे और पूरी तरह से *माँ* पर आश्रित हो चुके थे। मैं समझती हूँ कि उनकी उपस्थिति मात्र ही *माँ* के साहस में वृद्धि करती रहती थी। *बाबा* की बीमारी के दौरान मैं उनपर बहुत नजदीक से निगाह रखती रही थी। उस समय तक हमारी अंतरंगता और अधिक घनिष्ठ हो गई थी। *माँ* मुझे अपनी इकलौती विश्वासपात्र माना करती थी। *माँ* का वैधव्य उन्हें लगातार ही मेरा आश्रित बनाता चला गया था। परंतु परिवार के बड़े और निर्णायक के रूप में हमने उनका सम्मान करना जारी रखा था।

21 वर्ष की युवावस्था में ही मेरी दूसरी बहन का देहांत हो गया। इस तथ्य को लेकर मैं अभी भी आश्चर्यचकित थी कि *माँ* ने एक युवा बेटी को खो देने अथवा हमारे पिता के लकवे के आघात अथवा ऐसे ही अपने दो पुत्रों के तलाक हो जाने के बाद भी अपने जोश में कमी नहीं आने दी थी। आखिरकार, उनके जीवन का मात्र एक ही लक्ष्य था–मेरी सबसे छोटी बहन का विवाह। हमारा परिवार कभी भी धनाढ्य नहीं रहा था परंतु इसके परिणामस्वरूप कभी कोई असुरक्षा की भावना उत्पन्न हुई हो ऐसा मुझे याद नहीं आता। यह कहते हुए *माँ* कई बार झल्ला जाती थी कि जब तक उसकी पुत्री की शादी नहीं हो जाती, शायद उसे मृत्यु के बाद भी शांति नसीब नहीं होगी। अंततः, जब मेरी बहन की शादी हो गई तो *माँ* को पूरी तरह से राहत मिल गई थी। उसके बाद वो कोलकाता वाले हमारे घरों की नियमित आगुन्तक बन गई थी।

दुःखद रूप से, सन् 1986 में सबकुछ बदल सा गया। *माँ* गंभीर रूप से बीमार हो गईं। हजारीबाग वाली हमारी भाभी का स्वभाव बहुत अधिक देखभाल करने वाला नहीं था। मेरे भाइयों में से एक *माँ* को कोलकाता ले आया था, इस विचार के साथ कि वो अपने परिवार के साथ रह लेंगी। हालांकि ऐसा लगा जैसे अचानक ही *माँ* को

परिवार की मुखिया के उनके अधिकृत पद से पदच्युत कर दिया गया हो। उनके पति का घर ही उनका घर रहा था। अपने पुत्र के घर में *माँ,* यद्यपि एक सम्मानित, किन्तु एक मेहमान अधिक थीं, और इसने उन्हें भड़का दिया था। उनके आने के बाद जन्मा पोता *माँ* की आँखों का तारा बन गया था। वो उन्हें मार्गदर्शन, अथवा सुझाव देती रहती थीं–जिन्हें हमेशा ही पसंद नहीं किया जाता था अथवा अनसुना कर दिया जाता था–परंतु *माँ* अब एकमात्र निर्णयकर्ता नहीं रह गई थीं। मुझे विश्वास होता जा रहा था कि उनका अंतर्मन घायल है परंतु वे सच्चाई को छिपा रही थीं।

अपनी हैसियत में अचानक आई गिरावट को स्वीकार करना *माँ* के लिए बहुत कठिन था। भावनात्मक समर्थन के लिए वे ज्यादा से ज्यादा मेरी तरफ झुकती चली गईं। मुझे पता नहीं चला कि किस क्षण में *माँ* मेरी पुत्री जैसी बन गईं। मैं अपने कन्यापन एवं युवावस्था को उनमें प्रतिबिंबित होता देख रही थी। अब, ये मैं थी जो उन्हें भोजन करने, समय पर दवा लेने और हमारे पारिवारिक मामलों में सलाह देने के लिए उनकी खुशामद करती थी, जबकि अभी भी उन्होंने मेरे बंगला अध्ययन में मेरे मार्गदर्शन को जारी रखा हुआ था। मैं ऐसी पुस्तकों के लिए पुस्तक मेलों अथवा अलग–अलग विषयों वाली पुस्तकों की दुकानों की खाक छाना करती थी जो मेरी *माँ* को खुश कर सकें। जब तक भोजन पकाने की ताकत उनके शरीर में रही, *माँ* अच्छी खासी रहीं। एक समय ऐसा आया जब वो रसोई के कामकाज संभालने हेतु बहुत दुर्बल हो चुकी थीं। *माँ* स्वयं को हमारे ऊपर एक बोझ समझने लगी थी। मैं उनके साथ बहस करने का प्रयास करती थी क्योंकि हमने उन्हें यह स्वीकार करवाने के अथक प्रयास किए कि यह उम्र की अपरिहार्य दुर्बलता है।

माँ के जीवन के अंतिम तीन वर्ष मेरे और किशोर (मेरे पति) के साथ ही गुजरे थे। इस अवधि में मैंने महसूस किया था कि वो ऐसी बच्ची थीं जिसे मैं जन्म नहीं दे सकी थी। मैंने उन्हें नहलाया, उनके बालों में कंघी की, ठीक उसी तरह जैसे वे तब करती थी जब हम स्कूल या कॉलेज जाते थे। *माँ* के लिए ये सब कभी एक रीति–रिवाज हुआ करते थे। अपने हाथ में एक कंघी लिए वो बैठ जाती थी–मेरी चोटी गूंथने के पहले वो मेरे सिर में धीरे–धीरे तेल की मालिश किया करती थीं।

पचास वर्षों के बाद, मैं अपनी माँ के लिए ठीक इन्हीं रीति–रिवाजों को दोहरा रही थी। कई बार, जब वो हार्लिक्स पीने, फलों के रस अथवा समुचित पोषण लेने से मना कर देती थीं तो मुझे *माँ* को डाँटना पड़ता था अथवा कठोरता करनी पड़ती थी। एक बच्चे की भांति ही *माँ* मेरी ओर भावपूर्ण दृष्टि से देखने लगती थीं।

सन् 1980 के दशक के प्रारंभ में मैं ऑटोनॉमस वूमेन मूवमेंट से जुड़ गई। मेरे लिए, यह मेरे जीवन का एक महत्वपूर्ण बिन्दु था। यदि हेनरी कार्टियर ब्रेसन[6] को उद्धृत किया जाए तो आप कह सकते हैं कि यह एक 'निर्णायक क्षण' था। तुरंत ही मुझे अपने जीवन के आह्वाहन का ज्ञान हुआ था। मैंने ऐसे क्षेत्रों में महिलाओं की समस्याओं की पहचान की जिनकी पहले कल्पना भी नहीं की गई थी। हमारे समक्ष सबसे महत्वपूर्ण मुद्दा था किसी भी व्यक्ति का अपना स्वयं का स्थान–एक कमरा जो खुद उसका हो, होना चाहिए भले ही वह अपनी इस अभिव्यक्ति को कितना भी छिपा कर क्यों न रखता

हो। जैसे–जैसे मैं महिलाओं के आंदोलन में गहराई तक संलिप्त होती गई वैसे–वैसे पैमाने मेरी आँखों से ओझल हो चुके थे। मेरे समक्ष मेरी माँ एक नए प्रकाश में खड़ी हो गई थीं। मुझे प्रायः आश्चर्य हुआ करता था–क्या उन्हें वो स्थान मिला था जिसकी उन्हें इच्छा थी? क्या उन्होंने कभी यह अनुभव किया कि यह उनका अधिकार था? अथवा उन्होंने बलिदान देने वाले जीवन के समक्ष समर्पण कर दिया था क्योंकि उनसे इसी की अपेक्षा की जाती थी? मेरे लिए बड़ा प्रश्न यह था कि महिलाओं को न दिए जाने वाले स्थानों की पहचान की जाए। महिलाओं का आंदोलन क्रोध अथवा विद्रोह मात्र नहीं था। इस आंदोलन ने महिलाओं को अपनी वास्तविक पहचान की खोज करने हेतु जागृत कर दिया था। जब से याद कर सकती थी तब से ही अपनी माँ के संघर्ष की कहानी पर मैंने चिंतन प्रारंभ कर दिया था, उनकी शक्तिशाली झगड़े, हमारे प्रति उनका पूरा समर्थन–ताकि हम, उनकी पुत्रियाँ, एक बेहतर जीवन का आनंद ले सकें।

अपने पूरे जीवन भर, *माँ* को मुद्रित शब्दों से भारी लगाव था। 19वीं सदी के तीसरे दशक में यह असाधारण बात हुआ करती थी। उस समय, बेटियों को कोई विशेष दर्जा नहीं दिया जाता था और किसी भी पुत्री का एकमात्र भाग्य उसका विवाह समझा जाता था। मैंने दूसरों से सुना था कि *माँ* को स्कूल जाना अच्छा लगता था। परंतु मेरी नानी, जो गर्भाशय के कैंसर से पीड़ित थीं, की देखभाल करने के लिए उन्हें अप्रत्याशित रूप से कक्षा 8 से बाहर निकाल लिया गया था। नानी को कभी भी अस्पताल में भर्ती नहीं कराया गया। न ही उनके लिए किसी विशेष नर्स का इंतजाम किया गया था। शायद *माँ* को स्कूल छोड़ना बहुत ही बुरा लगा होगा तभी उन्होंने पढ़ने का शौक अपना लिया था। पढ़ने की उनकी आदत बनी रह गई थी। उन्हें किसी अमीर आदमी से विवाह करने में रुचि नहीं थी, परंतु वो सिर्फ एक *विद्यन* (विद्वान) पति की ख्वाहिश रखती थीं। नानी माँ अपनी पुत्री के विवाह के लिए परेशान थीं। शायद मात्र उन्हीं को यह महसूस हो चुका था कि मेरे गैर–सांसारिक नाना और मामा लोग मेरी माँ की जिम्मेदारी को गंभीरतापूर्वक नहीं अपनाएगें। *माँ,* जिन्होंने बड़े–बड़े वकीलों और पुलिस इंस्पेक्टरों के वैवाहिक प्रस्तावों को ठुकरा दिया था, ने बड़ी प्रसन्नता से दक्षिण बिहार (अब झारखंड) के अंदरूनी भाग में एक छोटे से कस्बे के एक सहायक शिक्षक के प्रस्ताव को स्वीकार कर लिया था। *बाबा* की स्कूल शिक्षक की छोटी सी तनख्वाह में न केवल अपने परिवार की देखभाल करनी पड़ती थी बल्कि एक भतीजी और विधवा बहन भी उनकी आश्रित थीं।

एक बार फिर से वाकई में यह उल्लेखनीय है कि *बाबा* ने *माँ* की ज्ञान–पिपासा को समझ लिया था। उन्होंने उन्हें अंग्रेजी पढ़ाने के लिए पाठ्यपुस्तकें खरीद दीं। दुर्भाग्यवश, हम तीन भाई और बहन लगातार जल्दी–जल्दी पैदा हो गए थे। बार–बार बच्चों को जन्म देने की प्रक्रिया ने माँ के अंग्रेजी अध्ययन पर रोक लगा दी थी। फिर भी, *बाबा* ने *माँ* के लिए *देश*[9] नामक साप्ताहिक का चंदा दे दिया था। वो बंगला क्लब के पुस्तकालय से उनके लिए पुस्तकें ले आते थे। *माँ* की पुस्तक पढ़ने की आदत का एक आंटी और पिताजी के रिश्तेदारों के द्वारा बहुत उपहास उड़ाया जाता था। परंतु पढ़ाई ने मेरी माँ को घरेलू तौर पर सांसारिकता से बचने के लिए श्वांस लेने का एक

स्थान प्रदान कर दिया था–और इसीलिए वो उनके तानों की उपेक्षा कर सकी थीं। इसके अलावा, *माँ* को लिखने का भी बहुत शौक था। अपने विवाह के पहले ही *माँ* को बंगला लघु कहानी प्रतिस्पर्धा में द्वितीय पुरस्कार प्राप्त हो चुका था। उन्होंने *दीपाली* तथा *चित्रा*[10] जैसी बंगला पत्रिकाओं के लिए कहानियाँ लिखी थीं। विवाह के बाद, *माँ* ने लोकप्रिय बंगला मासिक *बासुमती*[11] के लिए एक उपन्यास लिखना प्रारंभ किया था। कहानियाँ सीधी–सादी थीं किन्तु मुझे याद है कि उन्होंने शक्तिशाली महिला चरित्रों को जन्म दिया था। घरेलू कामों से बेतहाशा भरे हुए जीवन में भी *माँ* ने अपने लिए एक अंतराल निर्मित कर लिया था। वे समय बहुत कठिनाई भरे थे क्योंकि धन बहुत अधिक नहीं था। हमारा एक बड़ा परिवार था जिसमें छह बच्चे स्कूल जाया करते थे। एक अल्पकालिक घरेलू कामवाली को छोड़कर उन्हें कोई और सहायता करने वाला नहीं होता था। परंतु *माँ* विशेषतौर पर यह ध्यान रखती थीं कि उनकी पुत्रियों के अध्ययनों में कोई बाधा न आने पाए। मात्र हल्के–फुल्के कामों को छोड़कर वह सुनिश्चित कर लेती थीं कि घरेलू कामों का असर हमारे अध्ययन के समय पर न पड़ने पाए।

रोजाना के स्वादिष्ट भोजन के हम इतने आदी हो चुके थे कि हमने कभी भी *माँ* के कष्टों के बारे में सोचा ही नहीं। अपने स्वार्थी व्यवहार के बारे में जब सोचती हूँ तो आज भी शर्म में गड़ जाती हूँ। हर शाम हम स्कूल से मरभुक्कों की तरह भूखे वापस आते थे। *माँ* अधिकांश समय रसोई में ही रहा करती थी। सर्दियों में, हजारीबाग में एक लंबे मौसम के दौरान, वो मटर की डलिया के साथ कुछ मकानों की दूरी पर एक चाचा के यहाँ चली जाया करती थीं। यही उनका सामान्य रूप से टहलना होता था। हमारे आने के पहले वो सदैव ही घर वापस आ जाया करती थीं। बहुत कम ही ऐसा हुआ होगा कि वो रसोई में न रहीं हों और हम लौट आए हों, तब हम *खुरी माँ* (चाची) के घर पर धावा बोल देते थे। बेचारी *माँ* जल्दी–जल्दी अपनी छीली हुई मटर के दानों को बटोरती थीं और गलती कर बैठने के अहसास के साथ तेजी से घर को वापस चल देती थीं। जब वो शाम का नाश्ता तैयार कर रही होती थीं तो हम जोर–जोर से भूख लगने का शोर मचाते रहते थे। कई बार, *माँ* का धैर्य जवाब दे जाता था, और वो क्रोधपूर्वक चिल्लाती थीं, 'मैं तुम्हारी नौकरानी नहीं हूँ!' मुझे नहीं याद पड़ता कि *बाबा* ने कभी शिकायत की हो। इसके विपरीत, हमारे नखरों को सुनने पर कई बार वो हमें स्वार्थी होने की डाँट भी पिला देते थे।

माँ घर पर *बोरी* (गोलियाँ) बहुत बढ़िया बनाया करती थीं। वो दूध से बनी स्वादिष्ट मिठाइयों को हलवाई की कुशलता से ही तैयार करती थीं। वे मुँह में पानी ला देने वाले नमकीन जैसे *सिंघाड़ा, कचौरी, दालपम* आदि बनाती रहती थीं जिनमें अनेक किस्म के भरावन भरे रहते थे। उनका अधिकांश समय इसी सब में निकल जाता था। परंतु एक बात निश्चित है–*माँ* एक घरेलू टहलुआ नहीं बन सकी थीं। उनकी आवाज बहुत मीठी थी और वे गीत गाना पसंद करती थीं। मुझे याद है कि *बोन्ती* के साथ सब्जियाँ काटते समय वो गुनगुनाती रहती थीं। बिस्तर बिछाते और *बोरी* के लिए *दाल* को सही गाढ़ेपन के लिए फेंटते समय भी वो गाती ही रहती थीं। जब वो कोयले की अंगीठी पर भोजन पकाती थी तो भी उनके हाथ में कोई न कोई किताब रहा करती थी। जहाँ

एक हाथ से कलछी चलती थी वहीं दूसरा हाथ किताब के पन्ने पलटने में व्यस्त रहा करता था। ये सब *माँ* के स्वयं के लिए समय निकालने के तरीके थे, उनके प्रयासों में ताकि वे आसमान छू सकें।

आज मुझे अहसास होता है कि जो कुछ भी मैं हूँ वह पूरी तरह से मेरी माँ की हस्तकृति है। पिताजी ने अपने माता–पिता को बचपन में खो दिया था और वे अपने मामा के घर पले–बढ़े थे। निःसंदेह उनके मामा उदार ह्रदय वाले थे लेकिन महिलाओं की शिक्षा को लेकर अत्यधिक रूढ़िवादी थे। उनके अपने पिता, अर्थात्, *बाबा* के नाना ने अपनी सभी बेटियों को स्कूल भेजा था। मेरी नानी एवं मामियाँ शिक्षित थीं, यद्यपि उनके विवाह किशोरवय में ही कर दिए गए थे। परंतु मेरे पिता की चचेरी बहनों में से मात्र एक को छोड़कर किसी ने भी स्कूली शिक्षा पूरी नहीं की थी।

जिस समय हमारे पारिवारिक डॉक्टर ने मुझे स्कूल में प्रवेश की अनुमति दी थी, उसी समय ईसाई संन्यासी ननों ने एक कान्वेंट स्कूल खोला था। लड़कियों के स्थानीय बंगला स्कूल में बस उपलब्ध नहीं थी। और हालांकि सरकारी कन्या विद्यालय में थी भी तो यह बहुत अधिक दूरी पर था। मैंने अपनी पढ़ाई घर में ही जारी रखी। जब *माँ* ने नए कान्वेंट स्कूल में बस होने के बारे में सुना तो उन्होंने *बाबा* को हमें वहाँ प्रवेश दिलवाने के लिए मना लिया था। *माँ* का साहस प्रशंसनीय था कि उन्होंने बेटियों को *मेमसाहब* बनाए जाने के ससुराल वालों के द्वारा दिए गए तानों का सामना किया था। स्कूली शिक्षा के बाद कॉलेज की अग्नि परीक्षा सम्मुख थी। सन् 1956 में हजारीबाग में मात्र एक सह–शिक्षण कॉलेज था। हमारी अनेक सहपाठिनों ने शिक्षा त्याग दी क्योंकि उनके माता–पिता को सह–शिक्षा मंजूर नहीं थी। पिताजी के चाचा *बाबा* के मुझे कॉलेज भेजने के विचार के विरोधी थे। *बाबा,* जो अपने चाचा की बहुत इज्जत करते थे, दुविधाग्रस्त हो गए। ये *माँ* ही थी जिसने उन्हें मुझे कॉलेज भेजने के लिए राजी कर लिया था। एक बार फिर, उसने अपनी बेटियों को हाथ से निकल जाने जैसे तानों का साहसपूर्ण तरीके से मुकाबला किया था।

उसके बाद तो जैसे युद्ध ही छिड़ गया था। मेरे स्नातकोत्तर अध्ययन के लिए मुझे अपने घर के सुरक्षित आवरण से बाहर निकलना था। मेरा गंतव्य कोलकाता था। पिताजी के रिश्तेदारों ने हथियार उठा लिए थे। *बाबा* को परिवार के द्वारा बुलाई गई एक आपातकालीन सभा में हाजिर होने का समन भेजा गया। उन्हें चेतावनी दी गई कि युनिवर्सिटी में पढ़ने वाली लड़कियाँ कुँवारी नहीं रह जातीं। *बाबा* के चचेरे भाईयों में से एक ने तो यहाँ तक कह डाला कि यदि मैं पहले से ही स्मार्ट थी तो बड़े शहर में जाकर तो मैं निश्चित रूप से और अधिक निर्लज्ज हो जाऊँगी। व्यक्तिगत रूप से स्नातकोत्तर का अध्ययन करने वाली लड़कियों के उदाहरण दिए गए। जबरदस्ती किए गए इस सारे मत परिवर्तन ने मेरे पिताजी को बेचैन कर दिया था। यह एक के विरुद्ध अनेक का आदेश था। इस सारे हो–हल्ले में *माँ* अपने निर्णय पर अडिग थीं। बाद में, उन्हें अपनी चचेरी देवरानियों–जेठानियों द्वारा उत्पीड़ित किया गया। उन्होंने अपने घायल कर देने वाले कटाक्षों के द्वारा मेरी माँ को रोने पर मजबूर कर दिया था किन्तु वे उनके निर्णय को नहीं बदल सकी थीं। *माँ* की ख्याति जिद्दी होने की थी और उन्होंने दिखा दिया कि उनका जिद्दीपन बहुत उपयोगी सिद्ध हो सकता है।

कोलकाता शहर ने तो मेरे लिए नए द्वार खोल दिए थे। मेरे विचारों में मौलिक परिवर्तन आ चुका था। छात्रों के बीच राजनीतिक जागरुकता का वातावरण, महिला छात्राओं के साथ उनकी सहज अंतःक्रियाएं आदि हजारीबाग जैसे छोटे से शहर से आई हुई लड़की, जिसने वहाँ पुरुषों के अभद्र व्यवहारों का सामना किया हो, के लिए एक स्वागतयोग्य परिवर्तन ही तो था। यूनिवर्सिटी की विशाल लाइब्रेरी, बुद्धिमान आमंत्रित व्याख्यातागण आदि ने मेरे क्षितिज का विस्तार कर दिया था। जिन्दगी की संपूर्णता का अनुभव होने लगा था।

दुर्भाग्यवश, इस सुखद स्थिति का समापन ग्रीष्मकालीन अवकाश के दौरान उस समय अचानक ही हो गया था जब *बाबा* को भारी आघात हुआ। मैं घर वापस आ गई थी। हमारे रिश्तेदारों ने *माँ* को मुझे वापस अपना अध्ययन पूरा करने के लिए भेजने के विरुद्ध और उसके बजाए हजारीबाग में ही कोई नौकरी कर लेने की अनेक सलाहें दे डाली थीं। एक बार फिर से, *माँ* के पैर जमीन पर मजबूती से जमे हुए थे।

उन्होंने अपने सोने के सारे गहनों को बेच डाला ताकि हम भाई–बहनों को अपनी शिक्षा जारी रखने में सहायता मिल सके। जब मैंने अपनी जाति के बाहर जाकर शादी का निर्णय लिया तो उन्होंने हमारे पिता जी के मामा के उस सख्त आदेश की भी उपेक्षा कर दी थी कि पूरा परिवार इस शादी का बॉयकाट करेगा। एक पारिवारिक मित्र की सहायता से *माँ* ने हमारे रोगी पिता को हजारीबाग से 42 किलोमीटर दूर रेलवे स्टेशन तक लाने का प्रबंध किया था, और फिर वहाँ से वे उन्हें कोलकाता ले आईं। जैसी धमकी दी गई थी, पिता जी के मातृपक्ष के रिश्तेदारों के द्वारा कई वर्षों तक हमारा बहिष्कार किया जाता रहा। *बाबा* के देहांत के बाद ही ऐसा हुआ कि इस प्रतिबंध को समाप्त कर दिया गया।

मैंने रित्विक घटक[12] की *मेघा ढाका तारा* हाल ही में देखी और एक आघात के साथ यह अनुभव किया कि फिल्म की हीरोइन नीता की तरह ही मैं भी अपराधी रही हो सकती थी यदि शादी के लिए मैंने *माँ* की सहमति न ले ली होती। मेरे भाई, जो अत्यधिक स्वार्थी थे, ने परिवार का बिल्कुल भी विचार न करने के आरोप मुझपर मढ़ दिए थे। ऐसा एक भी दिन नहीं जाता था कि मेरी *माँ* को उनके आरोपों का शिकार न बनना पड़ता रहा हो।

पैसों की भारी किल्लत से जूझने के दिनों में भी *माँ* ने अपनी गरिमा और साहस के साथ परेशानियों का सामना किया था। उन्होंने रिश्तेदारों से कभी भी आर्थिक सहायता नहीं माँगी। मितव्ययिता और कंजूसी के बीच अंतर करते हुए उन्होंने मुझे पैसे का मूल्य और अपनी परिस्थितियों से ऊपर उठकर साझा करना और परवाह करना सिखा दिया था। *माँ* जीवन के एक दृष्टिकोण के साथ अपने मध्यमवर्गीय अस्तित्व से ऊपर उठ चुकी थीं जिसे उन्होंने अपनी बेटियों को भी प्रदान कर दिया था। उन्होंने कभी भी हमारी शादियों की चर्चा नहीं की और हमारी शादियों के लिए कभी भी सोने के आभूषण इकट्ठे नहीं किए। उन्होंने अपने बेटों और बेटियों के बीच कभी भेदभाव नहीं किया। *माँ* ही तो थीं जिनसे हमने यह सीखा कि अपने सिर को कैसे ऊँचा रखो।

हममें से किसी की भी तरह ही *माँ* में अपनी कुछ कमियाँ भी थीं। परंतु उनके सकारात्मक गुण इन मानवीय अवगुणों की तुलना में बहुत अधिक थे। यदि मैं महिलाओं

के आंदोलन से न जुड़ चुकी होती तो शायद *माँ* के साथ मैं भी एक विवाहित पुत्री की तरह ही पारंपरिक रिश्ते को निभाने का आनंद ले सकी होती। मेरे जीवन के लिए खतरनाक हृदय की सर्जरी के दौरान *माँ* हमारे साथ रहने आ गई थीं–मेरे घर की देखभाल करते और मेरा परिचार करते हुए। जब कभी भी मुझे उनकी आवश्यकता पड़ी वो सदैव मेरे साथ रहीं। पीछे देखती हूँ तो मुझे अनुभव होता है कि *माँ* किसी भी औसत बंगला माँ से कितनी ज्यादा अलग थीं। मैं इस अनुभव का श्रेय महिलाओं के आंदोलन को देती हूँ, जिसने मुझे अपनी माँ के सच्चे मूल्य को प्रतिबिंबित करने और उन्हें एक सही परिप्रेक्ष्य में देखने का अवसर दिया है।

यदि आज *माँ* मेरे साथ रही होती तो मैं उनसे कहती:

> माँ! मुझे क्षमा करना क्योंकि हमने तुम्हारे बलिदानों, तुम्हारे समर्थन को अपना हक समझा। अपने मीठे गायन से तुमने मेरे कानों में संगीत घोला था, तुमने मुझे बंगला साहित्य पढ़ने को प्रेरित किया था, तुमने मुझे दूसरों की देखभाल करना सिखाया। और ये तुम ही तो थीं जिसने इस आंदोलन से जुड़ने की मेरी प्रकृति को आकार दिया। यदि तुम न रही होतीं तो मैं कहाँ होती *माँ*?

यह एक पुत्री की मात्र अपनी माँ के प्रति ही नहीं बल्कि उन सभी माताओं के प्रति एक भावपूर्ण श्रद्धांजलि है जिन्होंने हमारे लिए बेहतर कल का निर्माण करने हेतु अपने आज को कुर्बान कर दिया है।

टिप्पणियां

1. जैमिनी रॉय (1887–1972) पश्चिम बंगाल के बाँकुरा जिले में पैदा हुए थे। वे बंगला लोक चित्रकला परंपरा के शैलीकरण पर आधारित व्यक्तिपरक कला स्वरूप के पथ–प्रदर्शक थे।
2. मीरा मुखर्जी (1923–98) भारत के प्रतिष्ठित धातु मूर्तिकारों में से एक रही हैं जिन्होंने मध्य प्रदेश के बस्तर के घोरुआओं (जनजातीय धातु मूर्तिकार) की लुप्त हो चुकी मोम परंपरा के एक सहज ज्ञान से उत्पन्न व्याख्या के माध्यम से अपनी स्वयं की कला परंपरा का सृजन किया है।
3. ईश्वर चंद्र विद्यासागर (1820–91) बंगाल में 19 शताब्दी के दौरान विधवाओं के पुनर्विवाह और महिला शिक्षा के अग्रदूत रहे हैं। सन् 1856 में अंग्रेजों द्वारा लागू किए गए विधवा पुनर्विवाह विधेयक को लागू करवाने में उन्होंने महत्वपूर्ण भूमिका निभाई। सर्वप्रथम विधवा विवाह सन् 1870 में करवाया गया था।
4. देवी दुर्गा की उत्पत्ति बुराई को नष्ट करने हेतु हुई थी। दुर्गा की उपासना मूल रूप से 10–सिरों वाले राक्षसराज रावण के द्वारा की जाती थी जिसने राम की पत्नी सीता का अपहरण कर लिया था। बंगाल में, शरद ऋतु में दुर्गोत्सव एवं पूजा सबसे बड़ा धार्मिक–सामाजिक उत्सव होता है।

5. गणेश, हिन्दुओं के हाथी के मुख वाले देवता देवी दुर्गा के पुत्र हैं। सफलता और समृद्धता प्राप्ति के लिए इनकी पूजा अन्य सभी देवी–देवताओं से पहले की जाती है। कार्तिकेय देवी दुर्गा के छोटे पुत्र हैं जिनकी सवारी मोर है। वो युद्ध के देवता हैं।
6. रामकृष्ण परमहंस (1836–86) की गणना श्री चैतन्य के बाद बंगाल के सर्वाधिक पूजनीय संतों में की जाती है। ये हुगली जिले के कमरपुकर गाँव के एक गरीबी ब्राह्मण के परिवार में गदाधर के रूप में जन्में थे जिनका बाद में नामकरण रामकृष्ण परमहंसेदव कर दिया गया था। वो देवी काली के महान भक्त थे।
7. रामप्रसाद सेन (1720–81) का सम्बन्ध पश्चिम बंगाल में नाईहाटी के समीप हालीशहर से था। वो देवी काली के महान भक्त थे और उन्होंने बंगला लोकधुनों पर आधारित असंख्य गीतों की रचना की थी। इन्हें *श्यामासंगीत* कहा जाता था। इन गीतों में, जो कि स्त्रोतों की भांति हैं, उन्होंने काली को देवी के रूप में नहीं बल्कि एक पुरुष के द्वारा अपनी माँ के रूप में सम्बोधित करते हुए प्रस्तुत किया है।
8. हेनरी कार्टियर ब्रेसन (1908–2004) 20वीं शताब्दी के सर्वाधिक प्रभावशाली छायाकारों में से एक थे। उनसे जब उनके फोटोग्राफ के विषय के सम्बन्ध में प्रश्न किया गया तो उन्होंने 'पारिभाषिक क्षण' को कैद कर लेने जैसे शब्द का उपयोग किया था।
9. *देश,* जो आनंद बाजार समूह द्वारा प्रकाशित एक प्रख्यात बंगला साहित्यिक पत्रिका थी, का पहला प्रकाशन सन् 1932 में हुआ था।
10. *दीपाली* एवं *चित्रा* सन् 1930 के दशक में प्रकाशित होने वाली बंगला फिल्म पत्रिकाएं थीं।
11. *बासुमती,* एक विख्यात बंगला पारिवारिक साप्ताहिक।
12. रित्विक घटक, सुपरिचित बंगला फिल्म निर्देशक, जिन्होंने *अंजान्त्रिक, सुबर्णरेखा, मेघा ढाका तारा* जैसी उत्कृष्ट फिल्मों का निर्माण किया।

जब अलामेलु ने कंधे झटके

सी.एस. लक्ष्मी

माँ, तुम्हारे व्यक्तित्व में पवित्र संगीत की सुगंध भरी है।

–कालीदास

अलामेलु, मेरी माँ, एक छोटी कद–काठी वाली महिला हैं। परंतु बचपन से ही उनके कंधों पर भारी बोझ लाद दिए गए थे। इन जिम्मेदारियों ने उन्हें निखारा, प्रतिबंधित किया और एक महिला के रूप में उनपर माँगों की झड़ी भी लगा दी थी। परंतु अभी और हमेशा ही अलामेलु अपने कमजोर कंधों का झटक दिया करती थीं और उनपर लदे बोझ को उतार फेंकती थीं ताकि वे अपनी पसंद के बोझों को ढो सकें, जैसे अपनी बेटियों को पढ़ाना और अपने बच्चों का जीवन उनकी इच्छानुसार बनाना; न कि वैसा जैसी कि उनसे अपेक्षाएं की जाती थीं। हर बार जब अलामेलु अपने कंधों का झटकती थीं तो वह घर पर रखी वस्तुओं की व्यवस्था को परिवर्तित कर देती थीं और एक नया शक्ति संतुलन पैदा कर लेती थीं। अपने जीवन के इस बिन्दु पर, जब वह 15 मार्च, 2005 को 90 वर्ष की हो रही हैं, मुझे उनके बारे में लिखने में प्रसन्नता का अनुभव हो रहा है। वो अभी भी अपनी पुरानी सिंगर सिलाई मशीन पर ब्लाउज और पेटीकोट सिल लेती हैं, राष्ट्रीय राजनीति पर जोरदार तरीके से चर्चा करती हैं और बहुत उत्सुकता के साथ कुछ तमिल धारावाहिकों को देखती हैं, और इस दौरान यदि मैं उन्हें फोन कर लूँ तो बड़े प्यार से फोन पर आने से मना कर देती हैं। जब उनकी इच्छा न हो तो अपने से हम सबको दूर रखने के उनके पास दूसरे तरीके भी मौजूद हैं। ऊँचा सुनाई देने के कारण अब वो कान में हियरिंग एड लगाए रहती हैं। जब हम उनसे कोई

ऐसी बात कहना प्रारंभ करते हैं जो उन्हें नापसंद हो अथवा उससे वो सहमत न हों तो मैं उनपर नजदीकी निगाह रखती हूँ। वो बड़े प्यार से अपना हाथ उठाएगीं, अपनी हियरिंग एड को बंद कर देंगी! एक बार जब मैंने इस बारे में उन्हें परेशान किया तो बोलीं कि वे ऐसा इसकी बैटरी बचाने के लिए करती हैं! कुल मिलाकर अलामेलु यही हैं–एक महिला जो वही करती है जो उसका दिल कहता है।

छत पर गाने और हरी तथा गुलाबी आइसिंग वाला केक

अलामेलु का जन्म 1915 में हुआ था, 10 बच्चों वाले परिवार में वो सबसे बड़ी थीं। उन्हें स्कूल भेजा गया और उन्हें पढ़ाई में आनंद आता था किन्तु वे सातवीं अथवा आठवीं कक्षा के बाद पढ़ाई जारी नहीं रख सकी थीं। 11 वर्ष की आयु में उनका विवाह 20 वर्ष वाले एक युवा के साथ कर दिया गया। कहानी कुछ यूँ है कि मेरी दादी बीमार थीं और उन्होंने मेरे पिता से उनकी पसंद की एक लड़की के साथ शादी करने के लिए कहा था। पसंद की गई लड़की थी अलामेलु जिसकी बुआ पिता जी के सबसे बड़े भाई के साथ विवाहित थीं। ऐसा लगता है कि इस पसंद के साथ पिताजी बहुत खुश नहीं थे और उन्होंने असंतोष व्यक्त किया कि वे 'मोटर–कार जैसी आँखों वाली उस लड़की' के साथ शादी नहीं करना चाहते। मेरी माँ की आँखें बहुत बड़ी–बड़ी और सुंदर थीं, परंतु वे उनके चेहरे से बाहर निकलती सी प्रतीत होती थीं। अतः, पिता जी ने ये टिप्पणी कर दी थी। मेरी दादी ने कुछ भावनात्मक धमकी दे डाली थी। उन्होंने पिताजी से कहा कि वो मरने के पहले उन्हें शादी करके खुश रहते देखना चाहती हैं। पिता जी ने उनकी इच्छा का पालन किया था। उसके बाद मेरी दादी लंबे समय तक जीवित रहीं। किन्तु मुझे नहीं लगता कि पिताजी ने 'मोटरकार जैसी आँखों वाली' उस लड़की से शादी करके पछतावे का अनुभव किया हो। आयु परिपक्व हो जाने पर 15 वर्ष की आयु में जब वो पिताजी के घर आईं तो एक बहुत अच्छी जीवनसाथी सिद्ध हुईं।

अलामेलु एक बड़े से परिवार की सबसे बड़ी संतान थीं जिसमें उनके अपने भाई–बहनों के साथ–साथ चचेरे भाई–बहन तथा एक बड़ी बुआ और दादी भी शामिल थे। उनके पिता संगीत के पारखी थे और अलामेलु को संगीत में भली–भांति प्रशिक्षित किया गया था। उनके पास एक गूँजती हुई आवाज थी और वे *वीणा* बजा सकती थीं। प्रायः वो अपने घर के छत पर बिताई गई उन रातों के बारे में बातें किया करती हैं जब उनके पिता बहनों के साथ उनसे गाना गाने को कहा करते थे। पड़ोसी लोग इस अनौपचारिक संगीत गोष्ठी का आनंद उठाने की प्रतीक्षा किया करते थे और कभी–कभी तो वे पड़ोस से ही किसी विशिष्ट राग अथवा गीत की फरमाइश कर दिया करते थे। उनके ससुराल का परिवार पूरी तरह से अलग था। उनकी सास एक विधवा थीं जिन्होंने अकेले ही अपने पाँच बेटों और दो बेटियों का पालन–पोषण किया था। जब उनके पति का देहांत हुआ तो उन्होंने अपना सिर मुँडवा दिया था और इस बारे में उनके विचार बहुत कट्टर थे कि किसी औरत को क्या करना चाहिए और क्या

नहीं। एक बात, जिसके प्रति वह पूर्णत आश्वस्त थीं, यह थी कि एक अच्छी महिला गाना नहीं गा सकती और अपने पति का मनोरंजन नहीं कर सकती। कभी–कभार, अलामेलु *वीणा* बजा लेती थीं, वो भी रात के समय जब उनके पति उनके पास न हों, इसलिए नहीं क्योंकि उन्हें संगीत का कुछ भी ज्ञान नहीं था, बल्कि इसलिए क्योंकि उन्हें उनका वीणा बजाना बुरा नहीं लगता था। उनकी सास ने इसपर भी रोक लगा दी थी क्योंकि वो ठीक उनके शयनकक्ष के बाहर ही सोया करती थीं और जान जाती थीं कि अंदर क्या चल रहा है। हालांकि, उनकी सास सही मायनों में एक क्रूर महिला नहीं थीं। अलामेलु के बाल लंबे थे जो उनकी कमर तक आते थे और उनकी सास बालों को धोने में उनकी सहायता करती थीं और उन्होंने धैयपूर्वक उन्हें भोजन पकाना भी सिखाया था। तब तक सब कुछ ऐसा ही चलता रहा जब वे कुछ समय के लिए चेन्नई रहने नहीं आ गईं, जहाँ अलामेलु ने कुछ आजादी का आनंद लिया। ऐसा नहीं था कि वे बहुत ज्यादा बाहर घूमा करते थे। किन्तु अलामेलु को *वीणा* बजाने के लिए ढेर सारा समय मिल गया था। चेन्नई में नियमित रूप से आयोजित होने वाले संगीत समारोहों में जाने की उनकी इच्छा हुआ करती थी, किन्तु उनके पति इसके बहुत इच्छुक नहीं रहते थे। उन्होंने एक छोटी सी डायरी में अपने जीवन के बारे में लिखा था जो उन्होंने मुझे दी थी। उसमें वो कहती हैं कि पास में ही एक संगीतालय था और वो वहाँ चल रहे संगीत समारोह की आवाजों को सुनने के लिए अपने घर के बरामदे में खड़ी रहा करती थीं। ठीक उनके बचपन के दिनों की तरह ही पास में एक बुजुर्ग भद्र सज्जन रहा करते थे जो उनके *वीणा* बजाना प्रारंभ करते ही पास आ जाया करते थे। एक बार, जब पिता जी अपने ऑफिस से वापस आए, माँ *वीणा* बजा रही थीं और पिता जी को यह बिल्कुल पसंद नहीं आया। उन्होंने माँ से कहा कि वे इसे नहीं पसंद करते कि वे दूसरों के लिए बजाएं। माँ ने अपनी *वीणा* के तार काट डाले और फिर लंबे समय तक *वीणा* नहीं बजाई। इसके बाद उन्होंने तभी *वीणा* बजाना प्रारंभ किया जब उन्होंने मुझे और मेरी बहन को इसकी शिक्षा देना शुरू किया था। परंतु वो ऐसी नहीं थीं कि इसका शोक करें और निष्क्रिय हो जाएं।

पिताजी पढ़ने–पढ़ाने के भूखे थे और उन्होंने माँ को अंग्रेजी तथा माँ ने उन्हें तमिल पढ़ाया जिसे उन्होंने मलयालम माध्यम से पढ़ा था। लोकप्रिय तमिल पत्रिकाएं घर में आया करती थीं और सभी धारावाहिकों को जिल्दसाजी करवा कर रखा गया था। मुम्बई में एक बच्चे के रूप में बड़े होते हुए, मुझे याद है कि माँ मेरे छोटे भाई और मुझे एक पारसी महिला के द्वारा संचालित सिलाई की कक्षा में ले जाया करती थीं। मुझे वहाँ पढ़ाई करते समय अपने भाई का साथ रहना बुरा लगता था। 13 वर्ष की आयु में जब तक मैंने घर छोड़ नहीं दिया था, मैंने मात्र अपनी माँ के हाथों से सिले हुए वस्त्र ही पहने थे। नए–नए कामों को सीखने का उनका उत्साह कभी भी मंद होता नहीं प्रतीत होता था। बहुत दिनों बाद, जब वो अपनी उम्र के 5वें दशक के अंत में रहीं होंगी, माँ ने बेकिंग कोर्स में प्रवेश ले लिया था। वो व्यंजन–विधियों को अंग्रेजी में लिखा करती थीं, जिसका संशोधन उनके घर वापस आने पर पिताजी करते थे। उन्होंने बहुत अच्छे नम्बरों के साथ परीक्षा उत्तीर्ण कर ली थी। अगली बार जब मैं घर गई तो माँ ने चुपचाप मेरे लिए एक केक बना डाला। वो और पिताजी मुझे विदा करने स्टेशन तक आए थे। स्टेशन पर, माँ ने डिब्बे से केक

निकाला। ये एक छोटा सा गोल केक था जिसपर हरी और गुलाबी रंग की आइसिंग लगी हुई थी और माँ ने गर्वपूर्वक यह कहते हुए मुझे दिया,' ट्रेन में इसे खा लेना'। मैंने पिताजी को बुदबुदाते हुए सुना, 'मेरे लिए भी कुछ बचा है क्या?' और माँ ने उन्हें आश्वस्त किया था कि उनके लिए भी घर पर एक दूसरा केक रखा हुआ है।

भोजन एक संवाद, एक साहस

हरी और गुलाबी आइसिंग वाला केक अलामेलु के द्वारा भोजन के साथ किया गया जोखिम भरा कार्य मात्र नहीं था। पीछे दृष्टि डालें तो मुझे लगता है कि अलामेलु जैसी महिला के लिए भोजन मात्र एक तन्मयता वाली बात नहीं थी। यह एक तरीका था जिसके द्वारा वह भोजन को संवादों, दावों और जोखिमों में बदल देती थीं। कई वर्षों तक, मैं अलग–अलग मौसमों के साथ अलग–अलग खाद्य पदार्थों को सम्बद्ध करती रही और उनके साथ गुथीं हुई थी उन्हें खरीद कर लाने, तैयार करने और फिर खाने तथा फिर आपके पेट और शारीरिक व्यवस्था पर पड़ने वाले उनके प्रभावों की स्मृतियाँ। अप्रैल से पहले के महीने अचार बनाने के हुआ करते थे; विशेषतौर पर आम और *अवक्काई* के अचार के, और कटहल का जैम और कच्चे कटहल की चिप्स बनाने के। कटहल को काटकर खोलने, तेल से सने हुए हाथों से उसके फल को बाहर निकालने, फल को जैम के लिए पर्तदार काटने, कुछ को रोजाना खाए जाने के लिए अलग रख देने (फल को शहद में डुबोना और इसे खा लेना सबसे अधिक स्वादिष्ट तरीका हुआ करता था) और फिर कच्चे फल की चिप्स बनाते समय पूरा घर नारियल के तेल और उसमें घुल रहे गुड़ से उठने वाली धुएंदार महक में डूब जाया करता था। कटहल का जैम आने वाले महीनों में हलवे और नमकीन में इस्तेमाल होता रहता था जिसमें कटहल के जैम को चावल के आटे की लोई के साथ लपेट दिया जाता था और केले के पत्ते में लपेट कर भाप में पकाया जाता था।

गर्मियों की छुट्टियों में, हमें अनेक प्रकार की जिम्मेदारियाँ सौंप दी जाती थीं। हममें से एक को *मालगोवा*, जो आम की एक विशेष किस्म होती है, की एक डलिया खरीदने, और सालेम से आने वाले आमों की एक डलिया तथा *बदामी* नामक आमों की आधी डलिया खरीदने के लिए थोक बाजार जाने में माँका साथ देना होता था। किसी ने भी माँ के साथ जाने से कभी भी इंकार नहीं किया, कारण था जो बच्चा माँ के साथ जाता था उसे थोक दुकानदारों के द्वारा मुफ्त में आम चखने को मिला करता था। इसके साथ घोड़ागाड़ी की सवारी, जिसे बैंगलोर में हम *जुटका* कहते हैं, के आनंद का अतिरिक्त बोनस भी तो जुड़ा रहता था। कई बार माँ स्वस्थ घोड़े वाली *जुटका* के इंतजार में थोड़ा समय बिता दिया करती थीं। जैसे ही वो इसमें बैठती तो *जुटका* चालक को कह देती थीं कि यदि उसने घोड़े का मारा अथवा उसे डंडी चुभाई तो वो गाड़ी से उतर जाएगीं। गर्मियों के महीने चावलों से बनने वाले कुरकुरे, जिन्हें *वाडाम* कहा जाता था, बनाने और पूरे साल भर के लिए बड़े डिब्बों में भरकर सुरक्षित रखने का भी समय हुआ करते थे। *वाडाम* बनाने की गतिविधि सुबह–सुबह आरंभ हो जाती

थी और 11 बजे तक माँ पकाए और भाप दिए गए चावलों की लोईयाँ बनाकर उन्हें अलग–अलग आकार वाले साँचों में ढालकर आँगन में बिछाई गई सफेद *वेश्टी* पर फैला दिया करती थीं। धूप से बचने के लिए माँ एक हैट पहन लिया करती थीं और गर्मी के दिन में यदि वे हैट खोजना प्रारंभ करती थीं तो हमें पहले ही अनुमान हो जाता था कि अब क्या घटित होने वाला है।

मानसून और सर्दियों के महीनों का मतलब था तिल और गुड़ के लड्डुओं का बनाया जाना जो कि त्यौहारों वाले अन्य सभी पकवानों के अलावा होते थे। हमें यह भी मालूम था कि यदि हम बीमार पड़ जाएं तो हमें खाने को क्या मिलेगा। बीमार बच्चे का समुचित दुलार किया जाता था। जड़ी–बूटी के काढ़ों और विभिन्न पुलटिशों के अलावा बीमार बच्चे के लिए दूसरे 'विशेष व्यंजन' भी होते थे। प्लेटों में भोजन प्रारंभ किए जाने के पहले तक जिन चाँदी के कटोरों में हम लोग भोजन किया करते थे, उन्हें बाहर निकाल लिया जाता था। इसे गर्मागर्म चावल के दो बड़े चम्मचों को भर दिया जाता था, जिसमें घर के बने घी से भरा एक चम्मच डाल दिया जाता था और फिर एक मोटे तले वाले गोल चम्मच के साथ चावल को मसल दिया दिया जाता था ताकि बच्चों को उसे चबाने के लिए अधिक मेहनत न करनी पड़े। उसके ऊपर से *रसम* की एक साफ पर्त, जिसमें काली मिर्च और जीरे का पाउडर पड़ा होता था, को शुद्ध घी में लगाए गए सरसों के बघार के साथ मिलाकर चावल में मिला दिया जाता था। इसके बाद एक सिके हुए *पापड़* को चाँदी के कटोरे के बगल में रख दिया जाता था। एक चम्मच के साथ चाँदी के कटोरे को बच्चे के बिस्तर के बगल में लाकर लकड़ी के एक स्टूल पर रख दिया जाता था जिसका उपयोग चावल की सेवईयों को दबाने के लिए किया जाता था। (यह एक बहुप्रयोजनीय स्टूल था जिसे हमने तेलमालिश करने के दिनों में भी प्रयुक्त किया था और उस समय भी बैठने में जब माँ जीरे, मिर्च और चावल के साथ गर्म किए गए तेल को हमारे बालों में मला करती थीं।) *घी* और *रसम* की खुशबू उस कमरे में पहले से बस चुकी होती थी जहाँ बच्चा लेटा होता था और चमकते हुए चाँदी के कटोरे के सामने होते हुए कोई भी बच्चा मिले हुए खाने को खाने से स्वयं को नहीं रोक पाता था। 10 वर्ष से नीचे वाले बच्चे को उसके बाद एक कहानी भी सुनाई जा सकती थी। इससे भी कोई छोटा बच्चा राग नीलमबारी में गाई गई मीठी लोरी सुनते हुए नींद की गोद में चला जाया करता था। जब अपने मूड में होती थी तो माँ अपनी गूँजती हुई आवाज से जादू पैदा कर देती थी।

कुछ वर्षों पहले, मैंने माँ को एक डायरी लिखने को मना लिया था। डायरी में भोजन से जुड़े अनेक संदर्भ दर्ज थे। जो कुछ भी उन्होंने लिखा उसका सम्बन्ध अत्यधिक कठिन अवसरों के दौरान पकाए जाने वाले भोजनों के साथ था। जैसे युद्धकाल में, जब उन्हें गेहूँ के भारी–भरकम बोरों के साथ सीढ़ियों पर चढ़ना उतरना पड़ता था ताकि वे कुछ मित्र पंजाबी पड़ोसियों, जो गेहूँ के बदले चावल देने को तैयार हों, के दरवाजों पर दस्तक दे सकें। सन् 1932 के एक ऐसे समय के तरह भी जब हम सब पैदा नहीं हुए थे और उन्होंने हरिद्वार की यात्रा की थी जब उनका पूरा परिवार ट्रेन के कई घंटों लेट होने के कारण स्टेशन पर ही प्रतीक्षारत् रह गया था। माँ को याद था कि उसने पास की एक झोपड़ी में किसी महिला को देखा था। उसने उसे आसपास

घूम कर खोज निकाला और उससे बहुत सारा चावल पकाने का निवेदन किया। इसी बीच, माँ गई और एक बड़ी सी डलिया, कुछ पत्ते और दही के लिए मिट्टी के बर्तन खरीद लाईं जिनके लिए उस समय हरिद्वार प्रसिद्ध था। माँ के वापस आते–आते चावल तैयार थे। माँ ने उस महिला से पत्थर पर कुछ चटपटी *चटनी* पीस देने का निवेदन किया। उसने डलिया को पत्तों से ढँका और इसमें चावल रख दिए। उन्होंने मलाई भरा दही लिया और चावलों के साथ मिला दिया। उन्होंने पत्तों के एक दोने में *चटनी* बाँध ली थी। उन्होंने सारे कष्ट के लिए उस महिला को कुछ पैसे दिए और डलिया लेकर स्टेशन पहुँच गईं। परिवार को भोजन मिल चुका था और सबने उनसे यही कहा कि यह स्वर्ग के अमृत के समान था।

हमारा परिवार कट्टर शाकाहारी था। यहाँ तक कि लहसुन और प्याज का प्रयोग भी बहुत ही कम होता था। परंतु माँ हमारे लिए अंडे बनाने के लिए एक अलग चूल्हे का उपयोग किया करती थीं और किए गए विरोध को हमेशा यह कहकर शांत कर देती थी कि ऐसा डॉक्टर के परामर्श अनुसार किया जा रहा है! घर में पले हमारे अल्शेसियन कुत्ते के लिए गैराज में गोश्त अलग से पकाया जाता था। उसका नाम लिली था। उसे किचन में घुसने की कतई इजाजत नहीं थी। लिली रसोई में बैठते समय ऐसे बैठता था कि उसके पिछले पैर और पूँछ रसोई के बाहर रहें, ऐसा नाटक करते हुए कि वह रसोई में नहीं है। आज जब मैं इस बारे में सोचती हूँ तो मुझे लगता है कि मेरी माँ अलामेलु जैसी एक महिला भी कुछ ऐसा नाटक ही तो करती रही थी। वे परिवार तथा समाज के नियमों का पालन करने का नाटक तो कर रहीं थी, परंतु साथ–ही–साथ चुपचाप उन नियमों को तोड़ती भी रहीं थीं।

इन दिनों माँ दिन में केवल एक बार भोजन करती है और रात्रि में वे एक विशिष्ट मांड लेती हैं जिसे हम *कांजी* कहते हैं। वे मांड के पाउडर को सभी प्रकार के अंकुरित अनाजों से तैयार करती हैं और स्वाद के लिए इसमें इलायची और जायफल मिला देती हैं। यह अद्भुत रूप से स्वादिष्ट होता है। वे हम सबके लिए एक बोतल भर अलग से बना देती थीं परंतु उन्होंने इसे तैयार करने की विधि अभी भी नहीं दी थी। न ही उन्होंने मुझे *रसम* पाउडर बनाने की विधि दी थी। मैं प्रायः उनसे पूछती रहती थी।

'तुम्हें इसकी क्या जरूरत है? जब तक मैं जिंदा हूँ मैं तुम्हारे लिए बना दूँगी' – उनका उत्तर यही होता है।

एक बार हिचकिचाते हुए मैंने उनसे कह दिया, 'लेकिन तुम्हारे जाने के बाद मैं क्या करूँगी *अम्मा?'*

उनका जवाब था–'तुम्हारी बड़ी बहन किसलिए है?'

नाचने और गाने का समय, पढ़ाई का समय

भोजन उन जोखिम भरे कार्यों में से मात्र एक था जो माँ से हमें सीखने को मिले। चूंकि वे संगीत का अभ्यास अपनी इच्छानुसार जारी नहीं रख सकी थीं, अतः उन्होंने यह सुनिश्चित किया कि मेरी बहन और मैं संगीत में भली–भांति प्रशिक्षित हो जाएं।

यदि हमने इसे एक रोजगार के रूप में आगे बढ़ाने में जरा भी रुचि दिखाई होती तो संभव था कि वो हमारे समर्थन में खड़ी मिलतीं। उन्होंने जो एक महत्वपूर्ण निर्णय लिया वह यह था कि एक ऐसे समय पर मुझे नृत्य की कक्षा में प्रवेश दिलवा दिया था जब मध्यमवर्गीय परिवारों की बहुत कम लड़कियाँ ही नृत्य सीखा करती थीं। इसे उच्चवर्ग का एक गुण समझा जाता था। जिन लोगों ने हमारे परिवार में नृत्य को शामिल किए जाने के उनके निर्णय पर सवाल उठाए, उनके समक्ष उन्होंने वही शास्त्रीय बहाना प्रस्तुत कर दिया। उन्होंने कहा कि डॉक्टर ने एक व्यायाम के रूप में नृत्य करने की सलाह दी है क्योंकि मैं बहुत दुबली–पतली थी! वे सुनिश्चित करती थीं कि मैं मंच पर प्रदर्शन करूँ और यह भी कि औपचारिक तरीके से मेरा *अरंगेतरम* (मंच पर सर्वप्रथम प्रस्तुति) हो। मुझे नहीं पता कि मेरे पिता जी, जो एक लेखाधिकारी थे, के वेतन से उन्होंने ये सारे प्रबंध किस प्रकार कर लिए थे। और जहाँ तक पढ़ाई का मामला था, हमें घरेलू कामकाज से छूट मिली हुई थी क्योंकि माँ एक रसोइयें और घरेलू कामवाली बाई की सहायता से सब काम निपटा लिया करती थीं। हमारा काम था अपनी इच्छानुसार पढ़ाई करना और उतने समय तक जब तक हमारी इच्छा हो। परीक्षाओं के दिनों में, मैं रात के 2 या 3 बजे ही उठ जाती थी। साथ ही माँ भी जाग जाती थी ताकि मुझे अकेलापन न महसूस हो सके। कभी–कभी, वो मुझसे पूछती थी कि क्या मुझे भूख लगी है और मैं तो हमेशा ही भूखी रहती थी। वो किचन में जातीं और कुछ गर्म *दोसाई* बनाकर ले आतीं। मुझे अभी भी याद है कि एक दिन देर शाम के समय बंगलूरू में माँ कलासीपालयम बस अड्डे पर मेरी प्रतीक्षा कर रही थीं। मैसूर में मेरे स्नातक होने का समारोह था और मैं मैसूर से एक बस से बंगलूरू रवाना हुई थी। मैं बस से उतरी और माँ से बताया कि मुझे इतिहास में स्वर्ण पदक तथा दो नकद पुरस्कार प्राप्त हुए थे। एक क्षण के लिए वो खड़ी सी मुझे देखती रहीं, उनकी आँखों से आँसू ढलकर चेहरे को तृप्त कर रहे थे।

मैंने निर्णय कर लिया था कि मैं चेन्नई जाऊँगी और मद्रास क्रिश्चियन कॉलेज से एम.ए. करूँगी। पिताजी बिल्कुल भी इस निर्णय के पक्ष में नहीं थे। वे पहले ही सेवानिवृत्त हो चुके थे। वो केरल के कोट्टयम में रबर बोर्ड में कार्य किया करते थे। उन्होंने मुझसे कहा कि मैं अपना एम.ए. बंगलूरू से ही कर सकती हूँ। किन्तु मैं अपने पंख पसारना चाहती थीं। मेरी बहन राजेश्वरी एक बैंक में काम करने लगी थी और उसने मद्रास क्रिश्चियन कॉलेज में आवेदन करने के लिए मुझे कुछ पैसे दे दिए। शीघ्र ही मेरे प्रवेश की पुष्टि करने वाला पत्र आ पहुँचा था। और मेरे पिता इसका विरोध कर रहे थे। अगले दिन वो चले गए। माँ मेरे कमरे में आई और मुझसे पूछा, 'तुम समझती हो कि मद्रास जाने से तुम्हारी जिन्दगी बदल जाएगी?' 'हाँ', मेरा उत्तर था। वो कमरे से चली गई थीं। वो एक बैंक में गईं और अपने आभूषण गिरवीं रखकर उन्होंने एक कर्ज ले लिया। वो बाजार गईं, एक सूटकेस और चार *साड़ियाँ* खरीद लाईं क्योंकि अब मैं एक स्नातकोत्तर छात्रा थी और आगे से आधी–साड़ी नहीं पहन सकती थी। मुझे अभी भी उन *खटाऊ* वायल *साड़ियों* के रंग याद हैं–पीली, नीली, गुलाबी और एक बहुत हल्के बैंगनी रंग की जिसमें नाजुक फूलों वाली छपाई की गई थी। जब मेरी माँ बैंक से

वापस आई तो अगले ही दिन हमने प्रस्थान के लिए सारी पैकिंग कर डाली थी और मेरी बहन ने उनसे शिकायत की थी, 'तुमने मेरे लिए ये सब कभी नहीं किया'। 'तुमने कभी इसके लिए कहा ही नहीं'—माँ का जवाब था।

चेन्नई के लिए हमने रात में जाने वाली ट्रेन पकड़ी और अगली सुबह सेंट्रल स्टेशन पर उतर कर पार्क स्टेशन चले गए ताकि तम्बरम जाने के लिए स्थानीय ट्रेन पकड़ सकें। मैं खिड़की वाली सीट पर बैठी हुई थी, बाहर देखते हुए। जैसे ही ट्रेन तम्बरम के नजदीक पहुँची तो माँ मेरी ओर झुकी और मेरे कान में फुसफुसाई, 'लक्ष्मी के सारे सपने सच होने जा रहे हैं।' ये वास्तव में मेरे लिए अत्यंत मर्मस्पर्शी क्षण था और मैंने सदैव ही इसे अपने हृदय में एक बेशकीमती क्षण की तरह संजो कर रखा है। कुछ समय पूर्व, जब मेरी एक पुस्तक प्रकाशित हुई, मुझे इस क्षण की याद हो आई और मैंने उस पुस्तक को अलामेलु को समर्पित कर दिया—जो मेरी माँ भी थी, एक कलाकार भी और एक स्वप्नदृष्टा भी। उस समय वह कुछ समय तक मेरे साथ ही रही थी। जब उसने इस पुस्तक को पढ़ा तो बोली, 'क्या मैंने ऐसा कहा था?' मैं उनसे कहना चाहती थी कि उन्होंने ये और इसके अलावा भी बहुत कुछ कहा था। परंतु शब्द मेरे कंठ में अवरूद्ध हो गए थे।

उस प्रथम यात्रा के बाद, वो उस समय भी मेरे ही साथ थी जब मैंने तमिलनाडु के एक छोटे से शहर में एक स्कूल अध्यापिका बनने का निर्णय किया। वो मेरे पीएच.डी. के लिए दिल्ली जाते समय मेरी विदाई के समय भी मौजूद थीं। जब मैंने अकेले जीवन बिताने और बहुत बाद में अपनी पसंद के एक व्यक्ति के साथ विवाह करने का निर्णय किया था उस समय भी उन्होंने मेरा समर्थन किया था। ऐसा नहीं था कि मेरे हर काम से वो सहमत ही रही हों, किन्तु उनका सोचना था कि उन्हें मेरी इस स्वतंत्रता का सम्मान करना चाहिए कि मैं वो सब कुछ कर सकूँ जो मैं करना चाहती थी। और वो हमेशा ऐसी ही रही। कुछ समय पूर्व, मैंने उनसे कहा कि 'स्पैरो'[1] एक आर्थिक संकट से जूझ रही है। उन्होंने अपनी चेकबुक निकाली और अपनी पेंशन में से मुझे *स्पैरो* के नाम दो हजार रुपयों का चेक काट कर पकड़ा दिया था।

सुब्रह्मण्यम के लिए गायन

मैं अकेली ही वो बच्ची नहीं थी जिसे अलामेलु ने पंख दिए थे। जब मेरा छोटा भाई आगे का अध्ययन करना चाह रहा था तो उन्होंने कुछ पैसे एकत्रित करने के लिए चाँदी के अपने सारे बर्तनों को बेच दिया था। और जब उसने एक ईसाई लड़की से विवाह का निर्णय किया तो माँ गिरजाघर गईं और पादरी से हाथ मिलाए थे। बाद में वे 10 वर्षों तक मेरे भाई के साथ रही थीं, उसके बच्चों को पालते—पोसते हुए। जब—जब उनका दिल गवाही देता था वो हमेशा ही किसी भी रीति—रिवाज को तोड़ने को तत्पर रहती थीं, अपने कंधों को झटकने वाली आदत के साथ।

मेरे पिता, सी.आर. सुब्रह्मण्यम का देहांत थायरॉयड कैंसर के कारण हुआ था। अंतिम समय में वो बोल नहीं पाते थे क्योंकि उनका कंठनाल (वायस बॉक्स) निकाल

दिया गया था। जो कुछ भी वो कहना चाहते थे लिखकर ही कहते थे। उन्होंने मेरी माँ के लिए लिखा था कि वो अपने संगीत का त्याग कभी न करें। माँ ने उस संदेश को अपने चश्में के डिब्बे में रख लिया था। जब शववाहन उनके शरीर को श्मशान भूमि तक ले जाने के लिए आया तो मैंने निर्णय किया कि मैं भी उनके पार्थिव शरीर के साथ जाऊँगी। मैं गई, और शरीर के बगल में बैठी रही, और कुछ ही मिनटों में, वहाँ मौजूद लोगों में से अधिकांश को आश्चर्यचकित करते हुए माँ भी आकर मेरे बगल में बैठ चुकी थीं। पुजारी ने उनसे यह कहने का प्रयास किया कि *शास्त्र* महिलाओं को श्मशान भूमि पर जाने की अनुमति नहीं प्रदान करते। माँ ने यह जानने का प्रयास किया था कि ऐसा किस *शास्त्र* द्वारा कहा गया है। वो बोलीं–'मैं उनके साथ 50 वर्षों से भी अधिक समय तक रही और मुझे उनके शरीर को अग्नि को समर्पित करते हुए देखने का अधिकार है'। वहाँ अधिक विवाद नहीं हुआ। सबकुछ शांतिपूर्वक निपट गया था। कुछ और महिलाएं भी साथ आ गई और हम सब श्मशान भूमि तक चले गए। जैसे ही मेरे भाई ने चिता को अग्नि दी, माँ ने वही गाना गाना प्रारंभ कर दिया था जो मेरे पिता को पसंद था। *'शिवरामा कृष्णा, गोविन्दा, नरहरी नारायण काशी विश्वनाथ...... ।'* उनकी आवाज में गूँज रहा था, बिना किसी कंपन के। उन्होंने गीत पूरा किया, प्रणाम करते हुए अपनी हथेलियों को परस्पर जोड़ा और वहाँ से चली आईं।

मेरे पिता के देहांत के एक वर्ष बाद, मैं अपने शोधकार्य के सम्बन्ध में चेन्नई में थी। मेरी मुलाकात सावित्री राजन नामक एक अद्भुत महिला से हुई, जिन्होंने प्रख्यात वीणावादक वीनाई धनाम्मल से *वीणा वादन* की शिक्षा ली थी। मैंने माँ को इसके बारे में लिखा। माँ ने मुझे यह पूछने के लिए लिखा कि क्या वे उन्हें कर्नाटक संगीत के *तानम* पहलू की शिक्षा दे सकती हैं जो वो कभी भी सीख नहीं पाई थीं। सावित्री राजन ने महानतापूर्वक उन्हें शिक्षा देना स्वीकार कर लिया था। माँ आईं और तीन महीनों तक मेरे साथ रहीं और उनसे शिक्षा लेती रहीं। यह सबकुछ पूरे परिवार के लिए बहुत आश्चर्य से भरा हुआ था। हर शाम जब मैं अपने शोधकार्य से वापस आती तो उन्हें अभ्यास करते हुए ही पाती थी। उन्होंने *तानम* में महारत हासिल कर ली और फिर चेन्नई वापस चली गईं। पिताजी के देहांत के बाद वो पारंपरिक 9 गज वाली *साड़ी* पहनने लगी थीं। चेन्नई में बहुत गर्मी पड़ रही थी और उनकी संवेदनशील त्वचा के साथ इतनी भारी *साड़ी* को पहनने में उन्हें परेशानी हो रही थी। मैंने उन्हें वही 6 गज वाली साड़ी पहनने की सलाह दी जो वो हमेशा पहना करती थीं। उनका जवाब था, 'मैं इस मोहल्ले में 9 गज वाली *साड़ी* में रहने आई थी। लोग क्या कहेंगे?' 'अम्मा! क्या तुम वाकई इस बात की चिंता करती हो कि लोग क्या कहेंगे', मैं पूछ बैठी। शाम को जब मैं वापस आई तो वो मेरी 6 गज वाली *साड़ियों* में से एक पहने हुई थीं और फिर उसके बाद से उन्होंने सिर्फ नर्म–सूती 6 गज वाली *साड़ियाँ* ही पहनीं।

बारी जब अपने नाती–पोतो को उपहार देने की आती थी तो अलामेलु बहुत उदार हो जाती थीं। यहाँ तक कि खिन्तू, एक छोटी सी लड़की जो मेरे घर में बड़ी हो रही थी, को भी माँ से मुलाकात करने पर पैसे और उपहार मिला करते थे। मैं सदैव ही उसे माँ के बारे में कहानियाँ सुनाती रहती थी क्योंकि मेरे आसपास ऐसी अनेक वस्तुएं

थीं जिनका उपयोग उन्होंने किया हुआ था। हमारे पास एक ताँबे का बर्तन है जिसमें हम पानी भर कर रखा करते थे जिसके मुख के किनारों पर तमिल भाषा में उसके प्यार वाला नाम *अलामू* लिखा हुआ था। उनकी *वीणा* भी है जो काली लकड़ी से बनी हुई और और मेरे नाना के द्वारा माँ को उपहार में दी गई थी। मेरे बड़े भाई के जन्म के बाद के समय से खरीदे गए उनके सारे–के–सारे फ्राइंग पैन मेरी छोटी सी रसोई में रखे हुए हैं। चावलों की सेवई वाला एक स्टूल और और इसके साथ प्रयुक्त होने वाली पीतल की मुठिया भी है। एक अखबार में लिपटा हुआ यह मेरे शयनकक्ष के दरवाजे के पीछे पड़ा हुआ है ताकि उसका इस्तेमाल किसी चोर के दुस्साहस कर मेरे घर में घुस आने पर किया जा सके। भोजन पकाने के उनके सारे बर्तन मेरे साथ हैं क्योंकि वो उन्हें फेंक नहीं सकी थीं। लोग मजाक करते हैं कि ये सारी चीजें मेरे लिए अलामेलु की विरासत हैं।

पिछले वर्ष या ऐसे ही कुछ समय पूर्व माँ मीडिया में एक विज्ञापन देखकर ललचा गई थीं। उन्होंने मेरे भाई से कहा कि उन्हें एक नई घड़ी की आवश्यकता है। भाई ने उनसे कहा कि वास्तव में उन्हें इसकी आवश्यकता नहीं है क्योंकि वे बहुत ज्यादा तो बाहर आती–जाती नहीं, और इसके अलावा, उनकी आँखें कमजोर हो चुकी हैं और अब वो समय भी तो नहीं देख पातीं। माँ चुपचाप बाजार गईं और अपने लिए 'रिटर' की एक घड़ी खरीद लाईं। दूसरे दिन उन्होंने इसे मुझे दिखाया। कभी–कभार, जब वह मंदिर के लिए बाहर जाती हैं तो इसे पहन कर जाती हैं। उन्होंने मुझसे पूछा कि क्या मैं ये लेना पसंद करूँगी? मैंने उनसे कहा कि मुझे इसकी आवश्यकता नहीं है। परंतु संभव है कि वो घरेलू दवाइयों, *रंगोलियों*, और व्यंजन–विधियों की एकत्रित की गई कतरनों तथा संगीत के अपने विभिन्न नोट्स के साथ मुझे विरासत में इसे भी दे दें। वो जानती हैं कि मैं इन्हें फेंकूगीं नहीं। उनके लिए, ये वस्तुएं नहीं हैं बल्कि यादें हैं जिन्हें वो अपने लिए रखना चाहती हैं और दूसरों के द्वारा रखे जाने की इच्छा करती हैं। मेरे छोटे से घर में विभिन्न स्थानों पर फैली हुई उनकी सारी वस्तुएं मुझे उनकी उष्मा का अहसास कराती हैं। प्रायः, मैं रसोई की खिड़की पर खड़ी हो जाती हूँ जहाँ मैंने ताँबे के उस बर्तन को रखा हुआ है और उसपर खुदे हुए उसके नाम पर अपनी उंगलियाँ फेरती रहती हूँ। उन क्षणों के दौरान अलामेलु शाश्वत प्रतीत होती हैं।

टिप्पणी

1. SPARROW (Sound and Picture Archives for Research on Women).

घर में बाहर वाला

नीला भागवत

मैं कई बार देखती हूँ तुम्हें
अपनी बहन, या फिर मित्र में,
कभी–कभी मेरी संतान में भी,
और कई बार मेरे प्रेमी में।
–*नीला भागवत*

एक माँ और उसकी संतान के बीच का सम्बन्ध अपरिवर्तनीय होता है और, इसीलिए, अनूठा भी। ऐसा ही सम्बन्ध किसी भी बच्चे का अपने पिता के साथ भी होता है। हममें से कई लोग प्रायः ही अपने माता–पिता के महत्व को नहीं समझ पाते हैं। माताओं का महत्व तो पिताओं की अपेक्षा और भी कम समझा जाता है। मैं सोचती हूँ कि आर्थिक रूप से कमजोर वर्गों को छोड़कर अधिकांश परिवारों में हाल ऐसा ही होता है। और इसके बावजूद, अपने बच्चों के प्रति उनके दृष्टिकोण में एक अंतर विद्यमान होता है।

क्या मैंने भी अपनी माँ के बारे में कुछ इसी तरीके से सोचा था? मैं सुनिश्चित नहीं हूँ। एक गर्वीले व्यक्तित्व वाली मेरी माँ अपने महत्व को कम किए जाने को स्वीकार नहीं कर सकती थीं। इसके अलावा, वो एक इतनी समर्पित माँ भी थीं कि बच्चों को कष्ट नहीं होने दे सकती थीं। इन दोनों गुणों में से पहला, गर्व, *चितपावन* ब्राह्मणों, जो कि मेरी माँ की जाति थी, में आमतौर पर पाया जाता है। परंतु अपने बच्चों के प्रति उनका समर्पण पूरी तरह से उनकी विशेषता थी–यह उनकी पहचान में अंतर्निहित था। मेरे माता पिता हमसे एक अविभाज्य 'इकाई' की तरह सम्बद्ध थे। और इसके बाद भी, मैं यह अवश्य

कहूँगी, मेरी माँ के हमारे प्रति, अपने बच्चों के प्रति समर्पण का मुकाबला करना कठिन था। मुझे अनेक ऐसे अवसर याद हैं जब पिताजी को हमारे रोज के काम के लिए बुला लिया जाता था चाहे हमें परीक्षा कक्ष पहुँचाना हो अथवा रेलवे स्टेशन। अपने व्यस्त कार्यक्रम के बावजूद भी वो वह सबकुछ करते थे जो हमारे लिए माँ उनसे करवाना चाहती थीं।

हम बच्चों के लिए हमारे माता–पिता के सम्बन्धों के ताने–बाने को समझ पाना कठिन था। हालांकि, एक बात तो तय थी, पिताजी बाहरी दुनिया के साथ हमारे संपर्क की कड़ी थे और माँ छोटे–मोटे घरेलू मामलों के सम्बन्ध में परिवार की मुखिया थीं। पिताजी मुझे एक आदर्श व्यक्ति प्रतीत होते थे–वास्तव में, एक आदर्श व्यक्ति। और माँ एक ऐसा व्यक्तित्व जिसने कभी कोई गलती न की हो–न ही कोई उनसे कभी प्रश्न ही कर सकता था। एक ऐसी महिला, जो यद्यपि कि अपना अधिकांश समय रसोई में व्यतीत करती हो, किन्तु वास्तव में शेष परिवार के लिए अपनी सीमा के बाहर की गतिविधियों में भी सहयोग प्रदान करती रही हो।

हाँ, मैं इन व्यापक अंतरों से वास्तव में अवगत थीं। परंतु न तो रसोई और न ही एक प्रभावशाली पद ने मुझे आकर्षित किया। मैंने हमेशा यह विश्वास किया है कि रसोई और अधिकार ऐसे मामले हैं जिनका उत्तरदायित्व किसी को भी उस समय ग्रहण करना चाहिए जब आवश्यकता हो और एक बार काम पूरा हो जाने के बाद इन्हें त्याग दिया जाना चाहिए।

मेरी माँ ने मेरी इस असहजता को महसूस कर लिया था और वे मेरे बारे में चिन्तित थीं। जब कभी भी उन्होंने अपनी चिंता व्यक्त की, मैंने उनसे पूछाः

> पारिवारिक जीवन में ऐसी कौन सी बहुत अच्छी बात है? मुझे बताओ, एक परिवार में वास्तव में कोई क्या करता है? औरत उठती है, बर्तन उठाती है, उनमें भोजन पकाती है। फिर उन्हें साफ करती है और अलमारी में लगा देती है; इस सारी कार्यवाही का परिणाम होता है भोजन, जिसे मात्र आधे घंटे में खतम कर दिया जाता है। यदि यही आपका परिवार और शादीशुदा जिन्दगी है तो मुझे इसमें कोई रुचि नहीं है।

जब मैं आज के संदर्भ में इस कथन पर विचार कर रही हूँ तो मैं सर्जनात्मकता और दिन–प्रतिदिन के अस्तित्व के प्रबंधन के बीच के चिरस्थाई टकराव से अवगत हूँ। सर्जनात्मकता से मेरा आशय भावनाओं, संवेदनाओं और मूर्त विचारों के प्रति कुछ निश्चित मूलभूत प्रतिक्रियाओं को विकसित करने की प्रक्रिया से है। एक बच्चा अपने वातावरण की प्रतिक्रिया की प्रकृति के अंतर्गत अपनी प्रतिभा का प्रदर्शन करता है। प्रतिभा का विकास प्राथमिक तौर पर माता–पिता के द्वारा प्रदान किए गए सामाजीकरण पर तथा इसके प्रति बच्चे की प्रतिक्रिया पर भी निर्भर करता है।

एक बच्चे के रूप में मुझे पढ़ाई–लिखाई सम्बन्धी लक्ष्यों को प्राप्त करने हेतु प्रोत्साहित किया गया था। परंतु मेरे भावुक और रूमानी मूड अपोषित ही रह गए थे। निश्चित रूप से मुझे *कथक* नृत्य, जो वास्तव में मेरा पहला प्यार था, सीखने से विरत कर दिया गया

था। संगीत सीखना सामाजिक रूप से कम खतरनाक माना जाता था। इसमें विपरीत लिंग के साथ शारीरिक निकटता उत्पन्न होने की संभावना नहीं होती थी। इसके अलावा, हमारे परिवार की संगीत की एक परंपरा रही थी। माँ वायलिन बजाया करती थीं, पिता जी गाते थे। हमारी आंटियाँ *राष्ट्रीय मेलों* में भाग लिया करती थीं। ये आशा की जाती थी कि मैं भी गायन सीख लूँगी और मेरा भाई *तबला* बजाना।

जीवन में एक बड़ी पसंद को कुछ सीमा तक मुझपर थोप सा दिया गया था। मैं इसकी व्याख्या किसी के स्वयं के शरीर (अथवा पसंदों?) के प्रति पारंपरिक दृष्टिकोण तथा एक कहीं अधिक व्यक्तिपरक अथवा आधुनिक सोच के बीच एक संघर्ष के रूप में करती हूँ। कई वर्षों बाद, जब मेरा विवाह अरुण खोपकर के साथ हो चुका था, मुझे ऐसे ही एक संघर्ष का समाना करना पड़ा था। मुझे रंगमंच और संगीत के बीच एक का चयन करना था। मुझे संगीत चुनने के लिए बाध्य किया गया। मैं इस चयन को टालना चाहती थीं। शायद, यदि मेरे पर छोड़ा गया होता तो मैंने संगीत को ही चुना होता। खैर, दोनों ही अवसरों पर, मैंने इस पसंद को स्वीकार कर लिया जिसे मेरे ऊपर थोपा गया था और यही वह तरीका था जिससे मैं एक पेशेवर संगीत कलाकार बन गई। संगीत की दुनिया में स्वयं को स्थापित करने का विचार शायद तब प्रतिबिंबित हुआ है जब मैंने अपने गीतों की रचना की। संगीत ने जीवंत अनुभव के लिए दरवाजों को खोल दिया था और एक संगीतमय रचना के साथ अभिव्यक्ति की योग्यता प्रदान कर दी थी। *ख्याल* गायकी का संगीत का परंपरागत स्वरूप कई बार आधुनिक महिलावादी विचारों के लिए एक माध्यम बन सकता है। जब मेरी दो रचनाएं, जिनमें स्वतंत्र होने के आनंद तथा मित्रों को एकसाथ आने की आवश्यकता का वर्णन किया गया था, को लंदन में एक सीडी (कॉम्पैक्ट डिस्क) में जारी किया गया तो मैं वास्तव में बहुत प्रसन्न थी। मैं प्रसन्न इसलिए कह रही हूँ क्योंकि मैं जीवन के बारे में विचारों को प्रसारित कर पाने के लिए अपनी कला के स्वरूप का उपयोग कर सकी थी।

कला स्वरूप की मेरी पसंद से सम्बन्धित यह एक दार्शनिक एवं कलात्मक पहलू है। व्यवहार में, एक संगीत विद्यालय में प्रवेश लेने के मेरे निर्णय को मेरी माँ का समर्थन प्राप्त था। मेरे पिताजी इस बात के अधिक इच्छुक थे कि मैं अपनी शिक्षा को और आगे बढ़ाऊँ। परंतु मेरी माँ बोलीं, 'उसे अभी सीखने दीजिए। शादी के बाद हो सकता है यह कठिन हो जाए।' जब 26 मई, 1967 को अपने पहले विवाह के ठीक अगली सुबह मैं उनसे मिलने गई तो उनके द्वारा मुझसे पूछा गया एक प्रश्न मेरे दिमाग में ताजा हो आता है। 'नीला! तुम्हारे कपड़े कहाँ हैं?' माँ ने मुझसे पूछा था, '*तुम* उन्हें धोने के लिए मेरे पास नहीं लाईं?' मेरी आँखों में आँसू लगभग टपकने को हो आए थे। अंतरंग सम्बन्धों में ये छोटी–छोटी बातें कितनी महत्वपूर्ण होती हैं! विवाह के बाद, मेरे पास 4 वर्षों तक एक घर रहा था। इस अवधि के दौरान, जब कभी भी मैं बीमार हुई, मैं हमेशा अपनी माँ के घर वापस चली आया करती थी। मैंने कभी भी बैठकर अनाज साफ नहीं किए और न ही *चपातियों* के लिए आटे की पिसाई करवाई। ये सब काम मेरे लिए माँ कर दिया करती थीं। मैंने अपने लिए कभी भी दावतों में पहनने वाली महँगी *साड़ियाँ* नहीं खरीदीं। मैं माँ से साड़ियाँ उधार ले लिया करती थी। मेरे पास न तो समय था

और नहीं जीवन में आर्थिक स्थिरता प्राप्त करने की इच्छा। मैं हमेशा ही स्वयं को नृत्य, रंगमंच, सिनेमा, चित्रकला आदि में पारंगत होने में व्यस्त रखा करती थी; और अनेकानेक कलाकारों से मिलने में भी ताकि मैं व्यक्तिगत रूप से उनसे परिचित हो सकूँ। एक कलाकार के रूप में मेरा आधार भी इसी समय के दौरान स्थापित हुआ था। अरुण के साथ मेरा साहचर्य इस मामले में अत्यधिक रचनात्मक था।

अरुण ने भारतीय फिल्म एवं टेलीविजन संस्थान, पुणे (एफटीआईआई) में प्रवेश ले लिया और मैं अकेली रह गई। तब तक, हमारा अस्थाई निवास भी हमसे छिन गया था। दिसम्बर 1971 में मैं अपने माता–पिता के घर वापस आ गई और तब से उनके साथ ही रही हूँ।

सन् 1976 में हमने एक संतान को जन्म देने का निर्णय लिया। तबतक, मैं बच्चे के बारे में सोच भी नहीं सकती थी क्योंकि मैं इस बारे में आश्वस्त नहीं थी कि मैं बच्चे को उसी प्रकार का पालन–पोषण दे पाऊँगी जैसा कि मुझे मिला था। मेरी माँ का विश्वास था कि मैं उन महिलाओं में से एक हूँ जो एक उच्च महत्वाकांक्षा को हासिल करने के लिए अपनी निजी आकांक्षाओं और सपनों की कुर्बानी दे देती हैं। यह सच है कि इन वर्षों के दौरान मैं प्रगतिशील राजनीतिक एवं सामाजिक–सांस्कृतिक आंदोलनों से गहनतापूर्वक जुड़ी रही और कभी भी गृहस्थी को नहीं अपना सकी। माँ और अनेक अन्य लोगों का सोचना यही था कि मेरे स्वभाव वाली किसी भी औरत को शायद और मातृत्व की आकांक्षा तो करनी ही नहीं चाहिए। और ऐसे वातावरण में मैं उनके साथ यह चर्चा कर रही थी कि यदि मैं एक बच्चे को जन्म देती हूँ तो क्या कुछ किया जा सकता है। मैंने आशा की थी कि बच्चे का पालन–पोषण उसी प्रकार से किया जा सकेगा जैसे कि मेरा हुआ था। तब तक, मैंने अपनी माँ के समक्ष यह भी स्वीकार कर लिया था कि शायद मेरा विवाह कायम न रहने पाए। इसके बावजूद, मुझे एक बच्चे की इच्छा थी।

यही वो समय था जब मैंने अपनी माँ से एक अत्यंत महत्वपूर्ण प्रार्थना की थी। उन्होंने मुझे आश्वस्त किया, 'हाँ, मैं दो वर्ष तक तुम्हारे बच्चे की देखभाल कर दूँगी।'

उनके शब्दों ने मुझे माँ बनने का साहस प्रदान कर दिया था। अगस्त 1977 में मैंने अपने पुत्र तप्पा अर्थात् तपन को जन्म दिया। जुलाई 1978 में मैं और अरुण अलग हो गए थे। हमने मित्रता बनाए रखने का फैसला किया था। प्रारंभ में, माँ पृथक हो जाने के बावजूद भी मित्रता को कायम रखने के मेरे इस विचार के विरुद्ध थीं, परंतु शीघ्र ही उन्होंने इसकी आवश्यकता को महसूस कर लिया था। मैंने उन्हें स्पष्ट किया था कि बच्चे के लिए अपनी जड़ों से जुड़े रहने के लिए यह कितना महत्वपूर्ण था। उनका जवाब सकारात्मक था।

जून 1983 में मैंने नंदू धनेश्वर से विवाह कर लिया। मेरी माँ हमारे सम्बन्ध को लेकर आशंकित थी क्योंकि नंदू मुझसे 9 वर्ष छोटा था। दूसरी ओर, मेरा पुत्र, तप्पा, प्रसन्न था। उसने मुझे कहाः 'नाना, हम दो लोग कितने अकेले थे! यह अच्छा ही था कि नंदू यहाँ हमारे साथ रहेंगे!'

उसकी सकारात्मक प्रतिक्रिया ने नंदू के साथ मेरे सम्बन्धों के लिए सटीक आधार तैयार कर दिया था। हम दोनों के बीच अंतर थे लेकिन इसके बावजूद हम दोनों के

बीच एक बहुत मजबूत बंधन उत्पन्न हो चुका था। हमारे बीच लड़ाईयाँ और टकराव भी होते थे और प्रायः तपन टिप्पणी करता थाः 'जब मैं मौजूद न रहूँ तो आप लोग जो करना चाहो करो, किन्तु मुझे *संडे आब्जर्वर* (एक रविवासरीय समाचारपत्र) मत बनाओ।' कभी–कभी वो पूछता थाः 'ऐसा क्यों होता है कि जब दादा–दादी लड़ते हैं तो मुझे जोरदार हंसी आती है और जब तुम और नंदू लड़ते हो तो मुझे असुरक्षित सा महसूस होता है?' 'तुम्हें असुरक्षित महसूस करने की जरूरत नहीं है डार्लिंग! हम लड़ते नहीं हैं, हम बस कुछ मामलों पर विस्तार से चर्चा करते हैं और ये जीवन का एक अनिवार्य हिस्सा है। क्या मैं बहुत सारी बातों पर तुम्हारे साथ चर्चा नहीं करती?' मैंने उसे आश्वस्त करने का प्रयास किया था। तपन अपने तर्कों से आसानी से विचलित नहीं होता था।

जीवन चलता रहता है और हर किसी की प्रतिक्रियाएं परिवर्तित होती रहती हैं। एकमात्र निरंतरता है मेरी अपनी आत्मा में बच्चे के प्रति समर्पण। मैं इसी भावना को मुझसे संगीत सीखने वाले छात्रों और मेरे युवा संगतकारों, गिरीश एवं मिलिन्द को भी प्रदान करती हूँ। साथ ही अनेक अन्य मित्रों को भी जिनमें महिलाएं एवं पुरुष सभी हैं, वे सब जिनके साथ मेरा स्नेहबंधन बँधा हुआ है। मेरी माँ और मैं घर के छोटे–मोटे मामलों पर तर्क करते रहते हैं। हमारे बीच तनाव उत्पन्न होता है किन्तु जैसे ही कोई दूसरा महत्वपूर्ण मामला सामने आता है, हम इसे भुला देते हैं। अपने पुत्र के पालन–पोषण के दौरान हम अपनी आशंकाओं एवं चिंताओं के साथ–साथ खुशी एवं प्रसन्नता के क्षणों को भी साझा करते रहते हैं। नंदू कोई हस्तक्षेप नहीं करता और मेरे पिता तभी हमारे पास आते हैं जब कोई आवश्यकता हो।

मुझे नहीं मालूम है कि मैं कैसी माँ हूँ। लेकिन जो कुछ भी मैं हूँ शायद न रही होती यदि मैंने स्वयं को मातृत्व के अनुभव से वंचित रखा होता। जब कभी भी मैं मातृत्व से जुड़े प्रश्नों पर चिंतन करती हूँ, मुझे अरुण की माँ की याद आ जाती है और कितनी अद्भुत थीं वो। उनकी गर्मजोशी को भुला पाना कठिन है। और मैं सोचती हूँ मेरी भाभी शोभा भागवत, मेरी बहन वासन्ती (डॉ. लीना मोहादिकर) तथा मेरी सहेलियाँ अंजली मॉन्टेरियो एवं सुषमा देशपांडे को भी इस अद्भुत मातृत्व का आशीर्वाद प्राप्त हुआ है। हमारे सामूहिक अनुभवों को मेरे द्वारा राग दुर्गा में स्वरबद्ध किया गया है। पारंपरिक तौर पर किसी को भी इस राग में देवी माँ दुर्गा की प्रसंशा में गाए गए गीत मिल जाएंगे। परंतु मैंने राग दुर्गा में मातृत्व के गीतों को अभिव्यक्त किया है.........

तुम ही हो आधार माई
दरस देत परस करत
करुणा ही तेरी रीत
कभी तुम हो बहना कभी सखी प्यारी
कभी बालक हो बिलखत
कभी पिया की रीत न्यारी

उनके अनंत रूप

रोशन जी. शाहनी

माँ के 91 वर्ष पूरा कर लेने की खुशी में हमने उनके लिए एक बर्थ–डे पार्टी का आयोजन किया था। जैसे ही हमने उनके लिए 'हैप्पी बर्थ–डे' गाया, वो भी हमारे साथ गाने और तालियाँ बजाने लगीं। और जैसा कि हम सभी को लगा कि पूरा वातावरण हँसी से भर उठा है, हालांकि ऐसा थोड़ी देर के लिए ही था, किन्तु सबमें हर्षोल्लास की भावना भर गई थी–उनकी बेटियों, दामादों, नाती–पोतों, भतीजियों और भतीजों सबमें। एक बार फिर से मेरी माँ बच्ची बन चुकी थीं। हम उनके साथ उसी कोमलता के साथ मातृवत् बातें और व्यवहार कर रहे थे जैसे कि बहुत समय पहले मैंने अपने बच्चों के साथ किया था। आज वो जीवन की गोधूलि बेला में पहुँच चुकी थीं, जहाँ मात्र एक शिशु की तरह से उनकी खुशामद करने, उन्हें डाँटने, उनके लिए गीत गाने और उन्हें अपनी बाँहों का सहारा दे सकने से अधिक न तो मैं उनके लिए कुछ कर पाती थी और न ही उनसे संवाद कर सकती थी। परंतु ये सब वो बातें नहीं हैं जिनके कारण मैं अपनी निस्सहाय और एक बार फिर से बच्ची बन चुकी माँ को याद करूँ। इसके पहले कि मेरी माँ विस्मृत कर दी जाएं, मैं उन्हें उसी रूप में याद करना चाहूँगी जैसी वो हुआ करती थीं। शायद, लेखन ही वह क्रिया है जो उन दुःखदाई भूतों को भगाने में हमारी सहायता करता है जो हमारे पीछे पड़े रहते हैं। इस बात की आशा भी है कि यह उन्हें, जो मन, शरीर और आत्मा से टूट चुकीं थी, फिर से जोड़ कर संपूर्णता प्रदान कर दे।

फिर भी, उनके जीवन को पृष्ठों में उतारना उन्हें उसी प्रकार से एक मूर्ति के समान, ठंडी, निश्चल बना देना होगा जैसे कि फोटो खिंचाने के लिए स्टूडियो में कुछ क्षणों के लिए किसी को भी बनना पड़ता है। बहुत सारी अस्पष्टताएं हैं, बहुत सारी स्मृतियाँ

और जुड़ाव हैं, उनके पत्र हैं, डायरियाँ हैं, टिप्पणियाँ हैं, उनके बोलने का तरीका है, उनकी शिक्षाएं तथा उनके अनंत रूप हैं जिन्हें किसी फोटो में समाहित नहीं किया जा सकता, न ही किसी वंशवृक्ष में सीमित किया जा सकता है। मेरी माँ का जीवन तो इतना उलझा रहा है तो फिर मैं शुरुआत कैसे और कहाँ से करूँ? क्या मैं सिर्फ ये कहूँ कि मेरी माँ ऐसी थी, वैसी थीं? बहुत सारे धागे, पैबन्द–स्मृतियों की ये चादर कभी भी पूरी नहीं हो सकती। इसके अलावा, क्या रुढ़ोक्तियों में बंधी उपमाओं का मार्ग, जो बहुत अधिक उपयोग के कारण घिस–पिट चुका है, उन अलग–थलग बिखरे हुए टुकड़ों को एक साथ संजो सकता है जिनसे मेरी माँ का जीवन निर्मित हुआ था? आज लिखने और स्मरण करते समय मुझे ऐसा अनुभव हो रहा है कि सामान्य सा प्रतीत होने वाला एक जीवन उस समय इतना दुर्ग्राह्य और जटिल किस प्रकार बन जाता है जब इसकी दास्तान कही जा रही हो। ऐसे ही क्षणों में यह भी सच है कि मुझे अपनी माँ के जीवन की अंदरूनी लयों को अधिक सावधानीपूर्वक न 'सुन पाने', उनके सम्बन्धों, अथवा उनके पास कहने के लिए जितनी कहानियाँ थीं उन्हें 'समझने' का प्रयास न करने का अफसोस भी हो रहा है। तैरते हुए टुकड़े, टुकड़ों के टुकड़े, स्मृतियों की स्मृतियाँ सबके सब किसी के भी सामने आते–जाते रहते हैं ताकि आप कल्पना से वास्तविकता को और अलग न कर सकें। मेरी माँ आठ संतानों में से एक थी, जिनमें से चार उनके सौतेले भाई थे। विशेषतौर पर, इस सत्य को मेरे समक्ष कभी भी प्रकट नहीं किया गया था। राक्षसी सौतेले भाईयों और सौतेली माताओं की परी–कहानियाँ सुनकर बड़ी होने वाली मैं, जो तीन संतानों में सबसे छोटी थी, को उन सभी बातों से बचा कर रखने की आवश्यकता थी जिन्हें मेरे माता–पिता के द्वारा अवश्य ही कठोर सत्य समझा गया होगा। मेरे एक *मामा* थे जो बर्मा चले गए, कभी वापस न आने के लिए–उनके पत्रों ने अपना स्वयं का एक इतिहास रचा हो सकता था। मेरे हाथ में वो पत्र तब आए जब मैं अपनी माँ के देहांत के बाद दुःख में डूबे हुए अपने घर की सफाई कर रही थी। उन्हें ब्रिटिश जासूस होने के संदेह में जापानियों द्वारा पकड़ लिया गया था और मर जाने तक प्रताड़ित किया गया था......। मेरे एक और *मामा* भी थे जो मेरी माँ को उनके उभरे हुए दाँतों के कारण '*दंतादि*' कहकर बुलाते थे। इसके अलावा एक और थे जो उनके बालों को गूंथते थे और फिर एक और भी थे जिन्होंने मेरे पिता के मेरी माँ के साथ सात वर्षों तक चले प्रेमालाप को अस्वीकार कर दिया था। माँ के सारे भाईयों ने मेरी माँ की कॉलेज में प्रवेश लेने की इच्छा एवं निर्णय को सिरे से नकार दिया था। 'खाना बनाने और सफाई का काम कौन करेगा?' यही सबकी साझा भुनभुनाहट हुआ करती थी।

आश्चर्यजनक रूप से, मेरे दादा–दादी मेरी माँ की पढ़ाई की इच्छा के पूरी तरह से विरोधी नहीं थे। आखिकार इसमें कोई अनोखी बात नहीं थी शायद। मेरे दादा एक शिक्षित व्यक्ति थे, जो पेशे से पोस्टमास्टर थे, और मेरा विश्वास है कि वो त्रुटिहीन अंग्रेजी बोला करते थे और इसीलिए, अपने अमीर रिश्तेदारों–अर्थात् के. वाडिया परिवार, जो सर्राफे के व्यापारी थे, के द्वारा अपने बड़े–बड़े अंग्रेज ग्राहकों का ध्यान रखने के लिए नियुक्त कर लिए गए थे। मुझे विश्वास है कि उनकी अंग्रेजी पुरानी दुनिया वाली हुआ करती थी, जो किसी भी उत्तर–औपनिवेशिक पीढ़ी को आडंबरपूर्ण लग सकती है,

परंतु निश्चित रूप से यह उस समय अत्यंत ही प्रभावकारी प्रतीत होती रही होगी। मेरी माँ इस व्यक्ति की गरिमा की भावना को स्मरण रखने की अभ्यस्त थीं, एक ऐसी गरिमा जिसका कठोर परीक्षण ब्रिटिश शासन के उत्कर्ष के दिनों के दौरान किया गया हो सकता था। वो एक विशेष घटना को दोहराती थीं जो मेरी स्मृति में लंबे समय से बसी हुई है। एकबार, जब मेरे दादा अपने कार्यालय की खिड़की के दूसरी ओर बैठे हुए थे, एक अंग्रेज व्यक्ति पोस्टऑफिस की पंक्ति से बाहर निकल आया। *साहब* ने निश्चित रूप से ऐसा इसलिए किया था क्योंकि वह यह आशा करता था कि देशी लोगों के काम के पहले उसका काम पूरा किया जाएगा। वह तब आश्चर्यचकित रह गया जब मेरे दादा के द्वारा उसे विनम्रतापूर्वक, किन्तु कठोर शब्दों में अपनी बारी की प्रतीक्षा करने को कह दिया था। 'तो फिर वो वापस गया?', मैं उत्सुकतापूर्वक माँ से पूछती थीं, 'हाँ। उसे *ऐसा करना ही* था', मेरी माँ का जवाब होता था। क्या वास्तव में ऐसा हुआ था? क्या वास्तव में मेरी माँ ने मुझे यह कहानी सुनाई थी? अथवा यह स्वयं के साथ चालबाजी करने के लिए मेरी खुद की कल्पना है? मेरी माँ की कल्पना–शक्ति? अथवा उस बुजुर्ग व्यक्ति की जिसे मैंने कभी नहीं देखा? जैसे कि चीनी लोगों के 'व्हिसपर' नामक खेल में होता है, हर बार कहानी सुनाए जाने में इतनी सारी कहानियाँ दोबारा से सुना दी जाती हैं कि वे पारिवारिक मिथकों का रूप धारण कर लेती हैं। फिर भी, हम उन्हें प्यार करना, अपने खुद के वंशवृक्ष का निर्माण करना अच्छा लगता है। इसलिए क्योंकि वे हमारे पूर्वज थे, ऐसे लोग जिन्होंने हमें दुनिया में बने रहने का स्थान प्रदान किया है।

मेरी माँ को अपनी शिक्षा पूरी करने के लिए आगे का समर्थन मेरे पिताजी से प्राप्त हो गया था। वो पिताजी से पहली बार उस समय मिली थीं जब वे अभी भी उसी पांडेय स्कूल में पढ़ रही थीं जिसके प्रति मेरी माँ की अंतहीन निष्ठा थी। मेरे पिताजी उनके अंग्रेजी और फ्रेंच भाषाओं के शिक्षक थे। मेरे पिताजी के स्वभाव को ध्यान में रखा जाए तो यह निश्चित रूप से एक जीवंत, यहाँ तक कि गर्मजोशी से भरे हुए रिश्ते के साथ–साथ एक नाजुक रिश्ता भी होना चाहिए था। वो बहुत कठोर, न झुकने वाले व्यक्ति थे और माँ के स्कूलमास्टर थे, परंतु वे साहस और बुद्धि के प्रसंशक भी थे, और ये दोनों ही गुण मेरी माँ में प्रचुर मात्रा में मौजूद थे। वे दोनों उस समय को याद किया करते थे जब मेरे पिता ने पूरी कक्षा को 'इज पावर्टी एन एविल?' शीर्षक पर एक निबंध लिखने को दिया था। चूंकि यह प्रश्न शब्दाडंबरपूर्ण न होकर एक काल्पनिक प्रश्न था, और चूंकि मेरी माँ के पास अपनी एक स्वतंत्र सोच थीं, अतः उन्होंने बर्नार्ड शॉ के तरीके से दावा कर डाला कि गरीबी सबसे बड़ा अपराध और बुराईयों में सबसे बुरी चीज है। मेरे पिताजी, जिन्होंने अवश्य ही गरीबी–किन्तु–खुशी से भरे हुए लक्षणों से युक्त एक अत्यधिक पारंपरिक और रूमानी प्रत्युत्तर की अपेक्षा की होगी, ने उन्हें उनके अपरंपरागत विचारों के लिए डाँट पिला डाली थी। हालांकि, मेरी माँ अपने तर्क पर कायम रहीं, जैसा कि उन्होंने आने वाले उन सभी वर्षों के दौरान भी किया जिनमें मैंने उन्हें अपने माता–पिता के रूप में देखा था। मेरे पिताजी विरोध किए जाने पर बहुत अधिक नाराज हो जाते थे, फिर भी वो माँ के दुस्साहस के लिए उनकी इज्जत करते थे। शायद, यदि वे आसानी से वश में आ जाने वाली एक दब्बू महिला रही होतीं

तो मेरे पिताजी उन्हें पूरी तरह से कुचल कर रख देते और उन्हें इस अवमानना का दोषी ठहरा चुके होते। लेकिन ऐसा हुआ नहीं था। मेरे पिताजी मेरी माँ को हंसी से अपनी पिगमेलियन कह कर बुलाया करते थे जिसका अर्थ होता था कि उनके शिक्षक के रूप में वो *उनकी* रचना थीं, एक ऐसी रचना जिसे वो प्यार करने लगे थे। मेरी माँ, जो पीछे रहने वाली नहीं थीं, बराबरी वाला जवाब देते हुए उनसे कहा करती थीं कि वे किसी और की नहीं बल्कि खुद स्वयं की रचना हैं!

यदि मेरी स्मृति अच्छी है तो मेरी माँ उन सात लड़कियों में से एक थीं जिन्होंने सन् 1926 में विल्सन कॉलेज से स्नातक किया था, वो और उनकी बहन नागपुर चली गई थीं जहाँ मेरी माँ को एक शिक्षिका की नौकरी मिल गई थी। आज जब मैं पीछे देखती हूँ तो सोचती हूँ कि दो युवतियों के लिए यह बहुत ही असाधारण बात थी कि सन् 1920 के दशक के दौरान उन्हें कहीं अपनी जिम्मेदारी पर रहने के लिए अकेला छोड़ दिया जाए। मैं अपनी दादी माँ की प्रबुद्ध भावना और व्यवहारिक विचारों की प्रसंशा करती हूँ कि उन्होंने अपनी दो बेटियों को ऐसी आजादी प्रदान की हुई थी। हालांकि, मुझे बहुत अधिक आश्चर्य नहीं है क्योंकि *माई* सदैव से ही अपने तौर–तरीकों में प्रगतिशील रहीं थीं। संभवतः, आजादी की जिस परंपरा में हम बड़े हुए थे उसे कम से कम आंशिक तौर पर तो इस शक्तिशाली महिला के साथ जोड़ा ही जा सकता है। वो बहुत अधिक धार्मिक नहीं थीं; उन्होंने धर्म का बहुत अनुसरण भी नहीं किया था, उन्होंने कभी भी अपनी *साड़ी* अथवा किसी *मथु बानू से* अपने सिर को नहीं ढँका, कम–से–कम घर में तो बिल्कुल नहीं। वास्तव में, मेरी पीढ़ी तक में लड़कियों पर थोपी जाने वाली इस प्रकार की वर्जनाओं को उनके द्वारा अपनी किसी भी बेटी अथवा बहू के ऊपर नहीं थोपा गया था। और भी बड़ी बात ये थी कि *मामा लोगों* में से एक के विपरीत *माई* ने मेरे माता–पिता के 7 वर्षों तक लंबे चले प्रणयकाल तथा मेरे पिता द्वारा गिमी के परिवार में आने–जाने पर भी कोई आपत्ति नहीं की थी। वास्तव में, जब मेरे दादा ने कुछ छोटी–मोटी आपत्तियाँ उठाई भी तो उन्होंने उन्हें आकर्षक ढंग से जवाब दे दिया, *'जब मियां बीवी राज़ी तो क्या करेगा काज़ी'।* मैं एक महिला द्वारा किए गए अप्रत्याशित साहस प्रदर्शन से उन्हें हुई निराशा को चित्रित कर सकती हूँ। मेरी माँ ने उस घमंडी व्यक्ति को उस समय शायद और अधिक बड़ा झटका दे दिया होगा जब उसने मेरी माँ के द्वारा ऊँची एड़ी वाली सैंडिल पहनने के विरुद्ध व्यक्त की गई अपनी असहमति–'उसके परिवार तक में किसी ने ऐसा नहीं किया' की उपेक्षा किए जाते हुए देखा। 'परंतु मैं ऐसा कर रही हूँ', मेरी माँ ने खुशी–खुशी यह दावा कर डाला था।

मुझे अपनी माँ के द्वारा मिस्त्री कुल के अंधेरी स्थित बंगले की अपनी पहली यात्रा की स्मृतियों का किया गया बखान अभी भी धुंधला सा याद है। अत्यंत विशाल अंदरूनी भाग से माँ का स्वागत करने और उन्हें अपने घर में आए होने जैसा अनुभव कराने के लिए उनके बड़े से परिवार से कोई भी निकलकर सामने नहीं आया था। यह महज एक अनुमान है, परंतु मेरी माँ, जो मुम्बई के बाहरी इलाकों में मुश्किल से ही कभी गई थीं, ने यह मन बना लिया था कि अंधेरी बहुत अंधकारपूर्ण स्थान होगा। निश्चित रूप से यह उस स्थान का नाम था परंतु इसने अंधेरे की एक छवि निर्मित कर दी

थी; परंतु क्या यह उस बंगले के अंधकारपूर्ण, प्रतिकूल वातावरण के साथ उनका जुड़ा होना नहीं हो सकता था?

एक बच्चे के रूप में मैं पूरी तरह से अपनी माँ से अलग थी। वो उन लोककथाओं के आधार पर मुझे *बीकान सासली* (डरपोक खरगोश) कहकर बुलाया करती थीं जिनमें खरगोश यह कल्पना करता है कि स्वर्ग गिर गया है जबकि वास्तव में उसके सिर पर अचानक से बेर का एक फल ही टपका होता था।

अनगिनत स्मृतियाँ....और उनमें से हर एक में मैं स्वयं को अपनी माँ पर भावात्मक रूप से निर्भर होता हुआ पाती हूँ। जुहू में मनाई गई एक पिकनिक–नीचे तक उड़ान भरते हुए हवाईजहाज, मैं अपनी माँ के साथ समुद्र के किनारे दौड़ रही हूँ, उनके हाथ मेरे सिर पर हैं, कहीं हवाईजहाज गिर न पड़े, मेरी माँ पुनः आश्वस्त करवाते हुए हँसी के साथ मेरी बहन एवं भाई को चेताते हुए, हँसी के उन्माद में डूबी हुई......। इसके अलावा एक स्मृतियों का एक अन्य झोंका–स्कूल में मेरा पहला दिन–मेरी माँ अपनी 4 साल वाली बेटी से अपना हाथ छुड़ाते हुए, मेरे साथ विश्वासघात करके मुझे एक भय से भरी दुनिया में ढकेलते हुए।

मेरी माँ ने मुझे अनेक कहानियाँ सुनाई थीं–उसमें से एक, जिसने मेरे अंदर जुनूनी आकर्षण भर दिया था, वह थी घमंडी अरियाद्ने की कहानी जो मिनर्वा से बदला लेते–लेते मकड़ी बन गया था। मुझे अपने लंबे बालों पर घमंड था। क्या मैं भी मकड़ी बन जाऊँगी? मेरी माँ मेरे साथ गाने गाती थीं और 'क्लेमेन्टाइन' की पंक्ति–'वो कला खो गई और हमेशा के लिए लुप्त हो गई'–मेरी आँखों से आँसुओं का प्रवाह प्रारंभ कर देती थी। यह बहुत आश्चर्यजनक था कि जब वो अपनी मृत्युशय्या पर थीं और उनका ध्यान बंटाने के लिए मैं उनके जाने–पहचाने गीत गाया करती थी तो दुःखी होकर वे मुझसे कह बैठती थीं, *'मने रारवू आवेछ* (मैं रोना चाहती हूँ)–आखिरकार, ये सब इतना अजीब तो नहीं था। हमने अपनी–अपनी भूमिकाओं को परस्पर बदल लिया था और, बदले में, दोनों ने एक ओर तो बच्चों वाले डर और अनिश्चितताओं का अनुभव किया था जबकि दूसरी ओर मातृत्व की कोमलता और समझ का अनुभव भी था।

बचपन की एक और स्मृति थी एक घबराहटपूर्ण शाम की जो इस बार इतिहास से जुड़ी हुई थी। मेरी स्मृतियाँ टुकड़ों में बंटी हुई हैं, जब मैं अपनी *आया* इसाबेल के साथ कामा बाग (ग्रांट रोड पर) पर शाम को घूमने गई और फिर जल्दी से घर की ओर भागना पड़ा.....भीड़ से भरी हुई ट्रामें........गोवालिया टैंक की ओर तेजी से भागना.......बिस्कुट के आकार वाले पत्थरों की सीढ़ियों वाले जाने–पहचाने स्थान चक्की को पीछे छोड़ते हुए आगे निकलना, डरे हुए लेकिन उत्तेजना से भरे हुए, और ये सब इसलिए हो रहा था कि मेरे पास एक भयानक खबर थी–गाँधी जी मर चुके थे। और मेरी माँ ने इस सूचना को सबसे पहले लाने के लिए मेरी प्रशंसा करने के बजाए मेरी ओर बहुत उदासी और गंभीरता से देखा था। उनके इस प्रकार से देखने से मुझे नफरत सी

हो गई थी......फिर मेरी माँ ने रेडियो खोला, हमेशा की तरह मेरे साथ सुनते हुए, मेरा ख्याल है कि नेहरू द्वारा अंतिम बिदाई सम्बन्धी वक्तव्य प्रसारित हो रहा था–जबकि मैं स्वयं को खो दी गई और उपेक्षित सी महसूस कर रही थी।

मेरी माँ गाँधी और नेहरू की कट्टर प्रशंसक थीं, जबकि, मेरे पिताजी, जिन्होंने सन् 1940 के दशक में देश के साथ राष्ट्रवाद की सरगर्मियों को साझा किया था, का बहुत शीघ्र ही इन सबसे मोहभंग हो गया था। इन सबके पीछे अंतहीन तर्क थे, यहाँ तक कि इन राजनीतिक मुद्दों पर घर में ही युद्ध लड़ लिए जाते थे। यद्यपि मैं अपनी माँ के पक्ष में ही रहती थी (निश्चित रूप से चुप रहते हुए), फिर भी मेरी इच्छा होती थी कि वो वाद–विवाद न करें। मैं अनजाने में ही उनकी तुलना दूसरी माताओं से करने लगती थी। वो सब युवा और आकर्षक थीं; वे मेकअप करतीं और पश्चिमी परिधान अथवा *साड़ियाँ* भी पहना करती थीं; वह भी गैर–पारसी शैली में और अधिक फैशन के साथ। यदि उन्हें स्कूल जाना पड़ जाता था तो ये माताएं शिक्षकों के प्रति श्रद्धा से भरी होती थीं, जबकि मेरी माँ, जो कि स्वयं भी एक शिक्षिका थीं, शिक्षिकाओं से विनम्रतापूर्वक, लेकिन पूरी दृढ़ता के साथ वह सबकुछ भी कह डालती थी जो शिक्षिकाएं शायद सुनना पसंद नहीं करती थीं। जितनी बार भी वे स्कूल गईं हर बार डर के मारे मैं अपनी मौत से पहले हजार बार मर जाती थी। सबसे महत्वपूर्ण था कि अन्य माताएं भोजन पकाती और परोसती थीं, वे पढ़ती नहीं थीं और यदि किसी ने कभी कुछ पढ़ भी लिया तो भी बस फैशन वाली पत्रिकाएं। वे समाचारपत्र नहीं पढ़ा करती थीं, वे आकाशवाणी पर वार्ताएं प्रस्तुत नहीं करती थीं, वे इस विशाल, खुले संसार में बाहर कदम नहीं रखती थीं, जब उनके बच्चे स्कूल से घर लौटते तो वे अपने घरों में मौजूद रहा करती थीं। उनकी अपनी कोई राय अथवा दृढ़ प्रतिबद्धताएं नहीं हुआ करती थीं और मैं भी अपनी माँ की कुछ ऐसा ही होने की इच्छा रखती थी। सन् 1950 का शांत और दिलासापूर्ण दशक, जब संयोगवश मेरी बालिकावस्था भी थी, में मॉम–एंड–एप्पल–पाई वाली छवि, कम से कम इसका भारतीय संस्करण, मुझमें दृढ़तापूर्वक भरा हुआ था, परंतु मेरी माँ बिल्कुल भी इस छवि के अनुरूप नहीं थीं। एक बच्चे के रूप में जब कभी भी मेरी माँ ने मुझे डाँटा तो मेरे मस्तिष्क की दृष्टि सदैव इस दृश्य की रचना करती थी–मेरे पिता और एक सुंदर महिला, जिसके बाल उसके कंधे तक हैं (एक भी इंच न बड़े और न ही छोटे), दुल्हन वाले एक सफेद वस्त्र में विवाह करने के लिए चर्च की वेदी पर घुटने टेक रहे हैं। उस महिला में किसी महिला की छवि दिखाई देती थी जिसे मैं अपने पड़ोस में देखती रहती थी, यह दृश्य वार्डेन रोड स्थित सेंट स्टीफेन चर्च का हुआ करता था जहाँ में इसाबेल के साथ प्रायः जाती रहती थी। मेरी असली जिन्दगी वाली माँ एक वृद्ध, सादगीपूर्ण और चतुर महिला थी। वह इस तस्वीर में कहीं भी फिट नहीं होती थी।

किसी बच्चे के समान कल्पना करना आकर्षक तो हो सकता है किन्तु बहुत लंबे समय तक संरक्षित भोलापन आगे चलकर अज्ञानता में बदल जाता है। मैं सदैव ही छोटी लड़की ही बनी रही। परंतु वो छोटी कितनी छोटी थी? 10 वर्ष की आयु में, मैं आश्चर्य किया करती थी कि बच्चे 'बस ऐसे ही' पैदा हो जाते हैं और मेरी माँ मुझे ऐसे ही आश्चर्य करने देती थीं। जब मैं 16 वर्ष की थी तो नानावती मामले[1] ने शहर को

हिला कर रख दिया था, और मेरे पिताजी ने घोषणा कर दी थी कि मेरी मौजूदगी में इस विषय पर चर्चा न की जाए और मेरी माँ ने मात्र दिखावटी नैतिकता को ज़ोड़ने के लिए यह कहते हुए इसका विरोध किया कि मुझे यह ज्ञात होना चाहिए कि किसी महिला को अपने वैवाहिक विश्वासघात के लिए क्या परिणाम भुगतने पड़ते हैं। जब मैं और माँ *एडम बेडे* पर जोशपूर्वक चर्चा कर रहे थे तो मैं 18 वर्ष की हो चुकी थी। निश्चित रूप से कोई भी ऐसा नहीं था जो इसे हमसे अलग कर सकता हो–साहित्य सदैव एक ऐसा बंधन होता है जिसे कोई भी ताकत अलग नहीं कर सकती। फिर मैंने हेट्टी सोरेल की अवैध संतान का उल्लेख कर डाला था। अचानक ही सारा जोश हवा हो गया, मेरी माँ शर्मिंदा सी और अपराध बोध से भरी सी दिखाई देने लगी थीं।

मेरी बहन पिताजी को मजाक करते हुए सलाह देती थी कि वे मुझे शीशे के एक शो–केस में बंद कर दें–कहने की आवश्यकता नहीं है कि मैं बहुत खुश होती थी। अनेकों मामलों में जैसे शिक्षा, नौकरी, यात्रा, धर्म आदि में तो मेरे माता–पिता प्रगतिशील थे किन्तु सेक्स, जन्म, मृत्यु, लड़कों से मित्रता, उनसे मिलना–जुलने के मामलों में उनका विवेक विक्टोरिया युग वाला हो जाया करता था जो मुझे कुचल देता था। थोड़ा बहुत सुधार होता भी था तो यह एक सुंदर से उस घूंघट की तरह से होता था जो हमें हमारे अपने ही मौन के पीछे छिपा लेता था। मेरे पिताजी की औपचारिकता, यद्यपि विरोधाभासपूर्वक, यह थी कि कई मायनों में वो एक गैरपरंपरावादी व्यक्ति थे–जिसके साथ जुड़ा हुआ था मेरे और मेरी माँ की आयु के बीच का 39 वर्षों का अंतर, जो कि इन सारी बातों के लिए योगदायी कारकों में शामिल था। फिर मेरी खुद की चुप्पी भी साथ जुड़ी हुई थी, परंतु ये कम–से–कम आंशिक थी, जो बाधाओं का कारण न होकर परिणाम थी। जिस अक्खड़पन का अनुभव मैंने किया था लंबे समय के साथ–साथ धुंधला पड़ चुका है किन्तु यह इतने समय तक कायम रहा कि उसने मुझे कसम खाने पर बाध्य कर दिया कि मैं इस अंतर को मुझे अपने बच्चों से अलग नहीं करने दूँगी। क्या मैं सफल हुई? ये तो सिर्फ वे ही बता सकते हैं! इन स्मृतियों को आज मनबहलाव के लिए ताजा तो किया जा सकता है परंतु खेद की छाया ने उन्हें ढँक रखा है। मेरी माँ और मैं कभी भी परस्पर शत्रु नहीं थे। मेरी इच्छा है कि हम मित्र बन सके होते।

यहाँ तक कि जब कभी भी मैंने अपनी माँ के कुछ पहलुओं से छुटकारा पाने का प्रयास भी किया है तो मुझे अनेक नए रूपों में उनकी पहचान प्राप्त हुई है। बचपन में जब से मैंने खेलना प्रारंभ किया था तो मैं 'टीचर–टीचर' वाला खेल बहुत खेला करती थी। मेरी माँ एक पैदाइशी टीचर थी और वो कुछ बातों में जान डाल दिया करती थी, जैसा कि बहुत कम टीचर ही कर पाते हैं। एक अर्थ में, वो मेरी अंतिम टीचर भी थीं–उनकी अपनी निस्सहायता और निर्भरता ने मुझे धैर्य और धीरज रखना और क्षमता पैदा करना सिखा दिया था, जिसके मेरे पास मौजूद होने का ज्ञान स्वयं मुझे ही नहीं था।

माँ को जो कुछ भी आनंद देता था, यहाँ तक कि खिजाता भी था, वह था मेरे द्वारा इस बात पर जोर दिया जाना कि वो मेरी अंग्रेजी लिखने की शैली को सुधार दे। मैंने उनसे सीखा था कि 'नाइस' बहुत अच्छा विशेषण नहीं था। उन्होंने मेरी कल्पनाओं की धज्जियाँ उड़ा दी थीं। वृक्ष अधिक हरियाली भरे होते थे और राजा लोग 'राजसी',

तूफान प्रचंड होते थे, जब मेरी माँ उन्हें उत्पन्न करती थीं। अकबर की महानता, अशोक की बुद्धिमत्ता, झांसी की रानी की वीरता–मेरी कल्पनाओं में इन सभी का विस्तार हो चुका था क्योंकि ये माँ ही थीं जिन्होंने उनके पराक्रम, उनकी बुद्धिमत्ता, उनके साहस का पुनर्अभिनय कर डाला था। 'ईश्वर ने अपनी हवाओं के साथ उड़ा दिया और वे सब बिखर गए थे,' एलिजाबेथ–मुझे यह विजयोल्लास में डूबे हुए शब्द उस समय बोलने थे जब अंग्रेजों ने स्पेनिश अर्मादा को पराजित कर दिया था। परंतु जिस प्रकार से मेरी माँ ने इन शब्दों को स्वर दिए होते वो ऐसे प्रतीत होते जैसे कि उन्होंने किसी की महिमा के विजयोल्लास को स्वर प्रदान कर दिए हों। तभी मैं उनके साथ विजय के शिखर तक जा सकती थी। कोकावेलि (कमल) के दिखाई पड़ने पर वर्ड्सवर्थ को होने वाले हर्षोन्माद को हम साझा करते थे, हम उन प्राचीन जहाजी नाविकों के अकेलेपन का अनुभव किया करते थे जो समुद्र में भटक जाया करते थे। हालांकि, गृहकार्य के बोझों से दबे हुए, स्कूल का बैग और किताबों का लगाते हुए, गणित, जो मुझे कभी आँसुओं के साथ या उनके बिना समझ में नहीं आई, का अभ्यास करते हुए अनेक बार ऐसा समय आता था जब मैं उनकी भाषणबाजी को रोक देना चाहती थी। हालांकि, वर्षों बाद, जब एक कॉलेज छात्रा के रूप में मैंने उन्हें बताया कि वो मेरे लिए सर्वश्रेष्ठ शिक्षिका थीं, तो मुझे याद है कि उनका चेहरा चमक उठा था।

साहित्य के प्रति मेरी माँ का लगाव उनके पूरे जीवन समाप्त होने तक बना रहा। जिन कविताओं को वो उद्धृत किया करती थीं, वे *द राइम ऑफ द एन्शिएंट मैनर* से ली गई बार–बार याद आने वाली लाइनें हुआ करती थीं–

अकेले, अकेले, बिल्कुल अकेले, एक विशाल, बड़े समुद्र के किनारे अकेले.......

क्या वो अपने अकेलेपन वाली स्थिति के बारे में बोलती थीं, बुढ़ापे और मृत्यु के नजदीक जाते रहने वाले अकेलेपन के बारे में? या फिर यह अवश्य ही कोई पुराना दुःख रहा होगा जो समय में खो चुका था? ऐसा मात्र तभी हुआ था जब वो दुनिया से जा चुकी थीं कि एक छोटी सी लाल रंग की डायरी मेरे हाथ लगी थी, जिसमें सन् 1969 से अनेक शिक्षाप्रद बातें दर्ज की गई थीं। उन वास्तविकताओं सम्बन्धी प्रविष्टियों के बीच अक्टूबर माह की तीसरी तारीख की एक प्रविष्टि पर मेरी निगाह अटक गई थी। यहाँ उन्होंने कुछ अत्यंत मार्मिक लाइनों को उद्धृत किया हुआ तो जो अभी भी मेरा पीछा नहीं छोड़ती....वो उस दिन के बारे में थी जिस दिन मेरे पिताजी का देहांत हुआ था।

पिता जी के देहांत के बाद वाले वर्ष में मैंने अपनी माँ के साथ उनकी गहरी उदासी और कोमलता को साझा किया था। उनके लिए, यह एक भारतीय गर्म मौसम के समान थी, दुःख से भरी हुई फिर भी, निर्मल शांत। उन्होंने जीवन के धागों को फिर से पकड़ लिया था। पिताजी के देहांत के कुछ दिनों बाद से ही उन्होंने अपने शिक्षण कार्य को फिर प्रारंभ कर दिया और अपने बीमा सम्बन्धी काम को भी संभाल लिया। मुझे अनुभव हुआ कि वो मुझे और अधिक वयस्क मानने लगी थीं, पहले की अपेक्षा मेरे मित्रों में अधिक रुचि लेने लगी थीं। उन्होंने कभी भी हमारी उपेक्षा नहीं की थी, परंतु उनका

जीवन मेरे पिताजी के आसपास केन्द्रित रहा था। उनकी बौद्धिक गतिविधियाँ जारी हो गई थीं। उन्होंने पुराने साहित्यों का संक्षेपण किया, अनुवाद के कार्य किए, और वार्ताओं एवं व्याख्यानों में भाग लेती रहीं।

जब मैं इस पुस्तक के पहले मसौदे पर काम कर रही थी तो मैं अपने पुराने घर में अपनी माँ के लिखने वाले उस डेस्क पर बैठ जाया करती थी जो उस समय पर हमारे पास ही था। उसपर बैठकर मुझे *देजा वू* होने का अनूठा अनुभव हुआ करता था। डेस्क पर झुकते हुए, जैसे वो झुक जाती थीं, सामने बिखरे हुए कागज, मेरा चश्मा मेरी नाक पर, अपने पति और बच्चों से सुझाव देने के लिए कहते हुए, गर्दन अकड़ जाने की शिकायत करते हुए और सबसे अंत में पीठ में दर्द की शिकायत करते हुए क्या मैं स्वयं अपनी ही माँ के रूप में ही ढल रही थी? मुझे खेद है कि मैंने उस समय पर उनके काम में अधिक रुचि नहीं ली थी, परंतु मुझे स्वयं के प्रति बहुत अधिक कठोर भी नहीं होना चाहिए। मेरे पास जीने के लिए अपना युवा जीवन था। परंतु आज, कागज का हर टुकड़ा, गुजर चुके जीवन की हर याद, मोक्ष के लिए आवाज दे रहा है। दुनिया छोड़ चुके लोगों के जीवन ही होते हैं जो हमारा पीछा नहीं छोड़ते, उनके जीवन नहीं जो आज जिन्दा हैं।

अब मेरी माँ के पास जिन विभिन्न गतिविधियों के लिए समय हुआ करता था उनमें से एक थी कढ़ाई करना। मेरी भाभी के लिए उन्होंने एक साटन की रजाई पर जिन रंग–बिरगें फूलों की कढ़ाई की थी, उसको एक अंतिम सुंदरता प्रदान करने के लिए उनकी इच्छा थी कि इस पर इन लाइनों को टाँक दिया जाए:

उम्र उसे मुरझा नहीं सकती
न ही रिवाज़ नीरस कर सकते हैं
उनके अनंत रूपों को

मैं यहाँ इन लाइनों को उद्धृत कर रही हूँ, इसलिए नहीं कि मेरी माँ का जीवन अनंत रूपों से भरा हुआ था, बल्कि उन विविधतापूर्ण सम्बन्धों के लिए उद्धृत कर रही हूँ जो उन्होंने अनेक प्रकार के लोगों के साथ साझा किया था–अपने नाती–पोतों, बहुओं, बहनों, भाभियों सभी के साथ। किन्तु एक बहुत गहरा बंधन और था जिसे मेरी माँ ने एक ऐसे व्यक्ति के साथ साझा किया था जो उनके बहुत विपरीत था, जिसके बारे में मुझे लगता है कि मैं लिख डालूँ, विशेषतौर पर इसलिए क्योंकि महिला दासता और महिला सम्बन्धों तथा महिलाओं की समर्थन प्रणालियों के सम्बन्ध में मेरे अपने संदेह रहे हैं।

जब मेरा विवाह हुआ तो मेरी सबसे बड़ी चिंता यह थी कि मेरी माँ और मेरी सास परस्पर एक दूसरे को कैसे लेंगी। हर मामले में दोनों उत्तरी और दक्षिणी ध्रुवों के समान थीं। मेरी माँ से आत्मविश्वास, प्रेरित भय, यहाँ तक कि आतंक रिसता रहता था। उन्हें अच्छे कपड़ों और गहनों से प्यार था, यहाँ तक विधवा हो जाने के बाद भी। उनके सलेटी पड़ चुके केश सदैव ही धुले हुए, संवारे हुए और सेट रहा करते थे। यहाँ तक कि यदि उन्हें कभी पासपोर्ट फोटोग्राफ भी खिंचवानी होती थी तो वे पहले ब्यूटी पार्लर

में जाकर अपने बालों को सेट करवा लेती थीं। वे पूरी तरह से मेल खाती हुई लेस लगी ब्लाउज के साथ कढ़ाई की हुई साड़ी पहनती, एक बढ़ियाँ सा बाजूबन्द पहनती, एक छोटा हैंडबेग लेतीं, एक सुन्दर सी *साड़ी–पिन* लगातीं और फिर एक ऊँची एड़ी वाली सैंडिल उनके शृंगार को पूरा कर देती थी।

हमारा घर सदैव ही साफ–सुथरा और सज्जापूर्ण ढंग से व्यवस्थित रहा करता था–हर वस्तु अपने स्थान पर रहा करती थी, हर वस्तु का अपना एक स्थान था। यदि गलती से किताबें भोजन की मेज पर बिखरी पड़ी रह जाती थीं तो इससे परिवार में भूचाल सा आ जाता था। यदि नौकर ने हॉल में अपनी चप्पल उतार दी तो उसे डाँट पड़नी निश्चित थी। यदि कोई दुर्भाग्यशाली आगन्तुक को म्यूजिक सिस्टम के पॉलिश किए हुए कैबिनेट के सामने खड़े होकर अपने छाते की हैन्डिल को ठीक करना हो तो उसे होशियारी से हटा लिया जाता था। यदि टूथपेस्ट के इस्तेमाल के बाद उसके ढक्कन को ठीक से नहीं बंद किया गया तो यह परिवार के लिए एक शर्म और लोकनिंदा की बात हो जाया करती थी। टी–सेट, डिनर–सेट, क्रॉकरी, कटलरी सब बिल्कुल सटीक अवस्था में हुआ करते थे ताकि उन्हें सही अवसरों पर सही लोगों के लिए निकाला जा सके। मेरी माँ को असंख्य यात्राओं का अनुभव था, न केवल यूरोपियन तरीकों से बल्कि निश्चित रूप से परिष्कृत रूप में। वे तौर–तरीके जैसे भी थे, उन्हीं के लिए पैदा हुई थीं।

मेरी सास (इस कहानी को लिखने के दौरान हाल ही में उनका देहावसान हुआ है) उनके ठीक विपरीत हुआ करती थीं। संकोची, विनम्र, दूसरों की खुश रखने की इच्छुक, आदरयुक्त भय से भरी हुई और निश्चित रूप से इसकी भावना उत्पन्न न करने वाली। इसके बजाए वो प्यार एवं स्नेह की भावना उत्पन्न करने वाली महिला थीं। उन्होंने दस वर्ष की आयु के बाद से ही *खादी* पहनना प्रारंभ कर दिया था और इस बात से उन्हें कोई फर्क नहीं पड़ता था कि उनकी *साड़ी* सही तरीके से बंधी है अथवा नहीं। वे सैद्धांतिक तौर पर कभी भी कोई भी आभूषण नहीं पहनती थीं, किसी भी शादी–विवाह अथवा रेस्तराओं में नहीं जाया करती थीं। उनके केश प्रायः ही अव्यस्थित सी चोटी में बंधे होते थे, उनकी खान–पान की आदत अत्यधिक साधारण थी। अपने कमरे में चारों ओर फैली हुई किताबों, अखबारों, चाय के खाली प्यालों से उन्हें कोई अंतर नहीं पड़ता था। आज जब मैं आश्चर्य से पीछे देखती हूँ कि 30 वर्षों पूर्व 'समुचित' ढंग से किए गए मेरे पालन–पोषण के कारण मुझे उस समय निन्दा का पात्र बनना पड़ा था जब मैंने मेहतर को उसी प्याले में चाय पीने को दे दी थी जिसका उपयोग परिवार के द्वारा किया जाता था। मुझे याद है कि मैंने अपनी माँ को ये 'आघात' पहुँचाने वाला समाचार दिया था। परंतु मुझे यह अवश्य कहना होगा कि मैनर हाउस की उस महिला में इस बात को यह कहते हुए हंसी में उड़ा सकने की महानता थी, 'तुम्हें मालूम है, मेहतर लोग भी काफी साफ–सुथरे लोग होते हैं......।' मेरी माँ के विपरीत मेरी सास की 'यात्राएं' देश के विभाजन के समय हुई भगदड़ में कराची से मुम्बई तक आने की यात्रा तक ही सीमित रह गई थी।

और इन सबके बाद इन दोनों महिलाओं–पहली, जो सच में पूरी तरह से लोलुप थी, और दूसरी एक समर्पित गाँधीवादी–ने इन सब बातों को एक साथ मिलकर भुला दिया था और कुछ शुरुआती असहजता के बाद बहुत ही घनिष्ठ सहेलियाँ बन गई थीं। मेरी सास मेरी माँ को हर उस तरीके से खुश करने की सदैव इच्छुक रहा करती थी जैसे वो कर सकती थीं और, बदले में, माँ की जा रही अपनी देखभाल और दिए जा ध्यान से अत्यधिक प्रसन्नता का अनुभव किया करती थीं। जैसे–जैसे साल–दर–साद गुजरते गए, माँ गर्मी की छुट्टियाँ हमारे साथ ही गुजारने लगी थीं। *अम्मा* उन्हें अपने ही शयनकक्ष में साथ ही सुलाती थीं और सुबह की चाय पीते हुए दोनों एक साथ *भजन* सुना करती थीं। शाम को, जब *अम्मा* अपने ऑफिस–*द हिन्दुस्तान*–से घर आने लगती तो वो उनके लिए *जलेबियाँ, काजू* और *भेलपूरी* (अपने कठोर तौर–तरीकों के कारण इन सबमें से वो स्वयं कुछ भी नहीं खाती थीं) ले आती थीं जो मेरी माँ को बहुत ही पसंद थे। मौके–बेमौके, मेरी माँ इतनी आसानी से धौंस खा जाने के लिए उन्हें डाँट भी लगा दिया करतीं। 'कला, तुम्हें अपने अधिकारों के लिए अवश्य ही संघर्ष करना चाहिए' वो उन्हें सलाह दिया करती थीं। जो कुछ भी दोनों ने परस्पर साझा कर रखा था वो थे उनके नाती–पोते, लेकिन इसके साथ ही एक निश्चित साझा स्नेह, चिंता और निष्ठा भी थी। इसके अलावा, यद्यपि कि उन दोनों ने ऐसा नहीं सोचा होगा, उनके प्रगतिशील विचारों ने उन्हें अपने ही अधिकारों में नारीवादी बना दिया था। यह पहचान मेरे पुत्र द्वारा की गई थी जिसने कई वर्षों के बाद अपने लेखन में इसका जिक्र किया।

दोनों ही एक दूसरे के मतभेदों का सम्मान करती थीं। मैं अभी भी इन दोनों वृद्ध महिलाओं को मेरी सास के कमरे में अगल–बगल बैठे हुए, मेरे लिए मटर छीलते हुए और प्याज काटते हुए देखा करती हूँ। माँ किसी *भेलवाले* की तरह से प्याज को बहुत महीन काटने में सिद्धहस्त थीं, और मैं उनसे ऐसा कहा भी करती थी। आज, जब मैं प्याज काटती हूँ (उतना महीन नहीं), तो मेरी आँखों से निकलने वाले आँसू अकेले प्याज से निकले नहीं होते।

मेरे यहाँ आने जाने के शुरुआती वर्षों के दौरान मेरी माँ संरक्षिका हुआ करती थीं–मेरी सास संरक्षित। परंतु मेरी माँ के अंतिम आगमन के समय तक उनकी भूमिकाएं मौलिक रूप से परस्पर पलट चुकी थीं। माँ को देखभाल, पोषण और सहारे की आवश्यकता थी, जो सबकुछ *अम्मा* ने उन्हें भरपूर मात्रा में दिया था। अब, ये मेरी माँ थी जो चीजों को गुमा देती थीं, अपने सामानों को भूल जाया करती थीं, और, मुझे क्षमा करें, जब मैं बहुत अधिक खीज का प्रदर्शन करती तो *अम्मा* उनके लिए मामले को दुरुस्त कर दिया करती थीं। जब कभी भी मेरी माँ मेरे पास आया करती थीं, यहाँ तक कि गुजरे हुए समय में भी, तो वह अपने साथ एक काला बैग लाया करती थीं। हर सुबह वो इसे मेरी सास के कमरे से खींच कर मेरे कमरे में ले आती थीं, और हर रात वापस उनके कमरे में ले जाती थीं। 'मैरी का छोटा मेमना' *अम्मा* ने इसे इसी तरह बुलाना प्रारंभ कर दिया था। माँ को यह बड़ा मजेदार लगा और वो स्वयं को ऐसे ही सम्बोधित करने लगी थीं। परंतु अंतिम बार जब वो हमारे घर आईं तो यह बैग उनकी पहचान का बिल्ला

बन चुका था, उनके स्वयं के घर का एक प्रतीक। मुझे आज महसूस होता है कि वो इसके मोहपाश में बंध चुकी थीं, क्यों वो बार–बार यह दोहराती रहती थीं कि उनका घर आँसू बहा रहा है और उन्हें वापस आने के इशारे कर रहा है। वो मेरी माँ का मेरे घर अंतिम आगमन था। मेरी माँ के देहांत के बाद मैं वो काला बैग वापस अपने साथ ले आई, उनके घर 'माडर्न मैनर' से। मेरी सास इससे अलग होने की इच्छुक नहीं हैं।

सासों के बीच सम्बन्ध परंपरगत तौर पर परस्पर संदेहों, असंतोष एवं शत्रुताओं में ही डूबे रहे हैं। ज्यादा–से–ज्यादा, उनमें साझा शिष्टाचार, स्नेह और आतिथ्य हो सकता है। हालांकि, इसे पूरी तरह से आदर्श स्वरूप प्रदान किए बिना, मुझे आज तक इन दोनों माओं, सासों के द्वारा साझा किए गए सम्बन्ध अन्यत्र देखने को नहीं मिले है। शायद, मैं अपने खुद के कथन को सुधार सकती हूँ। हाल के वर्षों में, मैंने पाया है कि मैं इसी नजदीकी को अपनी बेटी की सास के साथ साझा कर रही हूँ। मैं जानती हूँ कि इसके पीछे अन्य कारण भी हो सकते हैं लेकिन मैं इसे उन दोनों महिलाओं द्वारा छोड़ी गई विरासत के रूप में देखना चाहती हूँ जिन्हें मैं प्यार करती हूँ और हृदय में धारण किए हुए हूँ। दुनिया में किसी भी अन्य चीज से अधिक, यह उनकी मेरी माँ के साथ घनिष्ठता रही है जिसने मुझे मेरी सास के नजदीक ला दिया था।

मैं अपनी माँ के देहांत के दिन को इस तरीके से याद करना पसंद करूँगी। मेरी माँ प्राण त्याग रही हैं, *अम्मा* उनके बिस्तर के बगल में बैठी हैं, उनके निष्क्रिय हो चुके हाथों को अपने हाथों में पकड़े हुए। वो उठेंगी, कमरे में टंगी हुई जरथुश्त्र की तस्वीर को छुएंगी और फिर मेरी माँ के चेहरे को स्पर्श करेंगी। उन्होंने बार–बार ऐसा ही तो किया था, और ऐसा ही एक बार फिर।

मेरी माँ एक आर्शीवाद से परिपूर्ण महिला के रूप में दुनिया से विदा हुई थीं।

टिप्पणी

1. नानावती, एक खूबसूरत युवा नौसेना अधिकारी था जिसने अपनी पत्नी के कथित प्रेमी, आहूजा की हत्या कर दी थी। सन् 1960 के दशक में यह एक बहुचर्चित मामला बन गया था–जनून में किए गए एक अपराध का। इसने नानावती को एक प्रकार का हीरो बना दिया था।

सूली ढोती औरत*

उर्मिला पवार

एक औरत, पत्नी है कुछ समय के लिए,
वो एक माँ है जीवनभर के लिए।

हर बार एक भावना, जिसे हम *'दुःख'* कहते हैं, की बारीकियों पर चिंतन करते समय उस रात की यादें एक बिच्छू की तरह डंक मारने लगती हैं....

यह आधी रात के काफी देर बाद की बात है कि दरवाजे को किसी के द्वारा लगातार खटखटाए जाने से हमारी नींद टूट गई थी। जब मेरे पति ने दरवाजे पर जाकर पूछा तो हमें पता चला कि आगन्तुक हमारा कोई परिचित है। दरवाजे की सीमा पर ही खड़े–खड़े उसने जल्दी में मेरे पति से कुछ बुदबुदा कर कहा था। मैं जानना चाहती थी कि हो क्या रहा है–परंतु संदेशवाहक का सपाट चेहरा मुझे कुछ नहीं बता सका। 'हमें तुरंत तुम्हारी माँ के घर जाना होगा'–मेरे पति ने घोषणा कर दी थी। मैंने उनसे अपनी इस अचानक यात्रा का कारण पूछा था। 'वो बीमार हो गई हैं, बस यही बात है.....' यही उनका संक्षिप्त सा जवाब था। 'किन्तु यह संभव नहीं है,' मैं एक बार बहस करने लगी थी, 'आज शाम को जब मैं उनसे मिली थी तो वे अच्छी खासी थीं।' मैं उनके कुछ और कहने की प्रतीक्षा कर रही थी, परंतु वे एक शब्द भी नहीं बोले। इसके पहले कि मैं कुछ जान पाती, मेरे पति और वह अजनबी अंधेरी सड़क तक जा चुके थे, तेजी से दूर जाते हुए। भ्रम से भरी हुई मैं भी उनके पीछे चल पड़ी थी, बस जल्दी से दरवाजे को ताला ही लगा पाई थी।

* मूल पुस्तक के लिए आशा दामले ने इसका अंग्रेजी में अनुवाद किया है।

माँ हमारे घर से बहुत अधिक दूर नहीं रहा करती थीं। शीघ्र ही हम उनके घर पर थे। दरवाजे पर एक छोटी सी भीड़ एकत्रित नजर आ रही थी। दुःख से भरे विलापों की आवाजें हवा में गूँज रही थीं और एक अज्ञात से आतंक ने मुझे जड़ कर दिया था। मैंने महसूस किया कि मेरे पैरों के नीचे से जमीन सरकती जा रही थी।

जैसे ही मैं माँ के घर में घुसी, मैंने उन्हें पूरी तरह से दीवार से सिर लगाए हुए देखा। वो पागलों की तरह निराशा से रो रही थीं उनके आसपास दूसरी औरतें भी रो रही थीं, शोक कर रही थी या फिर मेरी माँ को राहत देने का प्रयास कर रही थीं। मेरा चकराया हुआ रूप देखकर किसी ने जल्दी से मुझे बताने का प्रयास किया, '*बाई,* हमें दुःखद समाचार मिला है–मुम्बई में तुम्हारा *भाई* नहीं रहा। तुम्हारा छोटा भाई उसका शव लेने गया है।'

क्या यह संभव था? मेरा हट्टा–कट्टा छोटा भाई, जिन्दगी से भरपूर–वो मर कैसे सकता है? समाचार जितना अप्रत्याशित था उतना ही इसका क्रूर प्रभाव मुझे बिखरा चुका था। मैंने माँ को जोर से पकड़ लिया, अविश्वास से भरी उनकी आँखों में निहारते हुए। ऐसा प्रतीत हो रहा था कि सच को मेरा मस्तिष्क मानने को तैयार नहीं है।

जब मैं माँ को संभाल रही थी तो मुझे लगा कि मेरे भाई से अधिक वो मर चुकी हैं। हमारे बचपन की अनेकानेक तस्वीरें मेरी आँखों के आगे नाच गईं। यह सच है, मैं अपने भाई को जानती थी, उसकी पसंद–नापसंद को भी जानती थी। मुझे याद आता चला गया कि उसने कितनी गंभीरता से पढ़ाई की थी, उसकी नौकरी का पहला दिन–और इन सबसे भी अधिक हमारे परिवार के लिए उसकी चिंता। और यह बहुत अजीब सा लग रहा था कि मुझे उससे अधिक माँ के बारे में सोचना चाहिए था। माँ के जीवन की तस्वीरें घटनाओं के अनजाने से क्रम में निगाहों में आती चली जा रही थी। मुझे याद है कि पिताजी के देहावसान के बाद वो कैसी लगने लगी थीं। अपने पिताजी के देहांत के पहले की माँ से जुड़ी कोई याददाश्त मेरे पास नहीं थी। उस समय, शायद मैं बहुत ही छोटी थी। मुझे अपनी माँ मात्र एक विधवा के रूप में ही याद है।

हम एक अत्यंत निर्धन दलित समुदाय से थे, महाराष्ट्र के रत्नागिरी जिले में फानसावले नामक छोटे से गाँव से। जातिगत क्रम में हमारा समुदाय विशेष बहुत नीचा माना जाता था और एक महिला होने के नाते मेरी माँ तो नीचे लोगों में से भी सबसे नीची थीं। पिताजी के देहांत के बाद हमारी आमदनी पूरी तरह से समाप्त हो गई थी, जिसने माँ को परिवार को जिन्दा रखने के लिए काम करने हेतु मजबूर कर दिया था। एक गरीब अशिक्षित औरत होने के कारण उसके पास काम करने के लिए अपने दो हाथों का उपयोग करने के अलावा और कोई भी कौशल उपलब्ध नहीं था।

पिताजी के देहांत के समय हमारा परिवार रत्नागिरी जिले में भली–भांति व्यवस्थित था। मूलतः, फानसावले से हमारा प्रवासन पूरी तरह से हमारी शिक्षा को लेकर हमारे पिताजी की चिंताओं के कारण हुआ था। उन्होंने कस्बे के बाहरी इलाके में एक छोटी सी मिट्टी की झोपड़ी बना ली थी और एक स्थानीय प्राथमिक विद्यालय में पढ़ाने लगे थे। इसी बीच मेरे एक बड़े भाई की अपने जीवन के प्रारंभ में ही मृत्यु हो चुकी थी। यह हमारे माता–पिता के लिए गहरा आघात था। पिताजी के देहांत के बाद जब रिश्तेदारों

ने हर चीज, यहाँ तक कि घर भी देने का वादा करते हुए माँ को गाँव लौट आने का सुझाव दिया तो उन्होंने उनका प्रतिरोध करने जैसा साहसिक कार्य कर डाला था। हम रत्नागिरी में ही टिके रहे। माँ अब पहले की अपेक्षा अधिक कठोर परिश्रम कर रही थीं ताकि हमारी पढ़ाई जारी रह सके।

जिस समय तक हमने अपने आप को सुरक्षित महसूस करना प्रारंभ किया था, दो मौतों, पहली, मेरे बड़े भाई की और फिर मेरे पिताजी की, ने परिवार को गहरा आघात पहुँचाया था। कुछ ऐसा हुआ जैसे एक परिपक्व, हरे–भरे वृक्ष की शाखाएं एक–एक करके तोड़ दी गई थीं, बिना किसी स्पष्ट कारण के, और वृक्ष का तना मात्र नंगा सा खड़ा रह गया था। मैं माँ की असहनीय पीड़ा को समझ सकती थी, वो बार–बार भाई का नाम ले रही थी। जैसे पानी से बाहर निकाल ली गई मछली तड़प रही हो, माँ श्वांस लेने में हांफ रहीं थीं। मैंने दूसरी बार बेटे को खोने के उनके असहनीय दुःख को साझा किया था।

मुझे याद है एक बार मैंने माँ से पूछा था कि एक औरत परिवार में क्या भूमिका अदा करती है। जैसे पानी खौलने पर केतली से भाप बाहर निकलती है वैसे ही उनके मुँह से शब्द निकले थे, 'औरत के लिए जीवन बहुत कठिन होता है' उन्होंने जोर देते हुए कहा था, 'मातृत्व एक सूली होता है जिसे एक औरत ढोती है। यह वैसा ही है जैसे पति की चिता की अग्नि में सती हो जाने के लिए कूद जाना।'

उस तेज से भरी हुई छवि ने मेरे मन को घुमाकर रख दिया था। यह मातृत्व की गौरवान्वित छवियों के साथ एक टकराव था। अपने पति की चिता पर स्वयं को झोंकती हुई महिला–एक माँ भी क्या काफी कुछ उसी *सती* के समान थी?

युवा हिन्दू विधवाओं को नशा पिलाकर अचेतन अवस्था में उनके पतियों की चिताओं में ढकेल दिया जाता था। जैसे–जैसे आग की लपटें उनके शरीरों को जलाती थी वो बचने का प्रयास किया करती थीं और हथियारबंद लोगों के द्वारा उन्हें वापस अग्नि में ढकेल दिया जाता था। माँ ने चिता से बचने का व्यर्थ प्रयास करती हुई उन्हीं युवा *सतियों* की तुलना की थी मातृत्व की पीड़ा सहने वाली औरतों के साथ! उनके शब्द डर से कँपकँपा देने वाली तस्वीर प्रस्तुत कर रहे थे!

लेकिन, उस रात को माँ को देखते हुए, ऐसा लगा कि उनके शब्द जीवित हो उठे हैं.....वो एक *सती* ही तो लग रही थीं, जो किसी चिता से बस बाहर निकलने ही वाली हो। उनका सिर अत्यधिक थकावट के कारण नीचे झुक चुका था और उनका गला सूख चुका था। परंतु दुःख ने उनकी भूख और प्यास सबकुछ भुला दिया था।

उन्हें सांत्वना प्रदान करने के लिए एकत्रित हुई औरतें इसका ठीक उलटा कर रही थीं। दुःख की पोटली को दोबारा से खोलती हुई सी वो सभी बिना रुके जोश के साथ वे *भाई* के जीवन की घटनाओं का वर्णन किए जा रही थीं। हर बखान के बाद औरतें दोबारा अपना दुःख प्रकट करना या सिसकियाँ लेना और फिर अपनी आँखों को मलने नहीं भूलती थीं। माँ के बगल में ही एक महिला रिश्तेदार बैठी हुई थीं। उनकी चिल्लाहट मेरे कानों को हमले सी प्रतीत हो रही थी। उनकी तरह चिल्लाने से मैं कितनी नफरत करती हूँ–यद्यपि कि मरने वाला मेरा भाई था। वह औरत अपने दुःख

का एक क्रूर दृश्य प्रस्तुत कर रही थी, शायद इस गलतफहमी के साथ कि आँसुओं से भरी उसकी आँखें ही संसार से विदा हो चुकी आत्मा की शांति की गारंटी प्रदान करेगी! कारण चाहे जो भी रहा हो, दुर्भाग्यवश उस औरत के तीखे विलापों ने माँ के संताप को और अधिक बढ़ा दिया था, माँ स्वयं को और जोर से रोने के लिए बाध्य कर रही थी। आह! यह कितना कष्टदायी और तनावपूर्ण था। फिर भी, रिवाज एक माँ से आशा करते हैं कि वो सार्वजनिक रूप से दुःख जताए और अपने मृत बेटे के प्रति अपने स्नेह को सिद्ध करे। किसी को यह याद आता नहीं प्रतीत हो रहा था कि किसी का दुःख भी उसका एक निजी मामला होता है।

जो लोग ढांढ़स बंधाने, या फिर सांत्वना देने एकत्रित हुए थे वही इस घटना के भीषण हवाले देते हुए माँ के दुःख को बढ़ा रहे थे। उन्होंने खुलेआम संकेत दे दिए कि एक माँ के जीवन का उसके युवा बेटे की मौत के बाद कोई मूल्य नहीं रह जाता। इन लोगों ने उनकी भावनाओं को नियंत्रित कर रखा था। उनका विश्वास था कि पश्चाताप का यही एक तरीका था, एक माँ के द्वारा दिए जाने वाले बलिदान का संकेत। संक्षेप में, मैं इसी मूल्य व्यवस्था की एक अवधि से होकर गुजर चुकी थी—हमें पुराने युगों वाले विश्वासों का स्मरण कराया गया थाः

एक औरत, पत्नी है कुछ समय के लिए,
वो एक माँ है जीवन भर के लिए।

यह कथन निर्णायक तौर पर तर्क देता था कि एक औरत के लिए एक माँ के अलावा दूसरा कोई अस्तित्व नहीं होता। और औरत होने के नाते यह उसका कर्तव्य होता है कि वह अंतहीन रूप से अपने बच्चों के लिए कुर्बानी देती रहे।

भीड़ के बीच एक युवती भी बैठी हुई थी। उसने मातृत्व के अर्थ को पूरी तरह से एक नया पहलू ही प्रदान कर दिया। वो बड़ी दृढ़तापूर्वक बोली थी, 'जवान आदमी ही रोटी कमाने वाला था, अपनी माँ की वृद्धावस्था में वहीं तो उसका एक सहारा रहा होगा।' मैं सोचती हूँ कि ये औरत अपने कथन में व्यवहारिक होने का प्रयास कर रही थी—यह कहते हुए कि बुजुर्ग लोगों को युवाओं के लिए रास्ते खाली कर देने चाहिए। उत्साह में आकर एक अन्य स्मार्ट से लगने वाले सज्जन ने अपनी राय दे डालीः 'ये तो अच्छा ही हुआ कि बाप उससे पहले ही चल बसा था। कम—से—कम वो अपने बेटे को खोने के दुःखदाई आघात से तो बच गया।'

मैं अपने अंदर ही सोच रही थी कि क्या यह एक महिला का अपने पूरे जीवन भर दुःखों से निपटने की योग्यता पर एक चतुराई भरा प्रत्युत्तर नहीं है! वास्तव में, उस आदमी ने उन पुरुषों की विशिष्ट पितृसत्तात्मक छवि को प्रस्तुत कर दिया था जो यह विश्वास करते हुए मात्र अपने पुत्रों को ही महत्व प्रदान करते हैं कि पुत्र ही उनके परिवार के नाम को आगे बढ़ाते हैं और उनकी विरासत को जारी रखते हैं।

धीरे—धीरे वो रात कट गई थी। रात्रि ने शीघ्र ही सुबह के लिए मार्ग छोड़ दिया था। शोकाकुल लोगों में से अनेक प्रातःकालीन क्रियाओं के लिए बाहर जा चुके थे।

लेकिन मेरी माँ फर्श पर पड़ी हुई थी, उनका पीला पड़ चुका सूजन भरा चेहरा और शरीर सिकुड़ा पड़ा था। वो रस निचोड़ कर फेंक दिए गए गन्ने के समान प्रतीत हो रही थीं। हम सभी लोगों की तरह उसे भी शौच जाने, हाथ–मुँह धोने और कंघी करने की आवश्यकता होगी। मेरे सुझाव, कि एक नया दिन शुरू हो चुका है और माँ को उठना चाहिए, को अनर्थक सिद्ध करते हुए दरकिनार कर दिया गया था। खैर, मैं उठने और एक कप गर्म चाय पीने को उत्सुक हो रही थी। पूरी रात फर्श पर बैठे–बैठे मेरा शरीर दर्द के साथ अकड़ चुका था। यदि मुझे सहारे की आवश्यकता हो रही थी तो, बेचारी माँ, निश्चित रूप से उसकी हालत कितनी ज्यादा खराब रही होगी।

रसोई का चूल्हा। मुझे याद है ठंडा पड़ा हुआ था, चाय का कहीं कोई संकेत नहीं था। औरतें बचा–खुचा खाना फेंककर पिछली रात वाले अपने बर्तनों को धो रहीं थीं। जब मैं आगे वाले कमरे में वापस आई तो शोक व्यक्त करने वाले लोगों के एक नए समूह का आगमन हो चुका था। वे सब माँ के बगल में घुटने मोड़ कर बैठे हुए थे।

जैसा कि सनातनत्व सा प्रतीत हुआ, पड़ोसी लोग चावल की *काँजी* के कटोरे लेकर आ गए थे। मैंने माँ के लिए एक कटोरा ले लिया था। पड़ोस के गाँव से आई मेरी एक आँटी ने इसे मेरे हाथों से यह कहते हुए छीन लिया, 'तुम क्या करने जा रही हो लड़की? तुम्हारी माँ तब तक गले से पानी की एक बूँद भी नीचे नहीं उतार सकती जब तक शव नहीं आ जाता और वो पानी की अंतिम बूँद को उसके मुँह में नहीं डाल देती! तुम जो पीना चाहो पी सकती हो।'

माँ अभी भी फर्श पर पड़ी हुई थी, दीवार के सहारे। एक समय तो मुझे लगा कि वो अपनी सूजी हुई आँखों से मुझे देख रही हैं। मौका देखते हुए, मैंने यह कहते हुए कटोरा उनकी ओर सरकाया, 'माँ, ये लो, तुम्हें इसकी जरूरत है।' उन्होंने अपने निचले होंठो को काटा और उनकी लाल हो चुकी नाक नर्वस होकर ऐसे काँपने लगी जैसे कोई नाजुक *पीपल* का पत्ता हो।

बुरी तरह से हताश मैं उस कमरे से बाहर निकल कर रसोई की ओर बढ़ गई। दो चचेरी बहने चूल्हे के बगल खड़ी गपशप में व्यस्त थीं। ऐसा लगा कि उन्हें माँ की हालत से कोई लेना–देना नहीं है। मुझे यह कहते हुए सुनने कि माँ को कुछ खा लेना चाहिए–कल शाम से उनके मुँह के नीचे एक निवाला भी नहीं उतरा है–क्रोधित चचेरी बहने से जैसे फट पड़ी थीं–'अपने ही बेटे की मौत देखने वाली औरत वास्तव में नीच होती है! वो क्यों नहीं मर गई? क्या इसी दुःख भरे दिन को देखने को जिंदा थी?' मैं उनपर चिल्ला पड़ी, 'माँ को क्यों मरना चाहिए? इसके विपरीत, उन्हें तुरंत ही कुछ खाने–पीने को दिया जाना चाहिए!' मेरा विरोध प्रदर्शन व्यर्थ था। उन्होंने मुझपर बेवकूफ और भोली होने का इल्जाम मढ़ दिया था, 'तुम बहुत छोटी और अनुभवहीन हो! तुम क्या जानो माँ बनना क्या होता है?'

मुख्य दरवाजे से एक बार फिर से तेजी से रोने–धोने की आवाजें आना शुरू हो चुकी थीं। एक संकेत था कि मेरी बड़ी बहन आ चुकी थी। आँसुओं में डूबी हुई वह सीधे मेरी माँ की तरफ भागी थी। माँ बैठने के लिए संघर्ष कर रही थीं। दोनों ने एक दूसरे को बाँहों में जकड़ लिया था और उनके रोने की आवाज उस विषाद भरे कमरे में

गूँजने लगी थी। बहन के रोने की ऊँची आवाज में ऐसा लग रहा था कि माँ व्यर्थ में कुछ कहने का प्रयास कर रही हैं। चकित ओर निराशा से भरकर उन्होंने अपना सिर दीवार पर दे मारा। दोनों को शांत करने के मेरे प्रयास बुरी तरह से विफल रहे थे। जब तक दोनों थककर निढाल नहीं हो गईं, दोनों ने रोना जारी रखा था।

उनकी आँखों के आँसू रुके भी नहीं थे कि मेरी बहन ने माँ के कानों के टॉप्स उतार लिए थे। जब मैंने उसका विरोध किया तो उसने मेरी उपेक्षा कर दी। क्या टॉप्स से माँ को कष्ट हो रहा था? क्या उन्होंने उससे इन्हें उतार देने के लिए कहा था? या फिर मेरी बहन ने उन्हें सुरक्षित रखने के लिए ऐसा किया था? टॉप्सों के बिना माँ एकदम फीकी सी और निर्जीव सी लग रही थीं।

और लोग आते चले जा रहे थे। जैसे–जैसे दोपहर चढ़ती गई, सभी की निगाहें उस दरवाजे की ओर आशा से देखने लगी थीं जिससे होकर मेरे भाई का मृत शरीर लाया जाने वाला था। बातें करते हुए पुरुष प्रतीक्षा कर रहे थे, मेरे भाई की मौत वे मिनट–दर–मिनट विवरणों पर चर्चा करते हुए। एक परिचित सी टेक हर वार्तालाप का मुख्य बिन्दु बनी हुई थीः 'मेरी बूढ़ी माँ के लिए अच्छा होता कि वह अपने बेटे की मौत को देखने के पहले खुद मर जाती।' एक मजेदार सा दिखने वाला अजनबी शख्स हर कुछ मिनट में आसपास चक्कर लगा रहा था। उसने भी वहीं बात दोहराई, लेकिन अलग शब्दों मेंः 'मैं अभी तक पहले कभी भी आपके परिवार में नहीं आया था। ये दुर्भाग्य ही है कि मेरा पहला आगमन इन दुःखद परिस्थितियों में हुआ है।' और मुझे आश्चर्य सा हुआ कि यदि बात ऐसी ही थी तो इस अशुभ समय पर हमारे घर आने की ही क्या आवश्यकता थी? उस अजनबी के शब्दों ने हमारे दुःख की सुलगती हुई आग को और भड़का दिया था। उसने इस मृत्यु से उत्पन्न दुःख की लपटों पर उसी प्रकार से हावी होने का प्रयास किया था जैसे कि और सब लोग करने की आशा कर रहे थे।

लगभग दोपहर हो चली थी, चावल की *काँजी* का एक दूसरा दौर प्लेटों में परोसा जा चुका था। मैंने अपनी बहन की ओर देखा जो मेरे ऊपर चिल्लाई, 'सहायता के लिए मेरी ओर मत देखो, मेरे पैर सो गए हैं।' अपने गुस्से को दरकिनार करते हुए मैंने *काँजी* की एक प्लेट माँ की ओर बढ़ाई, उन्हें बैठाया और उन्हें दलिया खिलाई। अपनी बहन की ओर मुड़ते हुए मैंने उनसे अनुरोध किया, 'आगे आओ, कम–से–कम इन्हें खिलाने में मेरी मदद तो करो। उसे ताकत की आवश्यकता है।' मेरी बहन का करारा जवाब था, 'तुम पागल हो जो सोचती हो कि वो खाएगीं, ऐसे जैसे उन्हें भूख बची हो!' उसकी भावनाओं को किसी और की आवाज से भी सहारा मिल गया था, 'तुम्हारी माँ तो लगभग मर सी चुकी लगती है। जब किसी का जवान बेटा मर जाए तो और उम्मीद भी क्या की जा सकती है!'

रात से ही जितने लोग मौजूद थे सब बिना रुके एक ही संदेश बरसाते जा रहे थे। और वहाँ थी मैं, अपनी माँ को सहज बनाने का प्रयास करते हुए। वे उसे दुःख के गहरे गड्ढे में ढकेल रहे थे। जब मैंने उन्हें बैठाने का प्रयास किया तो माँ ने मुझे लात मारी और अपने सिर को फिर से दीवार से बार–बार टकराने लगी। उनकी आँखों से आँसू चेहरे पर बह रहे थे, उनका शरीर बेतहाशा काँप रहा था और उनकी सासों में

उनका दम घुट सा रहा था। औरतें एक ही स्वर में मुझे भला–बुरा कह रही थीं। यहाँ तक कि उन्होंने अप्रत्यक्ष रूप से कह डाला, 'क्या इसमें सदियों पुरानी परंपरा के प्रति कोई सम्मान नहीं है? एक दुःख में डूबी माँ को वैसे कैसे कुछ खिला सकती है?' मेरी बहन मुझे ढकेलते हुए ठंडी पड़ी रसोई में ले गई जहाँ मैंने उसके साथ तकरार की, 'कौन सी परंपराओं की बात कर रही हो तुम? उन्हें पानी के कुछ घूंट तो पी लेने दो? उसके बिना वो जिंदा कैसे रहेगीं?' मेरी बहन सफाई देने लगी, 'यदि हम उन्हें पानी पिलाते हैं तो उन्हें पेशाब के लिए जाना होगा' 'हम उन्हें पेशाब के लिए ले जाएंगे!' मेरा जवाब तुरंत हाजिर था। भूखे पुरुषों की भीड़ को भोजन परोसने के लिए जाने के पहले वो गुस्से में मेरी ओर देखती रही थी।

तब मैं रसोई से बाहर आ गई। औरतें अपने–अपने पतियों को खिलाने के लिए प्लेटों में चावल की दलिया भर रही थीं। मेरे पति आए और मुझसे पूछा कि क्या मैंने कुछ खाया है और अप्रत्याशित रूप से मैं चिल्लाकर रो पड़ी थी। तुरंत मैं दूसरे कमरे में वापस गई जहाँ नीचे बैठी कुछ महिलाएं गप लड़ा रही थीं। एक दूसरी बहन भी अपने गोद के बच्चे के साथ आ चुकी थी। उसने बच्चे को दरवाजे पर ही छोड़ा और तेजी से अंदर भागी। वही पुराना नाटक ठीक उसी शैली में दोहराया जा रहा था। मैंने बेचारे, घबराए हुए बच्चे को अपनी बाँहों में आराम देते हुए उठा लिया, वो बस रोने ही वाला था।

अब तक धीरज की सीमा से पार तक थक चुकी माँ बस एक घायल चिड़िया के समान ही फर्श पर हाथ–पैर पटक रही थीं। दूसरी बहन के आते ही उसने नए सिरे से सिसकियाँ भरना प्रारंभ कर दिया था। कमरे का वातावरण सिसकियों की आवाजों से भर उठा था। लोगों ने बातें करना प्रारंभ कर दिया कि पिछली बार बहन तब आई थी जब उसको बेटा पैदा होने वाला था–जो अब एक वर्ष का हो भी चुका है–और अपरिहार्य रूप से जोर सदैव *बेटों* पर ही दिया जाता है। कोई यह जानने की कोशिश में जुटा हुआ था कि कुछ औरतों के 6 के 6 बेटे अभी भी जीवित थे, बेटे जो अपनी माँ को अच्छी तरह से रख रहे थे। इन गपोड़ियों को बस एक केन्द्रीय विषय मिल गया था–महिलाएं और उनके बेटे, जो अपनी वृद्ध होती माँओं की देखभाल कर रहे थे।

अचानक बाहर कुछ शोर–शराबा सा हुआ। उत्सुक होते हुए हर कोई कारण जानने के लिए बाहर की ओर लपका। ऐसा लगा कि स्थानीय पोस्टमैन कोई तार लेकर आया है। इंतजार करती भीड़ के बीच से एक गंभीर मुखाकृति वाले सज्जन कमरे में आए और तार पढ़ने लगे। उन्होंने पढ़ा, 'शव घर नहीं लाया जाएगा। अंतिम संस्कार मुम्बई में ही संपन्न होगा।'

तार पढ़ने के बाद वो सज्जन अपने को संयत नहीं रख सके थे। मेरी दोनों बहने माँ की ओर दौड़ीं जो इस अंतिम झटके को भी अभी–अभी झेल कर उठी थीं। परंतु उन्होंने तुरंत ही अपने पर नियंत्रण किया और सीधे बैठ गईं। उनकी आँखें सूख चुकी थीं, मुँह बंद था और उनकी आवाज बहुत घबराई हुई थी। सभी मौजूद लोग शोक व्यक्त करने लगे कि माँ अवश्य ही सबसे अधिक दुर्भाग्यशाली थीं–अपने बेटे का अंतिम संस्कार होने के पूर्व उसका चेहरा भी नहीं देख सकी थीं। वे सब एक स्वर में रो रहे

थे, एक श्रापित माँ के भाग्य पर शोक व्यक्त करते हुए जो अपने बेटे का उसके अंतिम समय में मुँख नहीं देख पा रही थी। उत्तरोत्तर उच्च होते स्वरों को मानो हिस्टीरिया का दौरा पड़ चुका था जो एक ऐसी महिला, जिसे ऐसे क्रूर दुर्भाग्य का सामना करने के पूर्व मर जाना चाहिए था, के भाग्य का रोना रो रहे थे।

एक दूसरी औरत हमारी माँ के दुर्भाग्य का ब्यौरा बताने लगी, यह कहते हुए कि उसके तीन बेटों में से मौत ने दो को छीन लिया है और मात्र तीन जीवित पुत्रियों को छोड़ दिया। हम तीन बहनों को आश्चर्य हो रहा था कि हममें से किसे मौत का सामना करना चाहिए? हममें से प्रत्येक ने हमारे भाई के भाग्य को खुशी–खुशी स्वीकार कर लिया होता।

जैसे कोई चमत्कार हुआ हो, माँ के पास उनकी पूरी ताकत वापस आ चुकी थी। वो अब और अधिक चुप नहीं रह सकती थीं। हम बहनों को गले से लगाते हुए उन्होंने घंटों तक मनाए गए गम के कारण यद्यपि दुःखभरी आवाज में, लेकिन गर्वपूर्वक घोषणा कर डाली, 'एक माँ की आँख में उसके सब बच्चे बराबर होते हैं।'

जितने भी लोग मौजूद थे सभी के विश्वास को एक भारी झटका सा लगा था। एकदम से सभी मिलीजुली इंसानी आवाजें, कपट में डूबी गपशप और हिस्टीरियाई सिसकियाँ थम चुकी थीं। एक भयानक चुप्पी छा गई थी। कोई भी नहीं समझ सका कि जो पुनःआश्वासन माँ ने अपनी तीनों बेटियों को दिया था, वास्तव में, वह विरोध प्रदर्शन से भरा उनका एक साहस भरा कथन था। हर कोई चुपचाप अपने पैरों पर खड़ा हो चुका था। हम बहने माँ को रिवाज के अनुसार अंतिम संस्कार के बाद का स्नान कराने ले गई थीं।

दो दशकों के बाद जब मैंने अपने बेटे को खोया तबतक मुझे नहीं मालूम था कि कभी मुझे भी इन सभी दृश्यों का उन्हीं कठोरताओं के साथ सामना करना पड़ेगा। जब मेरे बेटे की मौत के बाद वे मुझे रिवाज अनुसार स्नान के लिए सहायता कर रही थीं, उन दृश्यों की स्मृतियाँ, जो मन में कहीं गहरे दबी पड़ी थीं, तेजी से सतह पर उभर आई थीं। सूली जिसे मैंने ढोया था, वेदी पर की गई प्रतिज्ञा, आग की लपटों से जलती हुई *सती* की छवि और माँ के शब्दों के सही मायने। मैं अपनी दोनों बेटियों की ओर देखने के लिए मुड़ गई थी, अपनी माँ के आदर्शों की एक बार फिर से पुष्टि करते हुए कि माँ की आँख में सभी बच्चे बराबर होते हैं।

मेरी माँ का बगीचा

तुतुन मुखर्जी

दिसम्बर 2004 में जब मैंने यह रचना प्रारंभ की थी तब मेरी माँ जीवित थीं। मेरा स्वर प्रफुल्लित था और जो कुछ भी मैं लिखने जा रही थी उसे बहुत प्रसन्नता से मैंने अपनी माँ के साथ साझा किया था। अचानक, मेरी माँ गंभीर रूप से बीमार हुईं और बस छह महीनों में ही उन्होंने प्राण त्याग दिए। मेरी रचना अधूरी रह गई थी।

एक स्नेही, मुझे समझने वाले मित्र और इस पत्रिका के संपादक ने मुझसे *जननी* के लिए इस रचना को पूरा करने का अनुरोध किया—और अपनी माँ को याद करते हुए तथा अपने *मातृ—ऋण* को स्वीकार करते हुए मैंने इसे फिर से लिखना शुरू कर दिया।

मेरी माँ एक ऐसी जीवनशैली और आतिथ्य का प्रतिनिधित्व करती थीं जो एक संयुक्त, बड़े परिवार वाली संस्कृति का एक हिस्सा था, और जो आज तेजी के साथ हमारे समाज से लुप्त होता जा रहा है। अनेक कोयला खदानों के मालिक की पुत्री के रूप में वो एक ऐसे बड़े से परिवार में बड़ी हुई थीं जिसमें अनेक रिश्तेदार और आश्रित भरे रहा करते थे। वे धूल में डूबे और गर्मी से तपते हुए पुराने बिहार राज्य के धनबाद—झरिया इलाके के एक छोटे से कोयला खदान वाले कस्बे में रहा करते थे जहाँ धरती के गर्भ में 'काले हीरे', जैसा कि कोयले को कहा जाता है, की बड़ी—बड़ी खानें अपने ऊपर बहने वाली हवा में सतरंगापन बिखेरा करती थीं। अंधेरी रातों में कोयले के ढेर में लगी भयानक आग क्षितिज को रोशनी से भर देती थी। बच्चों को घरों में सीमित रखा जाता था परंतु उन्हें इससे कोई नाराजगी नहीं होती थी क्योंकि 'घर' भूमि के कई एकड़ क्षेत्र में फैला हुआ था और बाहरी दुनिया से उनका कोई खास परिचय भी नहीं था। ये एक स्वयं तक सीमित और ढँकी—मुँदी सी दुनिया थी, रेडियो

और टेलीविजन जैसे घुसपैठिया बिजली के उपकरणों के प्रदूषण से पूरी तरह सुरक्षित। पढ़ाने के लिए शिक्षक घर पर ही आ जाते थे लेकिन मेरी माँ और उनकी बहने प्रायः ही अंग्रेजी की कक्षाओं से बच कर भाग जाती थीं। उन्हें बाँग्ला भाषा अच्छे से आती थी और, विशेषतौर पर, मेरी माँ बंगला साहित्य की एक शौकीन पाठक थीं। उनके माता–पिता अत्यंत दयालु थे और उन्होंने कभी भी यह नहीं सोचा कि उनकी बेटियों को किताब से सीखी गई शिक्षा के बारे में बहुत अधिक ध्यान देने की आवश्यकता है। बाद के अपने जीवन में, जब मैं पैदा हो चुकी थी, मेरी माँ दृढ़संकल्पित थीं कि मुझे शहर में उपलब्ध सर्वश्रेष्ठ शिक्षा दी जानी चाहिए और मुझे अंग्रेजी में महारत हासिल करनी चाहिए। उन्होंने अमेरिकी ननों के द्वारा संचालित एक कान्वेंट स्कूल में मुझे भर्ती करवा दिया था। स्कूल के मामले में मेरी माँ मेरे प्रति बहुत कठोर थीं और मुझे कभी भी स्कूल से छुट्टी नहीं लेने देती थीं।

एक वकील के साथ हुए उनके विवाह ने उन्हें एक अमीर, और गंगा के शांतिदायक किनारे पर रहने वाले वकीलों, जजों, डॉक्टरों और नौकरशाहों वाले परिवार में पहुँचा दिया था। यह भी एक बहुत बड़ा संयुक्त परिवार था जिसने भाई–बहनों और चचेरे भाई–बहनों के बीच कभी भी अंतर नहीं किया था। परंतु यह परिवार एक जटिल परिवार था और बहुओं को दूसरों के मामले में दखल देने से बचने के लिए सावधान रहना सीखना होता था। सभी के लिए एक व्यवहार संहिता लागू थी, जिसका पालन आयु एवं रिश्ते के कठोर पदानुक्रम के अनुसार किया जाता था। मेरी माँ ने इस परिवर्तन के साथ समायोजन करना सीख लिया था–एक चिंतामुक्त जीवन से निकलकर एक चिंतायुक्त जीवन का पाठ।

एक पितृसत्तात्मक व्यवस्था से निकलकर दूसरे में प्रवेश करते हुए वह बालिका एक वधू और एक कर्तव्यपरायण पत्नी तथा फिर धीरे–धीरे तीन बच्चों की माँ बन चुकी थी और इन सारे वर्षों के दौरान वह धैर्य, समझौते और बलिदान के पाठों को भी पढ़ती रही थी। उसने मेरे अंदर भी उन सभी सबकों को समाहित करने का प्रयास किया था लेकिन मैंने उन्हें कभी नहीं सीखा। एक वयस्क युवती के रूप में मैंने कभी नहीं सोचा था कि एक छोटे परिवार तथा एक पेशे की सीमित चाहरदीवारियों, जो अंततः मेरे लिए लागू होंगी, के लिए स्वयं को मिटा देने के गुणों की या तो आवश्यकता होगी या फिर उसे प्रोत्साहित किया जाएगा। मानवीय मामलों के सम्बन्ध में मैं अपनी माँ के दृष्टिकोण को पुरानी दुनिया के बचे–खुचे आकर्षण के रूप में देखा करती थी जो हमारे आधुनिक विशेषज्ञतापूर्ण युग में व्यवहारिक नहीं रह गए थे। मैं उनके साथ अधीर हो जाती थी, मैंने उनसे हठ और अनुरोध किया कि लोगों से निपटते समय वे और अधिक रोबदार और आक्रामक रुख अपनाया करें। परंतु, मेरा अंदाजा है कि हम दोनों अलग–अलग मिजाज़ वाले लोग थे। वे अपने तरीकों को बदलने को तैयार नहीं थीं। उनके देहांत के बाद मुझे अपने मित्रों और रिश्तेदारों से जितने भी पत्र और टेलीफोन आए थे सभी में उनके इन्हीं गुणों पर प्रकाश डाला गया था जिन्हें मैंने उनके अंदर दबाने के प्रयास किए थे और उनके दुनिया से विदा होने पर उनपर शोक किया था, ये सहानुभूति और उदारता की एक गाथा का अंत था।

व्यस्तताओं, तनावों, घटनाओं से भरे और मनोरंजन से परिपूर्ण अपने जीवन, जो अनेकानेक रिश्तेदारों, मित्रों, सहायकों और नौकरों से घिरा हुआ था, को याद करते हुए प्रायः माँ आश्चर्य करने लगती थीं कि यह सब कितनी जल्दी से गुजर गया था, बस एक पलक झपकने भर की देरी में। हमारे पिताजी के देहांत के बाद के उनके जीवन के वर्ष, जब वो प्रायः हममें से किसी एक के पास हमारे काम करने के स्थानों पर रहा करती थीं ताकि उन्हें घर पर 'अकेले' न रहना पड़े, किन्तु अपने लिए तो वो अकेली ही थीं क्योंकि वे उस वातावरण से कोसों–कोस दूर हो चुकी होती थीं जिससे वो परिचित थी और जिसमें वो सहज अनुभव किया करती थीं। उनके जैसी किसी भी महिला के लिए, जिसके अस्तित्व की धुरी उसका घर ही रहा हो, रोजाना की जिन्दगी का सांसारिक शोर–शराबा पूरी तरह से मनोरंजक और स्फूर्ति प्रदान करने वाला था। उन्होंने किसी और तरह की जिन्दगी की कभी इच्छा ही नहीं की थी। ऐसे लोगों के लिए यह आसान नहीं होता कि वे घर–परिवार की बागडोर को छोड़ दें। फिर भी, जब मेरी माँ के ऊपर उम्र और वैधव्य हावी हो चुका था तो उन्होंने यही कुछ करने और इन गतिविधियों को त्याग देने के लिए स्वयं को तैयार कर लिया था। जब मैंने उनसे अपने जीवन की कहानी लिखने का अनुरोध किया ताकि उनकी स्मृतियों को जिन्दा रखा जा सके तो उन्होंने स्वीकार किया कि ऐसा करने से एक रोचक कथा तैयार हो जाएगी जो उनके पसंदीदा उपन्यासकार ताराशंकर बंद्योपाध्याय[1] तथा आशापूर्णा देवी के द्वारा लिखी गई काल्पनिक कहानियों से बहुत मिलती–जुलती होगी। उन्होंने दावा किया कि उनके जीवन के आंतरिक अनुभव भावनाओं और भावुकताओं के खेल थे, जनून और इरादों के तत्वों से भरे थे, त्रासदी और दुःखों के धब्बे थे जो अनजान लोगों को इतने विलक्षण लग सकते थे जैसे कि सच हों। उन्हें ऐसे लोग याद थे जो अनजान, यहाँ तक कि कभी–कभी सनकी प्रेरणाओं द्वारा प्रेरित प्रतीत होने लगते थे; और ऐसे लोग भी जो किसी गलती के प्रति उदार हुआ करते थे। यह कुछ ऐसा ही था जैसे वो ऐसे अनेक चरित्रों को देख रही हों जिन्हें जिन्दगी कहे जाने वाले नाटक में भूमिकाएं सौंपी गई थीं। उन्होंने बताया था कि उनके अनुभव तथा अलग–अलग तरह के लोगों के साथ उनकी अंतःक्रियाओं के संयोग ने उनके जीवन का विस्तार किसी न किसी रूप में कर दिया था और उन्हें जीवन को उस तरीके से स्वीकार करना सिखा दिया था जैसा कि जिन्दगी ने उनके लिए निर्धारित किया था। लेकिन एक सबक था जो वो कभी भी नहीं सीख सकी थीं, वह था पैसे के मामले में सांसारिक चतुराई का।

मेरी माँ रुपए–पैसे के मामलों को मामूली और नीरस माना करती थीं। वो नहीं चाहती थीं कि ये उनके जीवन के स्वरूप को खराब करे। उनकी कल्पनाएं और रचनात्मकता किसी और ही दिशा में उड़ान भरा करती थीं। जब मैं अपनी माँ की रचनात्मकता पर विचार करती हूँ तो मुझे ऐलिश वाकर के शानदार लेख *इन सर्च ऑफ आवर मदर्स गार्डेन्स* (1984) का स्मरण हो आता है। इस लेख का शीर्षक वाकर द्वारा उस मातृवंशीय विरासत पर जोर दिए जाने से प्रेरित है जो पीढ़ी–दर–पीढ़ी हस्तांतरित होता है। अपने लेख में वाकर वर्जीनिया वूल्फ के 'विपरीत प्रवृत्ति' वाले मुहावरे का उपयोग करती हैं ताकि वो उस रचनात्मक भावना का वर्णन कर सकें जिसे उनकी पूर्वज माताओं के

द्वारा जीवित रखा गया था तथा उन तरीकों का भी जिनके अंतर्गत एक ऐसे समाज में उन्होंने अपनी रचनात्मकता को अभिव्यक्त किया था जिसने ऐसा करने के लिए बहुत ही कम अवसर प्रदान किए थे। वाकर स्पष्ट करती हैं कि उनकी माँ का जीवन अत्यधिक कठिनाई भरा था, किन्तु उन्होंने अपनी रचनात्मक भावना को जीवित रखने का प्रबंध कर लिया था और अनेक प्रकार के खिलते हुए पौधों के साथ एक अतुलनीय बगीचा तैयार कर लिया था। वो अपने साधारण से घर को अपने बगीचे के फूलों से सजाया करती थीं और सबके जीवन में प्रकाश और खुशबू भरती रहती थीं। वाकर के लिए, उनकी माँ का बगीचा एक ऐसा जादू था जो मित्रों और अजनबियों को भी रुकने और प्रशंसा करने अथवा उनकी माँ की कला के बीच खड़े होने और प्रश्न पूछने के लिए बाध्य कर देता था। उनकी माँ का बगीचा सुंदरता और रचनात्मकता के अमर प्यार को प्रदर्शित करता था, प्रकृति के हाथ के साथ उनकी रचनात्मक भावना के परस्पर संयोजित होने के प्रतीक के रूप में।

मेरी माँ ने अपने बगीचे को साटन के धागों, सूती धागों और ऊन से सजा रखा था। वो अपना दोपहर का समय कशीदाकारी करते हुए बिताया करती थीं; लेस वाले बढ़िया कपड़े तैयार करती थीं; स्वेटरें बिना करती थीं और रजाईयाँ सिला करती थीं। उन्हें रंगों से प्यार थाः उन्हें देखना, महसूस करना और इंद्रधनुष की भांति रंगों का मिलान करना और फिर उन्हें आकृतियों में बुन देना। उनकी कलाकारी त्रुटिहीन थी–सुंदर और साफ–सुथरी, काल्पनिक डिजाइनों से भरी हुई। वो कभी खाली नहीं बैठती थीं। कोई–न–कोई काम चलता ही रहता था। पारिवारिक उत्सवों एवं समारोहों, जिनमें वो भाग लिया करती थीं, में किसी न किसी के लिए कोई न कोई उपहार सदैव तैयार रहता था। वो अपने हाथों से बनाया हुआ उपहार देना ही पसंद करती थीं जिसमें नाजुक देखभाल और लगन का प्रयोग किया गया होता था; और इस प्रकार कुछ देने का कार्य स्वयं को दूसरे के साथ साझा करने जैसा हो जाता था।

जब मैं स्कूल में थी तब *माँ* ने मुझे कशीदाकारी सिखाने का प्रयास किया और मुझसे काम करवाने के लिए नाना प्रकार की रणनीतियों का प्रयोग किया था। यदि मैंने एक काम को समय से पूरा कर दिया तो कभी–कभी वो मुझे सिनेमा देखने जाने दिया करती थीं; या फिर मुझे नदी में स्टीमर पर पिकनिक मनाने का उपहार मिलता था जिसका आयोजन वो पिताजी के साथ किया करती थीं ताकि हम मल्लाहों को काम करते हुए और नदी में डाल्फिनों को खेलते हुए देख सकें; और कभी–कभी वो मुझे 30 किलोमीटर दूर अपने गाँव के फार्महाउस, जो जंगलों से घिरा हुआ था और जिसके पीछे एक छोटी सी नदी बहा करती थी, पर अपने दादा–दादी के साथ सुरम्य सप्ताहांत बिताने की अनुमति दे देती थीं।

आज मुझे मेरी माँ के द्वारा दिए गए उपहारों के रंगों और दुकानों से खरीदे गए उपहारों को लपेटने में लगे हुए कागज के रंगों के बीच का अंतर समझ में आता है। यह क्षति अपूरणीय है। उनके प्रयासों के बावजूद मैं उस बगीचे की देखभाल करना नहीं सीख पाई जिसे मेरी माँ ने मेरे लिए लगाने के प्रयास किए थे।

मेरी माँ की यादों के साथ जुड़ी एक अनूठी विशेषता है मसालों की सुगंध की। वो एक बेहतरीन बावर्ची थीं और व्यंजनों, पाक–शैली, मसालों एवं जड़ी–बूटियों पर घंटों

चर्चा कर सकती थीं। जिस प्रकार से वो सब्जियों और फलों को काटती थीं, जिस प्रकार से वो भोजन पकाते समय सामग्री को तैयार करती थी सबकुछ अतिविशिष्ट हुआ करता था। यहाँ तक कि मेरा भाई शेखी बघारा करता था कि वो सब्जी के काटने के ढंग मात्र को देखकर ये बता सकता है कि व्यंजन माँ के हाथ का बना है या नहीं। उन्हें प्रयोग करने से प्यार था और अलग–अलग मसालों के साथ वे अनेकानेक विविधताओं वाले प्रयोग करती रहती थीं। उन्हें विभिन्न प्रकार की मिठाईयाँ बनाने का शौक था। पिताजी प्रायः मजाक करते थे कि यदि उन्हें ढेर सारी शक्कर, मैदा, खाना पकाने का तेल अथवा *घी* मिल जाए और *जायफल, इलायची* और *केसर* से अपने दिल को तसल्ली देने के लिए छोड़ दिया जाए तो शायद वे स्वर्ग की इच्छा करना भी छोड़ देंगी। मेरी माँ अनेक प्रकार के जैम और जेली, अचार, मुरब्बे और *चटनियाँ* भी बनाया करती थीं और जिन लोगों को उनकी इस महारत का ज्ञान था वे इन स्वादिष्ट चीजों की फरमाइशें करते रहते थे। उन्होंने हम लोगों को पूरे साल भर के लिए जैम और *चटनियों* का स्टॉक पकड़ा दिया था। मुझे याद है कि बरसातों के बाद शीशे के मर्तबानों की एक अंतहीन कतारों को धूप में रख दिया जाता था जिनके मुँह पर साफ–सफेद कपड़े बँधे होते थे। यद्यपि कि हमें उनमें हाथ डालने की कठोर मनाही हुआ करती थी, फिर भी उनकी खुशबुएं हमें स्वाद की लालच में मर्तबानों के आसपास मंडराते रहने को मजबूर कर दिया करती थीं।

मेरी माँ के लिए, रसोई एक लघु ब्रह्माण्ड हुआ करता था, उनके अधिकार के अंतर्गत आने वाली वो जगह जो एक पितृसत्तात्मक परिवार में स्थित थी, जहाँ महिलाओं के नियंत्रण पर कोई प्रश्न नहीं उठा सकता था। रसोई वाला बगीचा इस स्थान का विस्तार हुआ करता था जहाँ वो रोजाना के इस्तेमान वाली कुछ जड़ी–बूटियाँ, पत्तेदार सब्जियाँ, चकोतरे और नींबू उगाया करती थीं जिनके साथ ही होते थे कुछ प्रकार के छोटे फल जैसे *आमला, अमड़ा, कुंदरम और कुल* जिन्हें अनेक प्रकार की मुँह में पानी ला देने वाले व्यंजनों में परिवर्तित किया जा सकता था। छोटे से बगीचे में हमें उनके साथ लगे रहना अच्छा लगता था। मेरे दो भाईयों में से छोटे वाले ने स्वयं को इस बगीचे का पहरेदार नियुक्त कर लिया था और अमरूद के पेड़ पर एक छोटा सा ठिकाना उसका *मचान* हुआ करता था।

गर्मी के महीने तो पूरी तरह से मीठी खुशबुओं में सराबोर रहा करते थे। पके हुए कटहल की मीठी मदहोश कर देने वाली खुशबू के साथ ही लीची और आम की खुशबू भी हुआ करती थी जो हमारे माता–पिता को बहुत प्रिय थी। बिहार राज्य के पास आमों की ईर्ष्या किए जाने और मुँह में पानी ले आने वाली किस्में मौजूद हैं जिन्हें मेरे पिता अदालत से घर वापसी के समय खरीद लाया करते थे–*जरदालू, गुलाब खुश, मिठुआ, लंगड़ा, मालदाई, बोम्बाई, अलफान्सो* जो हरे, पीले, नारंगी और गुलाबी रंगों के होते थे, और जिन्हें हमारे बड़े से परिवार के हर सदस्य को बाँट दिया जाता था। घर में आम की दावतें हुआ करती थी जिनमें पके हुए आमों से बने पदार्थों को परोसा जाता था कभी जूस, सूफले, *सोंदेश,* आइसक्रीम, कभी–कभी मेवों से भरी हुई और गुलाब जल, वैनीला की खुशबू में या *छुआरे* के साथ। माँ इस पुराने फल को नए रंग–रूप में परोसना सीखने में कभी भी थकती नहीं थीं। माँ नई व्यंजन विधियों को सीखने के

लिए लोगों के साथ दोस्ती करने में विशेष प्रयास भी कर डालती थीं। हालांकि मजेदार बात यह है कि उन्हें इन सब बातों को लिखने की आवश्यकता नहीं होती थी, जैसे कि मुझे होती है, उदाहरण के लिए, मेरी रुचि के अचानक जाग्रत हो जाने के समय। जब मैंने उनकी इस आदत पर टिप्पणी की तो वे हँसने लगी और बोली कि उनके दिमाग की छोटी सी नोटबुक में हर बात लिखी हुई है।

उनके संस्मरण प्रायः ही किसी न किसी व्यंजन विशेष को याद किए जाने के साथ शुरू होते थे जिसे उन्होंने किसी अवसर विशेष पर पकाया अथवा चखा होता था। पकाने में इस्तेमाल की गई अनेक प्रकार की सामग्रियों के साथ–साथ उस आयोजन का वर्णन, लोगों का व्यवहार और उसके बाद की स्थितियाँ सबकुछ साथ जुड़ा रहता था। मसालों की तेज खुशबू उनकी स्मृतियों में बसी होती थी और उन्हें स्पष्टगोचर कर देती थी। हमें आश्चर्य होता था किसी भी व्यंजन विधि डाले गए मसालों के विशिष्ट स्वाद और अलग–अलग समय पर उनके मिश्रण में परिवर्तन के द्वारा स्वाद में लाए जा सकने वाले परिवर्तन को वो कितनी महीन बारीकियों के साथ याद किया करती थी। समाचार पत्रों की जो सामग्री उन्हें आकर्षित करने में कभी भी असफल नहीं रहा करती थी वह होती थी विभिन्न स्थानों पर मनाए जाने अलग–अलग त्यौहारों में बनाए जाने वाले व्यंजनों की विधियाँ और टेलीविजन पर भी पकाने–खाने वाले कार्यक्रम उनके पसंदीदा कार्यक्रम हुआ करते थे।

हम पूरी तरह से आश्वस्त थे कि माँ का पकाने का जुनून उनकी लोगों के पेट भरने की इच्छा के एक बहाने का भी काम पूरी तरह से करता था। इसमें, वो हमारे पिताजी के सदैव मिलने वाले समर्थन का आनंद भी लेती थीं। मैंने मुश्किल से ही किसी ऐसे जोड़े को देखा है जो लोगों को भोजन कराना पसंद करता हो। ठीक ऐसे ही कि जरा सी बात पर मित्रों और रिश्तेदारों के लिए *भोजों* का आयोजन कर लिया जाता था, त्यौहार पर घर में आने वाले हर व्यक्ति के लिए *पौष संक्राति* पर *दही–चूड़ा, सरस्वती पूजा* पर *खिचड़ी–चोखा, होली* पर *मालपुआ और छोले; विजय दशमी* पर अनेक प्रकार की मिठाईयाँ परोसने के अवसर प्रदान कर देते थे। वास्तव में, पिताजी हमेशा कहा करते थे कि हमसब को मेहमान के लिए कष्ट उठाने में कोई कसर नहीं छोड़नी चाहिए क्योंकि अगला सिर्फ *दाल–भात* खाने के लिए नहीं आया है क्योंकि ये तो वो अपने घर पर भी खा सकता था, और साथ ही यह भी कि किसी को खिला सकने की क्षमता प्राप्त करना भी ईश्वर का सबसे बड़ा आशीर्वाद होता है। गरीब लोगों को भोजन करवाने के वे विशेषतौर पर इच्छुक रहा करते थे और पिताजी जब जीवित थे तो हर महीने के एक रविवार को एक सामान्य भोजन गरीबों और जरूरतमंदों को अवश्य परोसा जाता था जो अच्छी खासी संख्या में घर पर आ जाया करते थे।

पूरे जीवन भर मेरी माँ ने अपने बगीचे को बड़े प्यार और देखभाल से लगाया और संभाला था। यहाँ तक कि अपनी धुंधली पड़ती दृष्टि के बावजूद, जब महीन कढ़ाई करना कठिन हो चुका था, वो बैठे–बैठे अनेक रंगों वाले ऊन के गोलों से अपनी खुशी के नमूने तैयार करती थीं ताकि दूसरों के साथ साझा कर सकें। उम्र उनके खाना पकाने के शौक को प्रभावित नहीं कर पाई थी। आर्थराइटिस पीड़ित घुटनों के कारण बहुत देर तक खड़े रह पाने में सक्षम न होने के बावजूद वो किसी व्यंजन विशेष के

लिए मसालों के मिश्रण को पूरी दक्षता के साथ तैयार करने पर निगाह रखने के लिए जोर देती रहती थीं, यहाँ तक कि तब भी जब वो पकाने के शेष कार्य को पूरा करने के लिए दूसरों पर निर्भर रहने को बाध्य थीं।

मेरी माँ ने एक व्यस्त और संपूर्ण–जीवन जिया था, परंतु उन्होंने कभी भी यह नहीं सोचा कि उन्होंने कोई महत्वपूर्ण कार्य किया या नहीं। उन्होंने अपने काम और हमारे बीच अंतर किया, सदैव यह जोर देते हुए कि काम तो बस वो समय पास करने के लिए करती थीं जबकि हमारा वाला काम *महत्वपूर्ण* था। और यही सबकुछ हम सामान्यतः अपने काम के बारे में सोचा भी करते थे। हम स्वयं को और अपने पेशों को बहुत गंभीरता से लेते हैं। मैं भी इससे कतई अलग नहीं हूँ। मैं अपने काम का सम्मान करती हूँ, मेरा काम इतना *महत्वपूर्ण है* कि (मैं खेदपूर्वक ठंडी श्वांस ले रही हूँ) यह मुझे कशीदाकारी या अचार तैयार करने का समय ही नहीं देता।

नाओमी लोविन्सकी (1992), जिन्होंने 'मदरलाइन'[2] की अवधारणा को जन्म दिया था, के अनुसार, किसी भी महिला के द्वारा स्वयं की क्षमता को पूरी तरह से समझने के लिए उसे जैविक, ऐतिहासिक/सांस्कृतिक और अचैतन्य स्त्री की विरासत से होते हुए अपनी यात्रा अवश्य पूरी करनी चाहिए जो उसे उसकी माँ से पुत्री और फिर नातिन और परनातिन तक हस्तांतरित होती रहती है। इस प्रकार, मातृरेखा की विरासत के जरिए पुनः जुड़ते हुए एक महिला अपनी रचनात्मकता की संपूर्ण क्षमता की खोज कर सकती है। जब एलिश वाकर अपनी माँ के बगीचे की खोज में निकली तो यह उनकी स्वयं की सच्चाई को उजागर करने से सम्बन्धित एक यात्रा बन गई थी। उनकी माँ उनकी शक्ति थीं और उनका आदर्श। वाकर ने उनकी विरासत की खोज करते समय पाया कि उनकी रचनात्मकता के गुप्त खजाने स्वयं उन्हीं के अंदर छिपे हुए थे।

मैं नहीं जानती कि मेरी माँ के बगीचे की खोज मुझे स्वयं मेरे अंदर रचनात्मकता के भंडार की खोज करने में सहायता करेगी अथवा नहीं, किन्तु यह यात्रा निश्चित रूप से मुझे जीवन के एक ऐसे चौराहे पर जरूर ले आई है कि मैं यदि चाहूँ तो अपनी प्राथकिमताओं की पहचान करने का चयन कर लूँ। इसने मुझे जीवन के उन मूल्यों का पूर्णतः और गहन प्रशंसक बना दिया है जो सच में *महत्वपूर्ण* हैं। इसने मुझे मेरे भारी उत्तरदायित्वों के प्रति भी जागरुक बना दिया है–यह सुनिश्चित करने के लिए कि मातृरेखा की विरासत, जिसे मैंने विरासत में पाया है, अपनी बेटी को सौंप सकूँ।

टिप्पणियां

1. ताराशंकर बंद्योपाध्याय (1898–1971), बंगला में लघु कहानियों एवं उपन्यासों के एक बहुप्रज्ञ लेखक। उन्हें 1967 में अपने उपन्यास *गणदेवता* के लिए ज्ञानपीठ पुरस्कार प्राप्त हुआ था।
2. लोविन्सकी, एन.आर. 1992। *Motherline: Every Woman's Journey to Find her Female Roots.* N.Y:J.R Tardier.

सत्रह की उम्र में सौतेली माँ

मैथिली राव

हम सभी अपनी–अपनी माँ की बेटियाँ हैं। हममें से कुछ बेटियों की माताएं बनना जारी रखती हैं। इस मार्ग पर चलते हुए मातृत्व तक की यात्रा का मेरा भी अपना अनुभव है जो अनभिव्यक्त आशाओं और अपूर्ण महत्वाकांक्षाओं से भरा हुआ है। 'माँ' का जो अर्थ होता है उसके विरुद्ध किशोरवय के विद्रोह से लेकर एक व्यक्ति के रूप में महत्वहीन समझे जाने तक की मेरी समझ, एक व्यक्ति के रूप में स्वयं मुझे परिपक्व बनाती है।

ऐसा कोई भी सटीक, जादुई क्षण नहीं था जब मैंने अपनी माँ को एक औरत के रूप में देखा हो.....और उसपर एक अनूठे रूप में। सत्रह साल की एक बहादुर, कमजोर लड़की जिसने अपने जीवन का लक्ष्य अपने तीन सौतेले बच्चों की एक अच्छी माँ बनना बना लिया था। एक ऐसे परिवार, जो दक्षिण भारतीय ब्राह्मण रुढ़िवादिता और प्रगतिशील विचारों का एक विरोधाभासी मिश्रण था (यह 1940 के दशक की उथल–पुथल की खासियत हो सकती है), की सबसे बड़ी संतान उम्र में उससे मात्र 7 वर्ष छोटी थी। इस बहादुरीपूर्ण युद्ध, छोटी–मोटी जीतों, कठोर परिश्रमयुक्त त्रासदियों और अंततः मेरे पिता के द्वारा उनके समर्पण के प्रति विश्वासघात की पूरी तरह से सराहना करने सम्बन्धी मेरी यह यात्रा शायद कभी भी पूरी तरह से उद्देश्यपूर्ण नहीं हो सकेगी क्योंकि मैं उनके गर्भ से जन्मी पहली संतान होने की भावुकता का बोझ ढो रही हूँ। मेरे अपने बौद्धिक उद्धार के 'बेहतर' लाभ से रूढ़ियों में अनुकूलित फंसाव हेतु सहानुभूति के लिए, एक ऐसी महिला के प्रति गहरी सहानुभूति के लिए जो अपने ही विरोधाभासों को सहने का साहस रखती थी, मैं उनकी पीढ़ी के विचारों पर स्वयं को मूर्ख बनाने वाले आश्चर्य के साथ होते अपने विकास को मात्र प्रकट ही कर सकती हूँ। उनके विरोधाभास प्यार के साथ–साथ मजेदार तथा नागवार गुजरने वाले दोनों ही हुआ करते थे।

वो गाँधीवादी आदर्शों से प्रेरित तो थीं लेकिन अपनी रसोई में एक गैर–ब्राह्मण नौकर को कभी प्रवेश नहीं करने दे सकी थीं। हमारे घर में रहने वाला मुसलमान नौकर उनके देहांत के समय इस कदर रोया था जैसे कि उसकी अपनी माँ का स्वर्गवास हो गया हो, हालांकि उसने कभी भी उस पवित्र स्थल की सीमारेखा का उल्लंघन नहीं किया था और जिस खल–मूसल से वह सूखे *मसाले* पीसा करता था उसे रसोई के दरवाजे पर रख दिया करता था। बौद्धिक तौर पर, वो यह स्वीकार करती थीं कि एक रजस्वला स्त्री को बिल्कुल अलग–थलग रखे जाने का कोई वैज्ञानिक आधार नहीं होता परंतु इस अपमानजनक रीति को अपने घर में भी लागू किया करती थीं, जहाँ कहीं भी हम रहे–चाहे यह हैदराबाद रहा हो, जहाँ हम अपने समान परिवारों के बीच बड़े हुए, अथवा दक्षिण दिल्ली का सभ्य इलाका, *भद्रालोक* कोलकाता या फिर *आपरो* अहमदाबाद।

जीवन में एक ऐसा क्षण भी आता है जो तब असहनीय रूप से मर्मस्पर्शी हो जाता है जब किसी न किसी तरह से आपको अपनी माँ की माँ बनना पड़ता है। मेरे साथ ऐसा तब हुआ जब मैं 48 वर्ष की हो चुकी थी। इसने मुझे तब आघात पहुँचाया जब मैं ठीक उस उम्र पर थी जिसमें मेरी माँ का देहांत हुआ था। स्मृतियों ने मुझे घेर सा लिया था, मुझे भावनाओं में जड़ करते हुए.....अजीब अप्रत्याशित समयों पर धीरे–धीरे आगे बढ़ते हुए जैसे आधे–अधूरे गीतों को चुराते हुए....अनगिनत वार्तालाप, ऐसे उत्तेजित तर्क, मेरे क्रोधपूर्ण असंतोष का बहाव जो लंबे समय से किशोरावस्था की प्रतिशोध वाली भावना के साथ रुका पड़ा था, उनकी कोमल झिड़की और उसके बाद आँसुओं में डूबा उनका परस्पर दोषारोपण, मेरी 'उपलिब्धयों' पर उनका संकोच के साथ गर्व करना, मन की गहराईयों तक के उनके सम्बन्ध जिसे मैंने उनके और मेरी बेटी के बीच तब अनुभव किया था जब मेरी माँ के देहांत के समय वह सिर्फ तीन वर्ष की थी.....मैं किसी प्रकार से स्वयं को रोने से नहीं रोक सकी थी जब पुराने टेपरेकार्डर की खड़खडाहट भरे शोर के बावजूद त्यागराज का *कीर्तन* गाती हुई उनकी मीठी आवाज मेरे हृदय को वेधती चली गई थी........।

मुझे ताज्जुब था...... लगभग सभी स्मृतियाँ उस समय की थीं जब मैं कोई आठ या नौ वर्ष की रही हूँगी। शारीरिक नजदीकी, छाती से लगा लिए जाने और चुंबन लिए जाने की अवचेतन यादें कहाँ थीं? चाहे मैंने अपने दिमाग को पिछले अनेक वर्षों तक कितना भी क्यों न खोद डाला हो, ये खो क्यों गई थीं? मैं पीली पड़ चुकी एल्बमों में खो गई थीं जिनके किनारे स्थायी रूप से मुड़ चुके थे। मेरे बचपन की कुछेक तस्वीरें थीं, सब मेरी अकेले लेकिन उसमें एक भी ऐसी नहीं थी जिसमें मैं माँ के साथ हूँ। क्या हम एक दूसरे को हमेशा ही एक बड़े बच्चे और वयस्क महिला के रूप में सम्बद्ध करते हैं? ऐसा क्यों होता है कि जो कुछ भी उन्होंने किया है उसके लिए वे मेरी समझ को कोई महत्व नहीं प्रदान करतीं? क्या बिना प्रदर्शन किए मुझे प्यार करने का उनका तरीका यही था? मैं यह कभी भी नहीं भूल सकती कि जब हमारे परिवार का बच्चा, किट्टी–जो बस कृष्ण नाम दिए जाने की खुशी तक ही जीवित रहा था–उम्र के दो वर्ष पूरे किए बिना ही दुनिया से विदा हो गया था और वो दुःख से पागल हो गई थीं। तब मैं अवश्य ही 6–वर्ष की एक भ्रम में डूबी हुई लड़की रही हूँगी। सहजता से, मैं माँ के आसपास डरते–डरते आती–जाती थी जो अपने आसपास की किसी भी बात से मुश्किल

से ही अवगत थीं। मुझे घर पर रखे गए गीता के *प्रवचन* की भी याद है जिससे उन्हें शक्ति मिली थी और जिसने फिर से उनके लिए अपने सामान्य कामकाज की ओर लौटने का मार्ग साफ कर दिया था। गीता का उनके द्वारा मधुर ध्वनि में किया जाने वाला पाठ मेरे लिए उनकी स्मृतियों का एक अभिन्न अंग है। क्या वो मुझे भी उतनी ही गहराई से प्यार करती थीं जितना कि किट्टी से? मुझे अभी भी नहीं मालूम। जो कुछ भी मुझे मालूम है वह यह कि अपने बच्चों के लिए माँ का प्यार अभिव्यक्ति के मामले में एकसमान नहीं हो सकता। क्या प्यार निर्भरता हो सकता है? जब मैं अपनी किशोरवय में थी तभी वो अपने सहज ज्ञान से यह विश्वास करते हुए मेरे ऊपर निर्भर हो गई कि मैं यह समझ जाऊँगी कि क्यों वो संयत प्रतीत हुआ करती थीं।

जब मैं कोई आठ वर्ष की थी उस समय ही मुझे ज्ञात हो गया था कि मेरी माँ मेरे प्यारे *अक्का* और दो बड़े भाईयों की सौतेली माँ हैं। मुझे कभी याद नहीं आता कि मैंने उनसे प्रश्न किया हो कि मैं उन्हें अपने भाईयों और बहन की तरह काकी कह कर क्यों बुलाती थी, *अम्मा* या फिर मम्मी कह कर नहीं, जैसे कि मेरे मित्र अपनी माँओं को बुलाया करते थे। सामान्यतौर पर यही हमारे बड़े परिवार के तौर–तरीके थे जो उस इलाके के उस सबसे बड़े वाले घर में रहा करता था जिसके आगे और पीछे दोनों ओर सड़क हुआ करती थी। यह आडंबररहित किन्तु मेहमाननवाज था। *काकी* इसकी नाममात्र की गृहस्वामिनी थी जबकि असली अधिकार *दोड्डाम्मा (थाईजी)* के हाथों में सीमित हुआ करते थे और कभी–कभी उस तुनकमिज़ाज बावर्ची के जिसपर मेरी माँ को दयनीय ढंग से निर्भर रहना पड़ता था। हलचलों से भरा हुआ एक बड़ा परिवार, जो अब तक बस हमारे साथ रह रहे *दोड्डम्मा* (मेरे पिताजी की विधवा *भाभी*) उनके बेटे (उसे परिवार में सबसे बड़ा माना जाता था क्योंकि वह मेरे सबसे बड़े सौतेले भाई से 8 महीने बड़ा था) तक सिकुड़ चुका था, मैं स्वयं को किसी न किसी कोने में एक किताब के साथ सिकोड़ लिया करती थी। हो सकता है मैं अनुत्सुक, या फिर गैरसांसारिक बच्ची रही हूँ, जिसे सदैव किताब में डूबे रहने के लिए तंग किया जाता था।

हर कोई, चाहे रिश्तेदार रहा हो या पड़ोसी या फिर पारिवारिक मित्र, सभी मेरी माँ को सीता या फिर मुझसे बात करते हुए काकी कहकर सम्बोधित किया करते थे। दूरंदेशी में, ये मेरी माँ के द्वारा जीते गए प्रथम युद्ध का संकेत देता है। ऐसा कोई भी भांजीमार रिश्तेदार नहीं था जो मेरे युवा मस्तिष्क को इस तथ्य से दूषित करने का प्रयास करे कि मेरी प्यारी *अक्का*, जो काकी के अपने *महिला समाज* के सामाजिक कामों में व्यस्त रहने के दौरान सदैव मेरे लिए हाजिर रहती थी, मेरी अपनी 'असली' बहन नहीं थी। *सावती* शब्द एक निष्पक्ष 'सौतेली' से कहीं अधिक विष बुझा महसूस हुआ करता था।

मुझे यह सब, जो लोकप्रिय मनोविज्ञान के समस्त सिद्धांतों के अनुसार काफी विक्षुब्ध कर देने वाला होना चाहिए था, जैसे ज्ञात हुआ था वह इतना आकस्मिक था कि आज भी मैं इसपर विश्वास नहीं कर पाती। यह एक जिज्ञासु पड़ोसन, जिनका नाम भी मुझे याद नहीं आता, से बिना माँगे मिली हुई दया थी। मेरे मस्तिष्क में जो कुछ भी छपा हुआ है वह है उनके मोटे, गोरे चेहरे में उकनी चमकदार काला आँखों की उत्सुकता भरा तेज। क्या तुम्हारी *अक्का* की शादी अभी तक तय नहीं हुई? उन्होंने मुझसे पूछा

था। मुझे नहीं मालूम, स्कूल और खेल के अलावा किसी भी प्रश्न का मेरा यही साधारण सा जवाब हुआ करता था। 'तुम्हारी माँ क्यों चिंता करने लगीं, आखिरकार वो तुम्हारी *अक्का* की सौतेली माँ जो हैं। वो पहले ही 18 वर्ष की हो चुकी है!' 'लेकिन *अक्का* तो कॉलेज जाती है', मैंने जवाबी हमला किया था। वो उपहास करती हुई बोलीं, 'कॉलेज–वॉलेज! सौतेली माँ के लिए सबसे सुविधाजनक बहाना। तुम बच्ची हो, तुम नहीं समझोगी।' कभी–कभी एक सपने देखने वाले बच्चे को जगाने में रोजमर्रा की दिनचर्या में लिपटे हुए अप्रत्यक्ष तनावों का एक आकस्मिक झटका ही काफी होता है। मैंने देखा कि *अक्का* अंतर्मुखी हो गई थी और प्रायः, उनके और काकी के बीच के दृश्य आँसुओं से भरे होते थे।

अक्का काकी की *साड़ी की प्लेटों* को ठीक करने से बच रही थीं, जिसकी सामान्य चेतावनी बहुत अपरिष्कृत ढंग से तीक्ष्ण थी, और काकी की आँखों में एक विनतीपूर्ण निगाह थी जो उनके घाव को छिपा नहीं पा रही थी। बहुत बाद में, मुझे एक बकवादी चचेरी बहन से पता लगा कि *अक्का* काकी के एक रिश्तेदार, जो एक जोशीले लेक्चरर थे, के साथ शादी करना चाहती थी, और इसलिए आहत थी क्योंकि काकी उन्हें उनके इस प्रस्ताव को स्वीकार करने के लिए तैयार नहीं कर सकी थीं। इसी बीच मेरी दयालु *अड्डा* उतनी ही कठोर हो गई थी जितना कि उनका अच्छा–स्वभाव होने की इजाजत देता था, और ऐसा इसलिए हुआ था क्योंकि मेरे माता–पिता ने अपने बेटे के लिए एक तैयारशुदा जोड़ी को आतुरतापूर्वक स्वीकार नहीं किया था। दक्षिण भारत में, यदि उम्र और बाकी सब बातें अनुकूल हों तो *बुआ* के बेटे के साथ शादी किए जाने का रिवाज है। ऐसा ही हुआ भी था जब *अक्का* और मेरे बुआ के बेटे–भाई डिग्री कोर्स के अंतिम वर्ष में पढ़ाई कर रहे थे तो अंततः दोनों की शादी हो गई थी।

मुझे अब महसूस होता है कि काकी ने स्वयं को मेरे सहित अपने बच्चों के एक नजदीकी विश्वासपात्र होने के स्थान पर एक शिक्षक के रूप में अधिक देखा था। गर्मी की लंबी छुट्टियों में वो जोर दिया करती थीं कि मैं रोजाना गणित के कुछ सवालों को हल करूँ और अंग्रेजी और तेलगू में रोज एक निबंध लिखूँ। अपने सौतेले बच्चों के साथ व्यवहार करने का उनका तरीका ऐसा था जैसे कोई कॉलेज–शिक्षिता युवती का, जिसका इंटरमीडिएट की परीक्षा के बाद तुरंत विवाह कर दिया गया हो, और उसे बच्चों को अलग से अंग्रेजी पढ़ाने और उनके होमवर्क में सहायता करनी हो। (काकी की अंग्रेजी में हानर्स करने की इच्छा अधूरी रह गई थी और जब मैंने अंग्रेजी में अपना मास्टर्स पूर्ण किया तो मेरे बजाए उन्हें होने वाला गर्व अत्यंत हृदयस्पर्शी था।) बड़े परिवारों की खूबसूरती होती है कि वास्तविक पालन–पोषण और मातृसुख को माताओं और बुआओं के बीच साझा किया जाता है, भले ही वे हमेशा एक ही घर में एक साथ नहीं रहतीं। इससे भी कहीं महत्वपूर्ण यह था कि काकी ने सुनिश्चित किया था कि हर वर्ष मिलने के लिए जाने से उनके सौतेले बच्चों का अपनी नानी, मौसियाँ और मामा लोगों के साथ संपर्क मजबूत बना रहे। वो इस अत्यधिक सभ्य और सुसंस्कृत परिवार के साथ सम्मानपूर्ण बने रहने के लिए अपनी क्षमता से भी बाहर निकल जाती थीं, और बदले में, वो लोग भी उनके स्नेह का प्रत्युत्तर भली–भांति दिया करते थे। यदि काकी

अपनी सामर्थ्य के अंदर इन रिश्तों को जीवित रखने के प्रति शायद अति–उत्साहित रहा करती थीं तो बेजवाडा में रहने वाले इस पारंपरिक परिवार ने उस नई वधू को स्वीकार कर लिया था जिसने उनकी बेटी का स्थान लिया था (वे बच्चे को जन्म देते समय युवावस्था में ही चल बसी थीं)। मेरे पिताजी के परिवार में दूसरे लोगों ने बच्चों को इस 'हड़पने वाली' के विरुद्ध भड़काए जाने के द्वारा आग लगाने के प्रयास किए हो सकते थे, परंतु शोक संतप्त इस परिवार ने ऐसा कभी नहीं किया था।

मैं आज आश्वस्त हूँ कि काकी ने *अक्का* का विश्वास और स्नेह को जीतने को अपनी सबसे बड़ी चुनौती के रूप में सुनिश्चित किया था। परिवारिक कहानियों के अनुसार *अक्का* (जो तीन बच्चों में से बीच वाली थीं) को बहुत जिद्दी माना जाता था। काकी को अपने सौतेले बेटों के साथ अधिक परेशानी नहीं उठानी पड़ी थी। मेरा सबसे बड़ा भाई एक अकेला था जिसे उसके *नाना* ने अपने पहले नाती के रूप में बहुत सिर चढ़ा रखा था। यहाँ तक कि एक किशोर के रूप में उसमें अक्खड़पन की सीमा तक आत्मविश्वास भरा हुआ था। ऐसा प्रतीत होता था कि उसने सबसे बड़े बेटे के रूप में उत्तरदायित्व की भावना आत्मसात कर ली थी और उसमें एक संरक्षक का भाव भरा हुआ था, कुछ ऐसा जो आज दिन तक जारी है। इंजीनियरिंग की पढ़ाई पूरी करने के बाद वह सेना में भर्ती हो गया था और जब वो छुट्टी पर घर आया तो गर्वोन्मत्त चाल से चलने वाला अधिकारी बन चुका था। अपने पहले वेतन से जो *साड़ी* उसने माँ को खरीद कर दी थी, माँ उससे अत्यंत प्रसन्न थीं और वो उन्हें हमेशा मम्मी कह कर ही बुलाया करता था।

जहाँ तक दूसरे भाई रवीन की बात है, काकी महसूस करती थीं कि वो एक ऐसा बच्चा था जो उनसे सर्वाधिक प्रभावित और आज्ञाकारी था क्योंकि जब उनका विवाह हुआ था तो वो मात्र तीन वर्ष का ही था। माँ ने स्वयं के प्रति भ्रम पाल लिया था कि उसके व्यक्तित्व को उन्होंने आकार प्रदान किया है। रवीन शर्मीला और एकांतपसंद था। वो औषधि विज्ञान पढ़ना चाहता था परंतु इसके लिए उसे पर्याप्त नम्बर नहीं मिल सके थे और पिताजी ने बड़ी डोनेशन फीस देकर मनिपाल भेजने से इंकार कर दिया था। एक सिद्धांतवादी शिक्षाविद् होने के कारण वो सीट खरीद नहीं सकते थे और इसके अलावा, वो इसका खर्च भी वहन नहीं कर सकते थे। काकी जानती थीं कि रवीन के लिए इसके मायने क्या होंगे लेकिन वो अधिकारविहीन थीं। जब रवीन को उसकी पीएच.डी. की उपाधि मिली और उसने पोस्टडॉक्टोरल कार्य पूरा किया तो शायद माँ से अधिक कोई भी प्रसन्न नहीं हुआ था। उन्होंने उसकी निराशा को साझा किया था और उसकी इस देरी से मिली सफलता से प्रफुल्लित थीं।

यही कारण था कि जब रवीन ने अमेरिका में मुलाकात करने वाली नार्वे की एक लड़की के साथ शादी कर ली तो वो उजड़ी हुई सी अनुभव कर रही थीं। लेकिन साथ ही वह विरोधाभासी रूप से खुश भी थीं कि इंगर एक अच्छी ईसाई थी। उनका मानना था कि बिना किसी धर्म से तो कोई भी धर्म होना कहीं बेहतर होता है! *श्रावण* के दौरान एक विशेष *पूजा* करने से जब मैंने इंकार कर दिया था तो उन्हें अंधविश्वास के सम्बन्ध में मेरे अनेक नास्तिकतापूर्ण तर्कों का सामना करना पड़ा था, वो शिष्टतापूर्वक

झुक गई थीं। एक अच्छा पति मिल सके इसके लिए मिट्टी के छोटे आयताकार चौकोर किनारे वाले टुकड़ों, जिन्हें सफेद बिन्दुओं से सजाया गया होता था, की पूजा की जानी होती थी। *पूजा* का लैंगिंक प्रतीकवाद मेरी किशोरवय की सरलता के कारण तो बच गया था लेकिन मैं अभी भी मैं अपनी उस छोटी सी जीत की खुशी मनाती हूँ जो मैंने उस बात के आगे न झुकते हुए हासिल की थी जिसे मैं अर्थहीन समझती थी। मैं जानती हूँ कि मेरे कुछ रिश्तेदारों ने मुझपर ढीठ होने का ठप्पा लगा दिया था लेकिन काकी शिष्टतापूर्वक झुक गई थीं। उनके बारे में यही बात बड़ी प्यारी थी। वो हमें हमारे महत्वपूर्ण निर्णय लेने दिया करती थीं और इसमें समर्थन दिया करती थीं। सिर्फ एक बार ही काकी समझौते को तैयार नहीं हुई थीं जब मेरी बहन के साथ उनके सम्बन्धों में अशांति उत्पन्न हुई थी।

काकी *अक्का* को शायद कुछ अधिक ही देना चाहती थीं, ताकि उन्हें कभी भी ऐसा महसूस न होने पाए कि यदि उनकी अपनी माँ जीवित रहीं होतीं तो बात ही कुछ और होती। जुनून भरी इस जरूरत ने काकी को पूरे जीवन भर उत्प्रेरित रखा हुआ था। यहाँ तक कि जब *अक्का* दो बच्चों की माँ बन चुकी थी और वे (*अक्का* और मेरे बहनोई दोनों ही अपव्ययी थे) अपनी विरासत खा–उड़ा चुके थे, उन्हें बराबर पैसे भेजते रहने के लिए काकी पिताजी से लड़ जाया करती थीं। वो पिताजी के इस तर्क को नकार देती थीं कि एक नए माता–पिता के रूप में एक दंपति को रुपए–पैसे के मामले में जिम्मेदार बनना सीखना चाहिए। 'यदि उसकी माँ जिंदा रही होती तो क्या उसे ऐसे ही छोड़ देती?' इस भावुक ब्लैकमेलिंग का कोई जवाब नहीं था। मुझे आश्चर्य होगा यदि काकी ने कभी भी यह महसूस किया हो कि पिताजी की अनिच्छापूर्ण उदारता पर *अक्का* को निर्भर रहने में मौन रूप से उनकी सहायता किए जाने से वास्तव में उन्हीं को नुकसान पहुँचा रही थीं। *अक्का* को उनकी माँ के सारे गहने दे दिया जाना तो सही था लेकिन अपने कर्तव्य की भावना को बल प्रदान करने के लिए आर्थिक अनुत्तरदायित्व को बढ़ावा दिया जाना शायद बुद्धिमानी का काम नहीं था। यही कारण है कि मुझे याद आने वाले अनेक भावुक दृश्यों में काकी के यकीन दिलाने की सतत् आवश्यकता तथा *अक्का* के दबे हुए अपराध का एक अंतर्प्रवाह सदैव ही जारी रहता था। किसी बाहरी व्यक्ति के लिए, यह किसी धारावाहिक का एक अध्याय मात्र हो सकता है किन्तु उन लोगों, जो तूफान गुजर जाने के बहुत देर बाद तक उसके हलकोरों का अनुभव करते रहते हैं, के लिए यह एक थकाऊ पारिवारिक पुनरावृत्ति भर हुआ करती थी। छोटी–मोटी घटनाएं इसे प्रेरित कर सकती थीं। कुंठामोचन बार–बार दोहराए जाने वाला एक अनुभव बन चुका था।

यद्यपि आज मैं उन दोनों को प्रेरित करने वाली मनोवैज्ञानिक आवश्यकता का विश्लेषण कर सकती हूँ, तथापि एक किशोरी के रूप में इसने मुझे इन सबका एक अनासक्त प्रेक्षक बना डाला था। मैं पारिवारिक जीवन के लिए अपरिहार्य छोटे–मोटे टकरावों के सम्बन्ध में बहुत अधिक भावुक होने के लिए संकल्पित नहीं थी। मैं यह भी अनुभव करती हूँ कि काकी के मुझे मितव्ययी (जब मैंने काम करना शुरू किया तो मेरी चेकबुक को ताले में बंद करके रखना) और घरेलू कामों में निपुण बनाने के

प्रयास किए थे जिसके पीछे गहरी जड़े जमाए हुए कारण मौजूद थे। स्वाभाविक रूप से वो नहीं चाहती थीं कि मैं *अक्का* वाली गल्तियों को दोहराऊँ और इसीलिए वे मेरे साथ कठोर बन गई थीं।

काकी इस बात के प्रति भी दृढसंकल्पित थीं की मुझे रसोई में एक अनाड़ी नौसिखिया नहीं बने रहना चाहिए। उनके पिताजी एक विनम्र पोस्टमास्टर थे किन्तु अपनी सबसे पहले पैदा हुई पुत्री के लिए उनमें प्रशंसायोग्य महत्वाकांक्षाएं भरी हुई थीं। उन्होंने उन्हें महारानी कॉलेज भेजा जहाँ काकी ने कुछ अवसरों पर मैसूर के राजपरिवार की कुछ राजकुमारियों के साथ टेनिस भी खेला था और उन्हें वायलिन के महारथी चौदेया से कुछ एक सबक सीखने का सुअवसर भी प्राप्त हुआ था। मेरे नानाजी ने कठोर निर्देश दे रखे थे कि उनकी पुत्री को अपना समय रसोई में खराब नहीं करना है और इसीलिए वो जब इस बड़े, भयानक से लगने वाले परिवार में आईं तो रसोई में बिना बावर्चियों के अकेले सफल नहीं हो सकी। 'मैं तुम्हें *भिंडियाँ* धोने और काटने जैसे बेवकूफी वाले काम नहीं करने देना चाहती जैसे मैं किया करती थी', वो बार–बार मुझे चेतावनी देती रहती थीं। निश्चित रूप से, जब हम दिल्ली, कोलकाता और अहमदाबाद में रहे थे तब तक वो एक बहुत अच्छी बावर्ची बन चुकी थीं, परंतु यदि कुछ अधिक संख्या में मेहमान पधार जाएं तो वो परेशानी में पड़ जाया करती थीं। अंततः, जब मेरे पिताजी प्रोफेसर से परामर्शदाता बन गए और पूरे भारत से कार्य लेने लगे तो वो अपने ही घर की मालकिन बन चुकी थीं। यदि मेरा घर वाला शहर मेरा आरामदायक क्षेत्र था तो काकी के लिए इसका मतलब था उनके हर कदम पर निगाह रखने वाली सख्त निगाहों की अनुपस्थिति। उन्होंने हैदराबाद के स्थापित तरीकों के सम्बन्ध में बहुत कुछ खोया था, परंतु वो स्वयं को मिली नई–नई आजादी में बहुत खुश भी थीं। मुझे नहीं लगता कि वो अपनी असुरक्षा की इस भावना से पार नहीं पा सकी थीं कि लगातार उनका मूल्यांकन हो रहा है, परंतु अपने अंतिम दिनों में वो शांति के एक पड़ाव पर पहुँच चुकी थीं।

मुझे यह भी प्रकट हो चुका था कि मेरे पिताजी के साथ उनके सम्बन्ध ही उनके जीवन की प्राथमिक प्रेरणादायी शक्ति थे। किसी भी तरह से मैं इस अनुभव से स्वयं को नहीं बचा पाती कि उन्होंने हममें से किसी को भी उस तरीके से कभी प्यार नहीं किया था जैसे वो पिताजी को किया करती थीं। यह एक रोमांटिक लहर से भी अधिक बड़ी बात थी कि उनको पिताजी के साथ एक साइंस कांग्रेस में जाना पड़ा था, वह भी पीछे मुझे और मेरे छोटे भाई (मैं उस समय 4 और भाई 2 वर्ष का रहा होगा) को मेरी बुआ और *अक्का* की नाजुक देखभाल के तहत छोड़ कर। *काकी* को अपने बच्चों की उपेक्षा करने के लिए अपने पिताजी से एक राजसी गाउन मिला था परंतु प्रकट तौर पर उन्हें इसका कोई पछतावा नहीं था।

जो कुछ भी मुझे रहस्य में डुबो देता है वह है पिताजी के प्रति उनका पूजा करने जैसा समर्पण। उनका विश्वास था कि वो सीता थीं और पिताजी उनके राम थे (संयोगवश पिताजी का नाम भी रामा राव था)। जब मैं हाईस्कूल में थी तो केमिकल इंजीनियरिंग में मास्टर्स करने के लिए पिताजी अमेरिका चले गए थे क्योंकि वे विशुद्ध केमिस्ट्री से आगे जाना चाहते थे। यह हम सबके लिए आर्थिक और भावनात्मक तनाव

का समय था। पिताजी ने समयपूर्व सेवानिवृत्ति का चयन कर लिया था, निश्चित तिथि पर पेंशन की धनराशि के आने की तीव्र प्रक्रिया पर भोलेपन के साथ विश्वास करते हुए और उन्होंने हमारे बड़े से घर को किराए पर उठा दिया जबकि काकी, मेरा छोटा भाई और मैं एक छोटे से किराए के घर में रहने चले गए थे। इस समय तक, रवीन एक दूसरे शहर में होस्टल में रह रहा था, *अक्का* की शादी हो चुकी थी और उसकी पहली संतान जन्म लेने वाली थी जबकि मेरा सबसे बड़ा भाई सेना में जा चुका था। *दोद्दामा* अब अपने ही घर की मालकिन थीं अब जबकि उनके पुत्र कामधंधे से लग चुके थे और शादीशुदा भी थे।

उन दो वर्षों में मेरी माँ, जो कभी भी बिना कार के कहीं नहीं गई थीं, ने एकाउटेंट जनरल के ऑफिस जाने के लिए बसों से दो चक्कर काट लिए थे ताकि उस मायावी पेंशन के मामले को आगे बढ़ाया जा सके। उन्होंने इसे अपने *वनवास* के कष्टों के तौर पर स्वीकार कर लिया था। जो बात मुझे आश्चर्यचकित करती थी वह थी *पूजा मंदिर* में मेरे पिताजी की तस्वीर। मैंने उनके साथ आपत्ति भी की कि पिताजी आखिरकार एक इंसान थे और भले ही उन्हें सामान्यतौर पर एक निष्पाप और अनेक सद्गुणों वाला अच्छा आदमी माना जाता हो। 'परंतु वो मेरे भगवान हैं,' उन्होंने भावपूर्ण तरीके से जोर देते हुए जवाब दिया था और इसने मुझे चुप करा दिया। वर्षों बाद, जब मेरी शादी हो गई, तो उन्होंने विश्वास दिलवाया कि पिताजी उनके समर्थन में किस प्रकार खड़े रहे थे जब परिवार के गहनों का एक भाग, जो उन्हें दिया गया था, उनकी अपने मायके की पहली यात्रा के दौरान ही चोरी हो गया था। पिताजी ने यह कहकर बात संभाल ली थी कि उन्हें इन्हें बेच देना पड़ा था क्योंकि उन्हें उस जमानत राशि का भुगतान करना था जो उनके एक सहयोगी, जो पाकिस्तान भाग गया, के मामले में ली गई थी। काकी के लिए, एक संवेदनशील नई बहू, जिसे स्वयं की बात को स्वीकार किए जाने का विश्वास न रहा हो, यह एक दैवीय हस्तक्षेप के समान ही था।

इस प्रकार का अद्वितीय समर्पण उन्हें क्या दे सका था? उन्होंने शादी के बाद संगीत को त्याग दिया था, अपनी कॉलेज–शिक्षा और कला प्रदर्शन के विरुद्ध काँटे बो लिए थे। उनमें अपने संगीत को दोबारा प्रारंभ करने की लगन और साहस मौजूद था और उन्होंने इस चुनौती को एक नए वाद्य *वीणा* के साथ स्वीकार कर लिया था। सबकुछ उन्होंने अकेले संभाल रखा था, आर्थिक बाधाओं और दो कठोर वर्षों के भावनात्मक अकेलेपन को पराजित करते हुए। मैं जानती हूँ कि एक सुरक्षाप्राप्त गृहणी (एक सुंदर स्त्री, जो अपने आयु के तीसरे दशक के शुरुआत में रही हो) के लिए पुरुषों से भरे सरकारी कार्यालय में पेंशन के कागजों को आगे बढ़वाने के लिए जाने पर कुदृष्टियों से भरी आँखों और लोलुप निगाहों की उपेक्षा करना अवश्य ही कितना अपमानजनक और भयावह रहा होगा।

परिवार के विस्मय और अपने सारे बच्चों के लिए दुःखभरी झटके वाली खबर थी, *काकी* के देहांत के मुश्किल से एक वर्ष के बाद ही पिताजी ने एक ऐसी महिला से पुनः शादी कर ली थी जिसने उनके विज्ञापन का प्रत्युत्तर दिया था, जो एक सामान्य गृहणी से अधिक उनकी साथी थीं, उनकी बौद्धिक समानता में। मेरे लिए, यह न केवल

मेरी माँ बल्कि एक औरत के साथ किया गया धोखा था जिसकी प्रशंसा मैं उसकी अपार प्रतिबद्धता और निडर साहस के लिए करने लगी थी, जिसने अपनी खुद की कमजोरियों और कठिन परिस्थितियों पर विजय हासिल की थी।

शायद यह अपरिहार्य ही था कि काकी के देहांत के बाद से पारिवारिक सम्बन्ध धीरे–धीरे टूटते चले गए। हमें पिता का सम्मान करना सिखाया गया था और हमारे बचपन के अधिकांश समय में सर्वाधिक महत्वपूर्ण व्यक्तित्व हुआ करते थे। मैं उनके नजदीक उस समय आई थी जब कैंसर से उनकी मृत्यु होने के पूर्व मैंने उनकी सेवा की थी। मैंने उनकी ठंडी आँखों में अनकहे पश्चाताप को देखा था और इसने मेरी कड़ुवाहट को धो देने में मेरी सहायता की थी। उस समय तक हम सभी बच्चे उनके पास एकत्रित हो चुके थे, हम सभी उन परिवारों के साथ घनिष्ठ हो चुके थे जिनमें हमारी शादियाँ हुई थीं। काकी आधार थीं, उनके साप्ताहिक पत्र हम सबको सूचित करते रहते थे कि दूसरों के साथ क्या घटित हो रहा है। वो न केवल संचार का एक माध्यम थीं बल्कि एक ऐसा केन्द्र भी थीं जिसके चारो ओर पारिवारिक प्यार एवं निष्ठा के बंधन चक्कर लगाया करते हैं।

काकी सदैव कहा करती थीं कि अपने पूरे जीवन भर उन्हें बस इंटर–पास ही बने रहना है......शिक्षा जो ग्रेजुएशन तक नहीं पहुँच सकी थी। उनका संगीत संपूर्णता एक अपूरित खोज बन कर रह गई थी। परंतु मैं सोचती हूँ कि उन्होंने मुझे शिक्षित बनाया, मेरी पुत्री को यह अवसर प्रदान करते हुए कि वह व्यक्तित्व का सम्मान करे। और उनके प्यार का अनसुना संगीत अभी भी मेरे ह्रदय को भर देता है।

हम स्वयं

मातृत्व और मैं

धीरुबेन पटेल

राजसी और दीप्तिमान—मेरी माँ
अपने सारे आभूषणों और एक उदार मुस्कान के साथ
उस पल पर कर चुकी थी अपना अधिकार।
खड़ी थी मैं एक कोने में
इस सबका आनंद उठाते तब तक
जब तक किसी ने रात्रिभोज की प्रशंसा नहीं कर दी थी
और नहीं दे दी थी बधाई मेरी माँ को
उनकी संपूर्ण विशेषज्ञता के लिए।

—किचेन पोएम्स (धीरुबेन पटेल 2006)

जब मैं एक छोटी सी लड़की थी, शायद 6 वर्ष की, मेरा पसंदीदा दिवास्वप्न होता था यह कल्पना करना कि मैं अपने खुद के नौ या दस बच्चों के साथ उड़ान भरती फिर रही हूँ। चूंकि उस समय मैं मातृत्व के व्यवहारिक पक्ष से अनभिज्ञ थी, अतः कई सारे बच्चों की माँ बन जाना मेरे लिए कोई कठिनाई पैदा करने वाली बात नहीं थी। जो कुछ भी मुझे करना होता था वह बस इतना कि मैं कल्पना किया करती थी कि मुझे उन्हें उड़ना सिखाना है!

आह! कभी—न—कभी तो हम सबको बड़े होना ही पड़ता है...... बचपन की कल्पनाएं उड़नछू हो जाती हैं और पीछे कोई छाप भी नहीं छोड़तीं। हालांकि, प्रायः मुझे आश्चर्य होता है कि यदि इस आनंददायक कल्पना का कोई अवशिष्ट भाग रहस्यमयी तरीके से बचा न रह गया हो.......इसीलिए मैं अभी भी महसूस करती हूँ कि मुझे अच्छा लगेगा

कि मेरे ढेर सारे बच्चे हों और मैं उन्हें उड़ना सिखाना पसंद करूँगी। कभी भी एक क्षण के लिए मैं यह नहीं सोचती कि वास्तव में मेरे एक भी बच्चा नहीं है। वास्तव में, मुझे अपने भाग्य से भी अधिक प्राप्त हुआ है.....बच्चे जो अलग–अलग भाषाएं बोलते हैं, अलग–अलग संस्कृतियों से आते हैं–और जो उम्र में काफी अलग–अलग हैं। यदि उन्होंने मेरे हृदय में उत्साह जगाया है तो मुझे दुःखी भी किया है, हालांकि बिना जाने–बूझे। एक बार फिर से मुझे यह स्वीकार करना चाहिए कि इन बच्चों में से हर एक ने मेरे जीवन को अपने–अपने विशिष्ट तरीकों से समृद्ध बनाया है। मात्र इसी बात के लिए मैं सच्चे दिल से उनकी आभारी हूँ।

नई पीढ़ी से जब मेरा आमना–सामना हुआ तो मैं एक किशोरी थी। ऐसा इस रूप में हुआ कि मेरे पास 3 महीनों का एक बच्चा आया जिसकी बीमार माँ उस समय पर उसकी देखभाल करने में असमर्थ थी। इस घटना ने मातृत्व की कड़वी सच्चाई को मेरे सामने उजागर कर दिया था। यह पूरी तरह से स्पष्ट हो गया कि बच्चों को साफ करना पड़ता है, कपड़े पहनाने पड़ते हैं, स्तनपान करवाना होता है, उन्हें सूखा रखना और सहजता प्रदान करनी होती है–और ये सब तुरंत ही करना पड़ता है। उड़ने के सारे सबक हवा हो सकते थे, बल्कि इससे भी बुरा यह हुआ कि मुझे पूरी तरह से इन सपनों का त्याग करना पड़ा था। मुझे यह महसूस कर लेने में बहुत अधिक समय नहीं लगा था कि माँ बनना चौबीसो घंटे चलने वाला काम है, जो विशेषज्ञता और अनुभव की माँग करता है, और मैं स्वीकार करती हूँ कि इनमें से मेरे पास कुछ भी नहीं था। इसके बावजूद, मैंने चुनौती स्वीकार कर ली थी, अनुभव की कमी की पूर्ति अपनी उज्जवल कल्पनाओं के साथ करते हुए। मैं एक शिशु की तरह सोचने और महसूस करने का प्रयास किया। हालांकि हमेशा एक परंपरागत तरीके से न सही लेकिन मैंने यह सुनिश्चित किया कि बच्चे की अधिकांश जरूरतें पूरी हो सकें। इस नए उपक्रम ने मेरा अधिकांश समय खा लिया था–जिसका मेरे लिए एकमात्र पारितोषिक था उस शिशु की स्वर्गदूत के समान दंतविहीन मुस्कराहटें। समय के उस मोड़ पर, मैं पूरी तरह से अनभिज्ञ थी कि मैं एक संवेदनशील स्थिति में फंसती जा रही हूँ। मेरी अपनी प्रसन्नता अथवा दुःख का कोई महत्व नहीं रह गया था। यह छोटा सा प्राणी मेरे हृदय के इतना समीप आ चुका था कि उसकी प्रसन्नता और उसका दर्द मेरे लिए सबसे अधिक महत्वपूर्ण हो गया था।

मेरा विश्वास है कि किसी के द्वारा स्वयं उठाया गया पहला कदम उसके जीवन में होने वाले सर्वाधिक महत्वपूर्ण रूपांतरणों को प्रारंभ करता है। यह असीमित संभावनाओं के द्वार खोलता है। इसी के साथ–साथ, यह आपको और अधिक संवेदनशील, अधिक नाजुक बना देता है। यह आपके जीवन में नए आयामों को जोड़ सकता है। यह कदम किसी को भी बहुत अधिक नाखुश या फिर बेसुध होने तक प्रसन्न बना सकता है। हालांकि, इसमें एक बात निश्चित होती है कि कोई भी अपने स्वयं के संकुचित अस्तित्व की सीमाओं के अंदर ही और अधिक सुरक्षित नहीं रह जाता। मातृत्व किसी भी महिला को उसके 'कोकुन' (रेशम के कीड़े का खोल) से बाहर निकलने के लिए बाध्य कर देता है। पीछे हटने की कोई गुंजाइश नहीं होती, न ही अनिष्ट को टाला

जा सकता है! वास्तव में, यह एक बुरी आदत बन जाता है। इसके पहले कि किसी को इसका अनुभव हो, वह स्वयं को अनेक जीवनों के साथ उलझ चुका हुआ पाता है। कोई भी पुरुष कभी भी यह नहीं समझ सकेगा कि एक माँ अपने बच्चे के रोना सुनकर सबकुछ छोड़कर क्यों उसकी ओर भागती है। मेरा विश्वास है, स्त्रियों में यह मातृत्व की भावना नैसर्गिक तौर पर मौजूद रहती है। इस बात से कोई अंतर नहीं पड़ता कि किसी औरत ने बच्चों को जन्म दिया है अथवा नहीं। शारीरिक तौर पर माँ बनने के अपने रूपांतरण होते हैं, परंतु, चूंकि मेरे पास इसका कोई निजी अनुभव उपलब्ध नहीं है, अतः मैं इसके बारे में अधिक नहीं कह सकती।

एकमात्र अनुभव जो मुझे मिला और आज भी मेरे पास मौजूद है वह है एक प्रतिपालक के रूप, जो मेरे ऊपर थोप दिया गया है, में मेरी भूमिका के अनुकूल बनाने हेतु अपनी स्वयं की खोज किया जाना। अनेकों किशोर–किशोरियों ने अनजाने में मुझे न केवल एक मित्र बल्कि एक प्रतिपालक के रूप में भी स्वीकार कर लिया है। मेरे दुःख के प्रति, मैंने सीख लिया है कि यह वास्तव में एक दुष्कर कार्य है!

उदाहरण के लिए, मुझे उस दिन की याद है जब मैंने स्वयं को *करेला* खाने को तैयार कर लिया था, इस भय से कि मेरे साथ भोजन करने वाले बच्चे भी मेरा उदाहरण देते हुए इसे खाने को मना कर सकते हैं। उस दिन तक, मैंने कभी भी *करेला* नहीं चखा था। मैं पूरे दिल से इससे नफरत करती थी और जिस भोजन में यह शामिल होता था उसे खाने से इंकार कर दिया करती थी। आज स्थिति में नाटकीय परिवर्तन आ चुका है। *करेला* खाना स्वास्थ्य के लिए अच्छा होता है–मैं बच्चों को इसी प्रकार से संतुष्ट करती हूँ। अब मैं बिना मुँह बनाए एक मुस्कराहट के साथ *करेले* खा लेती हूँ। आत्मा को लगने वाले घावों को चुपचाप सहते हुए! मनोवैज्ञानिकों की राय चाहे जो भी हो, मेरे लिए यह एक आत्मानुशासन का एक सबक रहा है।

ऐसे अनेकानेक किस्से हैं, कम या फिर अधिक दुःखभरे, किन्तु दिलासा की एकमात्र बात यह रही है कि यह सबकुछ पूरी तरह से मेरे द्वारा स्वैच्छिक रहा है। यदि मेरे प्रयासों के परिणाम अच्छे रहे हैं तो मैं प्रसन्न हूँ। यह हमेशा ही आत्म–प्रताड़ना और कठोर अनुशासन की तरह ही नहीं होता। यह अभ्यास कमोबेश किसी पहाड़ पर चढ़ने के समान ही है–शुरू में श्रमसाध्य, लेकिन अंत में पुरस्कृत करने वाला। बच्चों ने मुझे स्वयं को शिक्षित करने में मुझे शिक्षित करने में सहायता की। जीवन के प्रति यह नया दृष्टिकोण मुझे आनंदित करने में कभी भी विफल नहीं रहा है। मैं उन सबकी उतनी ही प्रतिपालक रही हूँ जितने के सब मेरे। अनेक अवसरों पर, मुझे उनके सद्–परामर्श से लाभ हुआ है और उनके स्नेह ने मेरी आत्मा को पोषित किया है।

मुझे एक भतीजे से मिली प्यार भरी डाँट याद है। *चीकू* फल के एक ऊँचे पेड़ पर चढ़ते या उतरते समय एक लड़के का पैर पेड़ की दो शाखाओं के बीच फंस गया था। उसने अपने साथ खेल रहे एक बच्चे से मुझे संदेश भेजा। मैं तुरंत पेड़ की ओर दौड़ी थी। और लगभग तुरंत ही उस लड़के को उसके बेवकूफी भरी शरारत के लिए डाँटना शुरू कर दिया था। वो विनम्रतापूर्वक मुझे सुनता रहा। जब मैं सांस लेने के लिए रुकी तो उसने कहाः 'मुझे लगता है कि आपको पहले मेरी सहायता करनी चाहिए और फिर

बाद में डाँटना चाहिए।' ओह! कितनी शर्मिन्दा हो गई थी मैं। पेड़ की शाखाओं को एक–दूसरे से अलग करते हुए मैंने उसके पैर को आजाद किया था। लड़के ने बहुत सही कहा था। उसने मुझे संकट में होने का संदेश भेजा था और मैं वहाँ उसे उपदेश पिला रही थी! लेकिन कई बार बड़ी उम्र वाले भी तो बेवकूफ होते हैं न!

ऐसी बेवकूफी भरी गल्तियों के बावजूद बच्चों ने मुझे प्यार किया है और मेरा विश्वास किया है। रात के समय यदि अचानक से कोई बीमार हो जाए तो सबसे पहले मुझे उठाया जाता है और मेरी बात मानी जाती है। रातभर ज्वर से पीड़ित जागते रहने के दौरान यह मेरा ही हाथ होता है जिसे वे पकड़े रहते हैं। बच्चे अपनी छोटी–छोटी खुशियों या फिर दुःख को मेरे साथ साझा करते हैं अपने मूर्खता से भरे झगड़ों में मध्यस्थता के लिए मेरा चयन करते हैं। गर्मी की छुट्टियों के दौरान माथेरान के पर्वतीय स्थल पर घटित एक घटना के पहले तक मुझे कभी यह महसूस नहीं हुआ था कि हमारा स्नेहबंधन कितना मजबूत था।

मैं अपने भतीजे को लेकर सैर करने के लिए एक रिक्शे में जा रही थी। रिक्शे की सवारी के दौरान रिक्शाचालक ने ऐसे ही मुझसे पूछ लिया कि क्या ये बच्चा मेरा बेटा था। 'नहीं, ये मेरे भाई का बेटा है', मैंने बिना सोचे उत्तर दे दिया था। होटल लौट आने तक मुझे कुछ भी गड़बड़ प्रतीत नहीं हुआ था। कोई दो घंटो तक बच्चा न तो मुस्कराया और न ही उसने मुझसे बात की। वो एक उदासी में डूबा और नाराज सा लग रहा था। हमें चिंता होने लगी थी कि यह कुछ बोल क्यों नहीं रहा। बहलाने–फुसलाने पर मेरा भतीजा आँसुओं की बाढ़ में बह गया था। उसने अपनी उंगली मेरी तरफ उठाई और बोला, 'इन्होंने *रिक्शेवाले* को बोला कि मैं इनका कोई नहीं हूँ!'

बच्चे को हमारे सम्बन्धों की नाजुक पेचीदगियों को समझाने में मुझे बहुत समय लग गया था। यहाँ तक कि शांत हो जाने के कई दिनों बाद तक उसके मन की चोट स्पष्ट झलकती रही थी। 'तो मैं अब तुम्हारा कुछ भी नहीं हूँ?' यही उसका किंकर्तव्यविमूढ़ कर देने वाला प्रश्न था। 'बिल्कुल, तुम मेरे हो, एक बहुत खास रूप में' मैंने उसे आश्वस्त किया, यह आश्चर्य करते हुए कि क्या मैं सच बोल रही थी! जीवन में ऐसे अनुभवों ने मुझे संतुष्टि दी थी कि यह सच ही था, उसके अलावा कुछ भी नहीं।

कई बार जीवन कहीं अधिक क्रूर हो सकता है। यदि किसी को टिकाने के लिए एक कंधा मिल जाए तो वह इससे अवगत हुए बिना अपना पूरा बोझ लाद देता है। शायद मैंने भी ऐसा ही किया होता यदि मुझे एक शानदार रूप से मजबूत और बुद्धि मान माँ न मिली रही होती। मेरी माँ–एक बहादुर महिला–पूरी तरह से स्व–शिक्षित थी। उन्हें चार भाषाओं का ज्ञान था, वो एक स्वंतत्रता–सेनानी थीं, समाज–सेविका थीं और मुम्बई में 19वीं वार काउंसिल की निदेशक थीं। उन्होंने एक लघु कहानी संकलन तथा अपनी आत्मकथा का लेखन और प्रकाशन गुजराती भाषा में किया था। अपनी बहुआयामी गतिविधियों और अपने आतिथ्यपूर्ण स्वभाव के बावजूद मेरी माँ ने अपने बच्चों को सुरक्षा की एक गहरी भावना प्रदान की थी। एक बच्चे के तौर पर मैंने कभी भी अकेला अथवा उपेक्षित अनुभव नहीं किया था। जिज्ञासापूर्वक, जैसे–जैसे हम परिपक्व होते गए, हम दोनों की भूमिकाएं परस्पर पलट चुकी थीं। एक बालिका के रूप में मैं

माँ की ओर देखा करती थी और उनकी अनेकों उपलब्धियों पर बहुत अधिक विस्मय किया करती थी। यदि उनका खिलखिलाकर हंसना और अपार प्यार न मिला होता तो शायद मैं अपने रिश्ते में एक दूरी कायम कर चुकी होती। माँ के कभी–कभार वाले क्रोधपूर्ण विस्फोट के बावजूद भी हम अच्छी सहेलियाँ बने रहे थे। जैसे–जैसे मैं बड़ी होती गई, अपने कायर स्वभाव से छुटकारा पाने में समर्थ भी होती गई। एक समय ऐसा आया जब माँ और मैं दोनों एक परिपक्व औरतें बन चुके थे जो दो अलग–अलग लोगों की तरह बहुत आश्चर्यजनक रूप से साथ रह रहे थे। हमने आत्मविश्वासों को साझा किया, एक दूसरे से राय–मशविरा किया और एक साथ मिलकर योजनाएं बनाईं। अनजाने में, हम अपनी भूमिकाओं को परस्पर बदल रहे थे। जैसे–जैसे माँ की आयु बढ़ रही थी, वो शारीरिक रूप से कमजोर होती जा रही थी। उन्हें मेरे प्यार और सतत् ध्यान की आवश्यकता पड़ रही थी। अपने मजबूत स्वभाव के बावजूद भी माँ को मुझसे परामर्श करने और मेरी राय मानने की आवश्यकता होने लगी थी। धीरे–धीरे, मैं अपनी नई भूमिका की अभ्यस्त हो गई थी, एकदम से उनकी जिम्मेदारी को संभालते हुए। इस अवस्था में, हम बहुत अधिक आत्मीयतापूर्वक नजदीक आ चुके थे। अपने अंतिम दिनों के दौरान, माँ लगभग मेरी बेटी बन चुकी थीं और मैंने भी कोशिश की थी कि उतनी ही अच्छी माँ बन सकूँ जितनी के वो मेरे बचपन में मेरे लिए हुआ करती थीं।

मैं यह विश्वास करने लगी हूँ कि बिना किसी जैविक रिश्ते वाले दो लोगों के बीच मातृत्व के एक जादुई स्नेहबंधन को उत्पन्न किया जाना संभव है। उस समर्पण और विश्वास, जो गत बीस वर्षों से एक ऐसी लड़की के द्वारा निरंतर प्रदर्शित किया जाता रहा है जिसे मात्र कुछ महीनों से ही मैं एक होनहार युवती के रूप में जानती थी, को मैं और किस तरह से स्पष्ट कर सकती हूँ? वो मुझे अपनी माँ के रूप में माना करती थी। शुरू में, यह मुझे परेशान करता था। परंतु उसकी स्नेह भरी देखभाल और निष्ठा ने मेरे प्रतिरोध को बड़ी सीमा तक कमजोर कर दिया था और मैंने उसे अपनी अनेक बेटियों में से एक के रूप में स्वीकार कर लिया था। वह उन बच्चों में से भी एक है जिन्होंने मुझे सबसे कम परेशान किया है–ऐसा नहीं है कि दूसरों ने जानबूझकर मेरी परेशानियों में बढ़ोत्तरी की है। फिर यहाँ मेरी आइरिश, जर्मन और हिमालय मूल की बेटियाँ भी हैं! इन तीनों ने मेरे साथ बहुत कम समय बिताया है परंतु उनके ईमानदारी भरे प्यार ने मुझे राष्ट्रीयता और संस्कृति की सीमाओं को भूलने को बाध्य कर दिया है और मैं उन्हें पूरी तरह से अपना मानने लगी हूँ।

हमारी पहली ही मुलाकात के बाद पैट्रीशिया डॉनली, जो आइरिश मूल की एक अमेरिकी लड़की है, ने यहाँ तक दावा कर डाला कि उसने मुझमें एक माँ को खोज लिया है! अमेरिका में अपने घर आने के उसके आमंत्रण बराबर आते रहते हैं। वो यह समझने से इंकार करती रहती है कि जब उसकी भावनात्मक आवश्यकता की गहनता इतनी अधिक तीव्र है उस समय मैं नहीं जा सकती। दूसरी ओर, मैं यह नहीं समझ पाती कि क्यों पैट्रीशिया, जो दो बड़े हो चुके बच्चों की माँ है, को इतना अकेला होना चाहिए और एक पूरी तरह से अजनबी के साथ इतने कस कर लिपट जाना चाहिए। क्या एक कवियत्री होने का इसके साथ कोई सम्बन्ध है? हालांकि, मुझे विश्वास है कि उसे एक

मित्र लेखक की आवश्यकता नहीं है। उसे एक माँ की आवश्यकता है। वास्तव में यह दुःख की बात है कि पैट्रीशिया के समान एक बुद्धिमती और खूबसूरत औरत भावनात्मक रूप से भूखी है। क्या यह अमेरिकी जीवनशैली का एक परिणाम हो सकता है?

एक जर्मन लड़की–उसका नाम ग्रेटेल था–तीन दिनों तक मेरे साथ रही थी। वो भावनात्मक रूप से मेरे साथ इतनी जुड़ चुकी थी कि जब हम अलग हुए तो उसके आँसू थमने का नाम नहीं ले रहे थे। न तो उसका पति और न ही मैं उसके मूड को सही कर पाए थे। हम दोनों ही उलझनों से ग्रसित थे। बार–बार पूछे जाने के बाद उसने अंततः कह डाला, 'ओह, मैं दोबारा आपसे नहीं मिल पाऊँगीं! मैं इस बात को कैसे सहन करूँ?' 'तुम मुझसे मिल सकती हो, ग्रेटेल!' मैंने शांति से समझाया था। उसने तुरंत ही रोना बंद कर दिया और मेरी ओर निहारने लगी। मैं कहती रही, 'हम भारतीय लोग पुनर्जन्म में विश्वास करते हैं। यदि तुम वाकई में मुझसे मिलना चाहती हो तो हम मिलेंगे। यदि इस जीवन में नहीं तो किसी दूसरे जीवन में सही!' 'ओह माँ!' थोड़ी देर के लिए उसने मुझे कसकर बाँहों में जकड़ लिया था और फिर कार में बैठने के लिए अपना चेहरा घुमा लिया था। शायद, कुछ समय के बाद वो अपने गम को भुला देगी, मैं स्वयं को दिलासा दे रही थी। मैंने ईमानदारीपूर्वक ख्वाहिश की थी कि वो मिलेगी–परंतु क्या वेदना से भरे उसके रुदन की उपेक्षा करना मेरे लिए उचित था? क्या मुझे उसे अपनी बेटी के रूप में स्वीकार नहीं कर लेना चाहिए था?

एक दूसरी घटना भी मेरे दिमाग में आती है। कई वर्षों पहले मैं तीर्थयात्रियों के एक जत्थे के साथ गंगोत्री में थी। वहीं मेरी हिमालय वाली बेटी से मेरी मुलाकात हुई थी। वो मुझे देखकर मुस्कराई और वह भी ऐसी मिठास के साथ कि मैं तुरंत ही उसकी ओर खिंची चली गई थी। उस रात उसने अपनी जीवनगाथा मुझे सुनाई थी, अंत में यह बताते हुए कि उसे मात्र कुछ दिनों के बाद ही अपने पति के गाँव को छोड़ देना पड़ा था। उसके बाद उसने जो कुछ किया वह पूरी तरह से अप्रत्याशित था। उसने मेरे हाथ को गंभीरतापूर्वक पकड़ा और बोली, 'आप सुबह चली जाएगीं और मुझे भूल जाएगीं। किन्तु मैं आपको अपनी माँ की तरह प्यार करती हूँ। मैं और कुछ भी नहीं चाहती, बस मुझसे वादा कीजिए कि आप मुझे भुलाएंगीं नहीं। मैं चाहती हूँ कि आप मुझे याद रखें और आशीर्वाद दें। क्या आप मुझसे यह वादा करेंगी?' मैं थोड़ा सा हिचकिचा गई थी। लड़की का चेहरा पूरी तरह से बुझा हुआ था। 'मैं जानती हूँ आप मुझे भुला देंगी,' वो बोली थी। 'नहीं, मैं नहीं भुलाऊँगी' मेरे मुँह से निकला था। 'सच में?' वो मुस्करा उठी थी। उसका चेहरा बहुत सुंदर था। 'माँ, याद रखना कि तुम्हारी एक बेटी यहाँ भी है। मैं पूरी जिन्दगी तुम्हें याद रखूँगीं।' 'लेकिन क्यों?' 'क्योंकि आप मेरी माँ हो।'

तो यह सबकुछ ऐसा ही था। उस पहाड़ी लड़की की कठोर प्रतिज्ञा के मद्देनजर मेरे पास इसके अलावा कोई और विकल्प नहीं रह गया था कि मैं उसके समक्ष समर्पण कर दूँ। अपने नए–नए बने रिश्ते के आधार पर मैंने उसे कुछ पैसे देने की कोशिश की। मेरी इस दयालुता से वो कुछ दुःखी सी दिखाई दी थी। दृढ़तापूर्वक उपहार लेने से मना करते हुए उसने कहा, 'नहीं, पैसा नहीं सिर्फ आशीर्वाद! और याद रखिएगा, आपने वादा किया है मुझे न भूलने का।' 'हाँ मैंने किया है' मेरा जवाब था।

मैंने ये वादा पूरा किया है। मैंने उसे नहीं भुलाया और न ही कभी भुला सकती हूँ। परंतु उसने मुझे यह चिंतन करने पर बाध्य कर दिया है......।

एक माँ के लिए इतनी पीड़ा भरी आवश्यकता..... आखिर इसके पीछे रहस्य क्या है? क्या यह आदिकालीन इच्छा है जिसपर हमारा कोई नियंत्रण नहीं है? क्या यह महज संयोग था कि इन तीनों औरतों ने मेरी *साड़ी* का पल्लू पकड़ लिया था? मेरी जगह कोई और भी रहा हो सकता था। जो कुछ भी महत्वपूर्ण है वह है एक माँ जैसे व्यक्तित्व की प्राप्ति के लिए उनकी तीव्र उत्कंठा। मनुष्यों को अपने पूरे जीवन भर क्यों माँ जैसे किसी व्यक्तित्व की आवश्यकता पड़ती है जबकि उनकी तुलना में पशु एक बार आत्मनिर्भर हो जाने के बाद अपनी माताओं को भुला दिया करते हैं?

मुझे अपने जीवन की एक और अजीब घटना याद है–एक ऐसी घटना जिसमें एक वृद्ध सिन्धी सज्जन की प्रमुख भूमिका थी। मैं अपने मित्रों के साथ श्री रामानाश्रम की यात्रा पर गई थी। हम सबका परिचय उन सज्जन के साथ करवाया गया। वे मेरे मित्रों के प्रति अत्यंत विनम्र थे किन्तु जब उनसे मेरा परिचय एक 'प्रोफेसर' के रूप में करवाया गया तो उन्होंने बड़ी जोर से अपने सिर को झटका दिया, 'ऐसा कैसे हो सकता है? ये तो मेरी माँ हैं। एक माँ प्रोफेसर नहीं हो सकती। ये तो सिर्फ एक माँ हैं। सदैव एक माँ।'

उनका आशय स्पष्ट था किन्तु उस समय पर मैं मुश्किल से 22 वर्ष की रही हूँगी और मुझे एक अनजान वृद्ध पुरुष की माँ होने का यह विचार कतई पसंद नहीं आया था। हालांकि, मेरे मित्रों ने मुझे थोड़ा–बहुत खिजाया था। मैं उनकी उपेक्षा कर गई थी। परंतु इसका उन सज्जन पर कोई प्रभाव नहीं पड़ा था। जब कभी भी वो मुझे देखते तो हाथ जोड़कर मेरे पास आ जाते और मुझसे आशीर्वाद माँगने लगते। मैं बहुत परेशान हो गई थी और उनसे दूरी बनाने लगी थी। वास्तव में उन सज्जन की निगाहें मुझे एक माँ के समान ही देखती रहती थीं।

आश्रम का वातावरण ध्यान लगाने वाला था और यह सिन्धी भक्त सभी के लिए सुपरिचित और अत्यधिक सम्मानित व्यक्ति था। हमारे एक सप्ताह लंबे प्रवास में, हालांकि मैंने उन्हें न तो आशीर्वाद दिया और न ही उनका अभिवादन किया, फिर भी मैं उनके प्रति सदैव ही सभ्य बनी रही।

यदि यह अनुभव बहुत आनंददायी न भी रहा हो तो पुणे की घटना तो इससे कहीं अधिक विचित्र थी।

मैं एक मित्र के साथ प्रातः टहलने के लिए डेक्कन जिमखाना की तरफ चली गई थी। हम बातचीत में डूबे हुए थे जब हमारा ध्यान एक बंगले के गेट पर खड़ी एक नवयुवती की ओर आकर्षित हो गया। एक माँ अपने शिशु बालिका को शांत कराने का स्पष्ट रूप से कठिन प्रयास कर रही थी। बच्ची, जो मुश्किल से बस कुछ ही महीनों की रही होगी, चिल्ला–चिल्ला कर कलेजा बाहर निकाल रही थी। एक अच्छे पड़ोसी की तरह मेरी मित्र ने विनम्रतापूर्वक पूछ लिया। जैसे कि मुझे उनके वार्तालाप से कुछ भी लेनादेना नहीं था, मैं बच्ची के साथ धीमी आवाज में प्यार से क्या बोली कि बच्ची ने तुरंत ही रोना बंद कर दिया। उसकी माँ आश्चर्यचकित थी। ऐसा लगा कि बच्ची

लंबे समय से रोती रही थी। मेरी मित्र और उस माँ के बीच चल रही बात पूरी हो जाने पर हम आगे बढ़ गए। बच्ची ने जब मुझे दूर जाते हुए देखा तो फिर से रोना प्रारंभ कर दिया, बल्कि और जोर–जोर से। उसने अपनी नन्ही बाहें मेरी ओर फैलाते हुए अपनी मंशा स्पष्ट कर दी थी। स्वाभाविक था कि मुझे रुकना पड़ा और उस बच्ची को अपनी बाँहों में लेना पड़ा। वह माँ एक गंभीर संदेह में डूब गई थी क्योंकि मेरी बाँहों में आते ही बच्ची ने रोना बंद कर दिया था। थोड़ी देर बाद, वह माँ अनावश्यक रूप से अधीर हो गई। मैंने बच्ची को लौटा दिया। इसके बाद बच्ची के क्रंदन का एक नया दौर फूट पड़ा था, जिसके परिणामस्वरूप उसकी दादी घर से बाहर निकल आई थी। हम एक अजीबोगरीब स्थिति में फंसे हुए थे। मेरी मित्र, जो उम्र में मुझसे बड़ी और अधिक अनुभवी महिला थीं, ने सुझाव दिया कि हमें वहाँ से चले जाना चाहिए। परंतु मेरे पास उस बच्ची के करुण क्रंदन की तरफ से मुँह मोड़ लेने का साहस करने वाला हृदय नहीं था। एक बार फिर से मैंने अपनी बाँहे उसके लिए फैला दीं और बच्ची वास्तव में मेरे हाथों में उड़ती हुई सी आ गई। उसका रोना बंद हो गया और संतुष्ट होकर वह गलगल करने लगी।

हम अनिश्चितकाल तक गेट पर खड़े नहीं रह सकते थे। अतः बड़े संकोच के साथ उन्होंने मुझे अंदर चलने के लिए कहा। मैं बच्ची को पकड़े हुए थी। जितनी बार उसकी माँ या दादी ने उसे लेने का प्रयास करतीं वह चिल्ला कर रोने लगती। मेरी बाँहों में वह प्रफुल्लित ढंग से शांत रह रही थी।

'उसे मेरी गोद में सोने दीजिए' मैंने साहस कर के कह डाला था। 'जब वो सो जाएगी तो उसे उसके पालने में लिटा देंगे और हम वापस चलेंगे।' मैं बच्ची को थपकियाँ देकर सुलाने में इतनी खो गई थी कि मुझे पता ही नहीं कि मेरे आसपास क्या हो रहा था। अचानक मुझे एक झटका सा लगा, क्योंकि मेरी मित्र ने बच्ची को मेरी गोदी से छीन लिया और उसे उसकी माँ को पकड़ा दिया था। तब तक जैसे मैं सुन्न सी थी बिना कुछ अनुभव किए। 'हमें चलना चाहिए' मेरी मित्र ने आदेश दिया। 'लेकिन बच्ची अभी भी रो रही है' मैंने विरोध किया था। मुझसे अलग किए जाने पर वास्तव में बच्ची ने फिर से बुरी तरह से रोना प्रारंभ कर दिया था। 'रोने दो उसे,' मेरी मित्र ने कठोरतापूर्वक कहा था। जैसे ही हम बाहर निकले तो उसने मुझे डाँटा। 'तुम्हें कुछ समझ में नहीं आता क्या? तुम्हें एक अजनबी की संतान को इतना अधिक गले लगाने की क्या आवश्यकता है?' 'बच्चा बच्चा होता है! तुमने देखा, जब मैंने उसे उठाया तो उसने रोना बंद कर दिया था?' 'ओ हाँ! क्या तुमने उसकी माँ और दादी की शत्रुता से भरी निगाहों को देखा था?' 'भय के कारण; उन्हें भय था कि तुमने उनकी बच्ची पर कोई जादू कर दिया है।' मैंने चलना बंद कर दिया और जोर–जोर से हंसने लगी थी। अपने पूरे जीवन में मैंने इससे बेतुकी बात कभी नहीं सुनी थी। तुम्हारा दिमाग खराब हो गया है क्या? मैं, जादू करूँगीं? ये सबसे अधिक मूर्खतापूर्ण बात है।' 'तुम नहीं समझती। माएं अंधविश्वासी होती हैं। वे अपने बच्चें को किसी अजनबी के द्वारा संभाला जाना और यहाँ तक कि देखा जाना भी पसंद नहीं करतीं।' 'मैं उस बच्ची के लिए अजनबी नहीं थी!' 'और तो और उनके भय का कारण। यहाँ तक कि मैं भी बच्ची

के व्यवहार से आश्चर्यचकित थी। आप इतने शांत कैसे रह सकते हैं?' 'क्योंकि मैं उसे प्यार करती हूँ और चाहती हूँ कि वो रोना बंद कर दे। मैं बच्चों को प्यार करती हूँ। सब बच्चों को। और मैं सोचती हूँ कि वे भी मुझे प्यार करते हैं।' 'बहुत अच्छे, लेकिन तुम्हें वादा करना होगा कि तुम तब तक किसी बच्चे के साथ नहीं खेलोगी जब तक तुम्हारी अपनी संतान नहीं हो जाती।'

'असंभव! आप जानती हैं मैं न तो शादी करने वाली हूँ और न ही बच्चे को जन्म देने जा रही हूँ।'

'ये तो ठीक है, परंतु तुम्हें अपने आप को किसी अजीब स्थिति में फंसाने की क्या जरूरत है? माएं बिना बच्चे वाल औरतों को अपने बच्चों को हाथ लगाने देना नहीं पसंद करतीं। वे बुरी नजर से डरती हैं।'

'ओह!' इस अंतिम दंश के बाद तो मैं अवाक् रह गई थी! मेरे सर्वाधिक बुरे सपने में भी मैं संदिग्ध होने की कल्पना नहीं कर सकती थी। हालांकि, इस शुरुआती झटके के बाद हमने टहलना जारी रखा और मैं चलते–चलते हंसती रही थी। इस सारी घटना की बेवकूफी सहज रूप से आश्चर्य से भरी हुई थी।

'मुझे डर था कि तुम्हें बुरा लगेगा,' मेरी मित्र ने मुझे सांत्वना दी थी। 'मुझे क्यों बुरा लगेगा? मैं बच्चों को प्यार करती हूँ और बच्चे मुझे प्यार करते हैं। माताएं और दादियाँ इसे पसंद करें या नापसंद। मुझे किसी तरह की कोई परवाह नहीं है!'

बच्ची का दुःखभरा क्रंदन प्रातः की बह रही शीतल हवा में तैर रहा था। एक कँपकँपी के साथ मैंने उस घटना को भुलाने का प्रयास किया। लेकिन इतने वर्षों में मैं इस स्मृति से छुटकारा नहीं पा सकी हूँ।

मैंने औरतों को यह तर्क देते हुए सुना है कि बच्चे एक बड़ा सिरदर्द हो सकते हैं और किसी बच्चे से लगाव महिलाओं के व्यक्तित्व को बाधित करता है और उनकी आजादी में कटौती करता है। मैं सुनिश्चित नहीं हूँ कि वे सही हैं अथवा गलत।

मेरा निजी विश्वास है कि किसी भी बच्चे के लिए प्यार किसी की धारणा और समझ को इतना ऊँचा उठा देता है कि उसे एक अतीन्द्रीय ज्ञान और तीसरी आँख प्राप्त हो जाती है। व्यक्ति और अधिक बुद्धिमान और एक बेहतर इंसान बन जाता है। इतना ही नहीं, व्यक्ति न केवल अपने बल्कि पूरी मानव जाति के बच्चों को समझने और उनसे प्यार करने लगता है। और फिर अपने ही तरीके से हम एक बेहतर दुनिया का सृजन करने का प्रयास करने लगते हैं जहाँ वो बच्चे, जिन्हें हम प्यार करते हैं, मेलजोल से रह सकें.....। मैं आश्वस्त हूँ कि मुझे जीवन से इससे अधिक किसी भी बात की आशा नहीं है।

एक माँ, मैं

कमला दास

सोलह वर्ष की उम्र में जबतक मैं माँ नहीं बन गई थी, मैंने मातृत्व के विषय में सोचा तक नहीं था।

ऐसा इसलिए हुआ क्योंकि मैं गणित में फेल हो गई और उससे परिवार और कुल का जो अपमान हुआ उसके कारण एक दयालु रिश्तेदार के साथ मेरा विवाह पंद्रह वर्ष की आयु में ही कर दिया गया था। गर्भावस्था के शुरुआती महीनों के दौरान मुझे प्रातःवमन की गंभीर शिकायत हो गई थी जिसने मुझे निर्जलन की अवस्था में ला दिया था। अंततः, मुझे मेरी दादी के घर भेज दिया गया, मतली के कारण पीली पड़ जाने के बाद।

दादी ने मुझसे कहा कि हमारे परिवार में लड़कियों ने बच्चों को जन्म देने के लिए अस्पताल जाने के बारे में कभी भी नहीं सोचा था। बच्चों को हमारे घर के पवित्र इलाकों में जन्म दिया जाता था जहाँ पुरुषों का प्रवेश वर्जित था। पहली मंजिल का बीच वाला कमरा मेरे लिए चुना गया था क्योंकि यहाँ धूप और हवा आती–जाती रहती थी। एक वृद्ध महिला सेविका मुझे दे दी गई थी ताकि वो अच्छी तरह से मेरी मालिश उस तेल से करे जिसे गर्भवती स्त्री के लिए निर्धारित किया गया था। उनका नाम उन्नीमाया अम्मा था–और उन्होंने हमारे परिवार की महिलाओं की तीन पीढ़ियों को बच्चे पैदा करने में सहायता प्रदान की थी। वो ब्लाउज नहीं पहना करती थीं, एक सपाट तावीज उनके गले में टंगा रहता था। वो मेरे शरीर पर गर्म किया गया *धनवन्तर तेल* तबतक मलती रहती थीं जब तक मेरी त्वचा उसे पूरा सोख न ले और उसमें सिहरन न पैदा होने लगे। उन्होंने मेरे स्तनों के अंदर दबे हुए निप्पलों को बाहर खींचा ताकि उन्हें चूसने के लिए तैयार किया जा सके क्योंकि बच्चे के जन्म के बाद यही किया जाना था। उन्होंने मेरी खोपड़ी में *नीलभृंगादि* तेल मला और बाद में अधिक चिकनाई

को एक शैंपू से धो डाला जिसे उन्होंने ही जपाकुसम की पत्तियों से तैयार किया होता था। पिसी हुई मूंग की दाल को मेरे शरीर पर मला जाता था ताकि औषधि वाले तेल की अधिक मात्रा को साफ किया जा सके। ऐसा उपचार त्वचा को नरम और लचीला बनाता था। घर में रहने वाली औरतें, मेरी दादी, सास और पड़ोसिनें मेरी गर्भावस्था के दौरान मुझे दुलार करती रहती थीं।

मेरी अपनी माँ ने मुझसे बता दिया था कि प्रसवपीड़ा हल्की और सहनयोग्य होती है। मैंने उनका विश्वास कर लिया था। मैंने कुछ पुरानी मलयालम पत्रिकाओं को पढ़ा था जिसमें धारावाहिक के तौर पर सहज जन्म देने के विषय पर लेख प्रकाशित किए गए थे। इनमें कहा गया था कि जैसे ही पीड़ा प्रारंभ होती है वैसे ही माँ बनने वाली महिला को गर्म जल से स्नान करना चाहिए और अपनी नसों को ढीला छोड़ देना चाहिए। स्नान के बाद उसे तब तक ऊपर–नीचे टहलना चाहिए जबतक हर 3 मिनटों के बाद मरोड़ न होने लगे।

इसके पीछे विचार डर और तनाव से बचने का था। मेरी पीड़ा दोपहर में प्रारंभ हो गई थी। मैंने विक्टोरला[1] को चालू कर दिया और कुछ पुराने *कर्नाटक* शास्त्रीय संगीत को सुनने लगी। जब बच्चे ने जन्म लिया तो मेरे पति की चचेरी बहनें, जो मेरी घनिष्ठतम सहेलियाँ भी थीं, मेरे पास आने के लिए भागीं। हमारे पारिवारिक चिकित्सक, एक वृद्ध महानुभाव, जिनका नाम इट्टी वर्गीस था, एक धारीदार शर्ट और बो–टाई पहने हुए मुझे देखने आए थे और प्रसव की प्रतीक्षा में बैठे हुए थे। सब लोग खुशी के मूड में थे।

उस समय तक मुझे उस कष्ट की कोई समझ नहीं थी जिसे बच्चे को अपने पेट से बाहर निकालते समय होकर मुझे गुजरना था। मेरी सहेलियाँ और चचेरी बहनें, जो सभी अपनी–अपनी किशोरवय में थीं, मेरे कमरे के बाहर छत पर बैठकर मिठाइयों और चाय का आनंद ले रही थीं।

अंतिम बार मरोड़ उठने तक संगीत चालू था। तभी दाई अनम्मा डॉक्टर को सम्बोधित करते हुए चिल्ला उठी थीं कि बच्चे का सिर दिखाई देने लगा था। 5 बजे शाम को मेरा पहला बेटा जन्मा था और चिल्लाने के लिए मेरे पास न तो समय और न ही अवसर था। मेरा बेटा एक प्यारे से खिलौने की तरह लग रहा था, एक जीवित गुड़िया जिसे मुझे कपड़े पहनाने थे और दूध पिलाना था। यद्यपि एक संपूर्ण माँ बन पाने के लिए मैं बहुत ही छोटी थी, फिर भी मैंने बच्चे का पालन–पोषण किया और इस काम की तरंग को महसूस किया था।

मेरे तीन बेटे हुए थे। उनका पालन–पोषण करते समय मुझे पूजा करने के लिए किसी भगवान की भी आवश्यकता नहीं पड़ी थी। उन्होंने मेरे जीवन को मिठास से भर दिया था। रात में जब वे गहरी नींद में सो जाया करते तो मैं अपना लेखन कार्य किया करती थी। ये वो घंटे हुआ करते थे जब मैं अनुभव करती थी कि मैंने एक पत्नी और माँ के रूप में अपने कर्तव्यों का पालन किया है।

बच्चे वयस्क हो जाते हैं। और वयस्क माता–पिताओं के प्यार की आवश्यकता के लिए बड़े हो जाते हैं। यह एक प्राकृतिक और वांछनीय प्रक्रिया है। माताएं स्वयं को अप्रिय, अवांछित अनुभव करना प्रारंभ कर देती हैं। यह भी उतना ही प्राकृतिक होता है जितना कि बालों का सलेटी पड़ना और त्वचा में झुर्रियों का उभर आना।

आज तक मैं अपने बेटों को युवा ही समझती हूँ और जब हवाई अड्डों पर या फिर मेरे दरवाजे पर मेरी उनसे मुलाकात होती है तो मैं उनके चारों ओर अपनी बाँह लपेट लेने और उनका चुंबन ले लेने को लालायित हो उठती हूँ किन्तु मैं अपनी ऐसी इच्छाओं को नियंत्रित कर लेती हूँ और एक बूढ़ी माँ से अपेक्षित शिष्टाचार का पालन करने लगती हूँ।

अब वे जिम्मेदार लोग हैं जो गतिशील हैं और प्रभावकारी उपलब्धि हासिल करने वाले लोग बन चुके हैं। जब वे मेरे आसपास होते हैं तो मैं अपने अकेलेपन के बारे में बात करने में हिचकिचाती हूँ। मुझे लगता है कि मैं अपने उपयोग से अधिक जी चुकी हूँ और अब मुझे उनके लिए एक मीठी याद बनने के लिए अवश्य ही मर जाना चाहिए।

टिप्पणी

1. एक म्यूजिकल प्लेयर

एक नाज़ुक बंधन

प्रतिभा रानाडे

बेटी जो कुछ कर रही है
माँ कर चुकी है।
—यहूदी कहावत

मेरी पहली संतान के जन्म के पन्द्रह मिनटों के बाद *आई* उसे मेरे पास ले आई थीं। बच्ची को पहले ही नहला–धुला कर पाउडर लगाया जा चुका था, उसे उनकी एक नौ–गजी साड़ी को मोड़कर बनाई गई मुलायम सी गद्दी में लपेटा हुआ था और वो बिल्कुल देवदूत सी लग रही थी! विस्मित हो गई थी मैं, मैंने उसे छुआ। इसके पहले कि मुझे उसके प्रति अपनी भावनाओं का अनुभव होता, मैं एक गहरी नींद के आगोश में जा चुकी थी।

जब मैं हक्की–बक्की सी थी तो *आई* ने मुझे दूध, *काँजी* पीने के लिए बाध्य किया था। मैं वास्तव में घंटो की नींद के बाद जागी थी जब उन्होंने मुझे बैठने में मदद की और उनके हाथ में एक विशिष्ट भोजन का कटोरा था। अब मैं देख सकती थी कि मेरे बिस्तर के पिछली ओर एक पालने में एक गुलाबी सा बंडल रखा हुआ था। मैं अपना भोजन लगभग समाप्त ही करने वाली थी कि गुलाबी सा वह बंडल वाद के स्वर में क्रंदन करते हुए हिलने लगा था। *आई* बड़े प्यार से बोली, 'बच्ची भूखी है।' इसके पहले कि मैं जान पाती कि क्या हो रहा है, मेरी ब्लाउज दूध से गीली होने लगी थी। मैं भौचक्की रह गई थी, और बहुत शर्मिन्दा भी। बच्ची के आगमन के नौ महीनों के पूर्व मैं मातृत्व के सपने देखा करती थी। वास्तविकता ने मुझे आघात सा दे दिया था।

मेरा शरीर ऐसे प्रतिक्रिया क्यों कर रहा है? अभी पिछले ही वर्ष, मैं, एक 19 वर्ष की लड़की अपने ग्रेजुएशन की पढ़ाई कर रही थी। उस 'मैं' को क्या हो गया है? इन विचारों के साथ ही मेरी आँखे आँसुओं से भर चुकी थीं, शर्म के आँसू, स्वयं पर तरस खाती हुई और साथ ही खीज भी। *आई* मेरी नन्हीं सी बच्ची को मेरे पास लिए खड़ी थीं। उनका उलाहना बहुत कोमल सा था! और कितने प्यार से उन्होंने मुझे अपने शरीर में होने वाले इन बदलावों को स्वीकार करने के लिए फुसला लिया था। *आई* मुझे बहुत अच्छे से समझती थीं और उन्होंने इसे स्वाभाविक सा दिखने वाला बना दिया था। तब से ही, मैं उनकी समझदारी और निर्णय पर निर्भर रहती रही हूँ।

क्या आपके साथ भी ऐसा ही हुआ था जब मैं पैदा हुई थी? क्या आपने भी ऐसा ही महसूस किया था?' मैंने उनसे पूछा था। *आई* ने एक प्रसन्नता भरी मुस्कराहट के साथ जवाब दियाः 'मैं तो मुश्किल से सोलह वर्ष की थी जब तुम पैदा हुई थी। मैं जरा भी चिंतित नहीं हुई थी। जो कुछ हुआ था मैंने स्वीकार कर लिया था। आज अपनी पहली नातिन के पैदा होने के साथ मैं बहुत उत्साहित हूँ।'

उन्होंने छोटी सी बच्ची को मेरी गोद में लिटा दिया था और मुझे सिखाने लगी कि मैं कैसे उसे स्तनपान करवाऊँ। हम तीनों लोग, *आई,* मेरी नवजात और मैं भावनात्मक रूप से एक बंधन में बँधी हुई तीन आत्माओं वाला घनिष्ठ–परिवार था जो अपने चारों ओर की परिवर्तित हो चुकी दुनिया के साथ स्वयं को समायोजित करने के लिए बेतहाशा संघर्ष कर रहा था। मैं इन दोनों के साथ होने से प्रसन्न थी। मेरे लिए, यह दृश्य इंगमार बर्गमैन की फिल्म के एक दृश्य जैसा लग रहा था! या फिर रवि वर्मा के चित्र की भांति। इस दृश्य की पुनरावृत्ति वर्षों बाद तब हुई थी जब मेरी बेटी ने अपने पहले एक बेटे और फिर एक बेटी को जन्म दिया था।

एक समय आया जब मुझे अपने पैतृक निवास की सुख–सुविधाओं को छोड़ अपने खुद के घर जाना था, *आई* से सैंकड़ों मील दूर। मेरी बेटी के बाद दो बेटे पैदा हो चुके थे। उस समय तक मैं मातृत्व की शारीरिक असहजताओं पर नियंत्रण हासिल कर चुकी थी। यह एक दिनचर्या की तरह वाला काम था। *बाबा*–मेरे पति जब टूर पर हुआ करते थे तो मुझे अकेले ही बच्चों की देखभाल करनी पड़ती थी। उन्हें खिलाना–पिलाना, नहलाना, कपड़े साफ करना, बिना नींद वाली रातें, अंतहीन माँगें आदि सभी चीजों का पारितोषिक हुआ करता था मेरे बच्चों की शानदार मुस्कराहट, उनका नरम स्पर्श, उनकी आँखों में मेरे ऊपर चमकता हुआ विश्वास। हर दिन कोई न कोई आश्चर्य लेकर आया करता था, निश्चित रूप से कुंठाओं और क्रोध के साथ में, और फिर भारी थकान भी। मेरे पास नर्स, बावर्ची, सफाईवाला, साथ में खेलने वाली, शिक्षिका ......निभाने के लिए अंतहीन भूमिकाएं हुआ करती थीं। यह विचार कि एक दिन मेरे बच्चे स्वस्थ, बुद्धि मान, खूबसूरत वयस्क बन जाएंगे, मेरे इन सारे प्रयासों को सार्थक बना देता था। मैंने महसूस किया कि मातृत्व न केवल बढ़ते हुए बच्चों वरन् उनके पिता, दूसरे रिश्तेदारों, और यहाँ तक कि आपके पड़ोसियों के साथ का भी सम्बन्ध होता है। इसका अर्थ था वह भोजन जो आप पकाती हैं, वे वस्त्र जिनका चयन आप उनके अथवा स्वयं के लिए करती हैं। यह जीवन का पूरी तरह से एक नया नमूना था।

कभी–कभी, मुझे आश्चर्य होता था–किसी औरत को कितने समय के लिए माँ बने रहना पड़ता है? शीघ्र ही मैंने महसूस कर लिया था कि माँ की आवश्यकता पूरे जीवन भर पड़ती है। परंतु इसकी पुष्टि अलग–अलग रंगों में होती है, किसी के जीवन के अलग–अलग समयों पर। बच्चे का शैशवकाल पूरी तरह से माँ पर निर्भर होता है। यहाँ तक कि जब बच्चा चलना सीख लेता है तो भी वह चाहता है कि उसकी माँ उसकी पहुँच के अंदर ही रहे–जिसके पास मुसीबत के समय में वह दौड़ कर जा सके। यह भावनात्मक निर्भरता किसी के भी जीवन के अंत तक जारी रहती है। बेहतरी की तलाश में कोई भी पूरी दुनिया का चक्कर लगा सकता है परंतु एक माँ की लालसा अथवा, माँ के समान एक महिला, जो घर पर उसकी प्रतीक्षा कर रही हो, की कामना सार्वभौमिक मानवीय आवश्यकता प्रतीत होती है। यह अजीब बात है कि प्रत्येक व्यक्ति आजादी चाहता है, किन्तु वह नहीं चाहता कि उसकी माँ भी आजाद हो जाए। एक असली माँ की अनुपस्थिति में, मृत्यु अथवा खराब रिश्तों के कारण, व्यक्ति दूसरी महिलाओं में माँ की खोज करने लगता है। यही कारण है कि पुरुष अपनी पत्नियों को माँ के समान बनाना चाहते हैं। पुरुष अपनी पत्नियों से संरक्षण, सहयोग, निरपेक्ष प्यार, क्षमाशीलता और बिना शर्त स्वीकरण की अपेक्षा करते हैं–वही सारे गुण जो एक माँ के पास होते हैं।

महाराष्ट्र में *भक्ति* आंदोलन के सभी संतों ने अपने पसंदीदा ईश्वर की पहचान 'माँ' के ही रूप में की है। इस आकृति को उनकी कविताओं में अभिव्यक्त किया गया है। भगवान विठोबा को ''*विथुमौली*' (विथु माँ), अथवा '*विठोबा–माझी आई*' (विठोबा, मेरी माँ) कहकर संदर्भित किया गया है। जेनेवा में अनेक एकड़ भूमि पर फैली हुई संयुक्त राष्ट्रसंघ की विशालकाय इमारत में हर दूसरे कोने को एक माँ और बच्चे की खूबसूरत मूर्ति के साथ सजाया गया है। मुझे आश्चर्य होता है कि क्या ये सिर्फ प्रतीकात्मक है? जैसे कि संयुक्त राष्ट्रसंघ एक माँ है जो अपने शिशुओं (सदस्यों) का ख्याल एक माँ की भांति रखता है? दुनिया की सर्वश्रेष्ठ पेटिंगों में से कुछ का विषय भी माँ एवं शिशु ही है। हालांकि, माइकेल एंजेलो की विश्वप्रसिद्ध मूर्ति, *पिटिया* मातृत्व के अन्य सभी चित्रणों को पीछे छोड़ देती है। अपनी *पिटिया* में माइकल एंजेलो ने एक माँ के मौलिक गुणों को मूर्ति में अमर कर दिया है। उसे एक संपूर्ण प्यार, स्वीकरण, निःशर्त क्षमाशीलता और शक्ति के भीमकार में चित्रित किया गया है।

क्या किसी वास्तविक माँ में इतने सारे गुण मौजूद हो सकते हैं? क्या उसे ऐसी बनने की इजाजत होती है? क्या यह सही है कि उससे इस प्रकार की अनुचित माँगें की जाएं? किसी भी समय पर एक माँ सिर्फ एक माँ ही नहीं होती। अलग–अलग लोग उसपर अलग–अलग दावे करते रहते हैं। उदाहरण के लिए, बढ़ते हुए बच्चे अपनी माँ के विशिष्ट माँ होने की अपेक्षा करते हैं। उसे एक माँ की तरह दिखना और व्यवहार करना होता है, उसे अवश्य ही घरेलू होना चाहिए, थोड़ी–बहुत मोटी, सदैव ध्यान देने वाली, परंतु कभी भी उनके काम में हस्तक्षेप *न* करने वाली होना चाहिए। माया एंजेलोउ, जो एक प्रख्यात अश्वेत कार्यकर्ता, नारीवादी एवं कवियत्री हैं, ने अपनी आत्मकथा में एक रोचक अनुभव का वर्णन किया है। एक बार वो अपने किशोर बेटे और कुछ मित्रों के साथ समुद्र के किनारे गई थीं। हर कोई तैराकी कर रहा था। संयोग से एंजेलोउ ने

सुन लिया कि उनके बेटे का मित्र टिप्पणी कर रहा था कि वो कितनी सेक्सी दिख रहीं थीं! उन्होंने देखा कि उनका बेटा परेशान हो गया था। इस घटना के बाद एंजेलोउ ने ढीले, ऐसे आकारहीन वस्त्र पहनने का निर्णय कर लिया था जो उनकी सेक्स अपील को छिपा सकते हों। उस समय उनकी आयु 30 वर्ष रही होगी और वे अपने यौवन के उत्कर्ष पर थीं। बेटे की असहजता माया एंजेलोउ के लिए चिंता का विषय थी। यह अनुभव एक युवा माँ के लिए एक महत्वपूर्ण चेतावनी थी।

बच्चे जहाँ अपनी माँ को घरेलू रूप में देखना चाहते हैं वहीं उनके पिता अपनी पत्नी को एक सुपर–मॉम, एक संपूर्ण परिचारिका तथा उनकी आकर्षक दिखने वाली, स्मार्ट और आधुनिक जीवनसाथी की ख्वाहिश को पूरी करने वाली के रूप में देखना चाहते हैं। यह किसी महिला के जीवन की वह अवधि हो सकती है जब वो अपनी क्षमताओं की खोज करने की इच्छा रखती हो। उसे महसूस हो जाता है कि उसकी उम्र बढ़ रही है। वो अपनी एक निजी जगह चाहती है।

जब हम बड़े हो रहे थे तब मेरी माँ ने अपने लिए एक शरणस्थली बना रखी थी। यद्यपि, वो औपचारिक रूप से शिक्षित नहीं थीं, तथापि यह उनके लिए किसी प्रकार की बाधा वाली बात नहीं थी। वो बहुत पढ़ा करती थीं, स्वयं को पूरी तरह से सूचित रखती थीं, वास्तव में, वो अपने समय के साहित्यिक, सामाजिक और राजनीतिक मुद्दों से स्वयं को पूरी तरह से अद्यतन रखती थीं। वो पिताजी के साथ चर्चा एवं तर्क किया करती थीं। कभी–कभी वो, सभी समकालीन मुद्दों पर पिताजी के मित्रों के साथ भी तर्क किया करती थीं। मुझे उस अवधि के अनेक संवेदनशील विषयों पर अपने घर में की जाने वाली वो जीवंत परिचर्चाएं अच्छे से याद हैं। जब आवश्यकता हुई तो उन्होंने सिलाई सीखी और बिना कोई हो–हल्ला किए चुपचाप परिवार की आमदनी में योगदान करती रहीं।

मेरे पिताजी अपने पूरे जीवन भर राजनीतिक, साहित्यिक और सामाजिक आंदोलनों में एक कार्यकर्ता के रूप में सक्रिय रहे थे। परिणामस्वरूप, हमें एक कठिन जीवन जीना पड़ा था। हमें सामाजिक बाधाओं, तनावों और अभावों का सामना करना पड़ता था। किन्तु *आई* ने हमें इन सबका बहादुरी से सामना करने और अपने पिता पर गर्व करने हेतु प्रोत्साहित किया था। वो एक कठोर अनुशासनवादी, एक प्यार करने वाले पिता और पति थे, और सामाजिक रूप से अत्यधिक सम्मानित व्यक्ति थे। इसके बावजूद, *आई* के पास अत्यधिक निराशा और कुंठा भरे क्षणों की कमी नहीं थी। मेरे बचपन से ही वो अपने सर्वाधिक अंदरूनी विचारों के लिए मुझपर भरोसा करती थीं। अतः, *आई* और मेरे बीच मित्रता का एक मजबूत बंधन विकसित हो चुका था।

कई बार, वो किसी भी माँ की तरह मुझे फटकार लगाया करती। और मैं बहुत क्रोधित हो जाती थी। वे एक मित्र से बदल कर एक दकियानूसी माँ कैसे बन सकती थीं? भ्रमित होकर मैं कई बार उन्हें समझने में असफल हो जाया करती। ऐसा मात्र तब हुआ जब मेरी बेटी का जन्म हुआ और हम असली सहेलियाँ बन गए। मेरे जीवन का एक भी पहलू ऐसा नहीं था जिसे मैंने उनके साथ साझा न किया हो, उनकी राय, समर्थन और स्वीकृति न ली हो। वो मुझे सुनने को सदैव तैयार रहा करतीं, और यदि आवश्यक रहा करता तो कई बार मुझे चेतावनी भी दे डालती थीं। और उन्होंने अपार धैर्य के साथ अनेक बातों को मेरे सामने स्पष्ट किया था।

'मैं तुम्हारे ऊपर कितना बोझा डाल देती हूँ! मुझे माफ करना *आई!'* मैं कह बैठती थी।

'लेकिन इससे तुम्हे बेहतर महसूस होने लगता है, होता है कि नहीं? मैं तो लोहे की बनी हूँ, मैं इसे सहन कर सकती हूँ।' वो बड़े आराम से उसी समय अपना जवाब सुना देती थीं।

बाद में, हमारी भूमिकाओं में बहुत बड़े परिवर्तन हो चुके थे। ऐसा उनके जीवन के अंतिम दिनों, जब *आई* अशक्त हो चुकी थीं, के दौरान हुआ था कि मुझे महसूस हुआ कि वो मेरी संतान बन चुकी हैं। मैं उनके दुर्बल शरीर को अपनी बाँहों में कसकर पकड़ लेती थी। मैं उनके बालों को कंघी करती और चोटी बनाती, उन्हें नहलाया करती थी। एक बार वो शर्म से बोली थीं, 'हम लोगों ने अपनी भूमिकाएं बदल ली हैं! अब तुम मेरा ख्याल रखती हो।' उनके शब्दों में मजबूरी और करुणा के भाव थे। 'क्या तुम जिम्मेदार नहीं हो?' मैंने नकली गुस्से में जवाब दिया था। 'तुमने मुझे सिखाया था कि एक अच्छी माँ कैसे बनूँ और कैसे अपनी भूमिकाओं की अदला–बदली करूँ!' मेरे शब्दों ने उन्हें असीमित खुशी प्रदान की थी। मैंने सदैव यही सोचा है कि मैंने *आई* के साथ एक विशेष सम्बन्ध का आनंद लिया है। मेरा शेष परिवार और संतानों को भी ऐसा ही विश्वास है।

यह अरुचिकर प्रतीत हो सकता है, किन्तु जिस दिन उन्होंने अंतिम श्वांस ली, मैं प्रसन्न थी–राहत से भरी हुई और कहीं अधिक निश्चिन्त। वो मेरी बाँहों में थीं, अपने होशाहवाश में थीं। मैंने *दयानेश्वरी* से उनके पसंद वाले *श्लोकों* का पाठ प्रारंभ कर दिया था।

अत्यधिक खुशी के साथ उन्होंने मेरा अनुसरण करने का प्रयास किया और बस अगले ही क्षण उनके प्राण–पखेरू उड़ गए थे। मुझे लगा कि यह एक सटीक विदाई थी जो मैं अपनी *आई* को दे सकती थी। यह एक गरिमामयी मृत्यु थी। उनके देहांत के साथ ही मेरे जीवन का एक सुंदर और महत्वपूर्ण अध्याय हमेशा–हमेशा के लिए समाप्त हो चुका है।

मेरे लिए यह एक रहस्य ही बना रहा है कि माता–पिता के रूप में हम अपने बच्चों को किस प्रकार से पैसों की ताकत का ज्ञान कराते हैं? अथवा हम किस प्रकार से उन्हें उनके कर्तव्यों और उत्तरदायित्वों को महसूस करना सिखाते हैं, वो भी इसे ऐसा बोझ समझे बिना जिसकी पूर्ति उन्हें करनी होती है? और साथ ही, उन्हें सही और गलत के मूल्यों की समझ किस प्रकार से प्रदान करते हैं? एक दिन मेरी 12 वर्षीया बेटी ने अभियोगात्मक ढंग से मुझसे पूछ लिया, '*आई,* क्या आप हमेशा पूरी तरह से सही ही होती हो?'

मैं भौंचक्की रह गई थी। एक बात तो है, मैंने इस प्रश्न को अपनी माँ से पूछने का दुःस्साहस कभी नहीं किया था। दूसरी ओर, जो कुछ भी वो कहती थी उसमें कुछ–न–कुछ सच की मात्रा अवश्य होती थी। मैं यह दावा नहीं कर सकती कि मैं हमेशा ही सही रही हूँ–यद्यपि कि मुझे लगता कुछ ऐसा ही है। मुझे उसे स्पष्ट करना पड़ा था कि इस बात का निर्णय कि यह गलत है अथवा सही, हमेशा संदर्भों के प्रकाश में ही किया जाना होता है। हमारे वार्तालाप ने हमें एक अलग सा अनुभव दिया था कि मैं अटल कदम उठा चुकी हूँ।

और फिर मेरा सबसे छोटा बेटा था–हमारी आर्थिक स्थिति को लेकर कुछ भ्रम में डूबा हुआ। कभी–कभी हम उनकी माँगों को पूरा कर देते थे तो कभी नहीं भी। अतः

एक दिन उसने अपने पिता से पूरी गंभीरता से पूछा, '*बाबा*, मुझे हमेशा के लिए एक बात बता दीजिए। क्या हम अमीर हैं अथवा गरीब?' उसके ईमानदारी भरे इस प्रश्न पर हम सब खूब हँसे थे। हमने उसे समझाया कि संपत्ति या गरीबी का मापन किसी संदर्भ में किया जाता है। इसने मुझे दुःखी कर दिया था कि मेरा बेटा इस नाजुक उम्र में पैसे की ताकत के बारे में इतना उलझनग्रस्त था।

एक बार मेरे बड़े बेटे के साथ मेरा तर्क–वितर्क हो गया। तब वह दस वर्ष से अधिक का नहीं रहा होगा। किसी कारण वह बहुत गुस्सा था। उसने कुछ घसीटते हुए लिखा और मेरे हाथों में जोर से फेंक दिया और आवेश में घर से बाहर चला गया। उसने लिखा था, 'प्रिय *आई, मैं* तुमसे बहुत गुस्सा हूँ। मैं घर छोड़ रहा हूँ, कभी वापस न आने के लिए। मुझे मत खोजना।' सबसे नीचे उसने छोटे अक्षरों में एक कोष्ठक में लिखा था, 'मैं रोज की तरह सात बजे तक वापस आ जाऊँगा।' मैं उसके पीछे दौड़ी ताकि अपने बेटे को वापस ला सकूँ, उसे अपनी बाँहों में भर सकूँ और उसे बताऊँ कि मैं उसे कितना प्यार करती थी, वो हम सब के लिए कितना अमूल्य था, उसे कुछ अच्छी सी चीज खिलाऊँ ताकि वो शांत हो जाए। कुछ देर के बाद, मैंने उससे कोष्ठक में लिखे गए वाक्य के बारे में पूछा। उसने पूरी ईमानदारी से स्वीकार किया, 'मुझे डर था कि आप दुःख में डूबकर चिंता करने लगोगी। इसीलिए मैं आपको आश्वस्त करना चाहता था।'

एक–दूसरे के लिए चिंता करने और साझा करने के ये छोटे–छोटे दृश्य मेरे बच्चों के बचपन की यादगार स्मृतियाँ बनी हुई हैं।

निःसंदेह, हमारे अपने तनाव थे, हमारे मतभेद थे। मातृत्व और आपके व्यक्तित्व के बीच का संतुलन किया जाना काफी कुछ एक तनी हुई रस्सी पर चलने के समान होता है। जरा सा भी एक तरफ अधिक झुके और आप अपना संतुलन खो बैठते हैं। मुझे याद है जब मैंने एक पार्ट–टाइम नौकरी करना प्रारंभ किया था, जो बच्चों की एक पत्रिका का संपादन और लेखन का कार्य था। मेरा कम एक पसंदीदा पारिवारिक चुटकुला बन गया था। क्या ऐसा इसलिए था कि मेरा मामूली सा आर्थिक योगदान हमारी जीवनशैली में कोई दिखाई पड़ने वाला अंतर नहीं ला सका था? मुझे नहीं मालूम, लेकिन मैं देख रही थी कि परिवार उपेक्षित सा महसूस कर रहा है। वे कठिनाई का अनुभव कर रहे थे। उन सबको मेरे दिनभर घर पर रहने की आदत पड़ी हुई थी, यहाँ तक कि उस समय भी जब वे स्कूल में रहा करते थे। मुझे मान्यता और साहित्यिक पुरस्कार मिलने के बाद ही ऐसा हुआ था कि उन सबने मेरे काम की प्रशंसा की थी और मेरी उपलब्धियों की भावनाओं को समझा था। जैसे–जैसे वे वयस्क होते गए, उन्होंने एक व्यक्तित्व के रूप में मुझे धीरे–धीरे स्वीकार किया था।

ऐसा विश्वास किया जाता है कि हर नई पीढ़ी अपने आपको पिछली पीढ़ी से दूर रखने का प्रयास करती है। मैं सोचती हूँ कि इस दूरी को बनाए रखना किसी व्यक्ति विशेष की निजी आकांक्षाएं हो सकती हैं। सामाजिक मूल्यों के प्रश्न पर, यह अंतर एक महीन विभाजन तक संकुचित हो चुका है। मेरी माँ हमें मना किया करती थीं–मेरी बहन और मुझे–किसी भी 'रोमांटिक' साहित्य को पढ़ने के लिए, और 'रोमांटिक' फिल्मों को

देखना भी एक वर्जना हुआ करती थी। उनका विश्वास था कि ये हमें नैतिक रूप से भ्रष्ट कर देंगी। इस बात ने हमें बहुत अधिक नाखुश कर दिया था। लेकिन जब वो हमें *अंदाज* दिखाने ले गईं, जो राजकपूर, दिलीप कुमार और नरगिस जैसे सिने–कलाकारों के बीच त्रिकोणीय प्यार पर आधारित एक बहुत बड़ी फिल्म थी, तो हम अत्यंत प्रसन्न और आश्चर्यचकित हुए थे। साथ ही यह आश्चर्य भी हुआ था कि उन्होंने नियम का अपवाद किसी लिए उत्पन्न किया था? *आई* ने स्पष्ट किया था कि वो चाहती थी कि हम महसूस करें कि स्वयं अपने मस्तिष्क को न जानना अथवा गलत संकेत दिया जाना सभी सम्बन्धित लोगों के लिए त्रासदी उत्पन्न करता है। संक्षेप में, वो हमें शिक्षित कर रही थीं। बदले में हमने सुंदर लोगों के दुःखभरे रोमांस का आनंद लिया था।

इतिहास अपने आपको एकबार फिर दोहरा रहा था। मैंने अपनी 16 वर्षीया बेटी को *लेडी चैटर्लीज लवर* पढ़ने से रोक दिया था। मैंने किसी न किसी तरह इसे उससे छिपा दिया था। लेकिन निडर लड़की ने कठोर मेहनत की, इसे खोज निकाला और स्वाभाविक रूप से बड़े चाव से पढ़ डाला था। मैं उसके इस साहित्यिक साहस के प्रति अनजान आनंद में डूबी हुई थी! किसी भी स्थिति में, वो एक विद्रोही किशोरी थी। आचार संहिता, जिसे मैंने अपनी माँ से विरासत में पाया था, मैं अपनी बेटी को देना चाहती थी, हालांकि एक संशोधित रूप में। यद्यपि कि मुझे विवशता का अनुभव हुआ था, मैं कभी भी उन्हें चुनौती देने का साहस नहीं कर पाई थी। मेरी बेटी ने खुलेआम मेरी अवहेलना की थी। और सिर्फ अभी हाल ही में उसने अपनी शरारती हँसी के साथ मुझे इस उपन्यास के बारे में बताया था। 'ये एक बेवकूफी भरा उपन्यास है। मेरे समझ में नहीं आता कि तुमने मुझे इसे पढ़ने से क्यों रोका था! डी.एच. लॉरेन्स के मन में पुरुष–महिला सम्बन्धों को लेकर कुछ अजीबोगरीब विचार ही रहे होंगे।' शायद वो सही थी। प्रत्युत्तर में मैंने उससे पूछा, 'मान लो तुम्हारी बेटी मुक्ता तुमसे कहती है कि वो एक ऐसे व्यक्ति से शादी करना चाहती है जिसे तुम स्वीकार नहीं करती, तब तुम क्या करोगी?' 'मैं उसे ताले में बंद कर दूँगी। मैं नहीं चाहती कि मेरी बेटी किसी ऐरे–गैरे से शादी करे!' उसका जवाब तैयार था। उसके प्रत्युत्तर ने पुष्टि कर दी थी कि मेरी माँ के लक्ष्य और उद्देश्य न केवल मुझमें बल्कि बदले में मेरी बेटी में भी हस्तांतरित हो चुके हैं।

इस दुष्ट दुनिया से अपनी बेटियों को कैसे बचाया जाए, यह माताओं को सताने वाली एक स्वाभाविक चिंता रही है। यह तर्क अवश्य ही दिया जाना चाहिए कि माताओं को अपने बेटों को उन बुरे तरीकों से दूर रखना चाहिए जिससे किसी दूसरे की बेटी को सुरक्षा प्राप्त हो सके। माताओं को इस उत्तरदायित्व से अवगत होना होगा। उन्हें बहुत आश्चर्य होगा कि मैंने अपने बेटों को उनकी विश्वविद्यालय की शिक्षा प्रारंभ होने के समय तथा जब उन्होंने लड़कियों से मेलजोल करना प्रारंभ किया था तब ही कह दिया था कि यदि उन्होंने किसी भी लड़की को धोखा दिया तो मैं उन्हें जान से मार दूँगी। उन्होंने विरोध किया, यह दावा करते हुए कि लड़कियाँ भी तो धोखा दे सकती हैं। इसके बाद भी मुझे विश्वास था कि वे किसी लड़की के साथ गलत व्यवहार नहीं करेंगे। मैं जानती हूँ, मैं अपने बेटों के साथ कठोर थी, किन्तु मुझे ऐसा होना था। मैं अपने समाज में अनचाही माताओं के भविष्य के बारे में अत्यधिक निराश हूँ।

एक युवा माँ को मैं कभी भी नहीं भूल सकती। वो अपने बच्चे से पीछा छुड़ाना चाहती थी। हम दोनों एक ही कमरे में रहा करते थे। मैंने उसी समय अपने बेटे को जन्म दिया ही था और मैं उसके जन्म का उत्सव मना रही थी। और इस बेचारी औरत ने अपने पहले नवजात शिशु को गले तक नहीं लगाया था। वो अपने बच्चे को किसी अनाथालय अथवा संस्था में रखने को लेकर निराश थी। वो अविवाहित थी, एक भटके हुए प्यार की शिकार। अपने माता–पिता तथा बच्चे के बाप दोनों के द्वारा ही तिरस्कृत कर दिए जाने के बाद और मेरी ही तरह मात्र 22 वर्ष की उम्र वाली औरत। मैं सदमे में थी, उसके दुःख और घृणा से प्रभावित। लेकिन जैसे–जैसे मैं परिपक्व होती गई, मैंने महसूस किया कि मातृत्व के आदर्शों के चारों ओर बना हुआ प्रभामंडल एक मिथक है, एक माया। ऐसे मात्र कुछ ही विशेषाधिकार प्राप्त अथवा भाग्यशाली लोग होते हैं जो इसके कुछ फायदों का आनंद ले पाते हैं।

अनेक कारणोंवश, मातृत्व अपने आपमें उतना महान नहीं होता जितना कि दावा किया जाता है। यह हमारे और हमारे बच्चों के बीच के सम्बन्धों की गुणवत्ता पर निर्भर करता है जो मातृत्व को अर्थपूर्ण और सम्मानजनक बनाते हैं। मैंने पाया है कि कभी–कभार के मतभेदों के बावजूद, न केवल आपके बच्चों के साथ बल्कि उनके पति/पत्नियों के साथ भी परस्पर प्यार, सम्मान और विश्वास समरसता की नींव और मातृत्व की पूर्ति करते हैं।

वहाँ तक पहुँचने के लिए, मैंने खुद को एक लोहे के तार की तरह बनना सिखाया है। यदि आवश्यकता हो तो मुड़ जाओ, लेकिन अपने मूल आकार को कभी मत त्यागो। मैं अपने बच्चों के जीवन का एक भाग हूँ, हर उस समय पर जब उन्हें मेरी आवश्यकता हो। इसके कारण मुझे आत्मनिरीक्षण के लिए पर्याप्त समय और गुंजाइश मिलती है। हालांकि, निरंतर पीड़ा देने वाला एक प्रश्न मुझे परेशान करता है। क्या वे कभी समझेंगे कि मुझे उनकी कितनी अधिक आवश्यकता है? क्या वे जानते हैं कि अपने पूरे जीवन भर एक संरक्षक, सहयोगी और अनुशासन से भरी माँ के मुखौटे के पीछे छिपी मैं कितनी नाजुक और संवेदनशील रही हूँ?

'तुमने तीन बच्चों को कैसे संभाला था? हमें तो एक के साथ ही बहुत कठिनाई होती हैं।' मेरे बच्चे मुझसे पूछते हैं। 'तुम लोग खुद ही समझ जाओगे।' मेरा उत्तर था, 'जैसे–जैसे उम्र बढ़ेगी और अपने बच्चों के साथ समझ विकसित होगी, तुम्हें पता चल जाएगा।' मैं मुस्कराते हुए उनके कह देती हूँ।

शायद मेरी अपनी अनसुलझी चिंता और सामान्य तौर पर मातृत्व से जुड़े परेशान करने वाले प्रश्नों का उत्तर इसी वाक्य में छिपा हुआ है।

मातृत्वः मजाक नहीं है!

नोबोनीता देव सेन

उसी क्षण से, इसीलिए
यह स्वतंत्र औरत दासी बन गई।

नहीं, ऐसा नहीं है। उस समय नहीं जब आप दो डरी हुई छोटी सी लड़कियों की देखभाल किसी विदेशी धरती पर कर रही हों और साथ ही एक नौकरी भी तलाश कर रही हों। ऐसा उस समय भी कोई मजाक नहीं है जब आप वापस घर आ चुकी हों, एक बेहतरीन नौकरी के साथ, और अपनी बेटियों को एक अच्छे स्कूल में भर्ती करा चुकी हों, उन्हें तैराकी, संगीत, नृत्य की कक्षाओं में ले जा रही हों, डाक्टरों से परीक्षण करवा रही हों और उन्हें अपने विश्वविद्यालय के लेक्चररों के यहाँ मनाए जाने वाले जन्मदिवस समारोहों में भाग दिलवा रही हों। धरती पर एक अकेली माँ को 'दस भुजाओं वाली देवी माँ' (माँ दुर्गा) से भी अधिक भुजाओं की आवश्यकता होती है। न ही यह आसान है कि किसी ऐसी बुद्धिमति माँ की बेटी बन जाया जाए जो शारीरिक रूप से तो अपाहिज हो किन्तु मानसिक रूप से आपसे भी अधिक चतुर हो, और जो व्हीलचेयर पर बैठे-बैठ भावनात्मक और बौद्धिक सहयोग प्रदान करते हुए आपकी तथा आपके बच्चों दोनों की ही देखभाल कर सके। कोई अंतर नहीं पड़ता कि आप कितना कठिन परिश्रम करती हैं, स्पष्टतौर पर, यह वही है जो आपकी कमरतोड़ मेहनत के बावजूद आपकी बेटियों की निगाहों में एक बेहतर व्यक्तित्व बनी रहती है! नहीं, मातृत्व बिल्कुल भी एक सहज मसला नहीं है, यह उत्तरदायित्व अत्यधिक कठोर है-चाहे एक माँ के रूप में आप स्वयं हों, अथवा एक माँ के रूप में ये आपकी माँ हों।

एकमात्र संतान के रूप में मैं अपनी माँ की लगातार नुक्ताचीनी करती रहती थी, विषय था–मेरे सभी मित्रों के भाई और बहन थे, मेरे पास क्यों नहीं है? *माँ* ने मुझे बताया था कि उनके कई भाई–बहन थे लेकिन यह कोई मजाक नहीं था। इसीलिए बहन–भाईयों के बजाए मेरे पास पालतू जानवर थे और जब मैं बड़ी हुई तो हमेशा मेरी यही ख्वाहिश थी कि मेरी कम–से–कम आठ संताने हों। मैं चार बार गर्भवती हुई, मात्र दो बार सफल रही और मुझे याद है कि ये क्षतियाँ अपूरणीय थीं। हालांकि, अंततः मैंने अपने सहखिलाड़ियों के रूप में सिर्फ चार बच्चों के साथ रहना सीख लिया था। बुरा भी नहीं है यदि आप अपने लक्ष्य का आधा भी हासिल कर लेते हैं। और मुझे यह स्वीकार करना होगा कि मैं भाग्यशाली रही हूँ। मेरी संतानों में से प्रत्येक ने मुझे गर्व का अनुभव करवाया है और वे निरंतर मेरी देखभाल करते रहते हैं, उसी प्यार के साथ जिसके आजकल संतानों से न प्राप्त होने की शिकायत माता–पिता अक्सर करते रहते हैं। निश्चित रूप से, उनकी गल्तियों की एक लंबी और विविधतापूर्ण सूची मौजूद है, स्वाभाविक भी है। और स्वाभाविक तौर पर उनके पास भी मेरे खिलाफ शिकायतों की एक बराबर लंबी सूची उपलब्ध है। ये बच्चों का विशेषाधिकार है। और मैं उत्साहपूर्वक इसका प्रत्युत्तर देती हूँ। स्वाभाविक है, हम खूब लड़ते हैं। इसके बावजूद, हम एक दूसरे के बिना रह भी नहीं सकते, इस बात से कोई अंतर नहीं पड़ता कि बच्चे आपको क्या कह डालते हैं। उनका विश्वास मत कीजिए। सिर्फ टेलीफोन कंपनियों से पूछ लीजिए और आपको सच का पता लग जाएगा।

यहाँ मातृत्व और मेरे बारे में कुछ घरेलू सच का उल्लेख है।

मेरे मातृत्व की गाथा

गर्भस्पन्दन

उस दिन से
'स्पंदन' शब्द का अर्थ,
बदल चुका था अचानक ही उसके लिए

जैसै ब्लूबैल का छोटा सा फूल जोखिम उठा निकल जाता है अकेले
तोड़ते हुए कठोर बर्फ को, ठीक जैसे
एक नारंगी चमक की पर्त
पड़ती है चेहरे के एक ओर
एक साझा स्मृति के समान।
शब्द चंचल हैं, संपत्ति की तरह

वे पहुंच जाते हैं एक जगह से दूसरी जगह
बदलते हुए अपने चरित्र और निष्ठा को।

'स्पंदन' शब्द की विशेषताएं
अचानक हो उठती हैं कठोर। इसने उसके दरवाजे पर दी दस्तक
एक लंबे–अभुक्त ऋण के दस्तावेज के साथ
जो सुरक्षित था इसकी भुजाओं में, बाकी था
पिछले जन्म से।

उसी क्षण से, इसीलिए
यह स्वतंत्र औरत दासी बन गई
जीवन भर के लिए, बंधक सदैव के लिए
एक शब्द के प्रतिः 'स्पंदन'।

(*स्पंदन*, कैम्ब्रिज। लेखिका द्वारा कैरोलिन राइट के साथ अंग्रेजी में अनुवाद किया गया है)

कैम्ब्रिज में रहते हुए उस वर्ष जनवरी में मैं 25 वर्ष की हो चुकी थी कि अचानक मुझे आभास हुआ कि मैं इस पृथ्वी पर एक–चौथाई शताब्दी का समय गुजार चुकी हूँ। 'यही समय है कि अपने जीवन का आकलन किया जाए,' मैंने अपने आप से कहा था। 21 वर्ष की आयु में मैंने कविताओं की एक पुस्तक प्रकाशित कर ली थी, एक स्नातक फेलोशिप के साथ अध्ययन के लिए विदेश आ चुकी थी और उसके बाद शीघ्र ही शादी भी कर ली थी। परास्नातक की दो डिग्रियाँ हासिल कर लेने के बाद मैंने अभी हाल ही में अपनी पीएच.डी. के लिए दो शोधप्रबंध प्रस्तुत किए थे, किन्तु अभी तक मैं माँ नहीं बनी थी! मैंने अपने पति से शिकायत की, 'अब मेरे और मेरी बेटी के बीच पीढ़ी का अंतर एक–चौथाई शताब्दी से भी ज्यादा का हो जाएगा।' हाँ, जब कभी भी मैंने किसी संतान के बारे में सोचा था तो वो सदैव एक बेटी ही हुआ करती थी। मुझे बहुत अधिक आश्चर्य होता और शायद मैं यह भी नहीं जान पाती कि यदि मेरी पहली संतान बेटा हो गया तो मुझे क्या करना होगा!

गर्भवती होना सहज था। जैसे ही मुझे पता लगा कि मैं गर्भवती हूँ, मैंने स्वयं को व्यवस्थित करना प्रारंभ कर दिया था। मैंने एक सेल से गुलाबी रंग का प्लास्टिक का बच्चों को नहलाने वाला पात्र खरीदा और अपनी एक पूर्वीय पाकिस्तानी सहेली सुरैया से बुनाई करना भी सीख लिया, और इस विशिष्ट प्रयोजन के लिए मैंने गुलाबी रंग के ऊनी मोजों का एक जोड़ा तथा साथ ही गुलाबी फीते और झालरदार गुलाबी कोट भी तैयार कर डाला था। और यह सबकुछ मेरे गर्भ की जाँच किए जाने के पूर्व ही किया जा चुका था। मुझे बिल्कुल भी ज्ञान नहीं था कि ये लड़का होगा कि लड़की। चूंकि मैं एक लड़की थी, अतः मैं सिर्फ एक लड़की को ही तैयार करने के बारे में सोचा करती थी।

यद्यपि कि एकमात्र संतान के रूप में, मैं एक बड़े से परिवार से सम्बन्ध रखती थी और मैंने देखा था कि लड़के किस तरह से खराब हो जाते हैं। मुझे निरंतर ही अपनी बुआ लोगों से यह याद दिलाया जाता रहता था कि मैं लड़का नहीं हूँ। यहाँ तक कि सामान्य रूप से उदार मेरे माता–पिता, जो किसी भी प्रकार के लिंगभेद के प्रति निष्पक्ष

प्रतीत होते थे, समय के जाल में फंस चुके थे। मैं समझ सकती हूँ कि एक छोटी सी लड़की का दिमाग किस प्रकार से काम करता है। मैं एक बेटे को पालने के लिए बिल्कुल भी इच्छुक नहीं थी। मुझे एक बेटी चाहिए थी।

आज मेरे पास तीन शानदार बेटियाँ हैं। दो मेरे पति से, और एक पूरी तरह से मेरे द्वारा जन्मी गई। थोड़ा बहुत मुर्गियों की तरह, जो ऐसा अछूती वंशवृद्धि के द्वारा किया करती हैं। पहली दोनों बेटियाँ मुझे तब मिलीं जब मैं युवा थी, और तीसरी मेरी जिन्दगी में तब आई जब मैं रजोनिवृत्त हो चुकी थी। मातृत्व हर संतान के मामले में कितना अलग हो सकता है।

मेरी माँ 35 वर्ष की हो चुकी थीं जब मेरा जन्म हुआ, फिर भी, हम बहुत घनिष्ठ थे। आज मैं जो कुछ भी हूँ, अधिकांशतः उन्हीं की वजह से हूँ। परंतु कभी–कभी मुझे आश्चर्य होता है कि यदि मेरी माँ की पहली संतान, जो पूर्णतः एक स्वस्थ बालक था और अस्पताल में नर्सों की लापरवाही से जिसकी मृत्यु हो गई थी, जीवित रह गया होता तो मेरे उनके सम्बन्ध कैसे रहे होते। वो मुश्किल से ही उसके बारे में कभी बात करती थीं, लेकिन मैं जानती थी कि वो उसकी कमी महसूस करती हैं। और मैं जानती हूँ कि यदि वो रहा होता तो उसकी उपस्थिति में मैं माँ के लिए ऐसी ही नहीं रही होती जैसी कि हूँ।

हमने गर्भवस्था और बच्चे के जन्म के विषय पर ढेर सारी किताबें खरीदीं और उन्हें सावधानीपूर्वक पढ़ भी डाला था। इनमें से कुछ प्राकृतिक तरीके से प्रसव किए जाने पर थी (प्रत्येक वह बात जिसके लिए मुझे कुछ शैक्षिक समर्थन की आवश्यकता है, यही एक कमजोरी है और मैं शर्मिन्दगी के साथ इसे स्वीकार करती हूँ)। मैंने अपने डॉक्टर से इसके बारे में पूछा और डॉ. पेट्री ने मुझे एडेनब्रूक्स हास्पिटल भेज दिया ताकि मैं वहाँ पर प्राकृतिक जन्म सम्बन्धी व्यायाम कर सकूँ। ये एक नया–नया प्रारंभ किया गया कोर्स था और बहुत कम महिलाएं ही इसमें आई थीं। यह फ्लावर चिल्ड्रेन, पीस परदेश, डॉ. स्पॉक, महर्षि महेश योगी आदि का दौर था, जो सबके–सब अपनी उम्र के 60 के दशक के मध्य के लोग थे। इन पाठों ने मुझे यह सिखा दिया कि किस प्रकार से शरीर और मन को राहत देना है, और मुझे संतुष्ट कर दिया था कि गर्भावस्था एक प्राकृतिक घटना होती है, आखिरकार यह कोई रोग नहीं होता। बच्चे को जन्म देना कोई डरने वाली बात नहीं थी, सभी पशु बिना बेहोशी की दवा के इस अवस्था से होकर गुजरते हैं। मैंने सीखा कि भयजनित दर्द के सिंड्रोम को आसानी से दूर किया जा सकता है यदि आपका मन और माँसपेशियाँ सहज हों, साथ ही यह याद रखा जाए कि बच्चे को जन्म देना कोई भयानक क्षण होने के बजाए आपके जीवन का एक प्रसन्नता भरा क्षण होता है। यदि आप भयमुक्त हैं, मातृत्व का अनुभव हासिल करने की उत्सुकतापूर्वक प्रतीक्षा कर रहीं हैं तो आपको दर्द का अहसास नहीं होगा। बल्कि, इसके बजाए, आपके लिए दर्द सहना आसान हो जाएगा। मैंने प्राकृतिक शिशु जन्म के सबक का भरपूर आनंद लिया और इसी तरीके को अपनाने का निर्णय कर लिया था।

वास्तव में, दर्द के भय पर विजय पाना सीखना मेरे लिए एक अत्यंत उपयोगी पाठ सिद्ध हुआ था। इसने बाद में भी मुझे गंभीर तनावों तथा पूरी तरह से अलग प्रकार के दर्द पर भी विजय पाने में सहायता की थी। वास्तव में यह साहस का एक पाठ था। सकारात्मक सोच का एक पाठ।

जैसे–जैसे बच्चे ने मेरे शरीर के अंदर हिलना–डुलना प्रारंभ किया, मैं अविश्वसनीयता से उत्तेजित हो गई थी। यह सबकुछ वास्तविक था, तब? एक मानवीय प्राणी विकसित हो रहा था, *मेरे अपने शरीर* के अंदर! मेरा बच्चा! हमारा बच्चा! मैं इतनी उत्साहित थी कि शब्द कम पड़ रहे हैं, मैं उस सृजनकर्ता के प्रति कृतज्ञ थी जिसने इस चमत्कार को संभव बनाया था।

जिस दिन मेरी डॉक्टर ने मेरे शरीर में दो धड़कते हुए दिलों की आवाज मुझे सुनाई थी तो मैंने तुरंत अपने पति के साथ अपने गर्भ में जारी इन रहस्यमयी गतिविधियों को उत्साहपूर्वक साझा किया था। मैंने बेचारे अमृत्य को अपना कान मेरे पेट से लगाने के लिए बाध्य कर दिया था। उसने बड़े ध्यानपूर्वक सुना, वो बहुत आश्चर्यचकित था, लेकिन उसने इसे अधिक प्रदर्शित नहीं किया। किताबें कह रहीं थीं कि यह बच्चे के हिलने–डुलने का समय था और वो हिल–डुल रहा था। अमृत्य ने राहत की साँस ली थी और बहुत प्रसन्न था कि सबकुछ वैसा ही हो रहा था जैसा कि होना चाहिए था, परंतु जितनी मैं उत्साहित थी उसका वो आधा भी उत्साहित नहीं था। मैं समझती हूँ कि यह पितृत्व और मातृत्व के बीच का अंतर होता है। एक पिता कभी भी अपने शरीर के अंदर एक और जीवन को समाए रखने की उत्तेजना की कल्पना नहीं कर सकता। ये उसका बच्चा जरूर था, लेकिन, आखिरकार उसके शरीर में विकसित नहीं हो रहा था।

मैं वास्तव में प्रसन्न थी, किन्तु इसी के साथ–साथ अचानक ही मुझे घुटन और फंसे होने का अनुभव होने लगा था। मैंने महसूस किया था कि एक व्यक्ति के रूप में मेरी स्वतंत्रता हमेशा के लिए समाप्त हो चुकी थी। मातृत्व मेरे ऊपर आ चुका था, अपनी संपूर्ण आनंददायी जिम्मेदारियों के साथ। अब मैं एक ऐसी औरत हूँ जो प्रजातियों को धारण करने के बोझ को उठा रही है, मेरे पीछे की पीढ़ियाँ और मेरे आगे आने वाली पीढ़ियाँ, सभी की अपेक्षाएं मुझपर केन्द्रित हो चुकी थीं। एक बार माँ बन गए तो हमेशा के लिए माँ बन गए। आप हमेशा के लिए कर्तव्यबद्ध हो गईं। इसके बाद कभी भी आप एक स्वतंत्र महिला नहीं बन सकतीं।

मुझे घबराहट महसूस होने लगी थी। क्या मैं माँ बनने के योग्य थी? उतनी दयालु? ईमानदार? क्या मैं बलिदान दे सकती थी? एक माँ को इन सबमें योग्य होना चाहिए। इनमें से पहला मातृत्व की भूमिका के अनुरूप नहीं था। मैं इतनी परिपक्व नहीं थी, न ही उतनी गंभीर, न ही धैर्यवान, न ही बुद्धिमान, न ही पर्याप्त रूप से सुविज्ञ, पर्याप्त रूप से सूचित भी नहीं, पर्याप्त निःस्वार्थी भी नहीं, और न ही पर्याप्त आत्मविश्वास से भरी हुई। मैं एक दूसरे इंसानी जीव को उसके जीवन में मार्गदर्शन करने में किस प्रकार से समर्थ हो सकूँगी? मैं उसके हर प्रश्न का जवाब कैसे दूँगी? मुझे उनके उत्तर खुद ही नहीं मालूम हैं! मैं एक भ्रमित और अनिश्चित व्यक्ति हूँ, मैं कैसे किसी बच्चे को सुरक्षित होने का अनुभव करवा सकूँगीं? सौभाग्यवश, मेरे पास इस धरती की सबसे बुद्धिमान माँ थी, उसकी तरह दूसरा कोई भी नहीं हो सकता। निश्चित रूप से मैं तो नहीं। मातृत्व की भूमिका मेरे द्वारा समुचित रूप से निभाए जा सकने से कहीं अधिक गरिमामयी थी। मैंने अपनी योग्यता के अपर्याप्त होने का अनुभव किया। परंतु नियति तय हो चुकी थी।

मैं जानती थी कि मेरी बेटी का शरीर पहले ही एक माँ के शरीर में परिवर्तित हो चुका है। मेरी स्वाद ग्रंथियाँ और मेरी सूंघने वाले स्नायु मुझे हो रहे परिवर्तनों से सूचित

करते रहते थे। मेरे स्तनों के आकार बदल रहे थे, मेरे निप्पलों का रंग बदल रहा था, मेरा पेट का आकार सामान्य से बेढब हो रहा था। मेरे अंदर की स्वतंत्र औरत और अधिक स्वतंत्र नहीं रह गई थी। *स्पंदन* शीर्षक की कविता इसी फंसाव के अनुभव से उपजी थी। ये मई का महीना था। कैम्ब्रिज में खूबसूरत गर्मी के दिन। मैं लाइब्रेरी में काम कर रही थी, फलों और सेब की मदिरा पर दिन काटते हुए। दयालु स्कॉटिश डॉक्टर ने मेरे लिए बियर तो निर्धारित कर दी थी, किन्तु अल्कोहल और माँसाहारी भोजन अरुचिकर प्रतीत होने लगा था। 'अवश्य ही हमारे पोती–पोते के रूप में किसी संत का आगमन हो रहा है', मेरी माँ ने भारतीय सब्जियों के एक पैकेट का एयर–पार्शल और यह संदेश अपने घर से भेजा था।

धरती माँ

अंतरा – 1

अंतरा आदिकालीन जल से उदय होती हुई
पहले सूरज –सी, हमेशा नई, हमेशा पुरानी
तुमने मुझे ब्रह्मांड बना दिया।

इतिहास और पूर्व–इतिहास साथ–साथ मेरे द्वारा दर्ज हुआ
क्रमिक विकास में।
अंतरा, तुम्हारे कारण
मैंने प्रवेश के अधिकार को अर्जित किया
अपनी पूर्वज माताओं के दस पीढ़ियों के क्रम में

अपनी मुट्ठियों में पकड़ते हुए तुम्हारे नन्हें हाथों को
मैंने भविष्य को अपना कर्जदार बना दिया है
अंतरा, एक ही क्षण में तुमने सभी समय को भर दिया है
तुम्हारी कृपा से मैं हो गई हूं इस धरती के बराबर।

(मूल पुस्तक में लेखिका ने इसका अंग्रेजी में अनुवाद किया है)

अक्टूबर में, मेरा पहला शिशु कोलकाता में जन्मा था। मैं उसे जन्म देने के लिए घर वापस आ गई थी, ताकि जब कभी भी वो आवेदन पत्र भरे तो उसमें हमेशा लिख सके–'जन्म – भारत में'। और वास्तव में वह दिन भी आ ही गया था जब मैंने जन्म देने के उत्साह में बिल्कुल भी दर्द का अनुभव नहीं किया था, मैं चीखी–चिल्लाई नहीं, ये शानदार क्षण थे, अंततः मेरी बच्ची जन्म ले रहा थी! प्राकृतिक जन्म वाली विधि काम कर गई थी, मैंने जन्म देने की प्रक्रिया का आनंद लिया और जब नर्स ने एक खूबसूरत सी बच्ची को मेरे सामने किया तो मैं खुद को दुनिया के शिखर पर होने का

अनुभव कर रही थी। सचमुच। जब मैं नर्स से अपनी बच्ची को अपने स्तनों से दूध पिलाना सीख रही थी (वो पूरी तरह से मोम की गुड़िया की तरह लग रही थी, लाल और बिना झुर्रियों वाली त्वचा के, जैसे कि कुछ तुरंत जन्में बच्चों को मैंने देखा था), मुझे एक अनुभव हुआ। ओह! मेरे पास एक स्तनपाई है, एक छोटा सा स्तनपाई जो मेरे स्तनों को चूस रहा है, जिसने मेरे पेट के अंदर गर्भोदक तरल के तलाब में एक मछली के समान तैरना प्रारंभ किया था। क्या यह पृथ्वी के विकसित होने जैसा नहीं है? क्या यह प्रजातियों के उद्‌भूत होने की कहानी जैसा नहीं है? पृथ्वी माता को मछली से स्तनपाई तक के परिवर्तन को हासिल करने में करोड़ो वर्षों का समय लग गया था, और बस मेरी ओर देखिए! मैंने इस पूरी प्रक्रिया से होकर गुजरने में सिर्फ 9 महीनों का ही समय लिया है, और वही सारे अनुभव! मैं पृथ्वी माँ के बराबर हो गई थी, बस चतुर अधिक थी। मेरे गर्व की कोई सीमा नहीं रह गई थी। अपनी उपलब्धि से प्रसन्न मैंने कलकत्ता में *अंतरा 1* शीर्षक कविता की रचना की थी।

अंतरा मेरी पहली संतान है। संस्कृत में, *अंतरा* का अर्थ है 'बीच में'। यह बाँग्ला के शब्द *अंतर* से भी सम्बन्धित है जिसका अर्थ होता है 'अंदर', अथवा, 'दिल'।

किन्तु इसके पहले, भारत वापसी के मार्ग में हमें ग्रीस में रुकना पड़ा था, और डेल्फी के मंदिर में इटली के पर्यटकों के एक समूह को मेरे शरीर के आकार से भ्रम हो रहा था और उन्हें आश्चर्य हो रहा था कि क्या सभी भारतीय महिलाएं एक *साड़ी* में ऐसी ही दिखती हैं, अथवा ऐसा इसलिए था क्योंकि मेरे अंदर एक शिशु था। उनमें से एक महिला ने प्यार से मेरे पेट का स्पर्श किया और पूछा, *'पिकोलो'*, जिसका अर्थ था, 'शिशु'। मैंने निर्णय किया कि यह ऑर्केल ऑफ डेल्फी था और मेरी बच्ची का नाम पिकोलो होगा। पिकोलो अंतरा का उपनाम है।

देवी – दूसरी बार

एक उम्रदराज नर्स ने मेरे पहले गर्भपात के बाद मुझे बताया था कि ये एक मादा भ्रूण थी जो जीवित रहने पर कन्या बनती। वे अपेक्षाकृत मजबूत होती हैं, वे गर्भाशय की दीवार के साथ बेहतर तरीके से चिपकी रहती हैं। नर भ्रूण कमजोर होते हैं, इन्हें लाड़–प्यार की आवश्यकता होती है। ये किसी प्रकार का तनाव नहीं झेल सकते और तनाव होने पर गिर जाते हैं। (इसीलिए नर प्रजातियों का लाड़–प्यार बहुत पहले से प्रारंभ कर दिया जाता है और स्वयं प्रकृति माँ इसका ख्याल रखती हैं।) ईश्वर का धन्यवाद, मेरी अंतिम संतान, एक प्यारी सी बच्ची, नंदना, जिसके बाल सुनहरे घुंघराले हैं, जानती थी कि उसे मेरे गर्भ की दीवार से चिपके रहना है और वो ये भी जानती थी कि कब इसे छोड़ना है! उसके मामले में भी, मैंने प्राकृतिक जन्म का अभ्यास किया था और उस प्रकार से चिल्लाई नहीं थी जैसे कि होने वाली माताएं भारत के नर्सिंग होमों में चिल्लाया करती हैं। इसीलिए, मैट्रन, जो इस शांत मनोवृत्ति सम्बन्धी इन नव–विकसित पश्चिमी तरीकों से परिचित नहीं थी, ने यह विश्वास करने से इंकार

कर दिया कि हर तीन मिनट में प्रसव पीड़ा आती है और जैसा कि मेरी घड़ी मुझे बता रही थी और मैंने डॉक्टर को बुलाया था। किन्तु जब सिर दिखने लगा तो उन्हें अपनी गलती महसूस हुई। इसीलिए उन्होंने मेरे घुटनों को एक साथ जोड़े रखने का प्रयास किया ताकि बच्चे को बाहर आने से रोका जा सके, और इससे मुझे अत्यधिक दर्द और परेशानी का अनुभव हुआ, जबकि वो लोग डॉक्टर के आने का इंतजार करती रहीं अन्यथा डॉक्टर को उसकी फीस नहीं मिलती। सेकेंडों का समय घंटो जैसा प्रतीत हो रहा था। मेरा शरीर लुंज होता जा रहा था। बच्चा जन्म लेने के लिए संघर्ष कर रहा था। किन्तु नर्सें मेरे घुटनों का पकड़े हुई थीं। एक ग्रामीण औरत, जो नर्सों की सहायिका के रूप में काम कर रही थी, अचानक चिल्ला पड़ी, 'उसे बाहर आने दो, वो मर जाएगा यदि तुम और अधिक इंतजार करोगी'...... और उसने जबरदस्ती नर्सों के हाथों को मेरे घुटनों से हटा दिया था। तुरंत ही मेरी बच्ची मेरे शरीर से बाहर निकल पड़ी थी, मौन और श्वांस बंद और वो नर्सों की सहायिका के प्रतीक्षारत् हाथों में गिर गई थी। उस ग्रामीण औरत ने यदि सहज प्रतिक्रिया और सहानुभूति न दिखाई होती तो शायद मेरी नंदना आज जीवित न होती। उन क्षणों में, बेचारा अमृत्य स्टैटिस्टिकल इंस्टीट्यूट की एक सभा में *घिरा हुआ था।*

मैं एक और बेटी को पाकर बहुत खुश थी, वैसे ही जैसे उसका पिता। 'नंदना' का अर्थ है 'वह जो आनंद देता है'। अमृत्य ने विदेश से मुझे बहुत सारे नामों की एक सूची भेजी थी और मैंने अपनी सूची कोलकाता से उसे भेज दी थी। दोनों ही सूचियों में बस नंदना नाम ही साझा था। अतः पसंद सहज थी। यह देवी दुर्गा का ही एक नाम है। *देवी, दूसरी बार* शीर्षक से कविता नर्सिंग होम में ही लिखी गई थी जब नंदना मात्र दो दिनों की थी।

विरहा के गीत

जब मेरी पहली बच्ची 10 महीनों की हो चुकी थी और दीवार के सहारे खड़ा होना सीख ही रही थी, तभी मुझे बर्कले में कैलीफोर्निया विश्वविद्यालय में एक पोस्टडॉक्टोरल फेलोशिप प्रदान की गई थी। यहीं अमृत्य के पास एक सहायक प्रोफेसरशिप थी और हमें अंतरा को अपने पीछे छोड़कर यहाँ आना पड़ा था। मैं उसे अपने साथ ले जाने की बहुत इच्छुक थी किन्तु मेरे ससुराल वालों ने निर्णय किया कि यदि उसे शिशु–गृहों में छोड़ा गया तो वह उपेक्षित अनुभव करेगी और अपने पैतृक अधिकारों का उपयोग करते हुए उन्होंने अपने पुत्र को संतुष्ट कर लिया था कि बच्ची के लिए यही अच्छा होगा कि उसे उसकी देखभाल करने वाले दादा–दादी के पास ही छोड़ दिया जाए जिनका पूरा ध्यान उसकी ओर रहेगा, बजाए इसके कि उसे उसके व्यस्त माता–पिता के साथ चिपके रहने दिया जाए जो उसे किसी किराए की सहायिका के भरोसे छोड़े रहेंगे। संवेदनशील दादा–दादी और एक संवेदनशील माँ के बीच की इस रस्साकशी में अंततः जीत दादा–दादी की ही हुई थी। दूर बर्कले में, मैं अपनी बच्ची के विकास की प्रारंभिक प्रक्रियाओं से वंचित रहने के दुःख का अनुभव कर

रही थी, उसका पहला कदम, उसके पहले शब्द, उसका पहला वाक्य। मैं अकथनीय रूप से पीड़ित थी।

उसके पिता अपने शैक्षणिक कार्यों में अत्यधिक व्यस्त थे। बर्कले में रहते हुए उन्होंने अनेक महत्वपूर्ण शोधपत्र तैयार किए थे, जिनमें से कुछ उनकी *कलेक्टिव च्वायस* नामक पुस्तक के लिए मौलिक थे जिसने उन्हें नोबल पुरस्कार दिलवाया था। (संयोगवश, यह पुस्तक नोबोनीता को समर्पित की गई थी)।

मैंने भी व्यस्त रहने के प्रयास किए। मित्रों को आमंत्रित किया, शानदार रात्रिभोज तैयार किए, पर्वतारोहण करने वाले मित्रों के साथ कैम्पिंग और ट्रैकिंग पर भी गई। साथ ही कुछ विद्वतापूर्ण लेख भी तैयार किए जिन्हें बाद में अमेरिका की शैक्षिक पत्रिकाओं में प्रकाशित किया गया, और मैं उन राजनीतिक कार्यकर्ता छात्र समूहों के साथ बहुत अधिक संलिप्त हो गई जो विएतनाम युद्ध के खिलाफ धरना प्रदर्शन कर रहे थे, मारियो सेवियो, जेरी रुबिन, बेटिना आथ्थेकर, मायरा जेहलन जैसे अनेक लोगों के साथ। फ्री–स्पीच आंदोलन के दौरान जब 800 अमेरिकी छात्रों, जिन्होंने स्प्रौल हॉल पर कब्जा जमा रखा था, को पुलिस द्वारा गिरफ्तार कर लिया गया था, मैं उन 100 विदेशी छात्रों में शामिल थी जिन्हें (जॉन बाएज, जो नैतिक समर्थन प्रदान करने के लिए हमारे साथ धरने पर बैठे हुए थे, के साथ) प्रत्यर्पण से बचने के लिए प्रशासनिक भवन के बाहर आने का परामर्श दिया गया था।

और इसके बावजूद, मैंने हर मिनट अपनी बच्ची को खोया है। उससे दूर रहना एक वनवास के समान था। मैं रोज रोया करती थी। मैं अपनी बच्ची से अलग कर दिए जाने की पीड़ा से ग्रसित थी।

आज मैं जानती हूँ कि उस समय मैं अवसाद की अवस्था में थी क्योंकि इस समय के दौरान मैंने गोल्डेन गेट ब्रिज से रूमानी तरीके से कूदते हुए आत्महत्या करने पर गंभीरतापूर्वक विचार कर डाला था, ठीक वैसे ही जैसे कि कैलीफोर्निया के सभी युवा अवसादग्रस्त लोगों के लिए एक प्रथा बन चुकी है।

मैं अत्यधिक वंचित महसूस कर रही थी क्योंकि मैं अपनी बच्ची के जादुई मुँह दिखाई के कार्यक्रम में भाग नहीं ले पा रही थी। मैंने अपनी बच्ची से क्षमायाचना करते हुए और अपनी मानसिक स्थिति को बयान करते हुए उसको 10 पेज लंबा एक पत्र लिख डाला। इस पत्र को उस समय खोला जाना था जब वह 16 वर्ष की हो जाए और यह पुलिस के लिए एक शानदार सुसाइड नोट भी था, किन्तु अंततः मैंने अपना मन बदल दिया और इस पत्र को नष्ट कर दिया। मैं अपनी बच्ची का चेहरा एक बार फिर से छूना चाहती थी, उसकी प्यारी आवाज को सुनना चाहती थी, बाँह फैलाए हुए उसे अपनी ओर लड़खड़ाते कदमों से आते हुए देखना चाहती थी, एक ऐसा दृश्य जिसकी कल्पना मैं हर रात सोते समय करना पसंद करती थी। और शायद इसीलिए मैं अपनी बेचारी माँ, जिनका पूरा जीवन मेरे चारों ओर घूमकर कटा था, की हत्या नहीं कर पाई थी। यदि मैं आत्महत्या करती तो मैं उन्हें भी मार देती। (इसके अतिरिक्त मुझे अभी 7 बच्चे और जो पैदा करने थे!!)। यह मेरे जीवन में पहला ऐसा समय था जब मैंने गंभीर अवसाद का अनुभव किया था, इसकी *उत्पत्ति और समाधान* दोनों ही मातृत्व के रहस्यों के द्वारा हुए थे।

दादा–दादी और नाना–नानी दोनों के अनुरक्त समूहों ने हम लोगों को उसके जीवन में होने वाली हर ताजा घटनाओं से अवगत रखा था, लेकिन मुझे ऐसा लगता था कि मुझे धोखा दिया जा रहा है और मुझे उन सब लोगों से ईर्ष्या हो रही थी जो मेरे बच्चे के जीवन में रोजाना हो रहे परिवर्तनों के साक्षी बन रहे थे। वो मुझे लिखा करते थे कि वो अब बात करने लगी है। और कैसे! वो एक छोटी सी चिड़िया की तरह दिनभर चहचहाती रहती है, सारा दिन चहकती रहती है।

मैंने अपनी रसोईं की दीवार पर एक पिक्चर पोस्टकार्ड चिपका रखा था, पॉल ली की एक पेंटिंग वाला, जिसका शीर्षक था *ट्विटरिंग मशीन।* तुरंत ही मैंने इन दोनों के बीच एक रिश्ता स्थापित कर डाला। और एक कविता की रचना हो गई थी।

अंतरा 2: कलरव मशीन (ट्विटरिंग मशीन)

मेरे पास है एक तस्वीर वाला पोस्टकार्ड
चिपका हुआ मेरी रसोई की दीवार पर

पतले तार की शाखाओं को फैलाते हुए
नीले चमकदार आकाश पर
और उनपर बैठाते हुए चार छोटे तार की चिड़ियों को
श्री पॉल क्ली ने एक मजेदार छोटी सी मशीन बना डाली
एक बड़े से लीवर को उसके साथ लगाते हुए
जैसे कि
जब भी आप इसे चालू करें
तार की छोटी चिड़ियें चहचहाना षुरू कर देती हैं,
तार की अपनी पतली जुबानों को चलाते हुए,

उन्होंने नाम दिया है इसे
कलरव मशीन।

जब कभी मैं तस्वीर को देखती हूँ सोचती हूँ तुम्हारे बारे में,
तार की चार छोटी चिड़ियें
तुम्हारे छोटे से शरीर में हैं छिपी
और मशीन का लीवर है तुम्हारी छोटी सी कलाई में
इसके पहले कि तुम बात करना शुरू करो
तुम बातूनी बन चुकी हो
हमारी अपनी छोटी सी कलरव मशीन
एक मशीन जिसे हमने बनाया है
भरते हुए चमकदार नीले आकाश को।

(मूल पुस्तक में लेखिका ने इसका अंग्रेजी में अनुवाद किया है)

क्या आकाश बहुत नीला था?

क्या आकाश बहुत नीला था? क्या यह बहुत चमकदार था?

विएतनाम का युद्ध अपनी संपूर्ण मानवीय कुरुपताओं के साथ जारी था। ये शीतयुद्ध के दिन थे, जब अमीर देश अपने–अपने परमाणु हथियारों की प्रतिस्पर्धा कर रहे थे, हर प्रकार का सामाजिक भेदभाव किया जा रहा था, साथ ही पर्यावरण प्रदूषित हो चुका था और पारिस्थितिकीय परिवर्तन हो रहे थे और कुछ महाद्वीपीय छोटे देश भूख से मर रहे थे–कुछ अन्य में कारखाने अपने अतिरिक्त दूध को नदियों में बहा दे रहे थे। एक निर्दोष बच्चे को नफरत और असमानता से भरी हुई इस दुनिया में लाना, मैं आश्वस्त नहीं थी कि मैंने सही काम किया है अथवा नहीं। मुझे एक अजीब से अपराध का बोध हो रहा था। क्या यह दुनिया बच्चों के लिए सही थी? यह स्नेहविहीन, विश्वासहीन गड़बडियाँ?

यह 1960 के दशक के मध्य का समय था। हमें भावी मानव सभ्यता के सम्बन्ध में चिंताएं हो रही थीं। पृथ्वी कत्ल का मैदान बनती जा रही थी। भारत का अपने पड़ोसियों के साथ युद्ध जारी था। एक माँ के रूप में मुझे महसूस हुआ कि मैंने इस अंधेरी दुनिया में एक बच्चे को लाकर एक गैर–जिम्मेदाराना कार्य कर डाला है, *मात्र इसलिए क्योंकि मैं एक माँ बनना चाहती थी।* मात्र इसलिए क्योंकि मैं एक बच्ची को अपनी बाँहों में लेने के लिए मरी जा रही थी, मेरी खुद की बच्ची को। किन्तु क्या मैं उसे एक सुरक्षित और आनंददायी अस्तित्व प्रदान कर सकूँगी? कौन जानता है कि भविष्य के गर्भ में उसके लिए क्या छिपा है? एक और कविता उभर आई थी। *अंतरा–1* से बिल्कुल अलग मनोदशा वाली।

अंतरा 5

एक दिन, ये बच्ची भी नहीं रहेगी।

मेरी छाती से चिपकी ये बच्ची, जिसे
इस दुनिया में लाई हूँ मैं
अनेक प्रयासों के बाद,
मेरे अपने जीवन के जोखिम पर। क्या होगा
यदि पूछा उसने मुझसेः 'कारण क्या था
तुम मुझे यहाँ लाई हो,
इस चकाचौंध भरी गड़बड़ी में?
मनाना है मुझे कौन से महोत्सव को?'

मैं मर जाऊँगी शर्म से।
मैं मर जाऊँगी भय और शर्म से,
मैं भाग जाऊँगी अंधेरों में,
मैं गिर जाऊँगी अज्ञानता के अंतहीन गड्ढे में।

मेरी बच्ची, मेरे पास तुम्हे देने को कोई उत्तर है क्या?

(मूल पुस्तक में लेखिका ने कैरोलिन राइट के साथ इसका अंग्रेजी में अनुवाद किया है)

यही वे अहसास थे जिन्होंने अनेकों वर्षों और एक गर्भपात के बाद नंदना के जन्म के समय मुझे खा डाला था। प्रारंभिक उत्तेजना के ठंडे हो जाने पर अपनी खूबसूरत छोटी सी बच्ची के सिर के सुनहरे घुंघराले बालों को देखते हुए मुझे उन सभी अपराधों और निःस्सहायता तथा उत्तेजनाओं का बार–बार बोध होने लगता था। क्या मैंने सही किया था? मैंने एक बार फिर से दैवीय कार्य कर डाला था। यह ऐसा कार्य था जो किसी को भी सृजनकर्ता के बहुत समीप ले जा सकता था.... किन्तु क्या मैं एक और दूसरे प्राणी को इस अपूर्ण दुनिया में लाने की जिम्मेदारी उठा सकती थी?

क्या मेरे पास उसकी रक्षा करने की ताकत थी? *देवी, एक बार फिर* शीर्षक की कविता, जो मेरी दूसरी संतान के जन्म के दूसरे दिन लिखी गई थी, आंशिक तौर पर *अंतरा 5* को ही प्रतिध्वनित करती थी। यह मातृत्व के कारण उत्पन्न भ्रम और अपराध का एक और दस्तावेज था।

उथल–पुथल के बीच में

लॉस एंजिल्स में रहने वाली मेरी भतीजी की दीवार पर लगे तैल–चित्र में एक अनिश्चित प्रतीत होने वाली उम्र की माँ को प्रदर्शित किया गया है जो फर्श पर बैठी है, उसकी बाँहों में एक बच्चा है और दूसरे हाथ से वह अपनी ओर झुकती हुई एक छोटी सी बच्ची को संभालने की कोशिश कर रही है। छोटी बच्ची अपनी माँ के ऊपर एक छोटे से वृक्ष के समान झुकी जा रही है, अपनी माँ और उस बच्चे को अपने शक्तिशाली बाँहों के घेरे में सुरक्षा प्रदान करने का प्रयास कर रही है। यह तैल–चित्र मैंने उस समय बनाया था जब मैं इंग्लैण्ड में थी–जब मैं स्वयं और मेरी दो छोटी बच्चियाँ अपने पिता के हमारी जिन्दगी से बाहर जा चुकने के बाद लगी अपनी अंदरूनी के साथ–साथ बाहरी चोटों से रक्षा करने का तरीका खोज रही थी। और ये छोटी बच्चियाँ, जहाँ मुझे भावनात्मक सहारा देने का उतना ही भरपूर प्रयास कर रही थीं जितना कि मैं उन्हें इसे प्रदान करने का प्रयास कर रही थीं। ये हम तीनों के लिए बहुत कठिन समय था, छोटी वाली शायद होने वाली हानि का अनुभव करने योग्य नहीं थी, लेकिन बड़ी बेटी इतनी समझदार हो चुकी थी की स्थाई रूप से भयग्रस्त हो सके। मुझे भय था, मेरी सुरक्षाभरी बाँहें बहुत देर तक उसे सुरक्षा नहीं दे सकती थीं।

मेरे लिए मातृत्व अब एक संपूर्ण आनंद वाली अवस्था नहीं रह गया था, एक ऐसी अवस्था जिसका उत्सव मनाया जा सके, क्योंकि अब मैं महसूस करने लगी थी कि जीवन का समारोह ही हमारी समस्त गतिविधियों के पीछे निहित कारण होता है। यही पृथ्वी पर हमारे अस्तित्व का कारण भी था। अस्तव्यवस्तता के बीच जीवन का समारोह मनाना।

लेकिन मैं गड़बड़ियों को कैसे नियंत्रित कर सकती थी? और इसमें किसी प्रतिमान को कैसे खोज सकती थी? संक्षेप में यही वह सबकुछ है जो कला करती है। परंतु क्या मातृत्व भी ऐसा कर सकता है? मैं ऐसा क्या कर सकती हूँ कि इस पृथ्वी को अपने बच्चों के लिए और अधिक रहने लायक बना सकूँ?

मैं इंग्लैण्ड में रह रही थी, प्राथमिक तौर पर एक माँ और एक पत्नी की भांति, अकेले दो छोटे बच्चों के साथ लंदन में, बुरी तरह से एक नौकरी की तलाश करते हुए, शैक्षणिक अथवा कोई दूसरी। अधिक शिक्षित होने के कारण अधिकांश उपलब्ध नौकरियों, जैसे टाइपिस्ट, सेक्रेटरी, सहायक शिक्षिका अथवा सेल्सगर्ल्स जैसी नौकरियों के लिए निरस्त किए जाते हुए। अंततः मुझे एक *कैब ड्राइवर के रूप में* नौकरी मिल गई जो शेपर्ड्स हिल की एक निजी मिनी–कैब कंपनी में थी जहाँ हम एक मित्र, जिन्हें अब लार्ड मेघनाद देसाई के नाम से जाना जाता है, के सुंदर से फ्लैट में रहने लगे थे। बच्चियाँ स्कूल जाने लगी थीं और मैंने अपनी ओर से उनकी दिनचर्या को किसी भी प्रकार से अस्तव्यस्त न होने देने के प्रयास किए थे, इसके बावजूद, ऐसा हो नहीं सका था। बच्चियाँ अपने पिता की अनुपस्थिति से भ्रमित थीं, वे तनाव में थीं। बड़ी वाली रात भर सो नहीं पर रही थी। छोटी वाली हर समय शिकायतें करती रहती थी। मैं सहायता के लिए उन्हें डॉक्टर के पास ले गई। मैं बदली हुई परिस्थितियों के साथ समायोजन के कठोर प्रयास कर रही थी, बच्चों के दिमाग को शांत करने और कोलकाता में अपनी माँ को बहुत अधिक परेशान न करने का प्रयास करते हुए, उन्हें संतोष भरे पत्र लिखती रहती थी, उन्हें समाचारों के लिए तैयार करते हुए। यही वो समय था जब *चिल्ड्रेन* नामक कविता की रचना हुई थी। इसे अंग्रेजी में लिखा गया था जो उस समय मेरे जीवन की भाषा बन चुकी थी। उन कुछ महीनों के दौरान कुछ ऐसे भी क्षण आए थे जब मातृत्व मेरे ऊपर एक असहनीय भावनात्मक बोझ बन गया था। मुझे लगा था कि परित्याग सभी सम्बन्धों के आधार में निहित था और इस बात से कोई अंतर नहीं पड़ता कि आप उनको किस गहराई से प्यार करते हो, बच्चे बड़े होने के साथ ही आपको छोड़ कर चले जाने वाले हैं। यही प्राणि जगत का नियम है।

बच्चे (चिल्ड्रेन)

मेरे मन के अंदर लट्टुओं की तरह चक्कर लगाते हुए
कूदते, ताली बजाते, ठहाके लगाते और चहकते हुए,
मेरी तंत्रिकाओं के जंग खा चुके स्प्रिंगों पर,

बच्चे
हर कोई एक अकेला ताड़ के पेड़–सा
एक मरुस्थल में

भूमिगत जल को चूसते हुए
कड़वे पीतल के फलों के गुच्छों को धारण करने हेतु।

तब और अब

हाँ, उस समय ऐसा ही प्रतीत हो रहा था। किन्तु बच्चे अब बड़े हो चुके हैं, और फल अब न तो कड़वे हैं और न ही काँसे के समान रंग वाले, बल्कि मीठे और सुनहरे हैं। ईश्वर और मेरी माँ को धन्यवाद है। अंतरा और नंदना दोनों ही एक संतुलित व्यक्तित्व के रूप में बड़ी हो चुकी हैं, आत्मविश्वास और राहत से भरी हुई, उनके व्यक्तित्व मूल्यवान सृजनात्मकताओं से युक्त हैं। वे संवेदनशील हैं, बुद्धिमान और सामाजिक हैं। दोनों के पास कुशाग्र और सुंदर मस्तिष्क है। अंतरा अमेरिका के स्मिथ कॉलेज चली गई और बाद में ऑक्सफोर्ड में रॉयटर की फेलो बन चुकी है। एक सुविख्यात पत्रकार के रूप में वो *द वीक* नामक पत्रिका की एक स्तंभकार है और अंतर्राष्ट्रीय स्तर पर विख्यात दक्षिण एशियाई साहित्यिक पत्रिका, *द लिटिल मैगजीन* का संपादन और प्रकाशन कर रही है। नंदना ने अपनी शिक्षा के द्वितीय वर्ष में *मैग्ना कम लॉडे* के साथ हार्वर्ड से स्नातक किया और लंदन स्थित रॉयल एकेडमी ऑफ ड्रामेटिक आर्ट्स तथा ली स्ट्रैसबर्ग स्कूल ऑफ एक्टिंग से पास हो चुकी है। न्यूयार्क में नंदना एक उभरती हुई कलाकार है, भारत, उत्तरी अमेरिका और यूरोप में मंच तथा पर्दे दोनों पर ही अभिनय करते हुए।

और वे खूँखार रूप से अपनी माँ को प्यार करती हैं जिसमें असंख्य कमियाँ हैं। मेरे विरुद्ध अनेक शिकायतों के बावजूद मेरी बेटियाँ अपनी माँ के प्रति त्रुटिहीन निष्ठा बनाए रखे हैं। इसीलिए जब उनकी *माँ* सारा दिन गल्तियाँ करते हुए इधर–उधर भागती रहती थी, तब उनकी *दिम्मा* (नानी) शानदार कहानियों और अच्छे–अच्छे सामानों तथा सबसे ऊपर अपनी मेधावी उपस्थिति के साथ उनके पास घर पर में मौजूद रहा करती थीं। मेरी बेटियाँ मेरी माँ के बहुत करीब रहीं थीं। मेरे माता–पिता दोनों ही लेखक थे। मेरी माँ राधारानी न केवल एक कवियत्री थीं बल्कि एक मेधावी चिंतक भी थीं, साथ ही एक शौकीन पाठक तथा एक महान वार्तालापवादी भी थीं और पूरी दुनिया घूम चुकी थीं। उनकी संगत में रहना एक आनंद और दुर्लभ सौभाग्य दोनों ही हुआ करता था। मेरी बच्चियों ने जीवन और साहित्य के बारे में, रिश्तों और सर्वाधिक महत्वपूर्ण जीवन मूल्यों के बारे में उनसे बहुत कुछ सीख लिया था।

दुर्घटनावश, मेरे चारो बच्चे, अपने नाना–नानी की परंपरा का अनुसरण करते हुए प्रतिभाशाली लेखक बन चुके हैं। अंतरा के प्रसंशक पूरी दुनिया में फैले हुए हैं, नंदना भी जब लिखती है तो बहुत अच्छी लिखती है और प्रतीक और श्रावस्ती, जिन्होंने इस लेखक गिरोह में बाद में प्रवेश लिया था, ने भी लेखक के रूप में अपने–अपने क्षेत्रों में बहुत अग्रणी स्थान बना लिया है। (मैं इसका श्रेय बिल्कुल नहीं लेती)।

रजोनिवृत्ति के बाद का मातृत्व

मेरे जीवन में कई जादुई घटनाएं घटित हुई हैं। रजोनिवृत्ति के बाद किसी महिला के लिए एक बच्चा प्राप्त करना मेरे लिए परियों की कहानी सच होने जैसा था। आप विश्वास करें या न करें, मेरे साथ ठीक ऐसा ही हुआ था। मैंने अपनी रजोनिवृत्ति के

बाद वास्तव में एक बेटी पाई है। मेरी तीसरी बेटी, श्रावस्ती, ने मुझे अपने अभिभावक के रूप में अपनाने का निर्णय उस समय कर लिया था जब वो हाईस्कूल में थी और एक उपनगर से मेरे पास स्वयं चल कर आई थी। ये कोई एक दशक पहले हुआ था। वो मेरे लेखन की बहुत बड़ी प्रसंशक थी और मेरी अधिकांश कविताओं को अपने दिल में समाए हुए थी। परंतु मेरी इच्छा किसी के लिए भी एक भावनात्मक आश्रय बनने की नहीं थी क्योंकि मेरे पास पहले से ही कई लोग थे जो भावनात्मक सहयोग के लिए मुझपर आश्रित थे। और ये बहुत अधिक थका देने वाला काम था। किन्तु शीघ्र ही मैंने महसूस कर लिया था कि कोलकाता की सड़कों तीव्र गति से एक दोपहिया वाहन को दौड़ा रही इस दुःस्साहसी किशोरी को तुरंत सहायता की आवश्यकता है। वो गंभीर रूप से विक्षोभित थी और उसे परामर्श की आवश्यकता थी। स्पष्ट तौर पर एक प्रतिभावान बच्ची, वो किताबों और सिगरेट की नशेड़ी बन चुकी थी, अपनी उम्र के हिसाब से आश्चर्यजनक रूप से बहुत पढ़ चुकी थी और एक कुशल कलाकार भी थी जो कविताएं लिखती थी और शास्त्रीय संगीत को पसंद करती थी, किन्तु उसे बहुत अधिक असुरक्षा की भावना, दर्द और भ्रम ने घेर रखा था जो उसके व्यक्तित्व को कष्ट दे रहे थे। मैं एकांत और शांति में एक स्वतंत्र जीवन बिता रही थी। जीवन में पहली बार मैं अपने लिए जी रही थी। घर खाली पड़ा था, मेरी माँ स्वर्ग सिधार चुकी थी, मेरी दोनों बेटियाँ अपने–अपने रोजगार में व्यस्त थीं, अलग–अलग शहरों में घर से बहुत दूर काम करते हुए और मैं अपने दोहरे रोजगार–पूर्णकालिक प्रोफेसर और पूर्णकालिक लेखिका–के साथ पूरी तरह से व्यस्त चल रही थी। मेरे पास 'एंप्टी नेस्ट' सिंड्रोम से पीड़ित होने का अभी समय नहीं था। मैंने उसके लिए एक परामर्शदाता और एक डॉक्टर की खोज कर दी, और उसकी जिम्मेदारी लेने का जोरदार तरीके से विरोध किया क्योंकि मैं स्वयं को मदर टेरेसा नहीं समझती थी। मुझे डर था कि वो मेरी भावनात्मक उर्जा का दोहन कर लेगी। परंतु परिस्थितियाँ ऐसे बिन्दु पर पहुँच गईं कि मुझे ये महसूस करना पड़ा था कि उसे कहीं अधिक मजबूत भावनात्मक सुरक्षा और एक स्थाई सहारे की आवश्यकता है, और मुझे इसके बारे में कुछ करना होगा। तो मैंने अपने पंखों के नीचे उसे पनाह दे दी। श्रावस्ती तब से ही मेरे परिवार का अभिन्न अंग बन चुकी है। हँसी–मजाक और मानवीयता की उष्मा से भरपूर वह एक महान जादूगरनी सिद्ध हुई है और अपनी दोनों बड़ी बहनों के काफी नजदीक हो चुकी है। मेरे मित्रों और रिश्तेदारों (ससुराल वाले भी) ने उसे मेरी तीसरी बेटी के रूप में स्नेहपूर्वक अपना लिया है, और ऐसा ही अत्यधिक भेदभाव से भरे मेरे कुत्ते ने भी किया है। आज मैं यह विश्वास नहीं कर सकती कि एक ऐसा भी समय था जब वह मेरे परिवार का अंग नहीं थी और मैंने उसे जन्म नहीं दिया है। विश्वविद्यालय की अपनी शिक्षा समाप्त करने के बाद वह कोलकाता में एक प्रतिभावान मीडिया परामर्शदाता, एक पटकथा लेखिका और एक उभरती हुई कवियत्री और चित्रकार बन चुकी है। उसने अपनी पूरी जिम्मेदारी सँभाल ली है, साथ ही मेरे स्वास्थ और घरेलू मामलों की भी। उसके युवा मित्र मेरे घर को आनंद से भर देते हैं।

हालांकि, मैं न केवल तीन शानदार बेटियों की भाग्यशाली माँ हूँ, बल्कि पिछले 15 वर्षों से मेरे पास एक कुशाग्र बुद्धि वाला बेटा प्रतीक भी है, एक प्रतिभाशाली पत्रकार, संपादक और एक अकादमी पुरस्कार विजेता अनुवादक, जो *द लिटिल मैगजीन* का

प्रकाशन कर रहा है। उसने मुझे असीमित रूप से गौरवान्वित और प्रसन्न किया था जब उसने अपनी पहली पुस्तक अपने पिता और मुझे समर्पित की थी। मैं अंतरा के प्रति आभारी हूँ कि उसने मुझे ऐसा प्यार करने वाला बेटा लाकर दिया था।

मातृत्व और सृजनात्मकता

मुझसे प्रायः यह प्रश्न किया जाता है कि क्या मेरे सृजनात्मक जीवन में मातृत्व ने कभी हस्तक्षेप किया अथवा नहीं। नहीं, कम–से–कम मेरे मामले में तो नहीं। लेकिन मातृत्व ने मेरी माँ के जीवन को अवश्य नष्ट कर दिया था, वो एक पूर्णकालिक माँ बनी और अपना पूरा जीवन मेरे लिए गुजार दिया, स्वयं के अंदर बैठी उस महान लेखिका का गला घोंटकर जो वो हो सकती थीं। और अनेक वर्षों के बाद उन्होंने मुझे इसके लिए अपराधी ठहराया था, मुझे अपराध का बोध कराते हुए और यह शिकायत करते हुए कि उन्होंने मेरे कारण अपने सृजनात्मक जीवन को कुर्बान कर दिया था। मुझे उनके लिए बुरा लगा था, लेकिन मैंने उनसे कहा था, 'मेरी ख्वाहिश है कि आपने ऐसा न किया होता! मैंने तो आपसे ऐसा करने के लिए नहीं कहा था।'

अतः, एक सबक, जो मैंने अपनी माँ से सीखा था वह यह है कि अपने बच्चों के लिए मुझे कभी भी किसी ऐसी चीज की कुर्बानी नहीं देनी चाहिए जो मुझे प्यारी लगती हो, ऐसा करना उनके प्रति एक महान अपकार होगा। मैं नहीं चाहती थी कि उन्हें उस द्वेष का सामना करना पड़े जिसका अनुभव मैंने किया था, 'मेरी ख्वाहिश है कि मेरी माँ ने अपना भविष्य मेरे लिए कुर्बान न किया होता'। मुझसे प्रायः पूछा जाता है कि मैंने दोबारा शादी क्यों नहीं की। लोगों को यह सोचना अच्छा लगता है कि यह मेरे बच्चों के प्रति एक उदार चेष्टा थी। खैर, मैं यह घोषणा करते हुए सदैव ही उन्हें निराश करती हूँ कि बच्चे इसका कारण नहीं थे। मैंने शादी सिर्फ इसलिए नहीं की क्योंकि मुझे सही आदमी नहीं मिला। मैंने अपने बच्चों के साथ बहुत आनंद उठाया है, मैंने बहुत अच्छा समय व्यतीत किया है, कभी भी वंचित (अथवा पुरुषों के द्वारा अवांछित) महसूस नहीं किया, मैं कोई संत नहीं थी। मैंने निश्चित रूप से अपने वर्तमान मातृत्व के लिए एक संभावित पत्नीत्व की कुर्बानी नहीं की थी। ईमानदारीपूर्वक, मैं अभी भी इतनी बहादुर नहीं हूँ कि एक ही जीवन में एक बार फिर से दूसरी शादी तोड़ने का साहस कर सकूँ।

यद्यपि मातृत्व का अनुभव बहुत छोटा सा रहा था, ये माँ नहीं बल्कि एक गृहणी का अनुभव था जिसने मेरी साहित्यिक आत्मा को बाधित किया था। मेरे अंदर बैठी कवियत्री के लिए, दुर्भाग्यवश, मैं अपनी शादी से बहुत प्रसन्न थी और मैंने अपने सृजनात्मक जीवन को जरा भी नहीं खोया था! मैं बहुत अधिक उत्साहित थी और पत्नी, माँ, बावर्ची, ड्राइवर, विद्वान और मेजबान जैसी अनेक भूमिकाओं में बहुत अधिक संलिप्त रही थी। मैं इस बहुरंगी, बहु–पर्तीय जीवन का आनंद भली–भांति ले रही थी जैसे कोई मोर अपने नाच का लेता है और मैंने अपना लेखन कभी नहीं छोड़ा। मेरा सर्वप्रथम कविता संग्रह मेरी शादी होने के कुछ महीनों के पहले ही आ चुका था और दूसरा शादी के

12 वर्ष बाद आया था। यदि मैं अपने जीवन के एक पहलू की उपेक्षा कर रही थी तो दूसरे का निर्माण करने का ख्याल भी रख रही थी। दुर्भाग्यवश, सावधानीपूर्वक बनाया गया वो घर एक सुबह ढह गया था और कविता, जिसकी मैंने उपेक्षा कर दी थी, ने मेरे शैक्षणिक कार्य के साथ–साथ मुझे अंतिम राहत प्रदान की थी........।

मातृत्व मेरे लिए अच्छा था। इसने मुझे शक्ति दी थी, तब जब दुनिया टुकड़े–टुकड़े हो रही थी, इसने मुझे वास्तविकता के साथ पकड़े रखा, मुझे लिखने के लिए प्रेरित किया, मेरे जीवन को रंगों और अर्थ से भर दिया था। मेरी घर वापसी के बाद, मेरी कविताएं कुछ अधिक ही उदासी भरी हो चली थीं और ये पाठकों को मेरे निजी जीवन के बारे में जिज्ञासु बना रही थीं। इसीलिए, मैंने स्वयं को अपने बच्चों को सुनाई गई आनंददायक परियों की कहानियों तथा मुझे, मेरी माँ और मेरे पालतू जानवरों के साथ की गई गतिविधियों के बारे में अपने परिवार की मजेदार कहानियों को लिखने में व्यस्त कर लिया। इन मजेदार कहानियों ने हमारे सामाजिक जीवन को सहज बना दिया था। इसने दुनिया को बता दिया था कि सभी टूटे हुए घर अंधेरे और निराशा में नहीं डूबे होते, उनमें से कुछ हँसी से भरे हुए भी होते हैं। यहाँ तक कि पिता जैसी हस्ती की अनुपस्थिति में भी माँ तथा बेटियों की तीन पीढ़ियों के लिए, जो सभी अकेली थी, सभी शक्तिशाली महिलाएं थीं, एक विधवा, एक परित्यक्ता, और दो स्कूली छात्राएं, एक अच्छा जीवन और खूब मौजमस्ती हासिल करना संभव था।

और आज, मेरे बच्चे मेरी सृजनात्मकता को जारी रखने में अनेक प्रकार से मेरी मदद करते हैं। वे मुझे लिखने के लिए प्रोत्साहित करते हैं, और यात्राएं करने, विचार करने, अनुवाद करने सभी में मेरी सहायता करते हैं; यदि मैं आलस करती हूँ तो वे मुझे डाँटने लगते हैं और मुझे एक चंचल, शरारत भरे जीवन जीने के लिए उतना ही समर्थन करते हैं जितना कि वे कर सकते हैं।

मैं कहूँगी, मातृत्व बहुत आसान हो गया है!

टिप्पणी

1. दस भुजाओं वाली देवकी माँ माता दुर्गा हैं जिन्हें 10 शस्त्रों को धारण करने के लिए देवताओं से 10 भुजाएं प्राप्त हुई थीं ताकि वे महिषासुर नामक राक्षस का वध कर सकें।

माँ बनना सीखना

शशि देशपांडे

लोग सदैव एक माँ की अपने बच्चों को समझने की अलौकिक योग्यता के बारे में बातें करते हैं, किन्तु यह उसकी तुलना में कुछ भी नहीं है कि बच्चे अपनी माताओं को कैसे समझ लेते हैं।

—एनी टाइलर

हम मातृत्व के बारे में, माँ बनने के बारे में अपनी माताओं से सीखते हैं। तो फिर वो बुद्धिमानी की कौन सी सोने की डलियाँ थीं जिन्हें मैंने अपनी माँ से हासिल किया था? सोने की डलियाँ, जिन्हें वर्षों से मैंने अपने दिमाग में तबतक सुरक्षित रखा जब तक मैं स्वयं एक माँ नहीं बन गई?

मैंने सीखा था कि माँ एक भगवान होती है। पूरी तरह से प्यार और क्षमा करने वाली। वो भगवान जितनी ही पवित्र भी होती है, उसे दुःखी करना एक पाप करने के बराबर होता है। मैंने सीखा था कि एक माँ अपने बच्चों के लिए हमेशा बलिदान देती रहती है—वो अपने खुद के लिए कभी कुछ नहीं चाहती, लेकिन अपने बच्चों के लिए उसे सबकुछ चाहिए होता है। मैंने सीखा था कि माँ एक शरणस्थली होती है। वो एक ऐसी व्यक्ति होती है जो सदैव हमें समझती है, हमसे सहानुभूति रखती है। मैंने सीखा था कि बच्चे को जन्म देना एक दर्द भरी किन्तु आनंददायक प्रक्रिया होती है—हर माँ एक भी आँसू बहाए बिना इस प्रक्रिया से होकर गुजरती है। मैंने सीखा था कि जैसे ही आप माँ बनती हैं उसी क्षण प्यार अपने आप प्राकृतिक ढंग से और अनायास ही फूट पड़ता है तथा यह कि महानता और अच्छाई भी उतने ही प्राकृतिक तरीके से आपमें समा जाती है। मैंने सीखा कि एक माँ कभी भी अनुचित

और पक्षपातपूर्ण नहीं हो सकती, क्योंकि वो अपने बच्चों को समान रूप से प्यार करती है। और वास्तविकता क्या थी?

एक बच्चे के रूप में भी मैंने देखा था कि माताएं प्रायः ही अपने बच्चों से थक जाती हैं, यह कि कभी–कभी वे इतनी अधिक थक जाती हैं कि वे कुछ भी कह बैठती हैं, जैसे–'हे भगवान, अब तुम्हें क्या चाहिए?' और, 'तुम बाहर क्यों नहीं चले जाते?' अथवा यहाँ तक कि, 'मेरी नजरों से दूर हो जाओ!'

मैंने अनुभव किया कि माताएं आपसे वही बनने की अपेक्षा करती हैं जो आप नहीं हैं और वह नहीं जोकि आप हैं।

मैंने देखा है कि माताएं अपने प्यार को एक गाजर, अर्थात् अच्छे व्यवहार के पुरस्कार (ऐसा वे मानती हैं) की तरह पकड़े रहती हैं। यह प्यार शर्तहीन नहीं होता और कभी–कभी, भटकाते हुए और भयभीत करते हुए वापस भी छीना जा सकता है। मुझे मालूम था कि माताएं पक्षपातपूर्ण हो सकती हैं, और प्रायः होती भी हैं और यहाँ तक कि एक बच्चे को दूसरे के विरुद्ध भी कर सकती हैं। और बात जहाँ तक समझ और सहानुभूति के भंडार होने की है, बुद्धिमानी इसी में हैं कि अपनी माँ की के बारे में किसी को भी अपनी भावनाओं को, अपने रहस्यों को व्यक्त नहीं करना चाहिए–इनका उपयोग आपके खिलाफ किया जा सकता है और यह एक पारिवारिक चुटकुला बन सकता है।

जैसे–जैसे मैं बड़ी होती गई, मुझे कई अन्य बातों का अहसास होता गया–कि माताएं अपने बच्चों की महत्वाकांक्षाओं को विफल कर सकती हैं और करती भी हैं, वे अपने बच्चों की इच्छाओं का गला घोंट सकती हैं, ऐसी माताएं जो यह कहती हैं कि उन्हें अपने लिए कुछ नहीं चाहिए, अपने बच्चों के माध्यम से वस्तुओं को प्राप्त करने का प्रयास करती हैं, किसी माँ का बलिदान अपने बच्चों को स्वयं के साथ बाँधे रखने वाली जंजीर का काम कर सकता है, और तो और, इसका उपयोग माँ–संतान के बीच कभी न समाप्त होने वाले युद्ध में एक हथियार के रूप में किया जा सकता है।

मैं जब स्वयं एक माँ बनी तो मुझे ज्ञात था कि बच्चे को जन्म दिया जाना न केवल एक घृणित और दर्दपूर्ण प्रक्रिया होती है बल्कि एक क्रूर और गंदी भी। जहाँ मुझे यह याद नहीं है कि मैंने आँसू बहाए थे अथवा नहीं, वहीं मैं यह अवश्य याद कर सकती हूँ कि मैं दर्द में डूबे एक जानवर की भांति चिल्ला रही थी। इस अज्ञानता को कभी भी भुलाया नहीं जा सकता–खरोंचों के निशान सदैव के लिए बन जाते हैं जो आपको याद दिलाते रहते हैं कि मातृत्व की प्राप्ति एक दर्दनाक शारीरिक संघर्ष के बाद ही संभव होती है।

मैंने सीख लिया था कि अपने–आप कुछ भी नहीं मिलता, यहाँ तक कि स्तनपान भी नहीं। इसे कैसे कराया जाता है इसे आपको सीखना पड़ता है, और आपको इसका अभ्यास करना होता है। और सबसे बुरा झटका तो यह था कि मैंने महसूस किया कि माँ बनते ही मैं अचानक से नहीं बदल गई थी और एक अलग व्यक्तित्व बन गई थी। मात्र नए सम्बन्ध के बोझ को छोड़कर मैं वहीं व्यक्ति थी जैसी कि पहले रही थी–महानता में डूबी हुई अच्छाई अचानक से मेरे अंदर नहीं समा गई थी। इससे भी बुरा जो था वह यह कि मैंने पाया कि मातृत्व एक संवेदनशीलता की अवस्था होती है–अब आप दर्द के लिए पूरी तरह से प्रस्तुत हैं।

और फिर शुरू हुआ संदेहों और संतापों का सिलसिला—क्या मैं एक अप्राकृति औरत थी? क्यों मैं अपनी संतान को स्तनपान तक नहीं करा सकी थी? मैं प्रायः ही अपने आपको इतना फंसा हुआ क्यों अनुभव करा करती थी? और फिर जब मैंने अपनी संतान की प्रत्येक श्वांस पर इतनी उत्तेजना के साथ निगाह रखी थी, यद्यपि मैं उस समय के दृश्य और उसके छोटे—छोटे अंगों के स्पर्श के आनंद में डूबी हुई थी, यद्यपि कि मैंने परम आनंद के साथ हर मुस्कान को अवशोषित कर लिया था, क्यों मुझे ऐसा लग रहा था कि कोई मुझे निगलता जा रहा है? मैं अपने सिर को अपने तकिए में छिपा लेने और रात में रोने की उन आवाजों से दूर भाग जाना चाहती थी, रोने की वो आवाजें, हे भगवान! जिसका कोई कारण प्रतीत नहीं होता था, क्या वो बस मुझे यातना देने के लिए उभर रही होती थीं? मैं पीछे गुजर चुके उन दिनों की ओर इतनी खिन्नता के साथ क्यों देखती हूँ जब मैं एक लड़की हुआ करती थी, 'अर्द्ध—क्रोधी, कठोर और स्वतंत्र'?[1] और क्रोध था भी, मेरे ऊपर लादी जा रही अंतहीन माँगों पर क्रोध, माँगें जिन्हें मैं जानती थी कि पूरा कर पाना मेरे लिए असंभव है, माँगे जिन्हें मैं जानती थी कि पूरा कर पाने की क्षमता मेरे पास है ही नहीं।

जब बच्चे बड़े हो गए तो मैंने अपने आपसे यह पूछना जारी रखा—यह कैसे हुआ कि मैं, जो अपने आपसे कहा करती थी कि अपने बच्चों के साथ तुच्छ बातों के लिए मैं कभी भी संघर्ष में नहीं उतरूँगीं, एक उन्मत्त कर देने वाले झगड़े में फंस चुकी थी, इच्छाओं के इस संघर्ष में? 'तुम्हें अवश्य करना होगा।' 'मैं नहीं करूँगी।' 'तुम क्यों नहीं करोगी......?' 'मुझे क्यों करना चाहिए.....?' तुच्छ, अपमानजनक और अंतहीन झगड़े।

बहुत, बहुत बाद में, जब मैंने एक बिलगाव के साथ अपने जीवन की इस अवधि पर निगाह डाली तो मैं इस उलझी हुई गिरह के कुछ धागों को सुलझा सकी थी। मेरी माँ ने अपनी माँ को उस समय खो दिया था जब वह एक छोटी सी शिशु मात्र थीं और माँ की यह भूमिका उनके आदर्शीकरण की एक कल्पना थी जिसमें वो फंसी हुई थीं। और इसीलिए, वह अपराध जो मैंने स्वयं पर लादा था, इसलिए हुआ था क्योंकि मैं किसी भी प्रकार से इस काल्पनिक ढाँचे में फिट नहीं हो पा रही थी।

लेकिन ये सिर्फ मेरी ही माँ नहीं हैं, ये हम सब हैं (यद्यपि कि इस विचार को मैं पसंद नहीं करती, फिर भी मुझे शामिल करते हुए) जो इन काल्पनिक माताओं को हमारे मस्तिष्क में स्थान दिए रहते हैं। यह विचार उस हवा में समाया हुआ है जिसमें हम श्वांस ले रहे हैं। माएं हमारे जीवन का एक अंग होती हैं, मिथकों और कहानियों में समाई हुई। एक ऐसी माँ की कहानी कही जाती है जिसने अपने बेटे को इतना अधिक प्यार किया कि वो उसे किसी भी बात के लिए मना नहीं कर पाती थी। और फिर एक क्रूर युवती, जिसे वो प्यार करता था, ने उससे उसकी माँ के दिल की माँग कर डाली। माँ ने खुशी—खुशी अपने बेटे को अपना शरीर काट कर दिल निकाल लेने को कह दिया। और जब वो अपनी प्रेमिका के पास अपनी माँ का दिल हाथों में लिए पहुँचा तो ठोकर खाकर नीचे गिर गया और माँ के दिल से आवाज आई, 'मेरे बेटे, मेरे बेटे तुम्हें चोट तो नहीं लगी?' कौन औरत ऐसी कहानी के तेज को सभी माताओं द्वारा स्वीकार किए जाने से इंकार कर सकती है? कौन बच्चा निःस्वार्थ प्रेम के विचार से पूरी तरह से दूर हो सकता है?

और अब तो फिल्मों का समय है। हमारी अपनी फिल्में इस विचार को चरम पर पहुँचा देती हैं। फिल्में माँ को सिर्फ एक माँ, पवित्र और साधारण माँ के रूप में प्रदर्शित करती हैं, और कुछ दूसरा बिल्कुल भी नहीं। (यह दिलचस्प है कि कितनी बार वो विधवा होती है, ताकि उसे एक पत्नी बनने की भी आवश्यकता न पड़े)। उसके सभी गुण उसमें से निचोड़ लिए जाते हैं ताकि वो वंचिता बनी रहे, यदि मैं इसे सही तरीके से कह सकूँ तो यहाँ तक कि मातृत्व को छोड़ते हुए उसे अपने मानव होने से भी वंचित हो जाना चाहिए। किसी को भी आप मनुष्य किस प्रकार से बुला सकते हैं यदि उसमें किसी प्रकार की इच्छा ही शेष न रही हो, यहाँ तक कि साधारण सी भूख की भी। (क्या आपने किसी फिल्मी माँ को रुचि लेकर खाते पीते देखा है? निश्चित रूप से मैं अच्छी माताओं की बात कर रही हूँ!)। उसके सारे सपने, सारी इच्छाएं, उसकी महत्वाकांक्षाएं, उसके सुख और दुःख बच्चों के इर्दगिर्द ही घूमा करते हैं। उसके स्वयं के लिए कुछ भी नहीं होता। और यौनेच्छाएं तो पूरी तरह से समाप्त विचार होता है। यह तो ईशनिन्दा है!

मैं सफेद धोती में लिपटे इस झूठे चरित्र पर हंसती हूँ, मैंने उसका मजाक उड़ाया है और उसे खारिज कर दिया है। फिर भी, मुझे एक बेचैनी सी है कि किसी–न–किसी प्रकार यह घिसापिटा रूढ़िबद्ध रूप मेरे अवचेतन मन में कुलबुलाता रहता है। फिर जब मैं अपनी माँ को स्वयं के लिए किसी चीज की इच्छा करते हुए देखती हूँ तो क्यों मेरे अंदर उल्लंघन की यह भावना भर जाती है? मैं क्यों उस समय बहुत असहज हो उठती हूँ जब वो स्वयं को एक मनुष्य के रूप में प्रदर्शित करती हैं? और चाहे मैं इस बात से कितना भी इंकार क्यों न करूँ, मेरे बच्चों से मेरी अपेक्षाएं इस चरित्र, मातृत्व के इस विचार के साथ नहीं जुड़ चुकी हैं? 'उनपर मेरे कुछ ऋण हैं दुनिया में किसी और से लिए गए ऋण की अपेक्षा कहीं अधिक, क्योंकि मैं उनकी माँ हूँ!' ऐसा ही कुछ वो प्राणी सोचता है जो मेरे अंदर छिपा बैठा है।

प्रश्न, सिर्फ प्रश्न। मेरे पास इन सबके कोई उत्तर नहीं हैं। उस समय भ्रम के अलावा मेरे मस्तिष्क में और कुछ भी मौजूद नहीं लगता जब मैं सोचती हूँ कि मैं एक माँ हूँ, जब मैं स्वयं को अपनी माँ की अपेक्षाओं के सम्मुख रखती हूँ। भ्रम और क्रोध। ये मेरे लेखन में भी जगह बना लेते हैं। मैंने *डेथ ऑफ ए चाइल्ड* शीर्षक से एक कहानी लिखी थी, जिसमें एक औरत एक अवांछित भ्रूण का गर्भपात करवाने का निर्णय करती है। बाद में, मैंने एक उपन्यास–*द डार्क होल्ड्स नो टेरर्स*–लिखा था जिसका केन्द्रबिन्दु माँ और बेटी के बीच का संघर्ष था। ये दोनों ही कहानियाँ भावुकता से रहित हैं। आज जबकभी मैं उन्हें पढ़ती हूँ तो कभी–कभी वे क्रूर प्रतीत होती हैं, किन्तु उन्हें इसी रूप में लिखा जाना था। 'आपके उपन्यासों में माताएं इतनी प्रेमरहित, इतनी गैर–नारीसुलभ क्यों होती है?' यह प्रश्न है जिसे एक संगोष्ठी में मुझसे पूछा गया था जिसने मुझे अचंभित कर दिया था। मैंने इसके बारे में इस प्रकार से कभी सोचा ही नहीं था। बदले में मैंने उस युवा छात्र से ही प्रश्न कर दिया था 'शायद आपने स्नेही माताओं की रूढ़िबद्ध छवियों पर ध्यान नहीं दिया है, वो जो नरम, लचीली और आंलिगन कर लेने वाली होती हैं?' मैं यह भी कह सकती थी, यदि मैंने उनके बारे में नहीं सोचा तो क्या। वे किस प्रकार से प्रेमरहित हो सकती हैं? मात्र तब जब प्यार होता है तभी संघर्ष भी होता है।

आज जब बच्चे अपना जीवन अपने आप संभालने के लिए दूर जा चुके हैं, कभी–कभी मैं अपने प्रश्नों और भ्रमों में से कुछ के उत्तरों की झलक प्राप्त करती हूँ। जब आप माँ बनती हैं तो आप स्वयंमेव ही अपने संपूर्ण व्यक्तित्व का परित्याग नहीं कर देतीं और मात्र एक माँ बनकर नहीं रह जातीं। आप अभी भी वही होती हैं जो आप थीं–एक व्यक्तित्व जो माँ बनने के पहले भी वर्षों तक जीवित रहा है और विकसित हुआ है। मातृत्व न तो पावन है और न ही पवित्र–यह प्राकृतिक होता है। चूंकि प्रकृति आपके द्वारा जन्म दिए गए अत्यंत नाजुक नवजीवन का पोषण करने की माँग करती है, अतः यह आपको उसके साथ इस प्रकार से जोड़ देती है कि बच्चा स्वयं आपका एक विस्तार बन जाता है। त्रासदी यह आशा करना होती है कि यह सम्बन्ध उसी प्रकार बना रहे, यहाँ तक कि उस आवश्यकता की पूर्ति के बाद भी जिसे प्रकृति ने आपके अंदर समाहित किया था। प्रकृति का लक्ष्य जन्म एवं उत्तरजीविता का होता है। इससे अधिक कुछ भी नहीं।

किन्तु हम इंसान, हम अलग हैं, प्रकृति की शेष रचनाओं से बिल्कुल अलग। बिल्कुल ठीक! चूंकि हम सोच सकते हैं, अतः हम इस सत्य को भी स्वीकार कर सकते हैं कि माताएं भी इंसान होती हैं, साथ–साथ माँ भी। और, इसीलिए, माताएं स्वार्थी भी हो सकती हैं, माताएं क्रूर भी हो सकती हैं और माताओं को भावनात्मक निर्भरता से आजादी की इच्छा भी हो सकती है–ये सब, उस समय भी जब वे अपने बच्चों को प्यार कर रही हों और उनका पालन–पोषण कर रही हों। हमें इस सत्य को अवश्य ही स्वीकार कर लेना चाहिए कि माताएं अनुचित और अंकुश रखने वाल हो सकती हैं, वे क्रूर, उपेक्षापूर्ण और परपीड़क भी हो सकती हैं। अपने बच्चों से घृणा करते हुए, उन्हें मारते–पीटते हुए। एक आदर्श माँ के इन दोनों ही ध्रुवों के बीच एक लंबी रेखा खिंच जाती है जिसपर हममें से अधिकांश माताएं खड़ी हुई हैं। इस रेखा पर कहीं पर भी कोई ऐसा बिन्दु नहीं होता जो उसे मातृत्व का संपूर्ण रूप से परिष्कृत बिन्दु बनाता हो। मातृत्व ऐसी चीज है जिसकी जाँच–परख नहीं हो सकती।

ये सब बातें मुझे किसी ने पहले क्यों नहीं बताईं? मैं यह क्यों नहीं जान सकी कि इसमें फंसने का अनुभव करना, आजादी की ख्वाहिश करना, द्वेषपूर्ण और नींद से वंचित किए जाने पर क्रोधी हो जाना तथा अपने स्वयं के लिए एक क्षण बिताने की इजाजत न होना यह सबकुछ प्राकृतिक और सामान्य बातें होती हैं। सिमोद द बोउआर ने अपनी पुस्तक *द वेरी इजी डेथ* में स्वयं के समक्ष उपस्थित सच के उस क्षण के बारे में लिखा है जब वे स्वयं से यह प्रश्न करती हैं कि अपनी माँ की बीमारी से वो इतना अधिक प्रभावित किसलिए हो रही हैं? वो कहती हैं कि ऐसा इसलिए है क्योंकि उनके रोग और अस्पताल में भर्ती कराए जाने ने 'उन्हें (उनकी माँ को) एक झटके के साथ उस ढाँचे, उस भूमिका, से बाहर खींच लिया है जिसमें मैंने उन्हें कैद कर रखा था'। हम सब भी यही तो करते हैं। मैंने ऐसा अपनी माँ के साथ किया और मेरे बच्चे मेरे साथ ऐसा ही करते हैं। और, इसीलिए, जैसे ही बच्चे अपनी माताओं को उनकी भूमिकाओं से बाहर जाते हुए देखते हैं, जब वे अपने बच्चों को उस छवि से बाहर जाती हुई प्रतीत होती हैं जो उन्होंने अपनी माताओं के लिए बना रखी है, तो टकराव और क्रोध उपजता है। मैं जानती हूँ कि प्रायः अपनी माँ के द्वारा कोई ऐसा कदम उठाने, जो किसी और के

द्वारा उठाए जाने पर मुझे पूर्णतः उचित लगता, पर मैंने ऐसा सोचा है, 'उनकी इतनी हिम्मत कैसे हुई!' मेरी एक सहेली ने जब अपनी बेटी के बालों को काट कर छोटा कर दिया तो वो चिल्ला पड़ी थी, 'तुम एक माँ नहीं लगती'। हाँ, आपको हमेशा एक माँ की तरह दिखना चाहिए, व्यवहार करना चाहिए और प्रतिक्रिया भी वैसे ही करनी चाहिए। तुम वास्तव में क्या हो इसकी परवाह मैं क्यों करूँ!

इस बिन्दु तक मातृत्व से सम्बन्धित ये सभी अनुभूतियाँ तो ठीक–ठाक चल रही थीं। लेकिन जब मैं स्वयं के समक्ष एक लेखिका और एक माँ के रूप में आई तो बातें और अधिक जटिल बन चुकी थीं। यहाँ तक कि मेरे लेखन प्रारंभ करने के पहले ही मातृत्व ने स्वयं को एक विचारक, बुद्धिमान और तार्किक व्यक्ति बनने के मेरे विचार को प्रभावित कर डाला था। क्या बेकार की बातों में सबकुछ खोते हुए मैं स्वयं को भावुकता की इस दलदल में डूबोती जा रही थी? और फिर, जब मेरा छोटा बेटा तीन साल का था, मैंने लेखन प्रारंभ कर दिया; शुरू में एक कभी–कभार वाला सिलसिलेहीन लेखन। लेकिन, धीरे–धीरे मैं प्रगतिशील रूप से महत्वपूर्ण होती चली गई, इसने मुझे तल्लीन रखना प्रारंभ कर दिया था। और फिर समस्याएं शुरू हो गईं। सबसे पहले, मैं इसे बहुत अच्छी तरह से संभाल लेने में सक्षम हुआ करती थी, जैसे आप अपने किसी शुरुआती नशे को संभाल लेते हैं, सिर्फ उस समय काम करते हुए जब बच्चे स्कूल जा चुके हों। घरेलू काम और भोजन पकाना जल्दीबाजी वाला काम बन चुका था ताकि बच्चों के स्कूल में रहने के सारे समय का उपयोग मैं अपने लेखन में कर सकूँ। लेकिन लेखन (अथवा, मैं समझती हूँ कि कोई भी रचनात्मक कार्य) उतना ही अतृप्त कार्य हो सकता है जितने की बच्चे, जो आपको दूसरों से दूर रखते हैं, आपको एकांत से दूर कर देते हैं, आपको 'स्वयं को संरक्षित' करने की इच्छा रखने वाला बना देते हैं। किसी भी औरत के लिए यह एक संघर्ष होता है; एक माँ के लिए तो यह निराशाजनक ही है। मैं अपने बच्चे को किस प्रकार से घर से बाहर निकाल सकती हूँ और यह कह सकती हूँ कि 'मैं काम कर रही हूँ'?

लगभग 100 वर्षों पूर्व श्रीमती गास्केल ने शेर्लोट बोंटे की अपनी जीवनी में लिखा था, 'जब कोई पुरुष एक लेखक बनता है तो यह मात्र उसके रोजगार का एक परिवर्तन होता है। परंतु कोई भी दूसरा व्यक्ति किसी पुत्री, पत्नी अथवा एक माँ के नियमित कर्तव्यों को नहीं अपना सकता।'[2] और, इसीलिए, 'संतानहीन महिला लेखकों की लंबी सूची'[3] सामने आई थी। परंतु ऐसा आज के समय में सच नहीं रह गया है। महिला लेखकों के लिए, एक बार मैंने एक लेख में आत्मविश्वासपूर्वक लिखा था, यह अब या/अथवा का प्रश्न नहीं रह गया है। महिलाओं को दोनों चाहिए–काम भी और पारिवारिक जीवन भी। ऐसा हमारे देश में और भी अधिक सच है जहाँ पसंद के प्रश्न तो मुश्किल से ही उठते हैं। मैं शादी की, मैंने संताने पैदा कीं, मैंने लिखना प्रारंभ किया–इनमें से एक भी पसंद जागरुक पसंद नहीं थी। मैंने इन सबमें डूबी थी। और मैं दृढ़संकल्पित थी कि मैं इन सभी कामों के साथ न्याय करूँगीं। इसके लिए किसी को भी कीमत चुकानी पड़ती है। क्या आप बिना सिर उठाए घंटो तक बैठे रह सकते हैं, उस समय भी जब दरवाजे की या फिर टेलीफोन की घंटी बज रही हो? जब कुकर सीटियाँ बजा रहा हो?

इससे भी बुरी हालत तब होती है जब बच्चे को आपकी आवश्यकता हो, आपके ध्यान की, आपके प्यार की। और, इसीलिए, समस्त लेखन कार्य को 'बदकिस्मती से काम के सीमित समय' के अंदर किया जाना होता है, जैसा कि कलाकार माँ काथे कोलविट्ज[4] ने कहा था, किसी को भी इसे पूरा करने के लिए संघर्ष करना होता है। आप परिवार के समय में से कटौती करने का प्रयास कभी नहीं करतीं। आप कभी भी अवकाश के दिनों में कार्य नहीं करतीं, आप स्कूलों के अवकाश के दिनों में कभी काम नहीं करतीं। आप रात में काम करने का प्रयास करती हैं, उस समय जब आप बहुत अधिक न थकी हुई हों। सभी लेखकों को ऐसा करना पड़ता है। सबकुछ त्यागते हुए आपको विकल्प चुनने पड़ते हैं। 'मैं अपनी पुस्तकें लिखूँगी और बच्चों को भी बड़ा करूँगीः अन्य कोई भी बात मुझे बस समय नष्ट करना लगती है।' जब मैंने अमेरिकी उपन्यासकार एनी टेलर के इन शब्दों को पढ़ा था तो वे मेरे विचारों, मेरी कार्यवाहियों में प्रतिध्वनित होते प्रतीत होने लगे थे। मैंने सिर्फ दो गतिविधियों के अलावा सबकुछ त्याग दिया था। यह एक संतुलनकारी कार्य था, कुछ ऐसा जिसके बारे में मैं सदैव सोचती थी और उससे कहीं बेहतर कर सकी थी। अभी हाल ही के समय तक, जब मेरे बेटे ने मुझसे कहा, 'क्या कभी हम लोगों ने तुम्हे काम करते समय परेशान किया है? मेरी समस्याएं चाहे जो भी रही हों, मैंने ध्यान रखा है कि तुम्हें परेशानी न हो।'

क्या यह उनलोगों के लिए ऐसा ही था? एक बार फिर से मुझे अपराध का बोध हुआ था। परंतु किसी भी स्थिति में, अपराध कभी भी बहुत दूर नहीं होता; निःस्वार्थता और रचनात्मकता असहज साझीदार होते हैं। रचनात्मकता माँग करती है कि आप स्वयं को आगे रखें। और स्वयं को आगे रखने के लिए, कोई भी जब पहले काम करता है—वह अपने बच्चे के मामले में असफल हो जाता है। बच्चे चाहे किसी भी उम्र के क्यों न हों, वे अपनी माताओं से पहले स्वयं पर ध्यान देने की आशा करते हैं। बच्चे, भले ही वो उसकी उपलब्धियों पर गर्व क्यों न करते हों, कभी भी इस विचार के साथ सहजता का अनुभव नहीं करते कि उनकी माँ की अपनी कोई निजी जिन्दगी भी हो सकती है।

बर्नार्ड शॉ ने इस तथ्य की विचित्रता के सम्बन्ध में कहा था कि लोग सभी पेशों में से सर्वाधिक कठिन, पितृत्व—मातृत्व को चुन लेते हैं, इसके लिए बिना शिक्षा प्राप्त किए। मैं सहमत हूँ। आज मैं महसूस करती हूँ कि मैं एक माँ बनने के लिए शिक्षित नहीं थी। मैं तुनुकमिजाज, धैर्यहीन, स्वतंत्रता चाहने वाली, और चिपकने से नफरत करने वाली महिला थी। मैं अपने हल्केपन से कभी भी संतुष्ट नहीं रही थी, सिर्फ इसलिए क्योंकि मैं एक माँ थी जो स्वयं के अधिकार के प्रति आत्मविश्वासरहित थी। और मेरे अंदर स्वयं को मूर्ख बनाने की क्षमता भी नहीं थी—यहाँ तक कि बच्चों की पिटाई करते समय मैं स्वयं से कभी यह नहीं कह सकी थी कि मैं ऐसा 'उनकी भलाई' के लिए कर रही थी। मैं जानती थी कि मैं सिर्फ अपना गुस्सा निकाल रही हूँ। मैं अकुशल, भ्रमित, अनुचित, निर्दयी, अपने बच्चों पर चीखने वाली रही हूँ, जो उनके सामने रोती थी, अपने दुःख को उनके साथ साझा करती थी। मैं एक बहुत अच्छी माँ बनना चाहती थी, मेरे बच्चों की दोस्त, सदैव उनके पास रहने वाली जब कभी भी उन्हें मेरी आवश्यकता हो। इनमें से मैं कुछ भी नहीं कर पाई थी।

परंतु मैंने आत्मबलिदान अथवा किसी भी बलिदान की अवधारणा को खारिज कर दिया है। अपने बच्चों के लिए मैंने वह सबकुछ किया जो मैं करना चाहती थी। अन्यथा शायद मैं अपने खुद के साथ जीवित न रह पाती।

और मैंने कभी भी अपने बच्चों का अपने पास रखने का प्रयास नहीं किया–मैं उन्हें कहीं भी जाने से न रोकने मे सफल रही हूँ। मैंने किसी भी औरत, जो और कुछ नहीं बस एक माँ होती है, के साथ घटित होने वाले भयानक दृश्यों को देखा है। मातृत्व एक राक्षस बन जाता है जो उसे और उसकी युवा संतान दोनों को निगल जाता है; अथवा, जब बच्चे दूर चले जाते हैं तो एक खालीपन उभरता है जो कुंठा और निराशा से भरा होता है। अपने काम के कारण मैं इस सबसे बच गई हूँ। मेरे बच्चों को अब मेरी आवश्यकता नहीं रह गई है, किन्तु मेरा जीवन रिक्त नहीं प्रतीत होता।

प्रायः, 'मैं एक अच्छी माँ नहीं रही हूँ' जैसा विचार मेरा पीछा करता है तो निश्चित रूप से मैं स्वयं से पूछती हूँ कि क्या मानवता का एकमात्र पहलू मातृत्व ही है? एक अतिविशिष्ट और महत्वपूर्ण भाग, हो सकता है, कि पूरे का एक भाग ही हो। और, इसीलिए, एक संतुष्ट इंसान होने के लिए, किसी के बच्चों (और किसी की माँ को) को इंसान के रूप में रिश्ता जोड़ने के प्रयास को सकारात्मक के रूप में गिना जाना चाहिए।

मुझे नहीं मालूम। माताओं के लिए मातृत्व की 'विशिष्टता' के इस विचार, जिसे हम लंबे समय से ढोते रहे हैं, को त्याग पाना कठिन है। बोझा उतार फेंकना और हल्का अनुभव करना हमें असहज बना देगा। क्योंकि इसके स्थान पर हम रखेंगें क्या? शायद, हर बार मैं स्वयं से पूछती हूँ, 'क्या मैं एक अच्छी माँ रही हूँ?' मुझे यह कहने की आवश्यकता है–एक माँ बनना जीवन में अन्य सभी संभावनाओं को समाप्त नहीं कर देता। मैं पहले एक इंसान हूँ, उसके बाद एक माँ। क्या ये मददगार होगा? मैं ऐसा सोचना पसंद करती हूँ कि यह होगा।

टिप्पणियां

1. Emily Bronte, *Wuthering Heights*.
2. Elizabeth Gaskell, *The Life of Charlotte Bronte* (1857).
3. Tillie Olsen, *Silences* (1978).
4. Kathe Kollwitz, *The Diaries and Letters of Kathe Kollwitz* (1955).

बच्चे नहीं, रोना नहीं!

दीपा गहलोत

मातृ–पितृत्व शौकीन इंसान का अकेला सबसे महान खजाना है।

–एल्विन टॉफ्लर, 'फ्यूचर शॉक'

यह एक साधारण सी शाम थी। मैं अपने दो मित्रों–एक पुरुष और एक महिला के साथ कॉफी का आनंद ले रही थी। अधिकांश लैंगिक मुद्दों पर मेरे उग्र विचारों को जानने हेतु वे दोनों पर्याप्त लंबे समय से मुझसे परिचित थे। हालांकि, मेरी जीवनशैली अथवा निजी पसंदों पर टिप्पणी करने के लिए आमतौर पर वे तत्पर नहीं रहते–फिर भी उस शाम, उन्होंने मुझसे कह दिया था कि मुझे एक बच्चे को गोद लेने पर विचार करना चाहिए।

आश्चर्यचकित होकर मैंने पूछा, 'क्यों?'

'आप तब तक बड़े नहीं होते जब तक माँ–बाप नहीं बन जाते'–दोनों ने एकसाथ ही उत्तर दिया था।

'कौन कहता है कि बड़े होना जरूरी है?' मैंने वापस तर्क किया था।

हमलोग एक ऐसे समय में ये बातें कर रहे हैं जब लोगों को न चाहते हुए भी वयस्कता में घसीट लिया जाता है, उनके यौवन को यथासंभव लंबी अवधि तक बनाए रखने का प्रयास करते हुए; इस उम्र में 'बड़े होने' की क्या मजबूरी है?

हमारा वार्तालाप कुछ और समय तक जारी रहता है और सिवाए इस बात पर जोर देने के, कि माँ बनना एक औरत को और अधिक 'जिम्मेदार' बना देता है, ऐसा कोई भी इकलौता बिन्दु नहीं है जो मुझे यह चिंतन करने और स्वीकार करने पर बाध्य कर दे कि – हाँ! ऐसा करना मजेदार होगा; अथवा यह एक ऐसा अनुभव है जिसका मैं आनंद उठाना पसंद करूँगी।

यदि उन सम्बन्धों की उपेक्षा कर दूँ जिन्हें मुझे अपनाना है, क्योंकि मैं स्वयं को जन्म नहीं दे सकती, अथवा दूँगी नहीं, तो भी एक आजीवन बंधन के प्रति मेरी स्वतंत्र जीवनशैली को समर्पित कर देना एक ऐसा विचार है जिससे मैं नफरत करती हूँ। जो कुछ भी मेरी आँखों के आगे चमकता सा है वह है मेरी कुछ महिला मित्रों की आँखों में उस समय दिखाई देने वाली निराशा जब उनके बच्चे उन्हें उनकी सहनशक्ति से अधिक कष्ट दे डालते हैं। उन्हें धैर्य के भंडारों अथवा समझदारी तथा अपने क्रोध की उस सही सीमा को तलाशना पड़ता है जिसके परे जाने पर वे उन बिगड़ैल बच्चों का गला तक घोंट सकती हैं। एक ओर जब वे अपने आवेश को नियंत्रित करने का प्रयास कर रही होती हैं, दूसरी ओर उनका मन कहता है, 'ये राक्षस कहाँ से पैदा हो गया?' सबसे बदत्र तो यह होता है कि आप इस छोटे से नरकदूत को इसे भेजने वाले के पास वापस नहीं भेज सकते।

जब उनके बच्चे छोटे होते हैं तब अधिकांश शहरी महिलाओं का रोजगार गौण हो जाता है (यदि उनके पास कोई घरेलू नौकर अथवा सहायक रिश्तेदार न हों), उनका जीवन एक अच्छी माँ बनने के प्रयास करने के अपराधबोध के द्वारा नष्ट हो जाता है; उनकी रातों की नींद गायब हो जाती है, इस संदेह में डूबते हुए कि उनके बच्चे बहुत तीक्ष्णबुद्धि वाले अथवा चतुर नहीं है और न ही बहुत दोस्ताना हैं, क्योंकि *वे*, एक माँ के रूप में कुछ–न–कुछ गल्तियाँ कर बैठी हैं। यहाँ तक कि बच्चे जब वयस्क हो जाते हैं तो भी एक माँ पर पड़ने वाला दबाव समाप्त नहीं होता। इससे भी बुरी स्थिति तब होती है जब बच्चा कुछ बन नहीं पाता तो वह इसके लिए सीधे अपने माँ–बाप को ही जिम्मेदार ठहरा देता है। या फिर बच्चे बहुत ही भयानक तरीके से प्रतिवाद करते हुए कह बैठते हैं: 'मैंने तो पैदा करने के लिए नहीं कहा था।'

अपनी छिपी हुई कड़वाहट के साथ मेरी एक सहेली ने मुझे ताना दिया था, 'तुम तो एक किशोरी का जीवन जी रही हो!'

यह बहुत हद तक सही हो सकता है किन्तु मैं शर्त लगाने को तैयार हूँ कि बहुत सारी औरतें अपना स्थान मेरे साथ तुरंत बदल लेंगी। इसे उस अनिवार्य जिम्मेदारी से महत्वहीन नहीं बनाया जा रहा है जो मातृत्व के पैकेज रूपी सौदे के साथ एक रूचिपूर्ण स्वाधीनता प्रदान करने की अवस्था होती है। मैं यह कहने का दुःस्साहस कर रही हूँ कि यह आपको पूरी तरह से भयमुक्त बना देता है। निश्चित रूप से, इसका एक नकारात्मक पहलू भी है। स्वतंत्र होने के लिए किसी को साहसी होना भी आवश्यक है–ऐसे पिंजड़ेबंद पक्षी भी होते हैं जो जंगल की चुनौतियों का सामना करने के बजाए किसी सुरक्षित कवच एवं समनुरूपता के माहौल में अपना जीवन बिताना पसंद करते हैं। दोनों ही विकल्प वैध होते हैं, परंतु उनमें से एक पर सदैव हमले होते रहते हैं।

मैं ऐसा नहीं सोचती कि मैं एक किशोरी हूँ, और कम–से–कम मेरे घनिष्ठ मित्रों में से कोई भी मेरे ऊपर गैर–जिम्मेदार अथवा चचंल होने का आरोप नहीं लगा सकता। परंतु इससे भी अधिक महत्वपूर्ण बात यह है कि कोई भी इतना शक्तिशाली तर्क प्रस्तुत कर पाने में सक्षम नहीं हो सका है जो मुझे यह विश्वास दिला सके कि मातृत्व ही औरत के लिए सबसे महान अनुभव होता है। कोई भी अधपका भावुक जाल नहीं चाहिए, मैं उन कारणों को जानना चाहूँगी जो मेरे दिमाग को आकर्षित करते हैं। यहाँ तक कि

प्रसवकालीन बेहोशी के दौरान भी लंगोटियाँ बदलने के लिए किसी और को मौजूद होना पड़ता है और एक संपूर्ण 'नए पुरुष' (यह, दुर्लभ किस्म), एक पति के लिए यह एक प्रतिबद्धता होती है और मैं इसे ग्रहण नहीं करना चाहती। यदि मातृत्व ऐसा ही एक स्वर्ग सरीखा सुख है तो फिर ज्यादा से ज्यादा औरतें खुश क्यों नहीं हैं? मुझे माताओं से मुस्कराहटों के बजाए और अधिक कड़वे स्वर सुनने को क्यों मिलते हैं? कुछ ऐसी औरतें अपवाद हो सकती हैं जिन्हें मातृत्व की जिम्मेदारी स्वयं ही हाथों–हाथ निभाने की आवश्यकता न पड़ती हो!

क्या मातृत्व स्वयं अपना पुरस्कार है?

निश्चित रूप से, लोकप्रिय संस्कृति और मीडिया निरंतर ही हमारे ऊपर ऐसे संदेशों की बमवर्षा करता रहता है जिनमें यह ढिंढोरा पीटा जाता है कि एक औरत तब तक संपूर्ण नहीं होती जब तक वह एक बच्चे को जन्म न दे ले; अथवा यह कि मातृत्व हर औरत के रोमांटिक सपनों की आनंददायक परिणित मात्र नहीं है, बल्कि यह अपने आपमें एक अंत है। हालांकि सामान्य रूप में एक महिला के लिए एक माँ बनने के लिए एक पुरुष को एक पिता बनना होता है–और ऐसी उन समस्त सुहानी तस्वीरों में से कोई भी यह नहीं कहती कि एक अकेली अथवा बिनब्याही माँ बनना बहुत अच्छा विचार है! यदि मातृत्व वृत्ति आनुवांशिक तौर पर किसी मादा जीन में निहित होती है तो क्या पिता बनने की वृत्ति भी बराबर शक्तिशाली नहीं होनी चाहिए?

स्वीकृत सामाजिक मानदंड ऐसा प्रतीत करवाते हैं कि एक माँ संत–महात्मा रूपी प्राणी होती है जिसे अपने अस्तित्व को बलिदान कर देना चाहिए, किसी भी प्रशंसा अथवा पुरस्कार की अपेक्षा किए बिना ही स्वयं को सौंपी गई भूमिका को पूर्णतः परिष्कृत करने के लिए अपने अस्तित्व के प्रत्येक चिन्ह को मिटा देना चाहिए। पुरुषों से ऐसी कोई भी माँग नहीं की जाती।

फिल्में और टेलीविजन चैनल लगातार ही महिलाओं को *देवियाँ* बनाते रहते हैं, *मदर इंडिया* से प्रेरित देवियाँ जिनकी एक *माँ* होने के अतिरिक्त और कोई पहचान नहीं होती। किसी भी महिला के द्वारा संतान को जन्म न देने का विकल्प चुनने की संभावना लोकप्रिय संस्कृति के चौधरियों के समक्ष अभी भी उत्पन्न नहीं हुई है, अतः संतानहीन महिला को या तो एक संतान के लिए विलाप करती दयनीय *बाँझ* के रूप में प्रस्तुत किया जाता है अथवा पाश्चात्य मादक पदार्थों में डूबी हुई खलनायिका के तौर पर जो अपने कुल को वंशवृद्धि से मात्र इसलिए वंचित कर देती है क्योंकि वो अपना कैरियर बनाना चाहती है, अपने शरीरिक सौन्दर्य को कायम रखना चाहती है (समस्त हास्यास्पद कारणों में से)।

यह सच है, भूतकाल में, एक पति और संतान ही किसी महिला के अस्तित्व का केन्द्र हुआ करते थे, परंतु तब महिलाओं के लिए अन्य कोई भी अवसर उपलब्ध नहीं थे। यदि उसने संतान को जन्म नहीं दिया तो फिर घर पर रहने वाली महिला अपने खाली

दिनों की पूर्ति किस प्रकार से करेगी? गुरुदत्त की सुप्रसिद्ध फिल्म *साहब, बीबी और गुलाम* में पति अपनी पत्नी को रूखेपन से निंदा करते हुए कहता है– *'गहने बनवाओ, गहने तुड़वाओ'* । वो क्या जिन्दगी रही होगी–यहाँ तक कि एक अकेले महल के मनहूस खालीपन में अनचाही संतानों का भी स्वागत रहा होगा! किन्तु आज, यदि किसी को यह कहना होता कि किसी बच्चे के गंदे नितम्बों को साफ करना एक होनहार कैरियर से बड़ी बात है, अथवा सार्वजनिक झुंझलाहट को बढ़ाने वाले किसी रोते हुए बच्चे को शांत कराने के लिए संघर्ष करना एक रोमांचकारी अनुभव होता है, तो, दुनिया के अजूबों की खोज करते हुए मैं यही कहूँगी कि ऐसे लोग या तो पागल हैं अथवा उनका सोचने की शक्ति मर चुकी है, अथवा दोनों ही बाते हैं।

हमें उस सरल सी दुनिया में जीवित रहना छोड़े हुए बहुत लंबा समय व्यतीत हो चुका है जब शिकार करना और एकसाथ उसका आनंद लेना ही जीवनशैली हुआ करती थी, या फिर परिवार गुफाओं में रहा करते थे और आग जलाकर पूरा समुदाय एक साथ उसके चारो ओर बैठ जाता था। महिलाओं (तथा पुरुषों) के मस्तिष्कों और शरीरों में अनेक विकासमूलक परिवर्तन आ चुके हैं, और ऐसा संभव है कि आज की औरतें सिर्फ बच्चा पैदा करने की मशीन बन कर नहीं रह गई हैं। लेकिन कोई भी ऊँचे और साफ शब्दों में यह नहीं कह रहा है महिलाओं के भारमुक्त, स्वायत्त होने का विचार संभवतः रूढ़िवादी पितृसत्ता को नरक में ढकेलता है।

वंशवृद्धि के पक्ष में एकमात्र बिन्दु यह है कि यह प्रजातियों की निरंतरता को सुनिश्चित करता है। किन्तु जनसंख्या को सीमित करने अथवा तेजी से समाप्त हो रहे संसाधनों के साथ एक अंधकारमय भविष्य का सामना करने के लिए संघर्ष करते हुए एक विश्व में प्रजनन को रोकने को अधिक महत्व नहीं प्रदान किया जा रहा है। जिस परिपूर्ण उत्सुकता के साथ यह प्रजाति अपने स्वयं के बहुत बड़े भाग को मिटा देने में व्यस्त है वह आपको यह आश्चर्य करने पर बाध्य कर देती है कि यह अपने संरक्षण के प्रति कितनी गंभीर है। साथ ही, हम कृत्रिम रूप से भी बच्चों को पैदा करने के करीब पहुँच चुके हैं, ताकि अब महिलाओं के लिए संतानों को जन्म देना मुख्य अभिप्रेरणा न रह जाए। (इसका अर्थ है कि यदि औरतें स्वयं को माताओं के रूप में परिभाषित करते रहना जारी रखती हैं तो किसी–न–किसी दिन वे स्वयं को इस कार्य के लिए अनुपयोगी पाएंगी)।

क्या संतानों को जन्म देने के लिए कोई अन्य कारण आज उचित रह गया है? शहरी मध्यवर्गीय परिवारों में, जहाँ मातृत्व को महान आदर्श माना जाता है, संताने उत्पन्न करने हेतु कोई वास्तविक औचित्य शेष नहीं रह गया है। खेतों में काम करने वाले अतिरिक्त हाथों की जरूरत नहीं रह गई है। संतानें वृद्धावस्था में अपने माता–पिता की अनिवार्य रूप से देखभाल नहीं कर रही हैं। अपने मृत माता–पिता के अंतिम संस्कार को संपन्न करने हेतु बहुत कम ही पुत्र समय पर पहुँच पा रहे हैं। और कितने लोगों के पास ऐसी बहुत बड़ी संपदाएं अथवा व्यवसाय हैं जिन्हें उन्हें अपने वारिसों को विरासत में सौंपना हो? जब तक बच्चे शिक्षित और शादी–शुदा होते हैं, मध्यवर्गीय माता–पिता भाग्यशाली ही होते हैं यदि उनके पास अपनी बचत का कोई अवशेष बैंक में शेष बच गया हो!

जहाँ वे अपनी छोटी–से–छोटी इच्छाओं और विलासिताओं की कुर्बानी अपने बच्चों को अपनी क्षमता के अनुसार सर्वश्रेष्ठ बनाने के लिए कर चुके होते हैं, वहीं बच्चे अपना अधिकार समझ कर इसे कोई महत्व नहीं देते। अनेक दंपति शादी करते हैं और बच्चे पैदा करते हैं क्योंकि उनके पास इससे बेहतर करने को कुछ भी नहीं होता, या फिर वे बुढ़ापे में अकेले रह जाने के भय से ग्रसित हो जाते हैं, जो, जैसा कि सभी विपरीत साक्ष्य सुझाते हैं, किसी परिवार को प्रारंभ करने का सर्वाधिक थोथा कारण होता है।

मातृत्व सम्बन्धी मिथक

माताओं की धुँधली, स्नेहपूर्ण, कुकी–सेंकने वाली, लोरी सुनाने वाली छवियाँ मीडिया के विभिन्न माध्यमों से सामने आती रहती है जो इस तथ्य की उपेक्षा कर देते हैं कि अनेक निष्कर्ष एवं पुस्तकों (थ्यूरेर 1995; बैडिन्टर 1981; डगलस एवं माइकल्स 2004) के द्वारा यह स्थापित किया जा चुका है कि मातृत्व की वृत्ति सभी महिलाओं में प्राकृतिक रूप से विद्यमान नहीं होती, मातृत्व किसी भी महिला में स्वचालित रूप से उत्पन्न नहीं होता है और मातृत्व की धारणा समय, सामाजिक तथा आर्थिक परिस्थितियों के अनुसार परिवर्तित होती रहती है। (शताब्दियों के समय के साथ संतानों की तरफ का दृष्टिकोण ही परिवर्तित हो चुका है–व्यापक तौर पर यह विद्यमान आर्थिक परिस्थितियों पर निर्भर रहा है।)

आजकल, बाध्यकारी मातृत्व के मुद्दे की तुलना में एक–पत्नीक होने में पुरुषों की कल्पित असमर्थता पर अधिक बहस की जा रही है। महिलाओं को अपने लिए निर्धारित भूमिकाओं के जाल से बाहर निकलने हेतु विद्रोह करने पर उन्हें अपूर्ण, स्वार्थी, अपराधी तथा नकारात्मक बातों को पूरा पुलिंदा बताया जा रहा है।

जोसेफ रौन्ट्री फाउण्डेशन (1998) के द्वारा समर्थित एक शोध के अनुसार वो महिलाएं, जो निःसंतान रहने का निर्णय करती हैं, उन कार्य–प्रेरित कैरियरवादी, स्वार्थी व्यक्तिपरक अथवा 'अति–महिलावादी' महिलाओं के घिसेपिटे स्वरूपों से कोसों दूर हैं जो पारिवारिक जीवन से घृणा करते हैं। किन्तु संतानहीन महिलाओं के ये घिसेपिटे स्वरूप महिलाओं को उनकी इच्छा अथवा अनिच्छा के बावजूद अपना अनुसरण करने हेतु बाध्य करते हुए फलना–फूलना और दृढ़ बने रहना जारी रखे हुए हैं। महिला आंदोलनों के बाद किए गए आत्मविश्लेषण के बावजूद महिला अनुकूलन का गला घोटा जाना इतना शक्तिशाली है कि समाप्त नहीं किया जा सका है।

एकल मातृत्व परम सुख नहीं होता

हम किसी ऐसे संयुक्त परिवार की आरामदायक स्थितियों वाले बड़े घरों में किसी ग्रामीण आनंदपूर्ण स्थितियों में जीवित नहीं रहते जहाँ महिलाओं के सहयोग हेतु कोई व्यवस्था मौजूद हो तथा बच्चे अपने दादा–दादियों, चाचा–चाचियों, चचेरे भाई–बहनों

तथा सहयोगपूर्ण पड़ोसियों के बीच बड़े होते हों। शहरी छोटे परिवारों ने मातृत्व को तनावों और अकेलेपन से भर दिया है।

घरेलू नौकरों के बिना शहरी माँ के लिए मातृत्व से की जाने वाली अंतहीन माँगों से थोड़ी सी भी राहत प्राप्त कर पाना असंभव है। और समान रूप से परवरिश करने के ढोंग के बावजूद यह हमेशा एक माँ ही होती है जिसे गंदगी भरे और नीरस काम निपटाने पड़ते हैं।

जब आप मातृत्व बोलते हैं तो उन छवियों पर निगाह डालिए जो आपके सामने प्रकट हो जाती हैं—एक तनावग्रस्त, थकी हुई, डाँटती—फटकारती औरत जो अपने बच्चों को पोषित और प्रसन्न रखने का प्रयास कर रही है, जबकि बच्चे उसके लिए हर प्रकार की प्रताड़नाएं प्रस्तुत कर रहे हैं। दूसरी ओर, पितृत्व वाकई में एक शीतल और खुशदिल अहसास होता है! मजा और खेल, अथवा पिकनिक और पसंदीदा क्रियाकलाप। मुझे स्कूल की याद आ जाती है जब मेरा नारीवादी—पूर्व वाला मन विरोध प्रदर्शन करता था क्योंकि हम लड़कियों को खाना पकाने की क्लास में जाना पड़ता था जबकि लड़के क्रिकेट खेलने जाया करते थे; लड़कियों को सिलाई सीखनी पड़ती थी जबकि लड़के काष्ठकला और मृत्तिकला में भाग लिया करते थे। हमें भविष्य की संभावित गृहणियों के रूप में तैयार किया जाना एक दंड की भांति प्रतीत होता था जबकि लड़कों की मौज हुआ करती थी।

निःसंदेह, बहुत सारी औरतें मातृत्व से वास्तव में संतुष्ट हो जाती हैं। कुछ औरतें तो आतंक की स्थिति में बच्चों को जन्म दे डालती हैं (यदि जैविक घड़ी की बैटरी खतम हो जाए तो क्या होगा?), शायद इस प्रयोजन से किसी गलत आदमी के साथ शादी करते और फिर बाद में आराम से पछताते हुए। परंतु ऐसी अनेक औरतें भी हैं जिनके अंदर किसी प्रकार की माँ बनने की वृत्ति विद्यमान नहीं होती। और इसे स्वीकार करना बहुत साहस का काम होता है; इससे भी अधिक साहस की आवश्यकता होती है दबाव के आगे घुटने टेक देने और बच्चे पैदा करने से इंकार करने में। आपका यह कहना कि आप बच्चे नहीं पैदा करना चाहतीं, लोगों को आप की तरफ इस प्रकार से देखने हेतु मजबूर कर देता है जैसे कि आप किसी औरत में समा चुकी चुड़ैल हों—एक आत्म—अवशोषित, जीवन—नष्टकारी, आदमखोर चुड़ैल। बल्कि उनके अनुरूप होना सरल और कम पीड़ादायक होता है। हालांकि, अनेक औरतें, जिनके बच्चे होते हैं, आवश्यक रूप से उन्हीं के समान नहीं होतीं, और अनेक औरतें, बच्चों को पसंद करती हैं, अपने स्वयं के एक भी बच्चे की इच्छा नहीं रखतीं। पालन—पोषण की वृत्ति, उदारता की एक भावना जो कुछ लोगों को मनुष्यों से प्यार करने को बाध्य करती है और उन्हें वह करने को प्रेरित करती है जिससे वे दुनिया को एक बेहतर स्थान बना सकते हैं, उभयलिंगी होती है—अकेले किसी महिला तक सीमित नहीं होती (ठीक वैसे ही जैसे बच्चों के प्रति उदासीनता अथवा क्रूरता सिर्फ पुरुषों तक ही सीमित नहीं होती)। जैसा कि किसी ने ठीक ही कहा है, बच्चे पैदा करना आपको उतना एक माता—पिता नहीं बनाता जितना कि एक पियानो आपको एक पियानोवादक बना देता है और मातृत्व का कौशल किसी जीन्स के माध्यम से सामान्य प्रक्रिया के रूप में माँ से बेटी को हस्तांतरित नहीं होता है।

हर बार जब मैं घर से बाहर कदम निकालती थी, मेरी माँ को घबराते हुए देखना, मेरे भले के लिए उनका एकचित्त समर्पण, उनके द्वारा अपनी स्वयं की प्रतिभाओं की कुर्बानी

और फिर मेरे माध्यम से अपना जीवन जीने का प्रयास करना, उनके असाध्य चिंता, इन सबने मुझे अपार हताशा दी है। एक आदर्श पुत्री होने की उनकी आशाओं के अनुरुप जीना असंभव था। यह माँ के द्वारा बहुत कम नहीं बल्कि बहुत अधिक ख्याल रखा जाना था जो मुझे परेशान करता रहता था। उनकी पीढ़ी की अनेकों औरतें इस प्रकार के खंडित–मनस्कता से होकर गुजर चुकी होंगी–एक ऐसे युग के शिखर पर संतुलन स्थापित करते हुए जो शिक्षित और प्रतिभाशाली महिलाओं से भी आत्म–संकोची होने की माँग करता था, जबकि साथ–साथ कैरियर निजी महत्वाकांक्षाओं को पूरा करने के लिए लालच भी दिया करता था। यह क्रूर और अन्यायपूर्ण दोनों ही था। मैं सोचती हूँ, इसने मुझे ऐसे विकल्प को चुनने से रोक दिया हो सकता था जो मेरी स्वतंत्र–आत्मा वाले स्वभाव के अनुकूल नहीं थे। उनके लिए लोगों के अपने निकटस्थ समूह, जिसे हम 'समाज' कहते हैं, के द्वारा यह पूछने पर कि क्या उनकी बेटी कुछ 'असामान्य' है, स्पष्टीकरण देना सरल नहीं रहा होगा। सौभाग्यवश, आसपास ऐसा कोई परिवार मौजूद नहीं था, और बोलने के लिए मेरे माता–पिता का कोई सामाजिक दायरा भी नहीं था, जिससे यह मसला सापेक्षिक रूप से कम जटिल रह गया था। सहारे का एक बहुत बड़ा स्त्रोत मेरे प्रगतिशील पिता हैं, जो एक संच्चे कट्टरपंथी व्यक्ति हैं, समय से आगे चलने वाले। इसी के साथ जोड़ लीजिए मुम्बई के 'अपने काम से काम रखो' वाली संस्कृति को। अंत में, एक औरत के द्वारा स्वीकृत विवाहयोग्य उम्र को पार कर लिए जाने के बाद, लोग उसके पीठ पीछे अटकलें तो लगाते रहते हैं, लेकिन उसे अकेला छोड़ देते हैं–वे सामाजिक अपेक्षाओं की पूर्ति के लिए उससे अवैध संतान पैदा करने की आशा तो कर नहीं सकते।

जैविक घंटियां मेरे लिए नहीं बजती

मेरे एक भूतपूर्व पुरुष मित्र ने मुझे एक गुप्त माँ के रूप में वर्णित किया था।

बच्चे मेरी ओर आकर्षित हो जाते हैं। मैं अनेक मित्रों की चिंताओं और रहस्यों का भंडारगृह हूँ, बसों एवं ट्रेनों में चलने वाले पूर्णतः अजनबी लोग अपनी समस्याओं को मुझे बता डालते हैं–कुछ ऐसा जिसे मैं कभी भी स्पष्ट कर पाने में सक्षम नहीं रही हूँ। मैं किसी भी अंदरूनी चोट के लिए तैयारशुदा 'बैंड–एड' पट्टी हूँ और सभी प्रकार के मनुष्यों के लिए एक धर्ममाता, परंतु मेरे अंदर अपना घोसला बनाने की वृत्ति कभी भी नहीं पैदा होने पाई। बच्चों को देखकर मेरी आँखे भावुकता और आँसुओं से भर नहीं जातीं; न ही कभी भी मैं बच्चा–गाड़ी में शिशुओं को दुलार करने लगती हूँ, और जब बच्चे सार्वजनिक रूप से स्वयं का तमाशा बनाने लगते हैं तो मैं स्वयं को हंसमुख तरीके से मुस्कराने में असमर्थ पाती हूँ।

बच्चे जब उस आयु को पार कर लेते हैं कि वे मेरी गोदी में मलमूत्र त्यागें, मेरे सोफे पर उछले–कूदें, मेरे कपड़ों पर लार टपकाएं या फिर किसी दावत के बीच में 'पॉटी करें', तब मेरी उनके साथ अच्छी पटती है। मुझे उनकी उर्जा, उष्मा, आश्चर्य की भावना

(जिसे काफी कुछ टीवी ने कम कर दिया है) और उत्साहपूर्ण बकबक बहुत पसंद है। जब वे एक बोधगम्य बातचीत करने में सक्षम होते हैं तो उनके साथ समझदार इंसानों के तरह व्यवहार किया जाता है—मुझे बेबी टॉक, प्यारी तुतलाहट से घृणा है और मैं अनावश्यक उपद्रवी व्यवहार को सहन नहीं कर पाती।

वास्तव में, आप बच्चों से और अधिक आनंद प्राप्त कर सकते हैं यदि वे आपकी अपनी संताने न हों। बच्चे उन वयस्कों को पसंद करते हैं जो उनके साथ दौड़ और कुश्ती में भाग लेते हैं, उन लोगों से अधिक जो बच्चों के गालों पर चुटकी काटते और कहते हैं, 'शो श्वीट।' मैं अपने मित्रों के बच्चों की पसंदीदा आंटी हूँ और ऐसा मुख्य रूप से इसलिए हैं क्योंकि मुझे उनके साथ नहीं रहना होता और अपने अधिकांश उत्पादक समय उनके पीछे पड़े रहकर (सचमुच और आक्रामक रूप से!) नहीं व्यतीत करना होता।

जब तक बच्चे उस आनंददायक अवस्था तक पहुँचते हैं वे बुद्धिमानीपूर्वक बातें करने लगते हैं, वे इतने बड़े भी हो चुके होते हैं कि वे अपने माता–पिता के बारे में विचार करने लगते हैं और अपने पूरे जीवन भर ऐसा करते रहते हैं। आज के जमाने में प्रतिस्पर्धा के साथ–साथ मीडिया तथा समकक्षियों के दबाव एक अस्वास्थ्प्रद ऊँचाई तक पहुँच चुके हैं, माता–पिता कभी भी न तो इतने अमीर हैं, न ही इतने कमजोर, न ही चतुर और न ही इतने प्रसिद्ध कि अपने बच्चों को खुश रख सकें। हाल ही में, एक मित्र के 5 वर्षीय बच्चे ने उससे कहा, 'ओफो, मेरे पीछे पड़ी रहना छोड़ो ओर कोई नौकरी ढूँढो। सभी मम्मियाँ काम पर जाती हैं।'

बच्चे जब तक अपनी किशोरावस्था में पहुँचते हैं, माता–पिता बेकार हो चुके होते हैं, बस एक एटीएम मशीन बन कर रह जाते हैं। जैसा कि पुराने सुनहरे दिनों में होता था, बच्चों पर आज अपने बूढ़े होते माता–पिता के सभी रोगों की रामबाण औषधि होने का भरोसा नहीं किया जा सकता। माता–पिता बनने पर इतना सबकुछ निवेश कर देने के बाद जब उनके जीवन के सर्वश्रेष्ठ वर्ष खर्च हो चुके होते हैं, यह अहसास, कि उन्होंने एक बेकार का सौदा किया, बहुत देर से पैदा हुआ होता है? तो, यदि कोई दंपति मातृ–पितृत्व की इस खान में कदम रख भी रहा है तो उसे यह ज्ञात होना चाहिए कि इसके साथ क्या–क्या जुड़ा हुआ है। इस मामले के सभी पहलुओं पर विचार किए जाने के बाद एक सूचित निर्णय अवश्य ही लिया जाना चाहिए, क्योंकि बाद में मन बदलने का कोई मौका शेष नहीं रह जाता। किन्तु हमारे सामने लगभग हमेशा ही पारिवारिक जीवन की ललचाने वाली 'चॉकलेट–केक की तस्वीर' पेश की जाती है। यह कुछ ऐसा ही होता है जैसे परिवारों के द्वारा अपने दुःखों की एक श्रृंखला को आगे बढ़ाते जाने का षड़यंत्र जारी रखा जा रहा हो, ताकि बहुराष्ट्रीय कंपनियों और बड़े कारपोरेट घरानों के उपभोक्ताओं की संख्या यथावत् बनी रहे।

और महिलाओं पर पड़ने वाला दबाव (मैं उस सामाजिक वर्ग की बात कर रही हूँ जिसमें महिलाओं के पास अनेक विकल्प उपलब्ध होते हैं) होते हैं बच्चे पैदा करना, बहुत जल्दी शुरुआत कर देना, इस बात पर निर्णय लेने के लिए मानसिक रूप से तैयार होने के पहले ही कि क्या वे मातृत्व के स्थाई चोगे को धारण करना चाहती हैं अथवा नहीं। हाल ही में सपंन्न शोध के द्वारा प्रदर्शित किया जा चुका है कि आज के

सामाजिक एवं सांस्कृतिक मानदंडों को ध्यान में रखते हुए महिलाओं के लिए बच्चे को जन्म देने की आदर्श उम्र 34 वर्ष हो चुकी है। परंतु सामाजिक दबाव उतने लंबे समय तक कम नहीं हो पाते। तब क्या होगा यदि उस समय तक किसी महिला के पास एक आनंददायक और अच्छी खासी आमदनी वाली नौकरी आ चुकी हो, जिसे वह परंपरागत पारिवारिक जीवन की परेशानियों के कारण छोड़ना न चाह रही हो? तब क्या होगा जब एक निराश्रित और अकेली वृद्धावस्था का भय उसे चिंतित न कर रहा हो?

34 की उम्र तक पहुँचते हुए मैं आश्वस्त थी कि मातृत्व मेरे लिए नहीं बना था। मैं चिरस्थाई किशोरी बनी रहने में बहुत प्रसन्न हूँ। कोई क्षमायाचना नहीं और कोई पछतावा नहीं।

संदर्भ

Badinter, Elizabeth. 1981. *The Myth of Motherhood: A Historical View of the Maternal Instinct*. London: Souvenir Press.

Berry, Mary Frances. 1994. *The Politics of Parenthood*. USA: Penguin.

Douglas, Susan and Meredith Michaels. 2004. *The Mommy Myth*. Free Press.

Hrdy, Sarah. 2000. *Mother Nature: Maternal Instincts and How They Shape the Human Species*. Ballantine Books.

McAllister, Fiona (with Lynda Clarke). 1998. *Choosing Childlessness*. UK: Family Policy Studies Centre.

Thurer, Shari L. 1995. *Myths of Motherhood: How Culture Reinvents the Good Mother*. Penguin.

हमारे बच्चे

बेटी से बढ़कर एक दोस्त

ज्योत्स्ना कमल

बच्चा, छोटा और अकेला, माँ को जन्म देता है।

—एन स्टीवेन्सन

लगभग एक पखवारे पूर्व, लगभग उसी समय जब मैं इस लेख को लिख रही थी, एक मजेदार घटना घटित हुई। चेतना के पापा, जिन्हें मैं लगभग 13 वर्षों पूर्व तालाक दे चुकी थी, हमसे मिलने आ रहे थे। संयोगवश, मेरे भूतपूर्व पति मेरे अच्छे मित्र बने रहे हैं। उस दिन मैं अत्यधिक खिन्न थी। और वो मेरे साथ कुछ अधिक ही प्रखर प्रतीत हो रहे थे जबकि मैं उनसे संवेदना की अपेक्षा कर रही थी। उन्होंने कड़वी वास्तविकताओं को सामने रखने का प्रयास किया, मुझसे आत्मविश्लेषी होने को तथा स्वयं का ध्यान रखने को कहा।

और वहीं मेरी बेटी थी, मेरी ओर से एक मित्र की भांति तर्क करते हुए। वो पूरी तरह से स्थिति पर नियंत्रण रखती प्रतीत हो रही थी। चेतना ने अपने पिता से दो टूक शब्दों में मुझे सलाह देना बंद करने और वापस आस्ट्रेलिया चले जाने के लिए कह दिया था। उसने उन्हें आश्वस्त किया था कि वो अपनी माँ का ध्यान रखने में सक्षम थी। यद्यपि कि उसकी इंजीनियरिंग की परीक्षाएं आसपास ही थी, जो वास्तव में, उसे तनावग्रस्त कर रही थीं।

मैंने अपनी बेटी के साथ जीवन के प्रारंभ से ही एक विशेष रिश्ता बना लिया था। जब मैं साढ़े पंद्रह वर्षों की हुई तो मेरा मासिक–धर्म प्रारंभ हो गया था। और फिर छह महीनों के बाद अचानक ही यह रुक गया। इस देरी से चिंतित मेरी माँ मुझे परिवार के डॉक्टर के पास ले गई। मुझे याद नहीं कि मैं कभी पहले उनके पास गई थी, यद्यपि हमें मुम्बई में रहते हुए पहले ही तीन साल गुजर चुके थे।

जैसे ही हमने दवाखाने में प्रवेश किया, मैंने दीवार पर माइकलएंजेलो की पेंटिंग, *मदर* को लगे हुए देखा। मैं इसपर नजरे गड़ाए रह गई और मुझे याद है कि मैं बहुत उत्तेजित हो गई थी। मैंने कल्पना कर डाली थी कि एक छोटी सी बच्ची मेरे गले से लगी हुई है और मेरे स्तनों से दूध पी रही है।

मेरी माँ के साथ मेरा यह सुंदर रिश्ता उस दुर्घटना के बाद बहुत शीघ्र ही समाप्त हो गया था। माँ, जो एक प्रतिभावान और बुद्धिमती महिला थीं, का निधन अचानक ही उस समय हो गया था जब मैं सिर्फ अट्ठारह वर्ष की थी। अगले चार वर्षों के दौरान घटित कुछ अजीब घटनाओं ने मुझे विवाह और मातृत्व सम्बन्धी मेरे विकल्पों पर पुनर्विचार करने हेतु बाध्य कर दिया था। मैं अब शादी करने की इच्छुक नहीं रह गई थी; सेक्स की ओर मुझमें एक अरुचि विकसित हो चुकी थी। शायद ऐसा मेरे रूढ़िवादी भारतीय तरीके से किए गए पालनपोषण के कारण हुआ हो, अन्यथा, मैं एक प्रगतिशील वातावरण में बड़ी हुई थी। मैं शादी करना तो नहीं चाहती थी लेकिन एक बच्चा अवश्य चाहती थी—संक्षेप में, मुझे एक बेटी चाहिए थी। और मैं उससे वैसा ही रिश्ता रखना चाहती थी जैसा कि मेरा मेरी माँ के साथ था। मैंने अपने प्रोफेसर के साथ प्यार करने का भरसक प्रयास किया—वो मुझसे कई वर्ष बड़े थे—और मैंने आशा की बिना संभोग किए मैं एक लड़की को अपने गर्भ में ला सकूँ!

जब मैंने अपनी बेटी को जन्म दिया तब मैं 26 वर्ष की हो चुकी थी, एक सनकी, किन्तु प्यार करने योग्य व्यक्ति, जो कि मुझसे 3 वर्ष बड़ा था, से प्रेम—विवाह करने के बाद। उसने भी बहुत सारे मजेदार विचार पाल रखे थे। उदाहरण के लिए, उसने हमारी बेटी का नाम उसके जन्म के काफी समय पहले ही निर्धारित कर लिया था। लड़की हुई तो चेतना और यदि बेटा हुआ तो कुछ भी।

जब इसपर सोचती हूँ, तो वास्तव में मेरी तीन बेटियाँ हैं। एक वो जिसे मैंने जन्म दिया, चेतना, अब 18 वर्ष की हो चुकी है; उसके अलावा ज्योति और स्नेहा भी हैं। ज्योति मेरे एक कॉमरेड मित्र की बेटी है। यह कॉमरेड एक प्रतिबद्ध कार्यकर्ता थे, एक प्यार करने वाले पिता परंतु एक पति के रूप में वो एक पियक्कड़ और पत्नी को पीटने वाला आदमी था।

ज्योति हमारे साथ दो वर्षों तक रही थी और छोटी सी स्नेहा, जो मेरे एक दूसरे पारिवारिक मित्र की बेटी थी, सिर्फ एक महीने ही हमारे साथ रही। ये लड़कियाँ हमारे परिवार का एक भाग थीं। जब हमारा परिवार मात्र दो लोगों का रह गया था, एक अकेली अभिभाविका—पुत्री वाली इकाई जो फार्मागुडी (गोवा) के पठार वाले एक सुंदर से बड़े फ्लैट में रह रही थी, तब समय—समय पर मैंने महसूस किया कि चेतना और मैं सहेलियाँ अधिक थे लेकिन हमारा माँ और बेटी का रिश्ता भी कमजोर नहीं था।

प्रसव के समय पर, चेतना के पिता इस घटना के साक्षी बनने के इच्छुक थे। 10 घंटों के इंतजार के बाद वो स्वयं को तरोताजा करने के लिए बाहर निकले थे। उनकी 10 मिनटों की अनुपस्थिति में, मैंने बच्ची को जन्म दे दिया था। मुझे याद है कि मैं नर्सों से मुझे आपरेशन टेबल पर ले जाने के लिए गिड़गिड़ा रही थी जिसके लिए उन्होंने मना कर दिया था। अतः मैं खुद ही चलती हुई गई और आपरेशन टेबल पर लेट गई, हालांकि, मुझे महसूस हो रहा था कि बच्चे का सिर बाहर आने लगा है।

अंततः डॉ. बानू कोयाजी आ गईं, उन्होंने एक छोटा सा चीरा लगाया जिसमें चार टाँके लगे और अगले कुछ ही मिनटों में चेतना पैदा हो गई थी। मैंने उस समय को नोट कर लिया था जब डॉक्टर ने उसे बाहर निकाला था। यह 30 नवम्बर, 1976 की रात्रि का 8:16 का समय था। डॉक्टर और नर्सों ने परेशान न करने के लिए मेरा धन्यवाद किया। सबसे अधिक श्रेय तो चेतना को जाना चाहिए जो आसानी से पैदा हो गई थी।

आज भी वो मुझे अधिक परेशान नहीं करती–बल्कि इसके विपरीत, पिछले कुछ वर्षों के दौरान मैंने उसे बहुत कष्ट दिए हैं। उसके जन्म पर मुझे महसूस हुआ था कि मैंने एक सच्चे दोस्त को जन्म दिया है। हाँ, गर्भावस्था के पहले संकेत के साथ ही वो मेरी सहेली बन चुकी थी। मैंने उसके जन्म के दिन तक अच्छी सेहत का आनंद उठाया था।

कोई दो वर्षों के बाद जब हमने बच्चे को जन्म देने का निर्णय लिया था तो हम कम्युनिस्ट पार्टी के सक्रिय सदस्य बन चुके थे। महिलाओं के एक समूह को पता लग चुका था कि मैं माँ बनने वाली हूँ। मेरे पति के माध्यम से उन्होंने मुझे गर्भपात करवा लेने हेतु यह कहते हुए एक संदेश भेजा था कि एक बच्चे के साथ मैं राजनीतिक रूप से सक्रिय नहीं रह जाऊँगी। मैंने प्रत्युत्तर दे दिया था–'आपको जो पसंद हो आप कहें, मैं न केवल बच्चे को जन्म देकर रहूँगी बल्कि आपके साथ काम करना भी बंद कर दूँगीं।' मैं आश्वस्त थी कि मेरा माँ बनना राजनीतिक दल के लिए मेरे काम करने में आड़े नहीं आएगा। मेरे उदाहरण ने अन्य कॉमरेडों, जैसे अंजली माथुर आदि को भी प्रेरित कर दिया था जो बोली थीं, 'यदि तुम बच्चे को जन्म देती हो तो हमलोग भी तुम्हारा अनुसरण करेंगे।' और वास्तव में उन्होंने ऐसा ही किया था–अंजली माथुर ने एक बेटे को जन्म दिया और बाद में एक बेटी को भी। मीना मेनन के एक बेटा हुआ था।

मैं स्पष्ट करना चाहूँगी कि जैसे कि हमें शादी करने अथवा अकेले रहने की आजादी होनी चाहिए ठीक उसी प्रकार हमें यह भी आजादी होनी चाहिए कि हम संतान को जन्म दें या न दें। यहाँ तक कि पति–पत्नी में से कोई एक विवाह–विच्छेद भी करना चाहता है तो विवाह विच्छेद कर लेना चाहिए। परंतु एक संतान के मामले में यह प्रक्रिया उलटी नहीं जा सकती और माता–पिता दोनों को ही बच्चे के लिए जिम्मेदार होना चाहिए, जैसा कि मुश्किल से ही होता है।

बेटी के जन्म के बाद मैं पुणे में अपनी बड़ी बहन के साथ रही थी। चेतना के पिता एक पूर्णकालिक कम्युनिस्ट कार्यकर्ता थे और इमरजेन्सी[1] के दौरान पार्टी पर प्रतिबंध लगा दिया गया था। मेरी बहन मुझे सारी अच्छी–अच्छी चीजें खिला रही थी और मुझे रोज गाय के दूध की एक बोतल पिला देती थी ताकि स्तनपान करवाने में मुझे मदद मिल सके। परंतु मेरी नन्ही से बेटी उतना दूध नहीं पी पाती थी जितना मेरे स्तनों में पैदा हो रहा था।

प्रसव के तीसरे ही दिन मुझे हलका बुखार हो रहा था और मेरे स्तनों में भयानक दर्द था। मैंने अपनी छातियों के नीचे तकिया रखा और सो गई थी। दूध बहकर बिस्तर को गीला कर चुका था। जब नर्स आई तो उसने मुझे अस्पताल के बिस्तर की चादर को खराब कर देने के लिए डाँटा था। और मेरी नवजात बेटी इस नाटकीय दृश्य को शरारती मुस्कराहट के साथ देख रही थी!!

जन्म के समय से ही चेतना एक गोलमटोल बच्ची थी और उसने दाँतों को निकलते समय भी मुझे बिल्कुल परेशान नहीं किया था। जबतक वो डेढ़ वर्ष की नहीं हो गई,

मैं उसे स्तनपान करवाती रही थी। वो मात्र 20 दिनों की थी जब उसके पिता और मेरे खिलाफ गिरफ्तारी के वारंट जारी हो गए थे। हमें भूमिगत होकर छिपे रहना था। मेरी बहन ने बच्ची को उसके पास छोड़ देने की मिन्नत की। परंतु चेतना एक बहादुर लड़की थी और उसने मेरे साथ रहना पसंद किया था!

हम कई दिनों तक पुणे के एक दूरदराज वाले गाँव में छिपे रहे थे। यह बहुत ठंड का महीना था। पाँचवें दिन, स्नान अथवा कपड़े धोने के बाद मैं अवश्य ही ठंड से जकड़ गई थी और इसका प्रभाव चेतना पर भी हो गया था। उसने हरे रंग के पखाने करने आरंभ कर दिए थे।

डॉक्टर ने बताया कि ये ठंड लगने के लक्षण थे। मैंने तर्क दिया कि ये सच नहीं हो सकता। उसने मुझसे पूछा कि धुलाई किसने की? मैंने उत्तर दिया था कि ये मैं थी, क्योंकि वहाँ कोई नौकर नहीं था। उसने मुझे तुरंत ही इसे रोक देने की सलाह दी थी। बहुत शीघ्र ही चेतना ठीक हो गई थी।

किन्तु कुछ ही दिनों में वो एक बार फिर परेशान हो रही थी, बिना रुके रोते हुए। एक वृद्ध महिला, जो हमारे बगल में पड़ोसन थीं, ने छोटी बच्ची को ठंडे मौसम में बाहर निकालने के लिए डाँट पिलाई थी। दूध पीने के बाद चेतना उस दिन सात घंटो तक सोती रही थी–उसकी उस उम्र में ये एक रेकार्ड था जबकि उसे हर तीन घंटों के बाद स्तनपान करवाना जरूरी था। मुझे इसका बिल्कुल ज्ञान नहीं था कि किसी शिशु को किस प्रकार नहलाना चाहिए। और फिर चेतना अगले 10 दिन नहाई ही नहीं! चेतना के पास इसके विरुद्ध विरोध प्रदर्शन का अधिकार था और उसने ऐसा किया भी।

चेतना को नहलाना एक कठिन परीक्षा थी। पहले ही दिन मैं भयानक रूप से अनाड़ी सिद्ध हुई थी और चेतना ने अपनी नाराजगी जोरशोर से रो–रोकर दर्ज की थी। लेकिन शीघ्र ही मुझे आत्मविश्वास प्राप्त होता गया–रोजाना गर्म पानी से सिर से नहाकर वो कितनी कांतिमान और प्रफुल्लित नजर आने लगी थी।

और जब चेतना साढ़े तीन महीनों की हुई तो उसने पहले *मोर्चे* में भाग लिया था। तब तक इमरजेन्सी उठाई जा चुकी थी और हम दोनों ही गाँव में काम कर रहे थे। वास्तव में, चेतना ने उन महिलाओं का नेतृत्व किया था जिन्होंने पहली बार भाग लिया था। वो लगातार एक से दूसरे हाथों में घूमती रही थी। अब वो ऐसी महिलाओं के साथ थी जो जुलूस का नेतृत्व कर रही थीं और अगले पाँच मिनटों में उसे जुलूस के अंत में चल रही महिलाओं के साथ देखा जा रहा था, सबको खुश करते हुए। हमने 10 किलोमीटर दूर स्थित *तहसील* का शाम तक *घेराव* किया था और रोजगार गारंटी योजना को प्रारंभ किए जाने की माँग को स्वीकार करवाने में जीत हासिल कर ली थी। परंतु इस हंगामें के दौरान, चेतना की सोने की जंजीर, जो मेरी सास ने उपहार में दी थी, चोरी हो चुकी थी। मैं दुःखी थी लेकिन चेतना ने अपनी देवदूत सरीखी मुस्कराहट से मुझे सांत्वना दी थी।

एक बार फिर एक दूसरे *मोर्चे* में, वो विरोध प्रदर्शन के बीचों–बीच थी। *मोर्चा* अपने गंतव्य पर पहुँच चुका था जहाँ नेतागण अपने भाषण दे रहे थे। महिलाएं खुशी से तालियाँ बजा रहीं थीं क्योंकि उनकी माँगों में से दो को स्वीकार किया जा चुका था। अनेक अन्य महिलाओं ने नई *साड़ियों* के साथ उत्सव मना डाला था। एक लाउडस्पीकर लगा हुआ था और लोग सड़क पर उसी प्रकार गीत गा रहे थे जैसे वे नारे लगाया

करते थे। अचानक ही स्थानीय *जमींदार के गुंडे मोर्चे* पर टूट पड़े थे। उनकी योजना कास्तकारी संघटन, जनता पार्टी की स्थानीय शाखा तथा गडगा क्रांति सेना (एक गैर–सरकारी संगठन) के संयुक्त मोर्चे के तीन नेताओं की हत्या करने की थी जिनकी उस जमींदार के साथ पुरानी दुश्मनी थी।

मैं पीछे की ओर चेतना को स्तनपान करवा रही थी। बहादुरी भरा एक काम करते हुए मैं आगे की ओर भागी और एक पुलिस इंस्पेक्टर को पकड़ने का प्रयास किया जो पार्टी के सदस्यों को मार रहा था। वे एक बच्ची को मेरी कमर में टँगी हुई देखकर सन्न रह गए थे। इसी बीच नेताओं ने बचकर निकलने का प्रयास किया और पुलिस ने *लाठी–चार्ज* कर दिया और हमपर आँसूगैस के गोले भी दाग दिए थे। हमारे साहसी मित्रों ने भी सड़क से पत्थर फेंक कर उन्हें जवाब दिया था। इन युवा बच्चों का निशाना कितना सटीक था! 19 गुंडे और कुछ पुलिसवाले घायल हुए थे लेकिन चेतना और मैं बिना हानि के बच निकले थे।

मुझे याद है किसी ने चेतना को मुझसे छीन लिया था और छिप गया था। पुलिस ने उसे पकड़ लिया और बुरी तरह से पीटा था। तब तक चेतना किसी अन्य बुजुर्ग की बाँहों में सो चुकी थी। वो उसे हमारे गाँव में सुरक्षित ले आए थे और मैं 6 किलोमीटर दूर से चेतना को दूध पिलाने की चिंता करते हुए गाँव वापस पहुँची थी। और वो थी जो बकरी का ताजा दूध पीने के बाद अजनबियों के साथ खुशियाँ मना रही थी। उसने मित्र बनाने और महत्वपूर्ण क्षणों के दौरान शांत रहने में मुझे नेपथ्य में कर दिया था।

जब वो ढाई वर्ष की थी तो मैंने उसे एक स्थानीय *आँगनवाड़ी* में भेज दिया था। उसे रोज एक चॉक चाहिए होती थी। जब मैंने उसके लिए चॉक खरीदनी चाही तो उसने कहा कि वो अपने आप खरीदेगी। उस दिन मैंने उसके पीछे–पीछे जाने का निर्णय कर लिया था। वो मुश्किल से 100 मीटर ही दूर गई होगी जब मैंने उसे एक चॉक खरीदते और *आँगनवाड़ी* के रास्ते भर उसे खाते हुए देखा तब मैं समझ गई थी कि यह उसे कैल्शियम की गोलियाँ खिलाने का समय था। उसके लिए इतनी ढेर सारी दवाईयाँ आ गई थीं कि गाँव के बच्चों के लिए एक निःशुल्क दवाखाना खोला जा सकता था।

हमारा मनोरंजन करने के लिए चेतना के विचार थे कि खूब सारी सूखी मछलियाँ खा ली जाएं, या फिर चॉकलेट को उसके रैपर के साथ खा लिया जाए, अमरूद और केले जैसे फल की माँग की जाए, एक बार में कम से कम छह का भक्षण किया जाए, अथवा 9–गज वाली *साड़ियाँ* पहने नौकरानियों के साथ बिना रुके कलरव किया जाए–सबकुछ बड़ी सहजता के साथ!

एक बार, जब वो लगभग 5 वर्ष की रही होगी, उसके पिता और मेरे बीच गर्म बहस हो गई थी। चेतना ने हास्य कलाकारों के समान नटों वाली मुद्राएं बनाते हुए हस्तक्षेप किया था–हमें रोकने का उसका बचकाना प्रयास। वो हमारे बीच मध्यस्थता करने की पवित्र जिम्मेदारी को निभाना आज भी जारी रखे हुए है। कई बार, चेतना बहुत उदार होती थी और किसी दूसरे समय पर अपनी माँ की मालकिन बन जाती थी। जब हमारा तलाक हुआ तो वो सिर्फ छह वर्ष की थी। और उसने मेरी सास के पास मुम्बई में रहना जारी रखा था। मैंने मुम्बई में ही एक पेइंग गेस्ट की तरह रहने और अपना पोस्टग्रेजुएशन पूरा करने का निर्णय कर लिया था। सप्ताहांतों पर मैं उसे

अपने पास ले आया करती थी। यदि मेरे मित्र मुझसे मिलने आ जाएं तो वो उन्हें भगा दिया करती थी। शीघ्र ही उसने पड़ोस में तीन लड़कियों से मित्रता कर ली थी। मुझपर चार लड़कियों का मनोरंजन करने, उन्हें किसी पार्क या फिर बच्चों के नाटक में ले जाने का उत्तरदायित्व आ चुका था। मुझे याद नहीं आता कि चेतना ने कभी भी कोई उपहार या कुछ और खरीदा हो। किन्तु वो मेरे साथ गहराई से जुड़ी हुई थी। मेरे विरुद्ध की गई कोई भी टिप्पणी उसे असहज बना देती थी।

हमारे तलाक के बाद, उसके पिता ने अगले ही वर्ष पुनः शादी करने का निर्णय कर लिया था। चेतना ने ही सबसे पहले यह समाचार मुझे दिया था। उसने तो यहाँ तक सुझाव दे दिया था कि मुझे उसके जन्मदिन के दिन पुनः शादी कर लेनी चाहिए क्योंकि उसके पिता उसके तीन दिन पहले शादी कर रहे थे। कभी–कभी वो कह बैठती थी, 'मैं कितनी भाग्यशाली हूँगी कि मुझे दो–दो माता–पिता मिल जाएंगे।'

हम एक साथ हैं या नहीं, मेरी बेटी और मैं बहुत नजदीक रहे हैं। जब मैं उसे गोवा लाई थी और उसे चौथी कक्षा में प्रवेश दिलवाया था तब मुझे अगले ही दिन दिल्ली में संघ लोकसेवा आयोग के एक साक्षात्कार के लिए निकलना था। मैंने एक सप्ताह के लिए उसे एक मित्र के पास छोड़ दिया था। मैं बहुत अधिक परेशान थी, लेकिन चेतना, बिल्कुल भी नहीं।

अपने दादा–दादी के साथ रहते हुए दोनों के द्वारा उसका बहुत दुलार हुआ था। जब उसकी दादी काम पर जाया करती तो उस समय उसके दादाजी उसका पूरा ख्याल रखते थे। परिणामस्वरूप उसकी दैनिक समयसारणी प्रभावित हो जाती थी। चेतना की यात्रा उस समय स्थगित हो गई थी जब वो अपनी दादी के साथ इंग्लैण्ड गई थी। इसी बीच, मेरे दिमाग में एक जोरदार विचार आया था। ज्योति अपनी 10वीं कक्षा में थी–मैंने उससे वादा किया था कि यदि वो प्रथम श्रेणी में पास होती है जो वो गोवा में पढ़ाई कर सकती है। ज्योति और उसकी माँ सुगंधी जून के मध्य में गोवा आ गई थीं। जब चेतना इंग्लैण्ड से वापस आई तबतक ज्योति ने घर में स्वयं को व्यवस्थित कर लिया था। ईमानदारी से बात करूँ तो मुझे आशंका थी कि चेतना को ज्योति की मौजूदगी रास नहीं आएगी। ज्योति को घर पर देखते ही उसने प्रसन्नतापूर्वक टिप्पणी की थी, एक *दीदी* मिलना तो बहुत अच्छी बात है। उसकी टिप्पणी ने ज्योति को भी खुश कर दिया था क्योंकि उसके घर पर उसके दो छोटे भाई मौजूद थे।

दोनों में भली–भांति पट रही थी। चेतना ने ज्योति से अच्छी आदतें सीख ली थीं, सफाई करना और व्यवस्थित तरीके से रहना, घर को सजाना या फिर बगीचे में काम करना। उसने रोषपूर्वक मेरे उल्टे–सीधे तरीकों के बारे में शिकायत की। मुझे फटकारते हुए उसे देखकर एक मित्र ने एक बार मजाक कर डाला था, 'ज्योत्स्ना एक निडर महिला हो सकती है किन्तु वो चेतना से डरती है!'

ज्योति, चेतना और मेरे लिए जीवन शानदार गुजर रहा था। गोवा हमे रास आ चुका था। हमारे घर के चारो ओर खिलते हुए बगीचे ने एक आदर्श दृश्य पैदा कर दिया था। एक समस्या थी–चेतना देर से उठा करती थी। जिस समय वो जागती थी तबतक ज्योति कॉलेज जा चुकी होती थी और मुझे काम पर जाने के पहले चेतना के लंबे बालों को बाँधना पड़ता था। मुझे रोजाना 9 बजे सुबह दो लेक्चर देने होते थे।

उसका देर से उठना मेरी क्लास के समय को गड़बड़ कर रहा था। मुझे याद है इसके लिए एक बार मैंने चेतना की पिटाई कर दी थी–लेकिन ज्योति और चेतना ने मसले का समाधान कर लिया था। ज्योति सहमत हो गई थी कि वो घर से निकलने के पहले उसे जगा देगी और बालों में कंघी करने में उसकी मदद कर देगी। मेरे हिस्से का काम था कि मैं दोनों लड़कियों के बाल रविवार के दिन धो दिया करूँ।

ज्योति एक परिश्रमी और शांत स्वभाव वाली लड़की है। दोनों लड़कियों ने आसपास के पूरे संकुल में मित्रता कर रखी थी। दोनों से साथ–साथ साइकिल चलाना सीख लिया था। ज्योति चेतना को अपनी नई पोशाकें अपने जन्मदिन के उपहार खुद इस्तेमाल करने के पहले ही चेतना को दे देने तक उदार थी। 12वीं कक्षा पास करने के बाद ज्योति हमें छोड़कर चली गई। उसके पिता, हमारे कॉमरेड, का हाल ही में निधन हो गया था। वो अपनी माँ तथा दो छोटे भाईयों के प्रति अपनी जिम्मेदारी का अनुभव कर रही थी। उन दो वर्षों, जब ज्योति हमारे साथ थी, के दौरान उसने हमें इतना कुछ दे दिया था जितना हम उसे नहीं दे पाए थे। एक महत्वपूर्ण बात, वो हमें धैर्य के उपहार के बारे में शिक्षित कर गई थी।

एक बार ऐसा हुआ था कि ज्योति की मदद करने की बारी चेतना की थी। ज्योति, जो एक अच्छी खिलाड़ी थी, अपने कॉलेज के खेल आयोजन में भाग लेने की इच्छुक थी। हालांकि, वह खेलकूद के पहले परीक्षण चक्र में भाग नहीं ले सकी थी क्योंकि वो कहीं और व्यस्त रही थी। टीचरों ने उसे लेने से मना कर दिया था। वो रोते हुए घर वापस आई थी और चेतना को उसे चुप कराते हुए का दृश्य देखने लायक था। चेतना की हरकतों से दोनों के हंसी के फव्वारे एक साथ फूट पड़े थे और वे वापस अपनी पुरानी भूमिकाओं में लौट गई थीं।

ज्योति की वापसी के बाद चेतना के जीवन में नाटकीय परिवर्तन आ गया था। मुझे अपने पीएच.डी. कार्य के लिए आई.आई.टी. मुम्बई के हॉस्टल के एक–कमरे तथा किचन वाले क्वार्टर में स्थानान्तरित होना पड़ा था। छोटी जगह में तंगी का अनुभव करने के कारण हम रोज लड़ा करते थे। उसने इसे व्यवस्थित नहीं रखा था और हमारे घर में ऐसे लोग आते–जाते रहते थे जिन्होंने फ्लैट का सत्यानाश कर रखा था। उसे ज्योति की कमी बहुत अधिक महसूस हो रही थी। लेकिन शीघ्र ही चेतना ने आसपास अपने बहुत सारे मित्र बना लिए थे–चौकीदार, हॉस्टल के बावर्ची, नौकरानियाँ, बच्चों का एक समूह और यहाँ तक उस सज्जन को भी जो कपड़े इस्त्री किया करता था! अनेक लड़कियाँ, एमएस.सी. की छात्राएं किसी–न–किसी चीज या किसी बात के लिए आती रहती थीं, चाहे दवाई हो, गैस, फ्रिज की आवश्यकता या फिर दही, नमक, गेहूँ जैसे सामग्रियों के लिए–इन सबके लिए धन्यवाद की पात्र चेतना ही थी। उसके जन्मदिन हॉस्टल के एक समारोह में बदल चुके थे जिसमें अनेक मित्र शामिल होते थे। कई बार, वो हमारे माली लोगों के साथ काम किया करती थी, उनसे सीखते हुए और बाद में, बदले में उन्हीं को सलाह देती रहती थी! तो इस प्रकार जीवन आगे बढ़ता ही जा रहा था........।

सप्ताहांतों पर चेतना अपने दादा–दादी से मिलने के लिए समय निकाल लेती थी। वो उस समय आठ वर्ष की थी जब उसने आई.आई.टी. हॉस्टल की लड़कियों के साथ *दांडिया रास* में भाग लिया था। और उत्सुकतापूर्वक लोग पूछ रहे थे कि वो आई.आई.टी. के किस विभाग से है? उस वातावरण में वो बहुत जल्दी परिपक्व हो गई

थी। ज्योति और चेतना दोनों उसके 11वीं कक्षा में प्रवेश के लिए गोवा गईं और दो महीनों तक मेरी चचेरी बहन के साथ रुकी रहीं जब तक कि मैं वहाँ नहीं पहुँच गई थी। उसने आत्मनिर्भरता का शानदार प्रदर्शन किया था।

इसी बीच, मैंने मिरियम मकेबा की की आत्मकथा का अनुवाद और प्रकाशन कर डाला था जिसके शानदार विमोचन समारोह में दीना पाठक, विद्या बाल एवं पंडित जीतेन्द्र अभिषेकी जैसे प्रख्यात लोगों ने भाग लिया था। चेतना का मूड इस समारोह में भाग न ले पाने के कारण कुछ बिगड़ गया था। उसने कुछ समाचारपत्रों के पृष्ठों पर निगाह डाली और एक घायल अभिव्यक्ति के साथ टिप्पणी कर डाली, 'तुमने हर किसी के नाम का जिक्र किया, उनका धन्यवाद किया, लेकिन मेरे बारे में? मैंने तुम्हें कंप्यूटर पर इसे टाइप करने में मदद की, मैंने तुम्हारा सहयोग किया।' मुझे दुःखपूर्वक अहसास हुआ था कि मैंने उसे हल्के में लिया था क्योंकि वो मेरी बेटी थी।

उसके जन्मदिनों, जो कि घर पर मनाया जाने वाला एकमात्र त्यौहार हुआ करता है, में से एक के दौरान मैं इतनी बीमार थी कि समारोह नहीं मना सकती थी। उसके औपचारिक निमंत्रण की प्रतीक्षा किए बिना ही उसके मित्र घर पर आना शुरू हो चुके थे। अंततः, वह और उसके पिता–जो धार्मिक तौर पर इसमें उपस्थित रहा करते थे–जल्दी में बाहर गए ताकि समारोह मनाने के लिए कुछ खरीददारी कर सकें। ऐसे दुर्लभ अवसरों पर वो क्रोधित हो जाती है और मुझसे बात करने से इंकार कर देती है।

जब उसके 12वीं की परीक्षाएं दो महीने दूर रह गई थीं तो स्नेहा हमारे साथ रहने आ गई थी। अचानक किसी एक क्षण के आवेग में मैंने उसके पिता से वादा कर लिया था कि इस 5 वर्षीया बच्ची को मैं सहारा दूँगी। चेतना इस बात को लेकर बहुत अधिक विक्षोभित थी कि मैंने उसे यह नहीं सूचित किया था कि स्नेहा के परिवार, माँ, बाप, दो छोटे भाई उस समय गोवा आने वाले थे जब मैं मुम्बई से बाहर जा रही थी। उन्होंने उसकी शांति भरी रात में खलल डाल दिया था। गाँव वाली सफाई की अभ्यस्त न होने के कारण दोनों बच्चे उसे कष्ट दे रहे थे और उनके पिता, हमारे कॉमरेड, उसकी इस असहजता पर हँस रहे थे। आठ दिनों के बाद जब मैं लौट कर वापस आई तब तक चेतना के लिए काफी कुछ सामान्य हो चुका था। जब उनका परिवार वापस लौटा तो स्नेहा मेरे पास ही रह गई थी। मैंने पाया कि चेतना अभी भी चिड़चिड़ी बनी हुई थी। स्नेहा का मुझे *आई* बुलाना, मेरे गले लगना और मुझसे विशेष ध्यान देने की माँग करना पसंद नहीं आ रहा था। जब मैं उसके जन्मदिन पर उसके लिए नई पोशाक लाई तो भी चेतना का मूड बिगड़ गया था। यहाँ तक कि उसने रात्रि के भोजन के बाद हमारे कुत्ते सीजर के साथ लंबी टहलान अथवा पालतू बिल्ली के लिए स्नेहा के प्यार को भी नापसंद कर दिया था। मेरी गैरहाजिरी में, चेतना उसे पीट देती थी या धमकाती रहती थी। उस छोटी सी बच्ची ने कभी भी शिकायत नहीं की लेकिन मैंने देखा कि वो जब कभी भी अकेली रहती चेतना की नकल किया करती थी। और फिर स्नेहा चेतना को उसकी पढ़ाई के दौरान परेशान कर देती थी। हालांकि, एक महीना व्यतीत होते–होते चेतना को अपने व्यवहार पर पछतावा होने लगा था। मैंने उसे ज्योति की याद दिलाई जो उसके साथ कितने मिठास और प्यार से पेश आती थी। धीरे–धीरे चेतना ने स्नेहा को अपना लिया था। लेकिन, एक दिन, स्नेहा के पिता आए और यह कहकर उसे वापस ले गए कि उसकी माँ उसके बिना नहीं रह पा रही है।

बहुत बाद में चेतना ने स्वीकार किया था कि वो स्नेहा के साथ दुष्टता करती रहती थी। उसने सोचा कि शायद यही कारण था कि वह बच्ची वापस चली गई। उसके बाद मेरी भतीजी पूनम अपने 11वें वर्ष के दौरान हमारे पास रहने के लिए आ गई थी। बच्ची अपने पिता को एक दुर्घटना में खो चुकी थी। ये चेतना ही थी जिसने पढ़ाई और उसके पिता के देहांत के गम को सहन करने में में पूनम की सहायता की थी। वो पूनम के लिए एक असली *दीदी* बन चुकी थी।

आज, चेतना मेरे कॉलेज की इंजीनियरिंग की एक छात्रा है और एक बार फिर से हमारा घर उसके उन कक्षामित्रों के साथ भरा रहता है जो हॉस्टल के निवासी हैं।

यह उल्लेखनीय है कि अपना आपा न खोने के लिए वो मेरी तारीफ करती रहती है। सच तो यह है कि कभी–कभी, चरम स्थितियों में, मैंने उसपर अपना हाथ उठा दिया था। पिछले साल, उसने कराटे में प्रवेश ले लिया था और क्रोध में आकर मुझे धक्का दे दिया था। मेरे लिये ये एक सबक था। वो मुझसे अधिक शक्तिशाली हो चुकी थी और यदि मैं अपना आपा खोती या उसकी पिटाई करती तो उसकी मार्शल आर्ट का कौशल मेरे लिए भारी पड़ सकता था। एकमात्र समय, जब उसे कुछ गरज हो सकती थी, उसकी परीक्षाओं के दिन हुआ करते थे। उसने मुझे अपने पिता से बेहतर तरीके से पढ़ाने के लिए भी बधाई दे डाली थी। वो प्रभावशाली हैं किन्तु इसे स्पष्ट करने की चिंता नहीं करते, अथवा सरल बातों को न जानने के लिए उसका उपहास नहीं करते। अपने तरीके में, चेतना अपने माता–पिता दोनो के लिए गर्व का अनुभव करती है।

जब उसके पिता ऑस्ट्रेलिया चले गए तो उसने मुझसे पूछा, '*आई*, पिताजी के बुढ़ापे में उनका ध्यान कौन रखेगा, मेरे सिवा?' वो उसी श्वास में बोलती चली गई, 'मैं अपने पूरे जीवन भर तुम्हारे साथ तो रह सकती हूँ लेकिन उनके साथ एक बार में तीन दिन से ज्यादा नहीं। लेकिन जैसे–जैसे वे बूढ़े होते जाएंगे, उन्हें ध्यान रखने के लिए किसी की आवश्यकता तो पड़ेगी ही। मैं जानती हूँ तुम अपना ध्यान तो रख सकती हो।'

इस प्रकार, वो एक बेटी कम और एक मित्र ज्यादा है। आज, चेतना काइनेटिक की सवारी करने वाली एक स्मार्ट युवा मित्र है, लेकिन अभी भी एक बच्ची की तरह उस समय रोने लगती है जब मैं उसके घावों पर टिंचर आयोडीन लगाती हूँ, जैसा कि स्कूटर से हुई एक छोटी सी दुर्घटना के बाद एक दिन हुआ था।

एक क्षण में वह एक मित्र होती है और अगले ही क्षण एक बेटी बन जाती है। लेकिन तब तक, मैं भी, एक माँ की तरह व्यवहार करती हूँ और आवश्यकता होने पर एक मित्र की प्रतिक्रिया को ग्रहण करती हूँ, जैसा कि आपने उसी क्षण महसूस कर लिया था जब मैंने इस कहानी को प्रारंभ किया था।

टिप्पणी

1. सन् 1975–77 की वह कुख्यात इमरजेंसी भारत की तत्कालीन प्रधानमंत्री इंदिरा गांधी ने लगाई थी। अनेक राजनीतिक कार्यकर्ताओं, पत्रकारों को अपने 'सरकार–विरोधी' विचारों के कारण भूमिगत होना पड़ा था।

मेरे बच्चों को पत्र

मल्लिका साराभाई

जो कुछ बेटी कर रही है, माँ कर चुकी है।

—एक यहूदी कहावत

मेरे प्यारे रेवू और अनहिता,

पिछले कुछ दिनों से बिस्तर पर पड़े हुए, अत्यधिक उतार–चढ़ाव वाले बुखार से पीड़ित, मैं निरंतर तुम दोनों के बारे में ही सोचती रही हूँ। और अपनी कल्पना में, तुम लोगों से अपनी आंतरिक विश्रान्ति में बातें करती रहती हूँ।

तुम लोग अविश्वसनीय गति से बड़े हो रहे हो! फिर भी ऐसा लगता है कि जैसे अभी कल ही मैंने *अम्मा* को कठोरतापूर्वक कहा हो, 'मैं शादी नहीं करना चाहती। मुझे बच्चे नहीं चाहिए–मुझे वे पसंद नहीं हैं।'

कई वर्ष गुजर चुके हैं। उस अवधि के दौरान मैं अनेक पुरुषों से मिली, कुछ समय के लिए उनके साथ लिप्त भी रही। परंतु मेरा निर्णय अटल था कि मुझे कोई *बच्चा नहीं* चाहिए। अचानक ही, मेरे अंदर एक महत्वपूर्ण बदलाव आ चुका था–ऐसा मेरी बिपिन से हुई मुलाकात के बाद हुआ था। उसके तुरंत बाद ही मैं *उसके* बच्चे की माँ बनने की इच्छुक हो उठी थी।

तुम जानते हो मैं और *अम्मा* कितने करीब रहे हैं। अनेक तरीकों से, विशेषतौर पर माँ बनने से सम्बन्धित मेरे आदर्शों के मामले में, *अम्मा* मेरा मुख्य संदर्भ बिन्दु रहीं हैं। किन्तु मेरा बड़ा होना हमेशा ही सहज नहीं रहा था।

मैं पापा के बजाए हमेशा *अम्मा* के नजदीक रही थी। ऐसा क्यों था, मैं पूरी तरह से सुनिश्चित नहीं हूँ। जब मैं 7 या 8 वर्ष की रही हूँगी, उस समय को, जिसे *अम्मा* ने पापा के साथ नष्ट किया था, गहराईपूर्वक नापसंद करती हूँ। मैं उनसे दूर नहीं होना चाहती थी। परिणामस्वरूप, स्कूल जाना रोज लगने वाला एक सदमा बन चुका था। ऐसा इसलिए नहीं था कि मुझे स्कूल पसंद नहीं था, बल्कि इसलिए क्योंकि मुझे *अम्मा* से स्थाई रूप से अलग होने से नफरत थी। मैं वास्तव में हर बात में उनका अनुसरण करती थी। मैं बिल्कुल *अम्मा* की तरह ही बनना चाहती थी। जब मैं 12 वर्ष की हुई तो मेरा निजी व्यक्तित्व धीरे–धीरे उभरने लगा था। और इसी के साथ गर्भनाल भी धीरे–धीरे ढीली होने लगी थी। अचानक, मुझे कुछ और काम करने की इच्छा होने लगी थी, मैं कुछ लोगों को पसंद करने लगी थी–लेकिन *अम्मा* उन्हें पसंद नहीं करती थीं। उस समय मैं उनके कट्टर दृष्टिकोण के किसी कारण को नहीं देख पाती थी। आज मुझे समझ में आता है, उन्होंने इसे मेरी निष्ठाहीनता के रूप में देखा था। *अम्मा* जैसा बुद्धिमान होने पर समझ में आता है कि वो जानती थी कि हमारा अलग–अलग बड़े होना अपरिहार्य है। मैंने भी निष्ठाहीनता का अनुभव किया हो सकता था, या फिर उस स्थिति को नापसंद किया हो सकता था जिसने बिना किसी प्रत्यक्ष कारण के हमें धीरे–धीरे दूर होते रहने को बाध्य कर दिया था।

कुछ ऐसा हुआ था जैसे कि रातोरात नए नियम लागू कर दिए गए हों। बहुत बाद में इन नियमों को मुझे स्पष्ट किया गया था। मुझे अर्द्धरात्रि के बाद बाहर रुकने की इजाजत *नहीं* थी। मुझे किसी पुरुष के साथ अकेले बाहर *नहीं जाना था।* मैं *सिर्फ* समूहों में ही बाहर जा सकती थी। हालांकि, मैं किसी से भी जितने लंबे समय के लिए चाहूँ मुलाकात कर सकती थी, लेकिन वह भी सिर्फ अपने घर के मेरे कमरे की निजता में।

'पापा और मैंने अपने–अपने जीवन को अपने तरीकों से जीने का निर्णय कर लिया था। किन्तु हमें तब तक तुम लोगों को संरक्षण देना था जबतक तुमलोग कोई निर्णय करने लायक न हो जाओ। लोग अनुचित बाते करते हैं। इसके पहले कि तुम्हें पता लगे, तुम अपनी पसंद अथवा समझ से परे किसी ख्याति के साथ चिपक जाओगे।'

मैं जानती हूँ मेरे माता–पिता के विचार परस्पर मेल नहीं खाते थे। *अम्मा* दोनों में अधिक कठोर हुआ करती थीं। वो व्यवहारिक भी थीं। वो रोजाना की समस्याओं से निपटती रहती थीं और उनके परिणामों का साहसपूर्वक सामना भी करती थीं। पापा कुछ अधिक उदार दिखना, नैतिकता अथवा सिद्धांतों के अर्थों में अधिक बात करना वहन कर सकते थे। परंतु उन्हें अपनी बेटी के शाम को घूमने, पिकनिक मनाने और बारबार लगने वाले जाम के सत्रों में फंसने की निगरानी के रोजाना वाले काम से निपटना नहीं होता था। यह मेरी गलतफहमियों और भ्रमित होने की देखे जा सकने योग्य सीमाओं का एक दर्दनाक चरण था। उसके बाद की अवधि के दौरान, मेरे पुरुष मित्र और प्रेम सम्बन्ध भी हुए थे।

और उसके बाद आया था पापा के अप्रत्याशित निधन के बाद का भयानक विनाश का समय। हमें रेत में निरंतर धंसते जाने जैसे कष्टदायक अनुभवों का सामना करना पड़ा था। पापा के निधन ने मुझे अहसास करवा दिया था कि इस रिक्त स्थान की पूर्ति

मुझे ही करनी होगी। ये एक झटके की तरह प्रकट हुआ था। परंतु मुझे *अम्मा* की देखभाल करनी थी, परिवार को भावनात्मक रूप से एकजुट रखना था।

अगले कुछ वर्षों तक कार्तिकेय, *अम्मा* और मैंने पापा के चोगे को पहनने हेतु कदम उठा लिए थे। हमने वही काम अपने कुछ अलग तरीकों से करना जारी रखा था। तब तक, *अम्मा* कुछ नरम पड़ चुकी थीं। वो पहले की अपेक्षा कुछ कम नखरेबाज प्रतीत होने लगी थीं। वो अपने आपमें पापा और स्वयं (माँ) दोनों ही बन चुकी थीं। उनके मनोवैज्ञानिक क्षितिज का विस्तार हो चुका था। हमने उन्हें यह कहते हुए कभी भी नहीं सुना, 'पापा जीवित रहे होते तो हम ये काम कर सकते थे।'

जैसे–जैसे मैं इन अनुभवों और अनकहे वार्तालापों के प्रवाह में प्रवाहित होती जाती हूँ ऐसा प्रतीत होता है कि मैंने अनेक दशकों तक चलने वाली एक यात्रा प्रारंभ कर दी है। प्रायः मैं आश्चर्य करते हुए बैठी रह जाती हूँ कि एक बच्चे के रूप में मेरे मस्तिष्क पर मेरे असाधारण माता–पिता की कौन सी छाप पड़ी हुई है! अथवा, मेरे बच्चों! मैं तुम लोगों को क्या देकर जाऊँगी?

इस बात से कोई अंतर नहीं पड़ता कि तुम सही कर रहे हो अथवा गलत, मैं तुम्हें प्यार करती हूँ और करती रहूँगी। तुम चाहे हीरो बन जाओ या सितारे, तुम्हारे लिए मेरा प्यार कभी भी न तो समाप्त होगा और न ही बदलेगा। इसी के साथ–साथ, तुम दोनों को एक 'अच्छा' और संपूर्ण इंसान बनाने की अपनी जिम्मेदारी का भी मुझे अहसास है।

मैंने 'अच्छा' इस प्रकार से क्यों कहा–वो भी इतना अधिक जोर देते हुए? वास्तव में अच्छा होने के सही अर्थ क्या होते हैं?

हम असहमतियों और बुद्धिहीन हिंसा वाली दुनिया में जी रहे है। जिन चीजों को हमने लंबे समय तक संजोए रखा था, गायब हो चुके हैं; चीजें जैसे–कोमलता, हँसी, करुणा, साझा करने या फिर साहस की भावना, अधिकारों के लिए संघर्ष करना, ज्ञान की पिपासा और अंततः एक ऐसा इंसान बनने की आकांक्षा जो उन लोगों के लिए दिये जला सके और दरवाजों को खोल सके जो अपेक्षाकृत कम भाग्यशाली होते हैं। जब मैं तुम्हें ये पत्र लिख रही हूँ, मेरी निगाह के सामने अविश्वासी चेहरे उठ खड़े होते हैं, मेरे कानों में पड़ रहे अवमानना के स्वर तीव्र हो जाते हैं। लेकिन, मेरे प्यारे बच्चों, इस जीवन में और कुछ भी महत्वपूर्ण नहीं है, कुछ भी नहीं।

हम बहुत भाग्यशाली रहे हैं। निश्चित रूप से यह सच है कि हमारी संपत्ति हमें आजादी का एक बड़ा अहसास करवाती है। किन्तु हमारे लिए जो कुछ भी और अधिक भाग्यशाली है वो हैं वे मूल्य जिनके लिए हमारा परिवार सदैव डटा रहा है। सौ वर्षों से भी अधिक समय से तुम्हारे पूर्वज, परदादा–परदादी, दादा–दादी और हम अपने–अपने तरीकों से आजादी के लिए संघर्ष करते रहे हैं। हमने लोगों का जीवन सुधारने के लिए, मानवता की गरिमा के लिए और आत्मसम्मान की रक्षा के लिए संघर्ष किया है। इसीलिए आज तुम लोगों को हमारी विरासत है वे अमूल्य परंपराएं। इसके अलावा,

अपने दिमाग को सदैव खुला रखना अवश्य याद रखना–एक खुला दिमाग, जो, जब कभी भी जरुरत हो, सुनता और सोचता हो। यदि तुम गलत थे तो 'मैं गलत था', यह स्वीकार करने के खुलेपन को बनाए रखो। मैं तुम्हें इस दुनिया के दुःखों से अथवा आहत होने से नहीं बचा सकती। यदि मैं बचा भी सकूँ तो मैं ऐसा नहीं करूँगी। मेरे अपने जीवन से मैंने सीखा है कि बहुत कुछ दर्द से उपजता है। मेरे जीवन को जिन निर्णयों ने आकार प्रदान किया था, मेरी रचनाओं को जन्म दिया था, बिना किसी अपवाद के अपार दर्द के बाद ही जन्में हैं। उदाहरण के लिए प्रसव की कठोर पीड़ा तथा दर्द के दब जाने के बाद का भरपूर आनंद, जब आपके द्वारा जन्मा कोई शिशु आपके स्तनों से लगा दिया गया हो।

जब तक मैं जीवित हूँ, मैं तुम लोगों को अपनी बाँहों में समाए रखूँगी, तुम्हारी खरोंचों का इलाज करूँगी, और जब कभी भी तुम संदेहों में घिरे होगे, तुम्हारे अंदर के विश्वास को मजबूत करने में सहायता करूँगीं। ठीक वैसे ही जैसे *अम्मा* ने हम सबके लिए किया था, बिना असफल हुए।

यही हमारी जीवन उर्जा का स्त्रोत है। प्यार किए जाने और बिनाशर्त भरोसा किए जाने का ज्ञान, एक दूसरे में विश्वास करने का ज्ञान। यह कि, मेरे बच्चे ही वो संपत्ति हैं जिसका मुकाबला दुनिया की कोई संपत्ति नहीं कर सकती।

ऐसे समय आए हैं और ऐसे समयों का आना सुनिश्चित है जब तुम्हें अहसास हो कि हमने तुम्हें नीचा दिखाया है। तुम्हारे और रेवान्ता के लिए, पापा और मेरे अलग होने ने उस मनोव्यथा को जन्म दिया था जिसे तुम दोनों आत्मसात नहीं कर सके थे। मैं स्वयं भी भारी मनोव्यथा से संघर्ष कर रही थी। उस समय मेरी एकमात्र आशा यह थी कि मैं कहीं इस गलत भरोसे में तुम्हारे पापा के विरुद्ध न हो जाऊँ कि इसके लिए वही जिम्मेदार थे।

किसी भी रिश्ते में, यह रिश्ता ही होता है जो गलत हो जाता है। वह प्रक्रिया ही विफल हो जाती है बजाए उन व्यक्तियों के जो उस प्रक्रिया में संलिप्त होते हैं। मैंने तुम्हारे साथ बहुत खुलेपन से वो बातें रखने की कोशिश की है जिन्हें मैं हमारे अलगाव का कारण समझती हूँ। इनमें से कुछ, किसी न किसी स्तर पर तुम्हें समझदार बना सकती हैं। इसमें से कुछ, तब समझ में आएगीं जब तुम परिपक्व हो जाओगे।

तुम दोनों ही अत्यंत प्रतिभावान बच्चे हो। परंतु समय के किसी भी बिन्दु पर तुम्हारी प्रतिभा तुम्हें यह अधिकार नहीं प्रदान करती कि तुम अहंकारपूर्वक व्यवहार करो। हममें से अनेक लोगों के पास प्रतिभाएं मौजूद हैं और हमारी उपलब्धियाँ भी बहुत अधिक दर्शनीय हैं। जो लोग सुस्त प्रतीत होते हैं वे अनिवार्य रूप से ऐसे लोग नहीं होते जिनकी उपेक्षा कर दी जाए। प्रकट रूप से साधारण जीवन जीने वाले लोगों के पीछे असाधारण लोग छिपे होते हैं। सबसे नीरस व्यक्तित्व के पीछे प्यार, साहस, विश्वास और मानवता की सर्वाधिक आश्चर्यजनक कहानियाँ छिपी होती हैं। मेरे प्यारे देवदूतों, दूसरों के बारे में कभी भी एक व्यक्ति अथवा एक समूह के रूप में निर्णय मत करना। इसे, मैं गलत समझती हूँ। हर समय दिमाग में बैठाए रखने के लिए यह एक कठिन सबक है। हम इस प्रलोभन के विरुद्ध रोज ही संघर्ष करते हैं। कभी–कभी हम सफल

हो जाते हैं, और कई बार हो सकता है कि हम इतने भाग्यशाली न हों। परंतु प्रयास कभी मत छोड़ना।

एक बार फिर, मैं तुमसे कहीं दूर चली जाऊँगी किसी विदेश यात्रा पर। मैं जानती हूँ तुम अलगाव की इस अवधि से नफरत करते हो। तुम, रेवू, एक शब्द भी मत बोलना। तुम अपनी तनावग्रस्त शारीरिक अभिव्यक्तियों से ही इसे व्यक्त कर देते हो। और तुम, पू, चीखने लगोगे, तुरंत ही अपनी छोटी–छोटी उंगलियों और पंजों पर मेरे घर लौटने के दिनों की गिनती करना शुरू कर दोगे।

तुम दोनों को घर पर छोड़ना मेरे लिए भी दिल तोड़ देने वाला है। किन्तु मुझे अपने काम को जारी रखना है, तुम्हारे लिए भी उतना ही जितना कि स्वयं मेरे लिए। एक दिन, हो सकता है तुम मेरे काम की कीमत समझना शुरू कर दो। जब तुम ऐसा करोगे, तुम्हारा दिल गर्व से फूल उठेगा। मैं भी बहुत रोया करती थी जब *अम्मा* अक्सर घर छोड़ कर कहीं चली जाती थीं और ऐसा कई सालों के बाद हुआ था कि मैं उनके काम पर बहुत अधिक गर्व करने लगी थी। याद रखना, तुम्हारी समझ मेरे लिए महत्वपूर्ण है।

एक कारण और भी है। वास्तव में, मेरी जिन्दगी, मेरे लक्ष्यों, मेरी कला आदि को किसी स्वरूप में ढालने के लिए, सृजन करने के उद्देश्य से मुझे अपने साथ समय बिताने की आवश्यकता है। मुझे समय चाहिए।

प्रत्येक बार जब मैं घर पर तुम्हारे साथ होती हूँ, हमारा प्यार और हँसी मेरे दृष्टिकोण को बादलों के समान ढँक लेता है। मैं अपने ही अंदर एकांत और सद्भावना के लिए एक छोटी सी जगह के लिए तरसती हूँ। मुझे इन विदेश यात्राओं के द्वारा प्रदान की जाने वाली भौतिक दूरियों में एकांत और समय मिल जाता है।

मैं तुमसे दूर रहकर मिलने वाले समय का उपयोग अपनी कला को और पुष्ट करने तथा अपने मूल्यों को फिर से जाग्रत करने में करती हूँ। केन्द्रित हो सकने के इस अवसर के बिना मैं तुम दोनों के लिए उतनी अच्छी माँ नहीं रह जाऊँगीं। सदैव मेरे प्यार के साथ,

—माँ।

चित्रकला और नर्सरी गीत

रेखा रॉडविटिया

मैंने बच्चे न पैदा किए होते यदि मैंने सोचा होता कि
मुझे उनके लिए संपूर्ण बनना होगा।

—लूसी फेरिस, अमेरिकी लेखिका

जब मेरा बेटा पैदा हुआ तो मैं 20 वर्ष और 2 दिनों की हो चुकी थी। उस आश्चर्यजनक झण के लिए मैं बिल्कुल भी तैयार नहीं थी जब मैंने अपनी पहली निगाह उसपर डाली थी!

मेरा बेटा मिथुन अपेक्षाकृत कुछ लंबा शिशु था, जिसके सिर पर गर्दन के पीछे के हिस्से में बालों की रेखा के अलावा बिल्कुल बाल नहीं थे, उसका चेहरा सिकन भरा लाल था और फिर भी, मैंने सोचा, कि वह मेरी निगाह में आने वाला दुनिया का सबसे सुंदर शिशु है। मैं पूरी रात उसे निहारती रही थी। मिथुन के जन्म को मेरे जीवन में नई दिशाएं तय करने के मेरे दृढ़संकल्प के निर्णायक क्षण की भूमिका निभानी थी। मैं एक ही समय पर एक माँ और एक चित्रकार दोनों ही बनना चाहती थी। और मैं यह भी चाहती थी कि ये दोनों काम मेरी शर्तों के अनुसार ही हों।

मिथुन के जीवन के पहले सात वर्षों के दौरान एकल–अभिभावक होने ने कभी भी कोई समस्या पेश नहीं की थी। मैंने एकल–मातृत्व से जुड़ी हुई अनेक भयानक कठिनाईयों का अनुभव किया था, पूर्वाग्रहों का सामना किया था। लेकिन कभी भी किसी खतरे का अनुभव नहीं किया और न ही उन्होंने कभी मुझे विह्वल किया था। ये मेरी स्वयं की पहचान को समझने तथा इसे अपेक्षाकृत व्यापक मौलिक परिप्रेक्ष्य में पुनःस्थापित करने सम्बन्धी मेरी यात्रा की शुरुआत थी।

परिवर्तन के हस्तक्षेप में परिवर्तन को आत्मसात करने का दृष्टिकोण तर्कसंगत ही होता है। मैंने महसूस किया कि मातृत्व किसी हस्तपुस्तिका अथवा किसी नियमावली से नहीं निकलता। न ही यह किसी और प्राणी के रूप में आपके अपने जीवन की प्रतिकृति तैयार किया जाना होता है। मैंने अपने बेटे के चारों ओर मौजूद सभी बातों पर निगाह डालने का चयन किया और समय के साथ–साथ उनमें बढ़ोत्तरी और कटौतियाँ भी कीं।

यहाँ तक कि एक खुले दिमाग के साथ भी आपको एक ऐसे ढाँचे की आवश्यकता होती है जो उन बातों में संयोजन करता है जिन्हें आप महत्वपूर्ण मानते हैं, अथवा इसके अलावा, ज्ञान के लिए न तो कोई पैमाना रह जाएगा और न ही मानदंड। मेरे जीवन के अनुभवों ने मुझे यह योग्यता प्रदान की है कि मुझे बहुत पहले ही यह पता लग जाता है कि मैं क्या नहीं बनना चाहती, जो मुझे अपने मापदंडों का पुनर्निर्माण करने और उनकी व्यवहारिकता का परीक्षण करने की अनुमति प्रदान कर देता है।

मेरे जीवन में दो अलग–अलग घटक रहे हैं, एक पेशेवर और दूसरा निजी, पृथक फिर भी, परस्पर जुड़े हुए। मैं दोनों को पृथक कर देती हूँ, मूल्यों के अंतर को स्पष्ट करने के लिए नहीं, बल्कि इसलिए क्योंकि वे अलग–अलग दृष्टिकोणों को व्यक्त करते हैं। मेरा नारीवादी वैचारिक रवैया मुझसे इन मूल्यों का उदाहरण एक विशिष्ट स्वरूप में प्रस्तुत करने की माँग करता है। हालांकि, ये छोटे–छोटे मूल्य मेरे बेटे को जीवन को एक अलग नजरिए से देखने के लिए प्रदान किए जाएंगे, किन्तु इस आशा के साथ कि ये, उसकी पसंद के द्वारा उसके अपने जीवन की रूपरेखा का एक अंग बन जाएंगे। बहुत सारे माता–पिता अपना जीवन अपने बच्चों को आइने की तरह देखते हुए गुजार देते हैं। अंततः जब आइने की छवि किसी निर्धारित अथवा अपेक्षित छवि से मेल नहीं खाती तो आपको दोनों पक्षों में व्याप्त मोहभंग की खरोचें दिखाई पड़ने लगती हैं। उस समय इसकी परिणित बच्चों को टकराव की विरासत प्रदान किए जाने के रूप में ही होती है।

मुझे अपने माता–पिता के साथ जिन अलग–अलग भूमिकाओं को निभाना पड़ा था उनको लेकर मैं उलझनग्रस्त थी। अनेक अवसरों पर मैंने गर्वोन्मत्त माता–पिता को यह घोषणा करते सुन रखा था कि उनकी संतानें उनकी सर्वश्रेष्ठ मित्र हैं। मैं यह विश्वास नहीं करती कि बच्चे कभी भी ऐसी अदला–बदली में ढकेला जाना पसंद करते हैं जो एक दूसरे ही प्रकृति वाली निष्ठा एवं आत्मविश्वास के लिए बाध्य करता हो। मिथुन के साथ मेरा रिश्ता परस्पर एक माँ और बेटे वाला ही है।

मिथुन निजी और बाहरी टकरावों दोनों के दर्दों से परिचित है, लेकिन वह इसकी आजादी के उपहार का अनुभव भी कर चुका है। अपने जीवन के 16 वर्षों के दौरान उसे अनेक युद्ध लड़ने पड़े हैं.... जिनमें से कुछ को उसने मुझसे साझा किया है शेष को मैंने महसूस किया था। इन टकरावों के साथ चोट और दर्द मिलते हैं और हालांकि यह मेरे लिए कठिन रहा है कि मैं उन क्षणों की वास्तविक साक्षी बनूँ, लेकिन मैंने इस भ्रम को पैदा करने से स्वयं को रोक लिया है कि मेरे द्वारा उसके लिए स्नेह को व्यक्त किए जाने से जीवन को सरल बनाया जा सकता है। इसके बजाए मैंने जो कुछ भी किया है वह यह है कि उसके लिए ज्ञान का एक भंडार निर्मित किया है कि जद्दोजहद

और संघर्ष किसी भी व्यक्ति की जीवनयात्रा के भाग होते हैं; हमारी क्षमताओं को पैना बनाने के लिए आवश्यक तथा एक ऐसी प्रक्रिया होते हैं जिसके द्वारा हम अपनी आंतरिक ताकत को और पुष्ट करते हैं।

मैं हमेशा से ही समय की एक अच्छी जादूगरनी रही हूँ। यदि मैं चाहूँ तो ऐसा कुछ भी नहीं है जिसे मैं समायोजित नहीं कर सकती। मैंने घरेलू झंझटों के बीच घंटो, दिनों और रातों तक काम किया है, लिखते हुए, मिथुन का पढ़ाते हुए और और उसके साथ देते हुए। वे बहुत प्रेरणादायक वर्ष थे और मिथुन की उपस्थिति ने मुझे एक ध्यान–केन्द्रण, एक उत्तरदायित्व और एक प्रयोजन निर्मित करने में सहायता प्रदान की थी, जो मेरे लिए उसका सबसे बड़ा उपहार है।

दो वर्षों के लिए पीछे अपनी माँ के पास उसे छोड़कर जब मुझे एक छात्रवृत्ति पर लंदन जाना पड़ा था तो यह निर्णय लेना मेरे लिए बहुत कठिन सिद्ध हुआ था। वो बस साढ़े तीन वर्ष का ही था मैं उसे अब दोबारा तभी देख सकती थी जब मैं अपनी एम. ए. की शिक्षा पूरी करके वापस लौटती। मुझे डिग्री प्राप्त करते समय हिम्मत हार देना और रो पड़ना याद है। मेरे अंदर भावनाओं का एक ज्वार फूट पड़ा था। हालांकि, मेरे पास दिमाग में एक ऐसा स्विच है जो किसी भी प्रकार के दर्द को रोक देता है और बदले में इसे एक सकारात्मक सबक हासिल करने का मार्ग बना देता है। मेरा सोचना है कि पछतावा एक बेकार की भावना होती है जो निजी असुरक्षा को पालती है। इसका प्रभाव हमारे बच्चों पर भी पड़ता है और ऐसा कोई भी भावुक वातावरण उनमें अपराध की भावना उत्पन्न कर देता है, जो उन्हें दुःखपूर्वक यह विश्वास करने हेतु बाध्य कर देता है कि सभी नकारात्मक घटनाओं का कारण उनके द्वारा की गई गल्तियाँ हैं। मैं मिथुन को ऐसे दुःखद संदर्भ में नहीं डालना चाहती।

मेरा आत्म–विकास और मिथुन का पालनपोषण समानान्तर चल रहे हैं। मेरी अपनी जिन्दगी को मेरे लिए प्रयोजनपूर्ण, बल्कि अर्थपूर्ण प्रतीत होना चाहिए। मेरा विश्वास है कि मात्र यदि मैं उसका सम्मान करूँ जो कि मैं हूँ, तो बदले में मैं मिथुन को जीवन की एक समग्र दृष्टि प्रदान कर सकूँगी। प्यार के अर्थ को यदि स्वयं को किसी दूसरे के प्रति व्यक्त किया जाना हो तो इसका कूटभेदन निजी तौर पर ही किया जाना होता है। भावनात्मक स्थिरता, अनुशासन तथा किसी भी रिश्ते में सीमाओं का निर्धारण किया जाना अतिसंवेदनशील मस्तिष्कों को महत्वपूर्ण आश्रय प्रदान करता है। मेरा विश्वास है कि अराजकतापूर्ण आजादी बच्चों के कंधों पर शोभा नहीं देती। जीवन में जिस बात की पहचान मैंने अनिवार्यता के रूप में की है वो है ईमानदारीपूर्ण परस्पर संवाद–एक दूसरे से बोलने के अलावा हम एक दूसरे को सुनना भी सीखते हैं।

मिथुन जब 7 वर्ष का था तो सुरेन्द्रन और मुझमें प्यार हो गया था। मिथुन को जानकारी थी कि उसका जैविक पिता मौजूद है। एक ऐसे पुरुष, जिससे वो कभी मिला नहीं था, और मुझे नहीं लगता कि यह जरूरी था कि इस भूमिका को निभाने के लिए किसी दूसरे पुरुष को उसपर थोप दिया जाए। यह पूरी तरह से मिथुन पर छोड़ दिया गया था कि हमारी जिन्दगियों में वो सुरेन्द्रन के प्रवेश की गति के साथ तालमेल बैठा सके और हमारे साथ एकीकृत हो सके। सुरेन्द्रन के प्रति मेरी आसक्ति परस्पर साझा

सम्मान पर टिकी हुई थी और मैं उसकी उस शांतचित्त संवेदना से प्यार करने लगी थी (और आज भी करती हूँ) जिसमें पुरुष आक्रामकता और प्रभुत्व की भावना, जिनसे मैं नफरत करती हूँ, में से कुछ भी विद्यमान नहीं था। मिथुन को उसमें एक घनिष्ठ मित्र मिल गया था जो उसकी मेरे साथ नजदीकी के लिए कोई खतरा नहीं पैदा कर रहा था।

मैंने अनेक ऐसी औरतों को देखा है जो अपनी मातृ ईमानदारी को सिद्ध करने के लिए अपनी उत्पीड़ित जरूरत में धीरे–धीरे स्वयं को धूमिल कर लेती हैं। मातृत्व की एक ऐसी अत्युक्तिपूर्ण परिभाषा का निर्माण किए जाने हेतु भारतीय समाज एक मुख्य अपराधी रहा है, जो किसी भी महिला की निजी जरूरतों के परित्याग को गलत तरीके से एक समुचित परवरिश के बराबर मानता है। मुझे एक किशोरी के रूप में निजी तौर पर उस समय क्रोधित होना याद है जब मेरा सामना ऐसी माताओं से हुआ था जो ऐसे दृष्टिकोण की खूबियों की वकालत कर रही थीं। किसी भी औरत को आर्थिक रूप से अवश्य ही स्वतंत्र होना चाहिए। इसी बात में उसकी सच्ची मुक्ति और गरिमा की कुंजी छिपी हुई है।

मुझे मालूम है मिथुन को मेरी चित्रकला के प्रति गहरी प्रतिबद्धता से लाभ हुआ था। वह आश्वस्त था कि मेरी उस दुनिया से अलग भी एक दुनिया है जिसे हम दोनों साझा करते हैं। इससे वह मेरे जीवन को मेरे द्वारा किए गए प्रयासों के बिना ही अपनी पसंदों के द्वारा भरने के लिए और स्वयं अपने शौकों की खोज करने और अपनी स्वयं की प्रतिबद्धताओं को गढ़ने के लिए स्वतंत्र हो जाता है।

बच्चे जैसे–जैसे बड़े होते जाते हैं, स्मृतियाँ एकत्रित होती जाती हैं। मेरे अपने बचपन के अनुभवों से ही मैंने महसूस कर लिया था कि स्मृतियाँ किसी एक दृष्टिकोण अथवा परिप्रेक्ष्य से निर्मित नहीं होतीं। व्यक्ति–दर–व्यक्ति उनमें नाटकीय अंतर मौजूद होते हैं और उनमें से प्रत्येक स्मृति की एक अलग व्याख्या सच्चाई से भरी होती है। मैंने मिथुन से सदैव ही ये अपेक्षा की है कि अपनी खुद की व्याख्याओं के अनुसार ही अपनी स्मृतियों को याद करने की स्वतंत्रता का आनंद उठाए, और उन्हें कुछ ऐसा बनाने का प्रयास करने का बोझा न ढोए जिससे उसे लगता हो कि मुझे प्रसन्नता होगी। गल्तियाँ किसी भी मानवीय प्रक्रिया का एक हिस्सा होती हैं। हमारे बच्चों को इस झूठ से झुठलाया जाना कि हम असफल हो ही नहीं सकते, राक्षसों को भी शरीफ बना देगा।

मिथुन जब बहुत छोटा था तो उसके सो जाने के बाद मैं उसका हाथ पकड़े रहा करती थी। मुझे अंधेरे से भय लगता था और एक छोटी सी मुट्ठी को अपने हाथों में पकड़ लेने भर से, मुझे याद है, मैं उस सुरक्षा का अनुभव करने लगती थी जो मेरे भय को मुझसे दूर भगा देता था। इंग्लैण्ड से मेरी वापसी पर उसने मेरे स्टूडियो में एक छोटा सा कोना बना लिया था जो उसकी जगह हुआ करती थी। घर पर अपना स्टूडियो रखने से प्रायः ही मैं रात्रि का भोजन समाप्त हो जाने के बाद संगीत सुना करती थी और घंटे–दो घंटे पेन्टिंग कर लिया करती थी। वो अपनी चित्रकारी के साथ स्वयं को व्यस्त रखे रहता था। यह बड़ा आनंदप्रद है कि वह मेरी मुद्राओं और हावभाव की नकल किया करता था! मेरे हँसी के फव्वारे फूट पड़ते थे और मैं उसे अपने पागल होने के संदेह में डूबा छोड़ देती थी।

मुझे बहुत अच्छे से याद है, एक दोपहर मिथुन हमारे छोटे से स्टूडियों के छत पर खड़ा हुआ मेरी रंगों वाली विदेशी पेन्सिलों को नीचे खड़े बच्चों के समूह की ओर फेंक रहा था, जो यह कहने की आवश्यकता नहीं है कि उन पेन्सिलों को गिरने के साथ ही खुशी–खुशी झपट रहे थे। जब मैं शांत हुई और ऐसा करने का कारण पूछा तो उसका उत्तर था कि जो कुछ भी उसे अच्छा लगा उसे वह साझा कर रहा था....! मिथुन ने हमेशा ही मुझे हँसने पर मजबूर किया है। यह अवर्णनीय आनंद है।

मैंने अपने तलाकशुदा होने और एकल–अभिभावक होने के सम्बन्ध में लोगों के दृष्टिकोणों में अनेक बाधाओं का सामना किया है। शायद इनमें से सर्वाधिक दुःखदायी था भारत में अनेक युवा महिलाओं में सहानुभूति का अभाव होना, विशेषतौर पर मेरे कॉलेज के दिनों के दौरान। ऐसी उदासीनता की स्मृतियों ने ही मुझे उन युवा लोगों, और विशेषतौर पर महिलाओं, का समर्थन करने हेतु प्रेरित किया है जो अपने जीवन में किसी न किसी प्रकार से संघर्षरत् हैं। मिथुन ने दूसरों की सहायता करने की इस इच्छा को आत्मसात कर लिया है। उसे उन लोगों के परिणामों के बारे में सोचता हुआ देखना, जो जरूरतमंद हैं और उसका हस्तक्षेप किस प्रकार से उनकी सहायता कर सकता है, उत्साहवर्धक है।

मुझे प्रसन्नता है कि मैंने एक निश्चित तरीके से अपने जीवन को प्रतिमान प्रदान किया है और उससे उन पसंदों को जन्म दिया है ताकि इसमें से नए प्रतिमान बनाए जा सकें।

मिथुन का जीवन, उसका आध्यात्मिक कल्याण, और वह सबकुछ जो उसके साथ जुड़ा हुआ है, मेरे लिए सबसे बड़ी चिंता बनी रहेगी। किन्तु यदि मुझे वास्तव में उससे प्यार करना है, तो मुझे उसे जाने देने की शुरुआत अवश्य करनी होगी, उसे वर्तमानों प्रतिमानों से अपनी पसंद के नए प्रतिमानों का निर्माण करने के लिए आजाद करना होगा। किसी भी बच्चे के जीवन में आने वाली प्रत्येक अलग अवस्था किसी किताब के दूसरे अध्याय के समान नहीं होती, कहानी तो पूरी तरह से अंत में ही एक होती है।

गुल्हड़ का रंग

नीता रमैया

ये है मेरी शानदार माँ
जानती है हल जो हर सवाल का।

'मैं रात में सो नहीं सकी हूँ,' अनेरी* ने कहा था।

'नींद में तुमने कितने घोड़े बेचे थे?' मैंने उसे खिजाया था।

'कितने? ओह! मेरा दिमाग एक से दूसरे विचार पर छलाँगें लगा रहा था,' उसने कहा था।

अनेरी पिछली तीन रातों से सोई नहीं थी और मुझे इस बात की राहत थी कि वो इसके बारे में चिन्तित नहीं थी और मुझे यह जानकर राहत मिली थी कि वो इसके बारे में चिन्तित नहीं थी। वास्तव में, वो एक ऐसे भविष्य को लेकर ताजा उत्साह के आनंद से भरी हुई थी जिसका उसने सपना मात्र देखा था। अनेरी मेरी बगल वाली कुर्सी पर बैठ गई और बोली, 'मैं तुम्हें बता रही हूँ, यदि इस मामले में मैं सफल नहीं हो पाई तो निश्चित रूप से पागल हो जाऊँगी।'

यह सच था। जिस बच्चे को हम गोद लेने वाले थे वो पीलिया रोग से पीड़ित था और उसके जीवित बचने की उम्मीद बहुत कम थी। अनेरी उस समय गश खाकर लकड़ी के लट्ठे की तरह फर्श पर गिर पड़ी थी जब संस्थान के सामाजिक कार्यकर्ता ने हमें यह समाचार दिया था।

* अनेरी स्वयं ही अपनी कहानी सुना रही हैं, जो एक अन्यपुरुष की भांति अपना खुद का विवरण दे रही है। अनाम 'मैं' लेखिका के पति हैं जो इस प्रक्रिया और 'अनेरी' के द्वारा गोद लेने तथा मातृत्व के अनुभव की प्राथमिक अवस्थाओं के साक्षी हैं।

उसने गोद लेने के पहले की तनावपूर्ण अवधि में अपनी भावनाओं पर अत्यधिक नियंत्रण रखा हुआ था। वास्तव में, जब उसने एक बच्चे को गोद लेने की योजना बनाई थी तो मैंने किसी भी निर्णायक कदम को उठाने के पहले उससे कुछ दिनों तक विचार कर लेने के लिए कहा था। मुश्किल से तीन दिन या ऐसा ही कुछ समय गुजरा होगा, वो मेरे पास बैठ गई और स्पष्ट बोल पड़ी थी, 'मैंने बहुत अच्छे से विचार कर लिया है, अब यह निर्णय अंतिम है। हम एक बच्चे को गोद लेंगे। हम अपना बच्चा नहीं पैदा करेंगे। क्या ये सही नहीं है?'

'हूं.....' बस इतना ही निकला था मेरे मुँह से, बिना यह जाने कि मैं उसे क्या उत्तर दूँ। 'और हम अपने जीवन में एक बच्चा चाह रहे हैं—आप सहमत हो?' उसने आगे पूछा था। 'हूं.....।' 'फिर ऐसी हालत में हमें एक बच्चे को गोद ले लेना चाहिए; और ये बच्चा हमारा अपना होगा; हाँ, हमारा अपना,' उसने कहा था। 'ठीक है, लेकिन ये इतना आसान नहीं है जितना तुम सोचती हो.......और फिर, जैसा कि डॉक्टर ने सुझाया था, कृत्रिम गर्भाधान अपनाने के बारे में क्या सोचा है?' मैं बहुत जोर से बोल पड़ी थी। 'मैं इस तरीके को स्वीकार नहीं करती क्योंकि यह उस भारतीय संस्कृति के अनुरूप नहीं है जो वैवाहिक सम्बन्धों की पवित्रता पर जोर देता है। असली बात पर आइए,' अनेरी ने जोर देते हुए कहा था। 'देखिए, मैंने इसपर बहुत अच्छे से विचार किया है, विशेषतौर पर एक बच्चे को गोद लेने से जुड़े लगभग सभी प्रकार के मसलों पर,' अनेरी अपनी बात जारी रख रही थी। 'उदाहरण के लिए.....?' मैंने पूछा। 'सभी प्रकार के मसलेः क्या यह आवश्यक है अथवा अपरिहार्य, अथवा किसी औरत के लिए माँ बनने हेतु अनिवार्य है? क्या एक माँ बनना किसी औरत की मूलभूत आवश्यकता है? एक माँ बनने की मेरी खुद की अभिलाषा कितनी ईमानदार अथवा शक्तिशाली है? इसका पंरपराओं की सामाजिक–आर्थिक जरुरतों के साथ कितना गहरा सम्बन्ध है? क्या यह मेरे ह्रदय की तह से निकली है अथवा उन लोगों की अपेक्षाओं का परिणाम है जो मेरे आसपास हैं? और इन दोनों के बीच अधिक महत्वपूर्ण क्या थाः बच्चा या फिर मैं स्वयं, अथवा एक इकाई के रूप में दोनों ही?' अंततः वह रुक गई थी। मैं उसके विचारों से पूर्णतया पराजित हो चुकी थी।

जब भी हम आराम करने के लिए बैठते तो बस बच्चे को गोद लिया जाना अथवा उसके बारे में बातें किया जाना ही हमारी बातचीत का केन्द्र बिन्दु बनकर रह गया था। वो हमारे परिवार तथा आसपास के समुदाय के द्वारा बच्चे को गोद लिए जाने को स्वीकार किए जाने के सम्बन्ध में बहुत अधिक चिंतित थी। कई बार वो अधीर हो उठती थी। एक दिन, क्योंकि उसके साथ कुछ नया घटित हो चुका था, वो मेरे पास आई और बोली, 'हमें अपने–अपने माता–पिता के साथ लोनावला जाना चाहिए। हम उनके साथ बैठेंगे और उन्हें अपनी मंशा के बारे में बताएगें और एकसाथ मिलकर किसी सामूहिक निर्णय पर पहुँचेंगे। वो हमेशा हमारे बारे में चिन्तित रहे हैं। क्या आप सोचती हो कि हमारी शादी होने के 9 वर्षों के बाद तक हमारे संतानहीन जीवन के लिए उन्हें आश्चर्य नहीं रहा है? यदि हम इस मामले का निर्णय उनके साथ मिलकर करते हैं तो उन्हें हमारे संतानहीन होने की दर्दनाक निराशा से राहत मिल जाएगी। क्या आप इस विचार से सहमत नहीं हो?' अनेरी ने हवा में अपनी तर्जनी उंगली उठाते हुए बात समाप्त की थी।

और हमने ठीक वैसा ही किया था जैसी कि अनेरी की इच्छा थी। हमारे माता पिता, मेरे और उसके, ने खुशी–खुशी घोषित कर दिया था, 'अपनी योजना पूरी करो। हम एक बच्चे की गतिविधियों में व्यस्त तुम दोनों को खुश देखना चाहते हैं।' इसके बाद, अनेरी हवा में उड़ने लगी थी। अधिकांश समय वह मुस्कराती रहती थी। 'मैं अपने जीवन को एक ऐसे जलविहीन बादल जैसा पाती हूँ जो दोपहर के आकाश में तैर रहा हो' अनेरी ने एक बार संतानहीन होने के अपने दर्द के साथ बुरी तरह से रोते हुए अपना शोक प्रकट किया था। खुशी में पूरी तरह से डूबी हुई उसे देखना मेरे लिए एक दुर्लभ दृश्य था।

हमने सामाजिक कार्य में लगी अनेकों संस्थाओं के चक्कर लगाए और हमें पता लगा कि एक बच्चे को गोद लेने के लिए कोई संस्था हमारे लिए किसी विशिष्ट धार्मिक आस्था को धारण करने पर जोर दे रही थी; तो एक दूसरी संस्था ने हमें संतानहीन होने के लिए अत्यंत दुर्भाग्यशाली मान लिया था; और फिर एक अन्य संस्था हमें जितना अधिक संभव हो सके दान देने के लिए बाध्य कर डाला था, उनके यहाँ से एक बच्चे को गोद लिए जाने के बदले में दी जाने वाली क्षतिपूर्ति के रूप में।

हमारे दिल तब घबरा उठे थे जब हमने उन स्थितियों को देखा जिनमें ये बच्चे उन संस्थाओं में रह रहे थे। छोटे–छोटे बच्चे, अलग–अलग रोगों से पीड़ित। बच्चे, जो अपने हाथों में गंदी प्लास्टिक की प्लेटें लिए हुए थे ताकि किसी दानदाता के द्वारा दी गई एक *जलेबी* और एक *गाठिया* उन्हें खाने के लिए मिल जाए। बच्चे आगन्तुकों के द्वारा बाँहों में उठा लिए जाने के लिए लालायित थे। बच्चे किसी दानकर्ता से मिले हुए मोटे कपड़े से बने हुए वस्त्र पहने हुए थे। लगातार बच्चे ऐसे रो रहे थे जैसे कि उनकी जिन्दगी किसी लंबे विलाप से बेहतर न रही हो। उनके छोटे–छोटे चेहरों से मातृविहीनता के चिन्ह प्रतिबिंबित हो रहे थे।

इन दुःखी बच्चों के बीच अनेरी संयत बनी रही थी। उसने उनके नाजुक हृदयों और नाजुक उम्र के विषय में सोचा था। उसका दिमाग उस व्यवस्था के इर्दगिर्द चक्कर लगा रहा था जो सभी सामाजिक विचारों और निजी अपेक्षाओं अथवा आकांक्षाओं से परे जा चुकी थीं। वो सिर्फ एक बात जानती थी कि शीघ्र ही वो एक माँ बन जाएगी।

'क्या हम एक काम कर सकते हैं?' अनेरी पूछते हुए मेरे पास आ गई थी। इस प्रकार का एक प्रश्न हर उस कविता की पहली लाइन हुआ करता था जो उस समय में हमारे जीवन में एक महत्वपूर्ण स्थान रखा करती थी। और हमने वह कर डाला था। हमने एक बच्चा गोद ले लिया था।

'क्या हम एक काम कर सकते हैं?' अनेरी ने मेरे बगल में बैठते हुए एक बार फिर से दोहराया था। 'क्या हम अपने मित्रों और रिश्तेदारों को एक दावत में आमंत्रित करें और बच्चे का स्वागत करें? वो हमारे बच्चे को रूठकर देखें या कुछ प्रश्न करने के मौके ढूँढें, इसके पहले हमें उनको हमारे जीवन में एक बच्चे के आगमन का उत्सव मनाने के लिए आमंत्रित कर लेना चाहिए।'

दावत की व्यवस्था हो गई थी और इस समारोह के दौरान बच्चे का नामकरण भी कर दिया गया था। दावत में लोग अपने मस्तिष्क में अनेक प्रश्न लेकर पधारे थे। पर उन्होंने हमें खुशी में डूबे हुए देखकर प्रश्न पूछना सही नहीं समझा था।

अनेरी जब कभी भी जासुद के साथ थी वो अपने आसपास घटित हो रही हर बात को भूल जाया करती थी। *जासुद* अनेरी के द्वारा चुना गया नाम था; इसका अर्थ था, 'खिलता हुआ गुल्हड़'।

गुल्हड़ के रंग से प्रेरित उसने पूछा था, 'मैं तुम्हें कुछ बताऊँ?' 'जैसे ही मैं एक अंजुलि जल अपने हाथों से गिराती हूँ तो मुझे ऐसा लगता है कि एक नदी बहना प्रारंभ हो गई है, जब मैं एक छोटे से पत्थर को गिराती हूँ तो एक पर्वत उभर आता है, जब मैं धरती में सिर्फ एक बीज बोती हूँ तो एक वन अपना पूरा अस्तित्व ग्रहण कर लेता है। मैं पूरी तरह से शक्तिमान महसूस करने लगती हूँ।' उसने आगे तक कह डाला था।

'देखो, वो मुस्करा रहा हैं और वो तुम्हें नहीं देख रहा है? ओह, वो करवटें ले रहा है!' अनारी कहती जा रही थी क्योंकि वो एक बच्चे को पालने के अपने नए अनुभव से ग्रसित हो चुकी थी। जासुद के साथ बिताया गया हर क्षण एक दुर्लभ आश्चर्य था, उसे उत्साही और सशक्त बनाता हुआ।

'जैसे–जैसे जासुद बड़ा हो रहा है मैं जवान होती जा रही हूँ', वो मुस्करा रही थी। वो घर में जासुद के चारों ओर दौड़ती रहती थी, उसके साथ लुकाछिपी और दूसरे खेल खेलते हुए।

जासुद के पास एक टूटी हुई खिलौना कार, एक टूटे हुए ट्रक का पहिया, एक पलकें झपकाने वाली बिल्ली, एक दौड़ने वाला घोड़ा था जिसे उसने अनेरी के उस हैंडबैग में रखा हुआ था जिसे वो विश्वविद्यालय ले जाया करती थी जहाँ वो पढ़ाती थी। अनेरी अपने अंदर आकार ले रहे अपने दोनों–जासुद और स्वयं–के जीवनों की संहिताओं के मिश्रण से रोमांचित थी। 'तुम्हें मालुम है आज क्या हुआ' अनेरी की हर उस गाथा के प्रारंभिक शब्द हुआ करते थे जो वो मुझे सुनाना चाहती थी और जिनका सम्बन्ध हमेशा ही जासुद की असंख्य मनमोहक हरकतों से होता था।

एक बार, हमारे डॉक्टर ने जासुद से पूछा, 'तुम क्या बनना चाहोगे? एक शिक्षक, एक वकील या फिर एक डॉक्टर?' जासुद ने तुरंत उत्तर दिया था, 'मैं एक ''डब्ल्यू'' बनना चाहता हूँ।' 'वो अंग्रेजी के अल्फाबेट सीख रहा है। उसे ''डब्ल्यू'' बहुत मजेदार लगता है,' अनेरी ने स्पष्ट किया था।

एक दिन जासुद रसोई में आया, उसने आल्मारी खोली, जार निकाले, ढक्कन खोले, और जमीन पर शक्कर, चाय और चावल का ढेर लगा दिया। 'क्या कर रहे हो तुम?' अनेरी ने गुस्से से पूछा था। 'मुझे गुस्सा आ रहा है। मैं बहुत गुस्सा हूँ क्योंकि मुझे भूख लगी है,' उसने तुरंत उत्तर दिया था। अनेरी को लगा था कि उसने एक वयस्क की भूमिका अख्तियार कर ली है ताकि वो अपनी जरुरतों को व्यक्त कर सके, अपने अस्तित्व को जोरदार तरीके से महसूस करवाते हुए, जो कि, अस्थाई तौर पर,

उसे उपेक्षित किया जाता हुआ सा लग रहा था। अनेरी जासुद के व्यवहार के बारे में लगातार ही और अधिक अनुबोधक और अंतर्दृष्टा बनती चली गई थी।

एक दिन जासुद को बाहर जाने की इच्छा हो रही थी। मैंने कहाः 'क्या तुम जाने के लिए तैयार हो?' उसने तुरंत ही जवाब दिया था,

ओह, हाँ, हाँ मेरे प्यारे डैडी
मैं तुम्हें कार की चाभी दूँगा, डैडी
मैं जूते पहनने में आपकी मदद करूँगा, डैडी
हमें चुपचाप घर से निकल लेना चाहिए, डैडी
इसके पहले कि माँ मेरे ऊपर चिल्लाए, डैडी
'अपना होमवर्क खतम करो
जाने के पहले,' डैडी
क्या तुम तैयार हो
ओह, हाँ, हाँ मेरे प्यारे डैडी!

अनेरी ने छिपकर जासुद के द्वारा रची गई कविता को सुन लिया था, और उसपर चिल्लाई थी, 'जासुद, तुम कहाँ जा रहे हो? पहले अपना होमवर्क खतम करो।' इतना कहने के बाद, वो जोर–जोर से हँसने से स्वयं को रोक नहीं पाई थी। घूमते हुए मैंने दोनों पर निगाह डाली थी। वे एक दूसरे से चिपके जा रहे थे और अनेरी ने उसे गले लगा लिया था। यह उन सभी प्रकार की कविताओं का परिणाम था जो जासुद के साथ खेलते हुए अनेरी हाथ–के–हाथ रच डालती थी।

जासुद भी बातों पर ठीक उसी तरीके से विचार करने में सिद्धहस्त हो गया था जैसे कि हमने उसकी मौलिक उर्जा की शानदार अभिव्यक्तियों के बारे में अपनी समझ को विकसित कर लिया था।

अनेरी ने जासुद को एक पत्र लिखा था जब वो विदेश में शोधकार्य करने कनाडा गई हुई थी।

मैं याद करती हूँ तुम्हें
हर उदास दिन हर भीगे हुए दिन हर बर्फ से सफेद हुए दिन
चाहे ये शुक्रवार हो या शनिवार या रविवार
चाहे ये बर्फ से लदे पेड़ों की जगमगाहट हो
या फिर बर्फ से ढँके स्वपनीले पर्वत
क्या अंतर पड़ता है इससे
मुझे या वैनकुअर को
बर्फ की गोद में सोते हुए
बिना तुम्हारे!

इसे पढ़ने के तुरंत बाद जासुद अनेरी को पत्र लिखने बैठ गया थाः

यह है मेरी शानदार माँ
जानती है हल जो हर सवाल का।

यह है मेरी शानदार माँ
जो बनाती है ऐसा खाना जिसे खाकर मैं कहूं अहा!

यह है मेरी शानदार माँ
जिसकी नाक बर्फ में लगती एक आलूबुखारा।

यही वो तरीका है जिसके द्वारा सात्विकता और सहजता दोनों का प्रदर्शन करते हुए मातृत्व का प्यार, देखभाल और चिंताएं वयस्क दुनिया के प्रति बच्चे के द्वारा दिए गए प्रत्युत्तर के साथ परस्पर घुलमिल जाते हैं।

'हमें यह याद रखने के लिए स्वयं को चुटकी काटनी होगी कि जासुद हमारी गोद ली हुई संतान है,' अनेरी ने एक दिन प्रसन्नतापूर्वक जोर से कह डाला था। उसके अस्तित्व में घूमने वाले गुल्हड़ के चमकते हुए रंगों ने अनेरी को लगातार प्रजवलित कर रखा था।

माँ, जो नहीं थीः जिसे जन्म लेना चाहिए था, जा चुका है[1]

अन्वेषा आर्य

क्या मातृत्व का अनुभव मात्र तभी होता है जब वास्तव में कोई संतान को जन्म दे? गर्भधारण के अनुभव के बारे में क्या कहा जा सकता है? और यदि कोई औरत एक ऐसी स्थिति में फंस चुकी हो कि वह गर्भधारण कर रहने में असमर्थ हो, इसलिए नहीं कि वह ऐसा करना नहीं चाहती, बल्कि इसलिए क्योंकि वो ऐसा कर नहीं सकती, क्या इस स्थिति को भी मातृत्व के रूप में गिना जाना चाहिए?

एक अनुभव के रूप में मातृत्व उतना ही भिन्न होता है जितनी कि इसका अनुभव करने वाली महिलाएं एक दूसरे से भिन्न होती हैं। यहाँ संग्रहीत अनेक निबंध एवं कहानियाँ इसी को प्रतिबिंबित करते हैं। किन्तु उस माँ का क्या जो नहीं थी, जो नहीं हो सकी? मातृत्व पर लिए एक खंड में माँ जो नहीं थी का अनुभव, मेरा विश्वास है, उतना ही वैध है जितना कि उस माँ का जो थी। मात्र कुछ दिनों के लिए एक बच्चे को गर्भ में रखना एक भावना के रूप में उतना ही भावुक होता है जितना कि पूरी अवधि के लिए किसी बच्चे को गर्भ में रखना। या क्या ऐसा है? मैं सुनिश्चित नहीं हूँ कि कोई भी व्यक्ति इसपर अंतिम रूप से निष्कर्ष दे सकता है। यह कथानक 'दूसरे' के बारे में है, जो एक माँ न बन सकी—माँ जो नहीं थी।

जो कुछ भी मैं यहाँ प्रस्तुत कर रही हूँ वह मेरे स्मृतियों का एक हिस्सा मात्र है। प्रक्रियाएं, जिन्हें मैंने अपने कमरे के अंधेरों में विकसित किया था, स्वयं मुझे प्रताड़ित और भ्रमित करने के लिए। जटिल मानसिक परिचर्चाएं जिनपर मैं प्रायः वापस लौट

जाती हूँ, एक दर्जन से भी अधिक वर्षों का समय व्यतीत हो जाने के बावजूद बिना किसी समाधान अथवा समाप्ति के विद्यमान हैं।

जिन महिलाओं को मैं जानती हूँ उनमें से अधिकांश ने कभी–न–कभी गर्भपात का अनुभव किया हुआ है। किसी बाध्यता के कारण, या तो निजी तौर पर अथवा किसी गन्दी क्लिनिक के पिछले गलियारे से चुपचाप जाकर उन्होंने किसी सहेली अथवा पारिवारिक सदस्य की सहायता की होती है। इसके बावजूद, हम इसके बारे में खुलकर बातें नहीं करते और यदि हम तीन अथवा चार लोगों के समूह में हों तो मुश्किल से ही इसपर बात करते हैं। हम गर्भपात को चर्चा करने योग्य क्यों नहीं मानते? क्या यह वाकई शर्मनाक होता है? अथवा गर्भ को समाप्त करने का चयन करना साहसिक कदम होता है, इसलिए नहीं क्योंकि भ्रूण विकसित नहीं हो सकता, बल्कि इसलिए क्योंकि आप ऐसा नहीं चाहतीं। हर संकोची वृत्ति स्वयं को पालती है और महिलाएं अपने अस्तित्वहीन पेटों की सुरक्षा करते हुए स्वयं को पालथी की मुद्रा में बैठा लेती हैं। यह इतना रहस्यात्मक होता है कि मुश्किल से ही किसी के अपने मस्तिष्क अथवा स्मृति में सहजतापूर्वक समा पाता है। दमन की गई इन भावनाओं के डरावने परिणामों में से एक होता है अपने आप से घृणा करने लगना। महिलाएं स्वयं को निरंतर रूप से इस लाक्षणिक अग्नि में झोक देती हैं, अपने स्वयं पर उस न्यायपीठ से भी अधिक कठोरता के साथ निर्णय करते हुए जिसमें उसके शत्रु न्यायाधीश हों।

परिणामस्वरूप, कोई भी समर्थन प्रणाली अस्तित्वविहीन हो जाती है। सहेलियाँ, जो अपने दर्दनाक अनुभवों को साझा कर सकती हैं, यदि बातें करती भी हैं तो अन्य लोगों से और यहाँ तक कि स्वयं के लिए एक अलग पहचान निर्मित कर लेती हैं।

'मैं एक को *जानती* हूँ जिसके साथ ऐसा हुआ था, लेकिन मेरे साथ ऐसा कभी नहीं हुआ।'

कुछ ऐसा जैसे दर्द किसी परोक्षी के द्वारा दूर कर दिया गया हो। तो मैं ऐसा नहीं करूँगी। क्या हो जाएगा यदि मैं प्रथम पुरुष में ही इस लेख को लिखती हूँ, कुछ ऐसे जैसे ये मेरी अपनी कहानी हो? यहाँ तक कि यह और अधिक संलिप्त करने वाली भी बन सकती है।

मैं 17 वर्ष की थी, एक 17 वर्षीया नवयुवती। यह सन् 1989 था। हम दोनों लोग स्कूल में थे और मैं आश्वस्त थी कि मुझे मेरे जीवन का प्यार मिल चुका है। मैं इससे अधिक खुश कभी नहीं रही थी। आठ महीनों तक हम स्वयं के साथ प्रयोग करते रहे। अपने स्वयं के और एक दूसरे के शरीर के बारे में जानते हुए, यह प्राणपोषक था। हम लोगों से छिपते रहे–हमने ऐसी जगहें तलाशी जहाँ कोई न रहता हो। हमने योजनाएं बनाई। हम मूर्खों की तरह हँसते हुए अंधेरों में घूमते रहे। और फिर ऐसा घटित हो गया। मेरा मासिकधर्म नहीं हुआ। सामान्यतः मेरा शरीर अच्छी–खासी ग्रीस लगी मशीन के समान हो जाया करता था। 11 वर्ष की आयु से ही प्रत्येक 28वें दिन मैं एक पके हुए आलूबुखारे की तरह रजःस्त्रवित हो जाया करती थी। मैं कुछ दिन लेट हो गई थी। मैं सोचती हूँ, शायद तीन दिन।

मैं जानती थी। मैं गर्भवती हो चुकी हूँ।

अचानक एक वयस्क बन चुकने की वास्तविकता बहुत उत्तेजनापूर्ण नहीं प्रतीत हो रही थी। मैंने एक सप्ताह तक इंतजार किया। मैंने अपनी मुट्ठी से अपने पेट को खूब दबाया और कई बार गर्म जल से स्नान किया। मैंने स्वयं का रजःस्त्राव करने का प्रयास किया। मैं स्वयं को फंस चुकी और बेवकूफ महसूस कर रही थी। अभी–अभी मैंने जूनियर कॉलेज में प्रवेश लिया था; यह बच्चा पैदा करने का समय नहीं था। फिर मैंने सोचा कि यदि मैं इसके बारे मे विचार नहीं करती तो यह समाप्त हो जाएगा। मेरा सिर मेरे दिमाग को समाए रखने हेतु छोटा प्रतीत हो रहा था। अब कुछ भी सामान्य नहीं लग रहा था; मैं अपने मित्रों के साथ बेवकूफी भरे चुटकलों पर सरलता से हंस भी नहीं सकती थी। जब वो मुझे बाँहों में लेने के लिए आया तो मुझे उसका पकड़ना बिल्कुल भी आंलिगन नहीं प्रतीत हुआ। मैं चाहती थी कि मुझे अकेला छोड़ दिया जाए। किसी को भी हो रहे परिवर्तनों को आभास नहीं हुआ था। मैं भयानक कविताओं जैसी क्रोधभरी कविताएं लिख रही थी। मैं ऐसा नाटक कर रही थी जैसे मैं मैं नहीं थी। मैं जोर–जोर से हँसी, स्वयं को मूर्ख बनाने के लिए। क्या मुझे उसे बता देना चाहिए? वो मुझसे नफरत करेगा। ये मेरी जिम्मेदारी है। इससे मुझे ही निपटना होगा। यदि मैं उसे नहीं बताती तो क्या होगा, हो सकता है? हो सकता है कि यह सच्चाई न हो। हो सकता है, मैं इसकी कल्पना ही करती रही हूँ। अभी भी मैं बड़ी ही तो हो रही थी–मेरा शरीर तेजी से बदल रहा था। आखिरकार, ये पहला मौका ही तो था जब मुझे मासिक धर्म नहीं हुआ था।

फिर मैंने अपने अंदर किसी को जड़ जमाते हुए महसूस किया, कुछ था जो बढ़ रहा था। मुझे अपने शरीर में निश्चित परिवर्तन नजर आने लगे थे–और नई घटनाएं घटित हो रही थीं। मैं नाटक नहीं कर पा रही थी। अतः, मैंने अपनी भाभी को विश्वास में लेने का निर्णय किया। वो मुझसे बस कुछ ही साल बड़ी थीं और उन्होंने मुझे मेरे शरीर के बारे में आवश्यक सावधानियाँ बरतने की सलाह भी दी थी। वो जानती थी कि मैं और मेरा पुरुष दोस्त सिर्फ हाथों में हाथ ही नहीं लिए रहते। वास्तव में, वो मुझे खिजाया करती थीं कि मुझे कभी पता नहीं लगेगा कि कोई लड़का मुझे प्यार करता है या फिर मेरे शरीर को। (तब, मेरा शरीर साँचे में ढला हुआ था जो आज याद आता है।) मुझे आशा थी कि वो समझ जाएगी।

मैं उस शाम को कभी नहीं भुला पाऊँगी। मैं अपने भाई के कमरे में उनके अकेले होने की प्रतीक्षा कर रही थी। मेरे पिताजी रात्रि के भोजन के लिए बाहर गए हुए थे। मैं उनके कमरे में गई, मेरा सिर कुछ ऐसे लटक रहा था जैसे मेरे बालों में 5 किलो वजन की हेयरक्लिपें लगी हुई हों। मेरी गर्दन इतनी झुकी हुई थी कि मैं उनकी आँखों में नहीं देख पा रही थी। मैं उनके बेंत के डबल–बेड के नीचे फर्श पर बैठ गई। वो तल्लीन होकर कुछ पढ़ रही थीं। मैंने अपने हाथों से पकड़कर अपना चेहरा ऊपर उठाया और इंतजार करने लगी कि वो मेरी ओर ध्यान दें। 'ओह नहीं,' मुझे उनकी आवाज याद है जैसे कि यह आज सुबह भी थी। मैं किसी विशिष्ट भावना को नहीं पहचान सकी थी, किन्तु उसमें निराशा और खीज अवश्य थी। मेरा सिर और नीचे झुक चुका था।

अगली सुबह वो मुझे कार से गायनोकोलॉजिस्ट के पास ले गईं। पूरे क्षितिज में बादल और अंधेरा छाया हुआ था और मुझे बादल अपने अंदर घुसते से लग रहे थे। सामान्यतः, मुझे मानसून के आगमन से प्यार रहता है परंतु उस दिन मुझे लगा कि मैं किसी दंतचिकित्सक के पास जा रही हूँ। समुद्र के ऊपर काले और सफेद मंडराते हुए बादल भी मुझे खुश नहीं कर पा रहे थे। मुझे किसी भी परीक्षण की आवश्यकता नहीं थी ताकि मुझे ये बताया जा सके कि मेरा शरीर क्या कह रहा था। मेरे स्तन भारी हो चुके थे और उनमें थोड़ी–थोड़ी पीड़ा होने लगी थी। मेरी कमर पहले जैसी नहीं रह गई थी। मेरी पीठ के नीचे का हिस्सा ऐसी कुंडली जैसा बन गया था जैसे कोई क्रोधित साँप हमला करने वाला हो। मुझे अपने शरीर से मुझे धोखा देने के लिए घृणा होने लगी थी। मुझे स्वयं से घृणा हो रही थी। मेरे पेट में होने वाला अनुभव शक्तिशाली होता जा रहा था और मैं अपनी जीवन बदलना चाहती थी।

जब हम उस छोटे से प्रतीक्षाकक्ष में बैठे थे तो मेरे दिमाग में बहुत सारी बातें आ–जा रही थीं। रिसेप्शनिस्ट की मेज पर रखे हुए गुलाब मर चुके थे। हवा में निस्संक्रामक दवा छिड़के जाने और नमी की तेज बदबू तैर रही थी, दीवारें मुस्कराते हुए बच्चों की तस्वीरों से पटी हुई थीं। मुझे आश्चर्य हुआ था, इनमें से कोई भी बच्चा भारतीय या फिर लड़की क्यों नहीं था? बड़ी–बड़ी नीली आँखें और सुनहरे बालों वाले लड़के मेरी ओर देख रहे थे; अप्रत्याशित रूप से, मैं उसे उठा कर फेंक देना चाह रही थी। गोल आँखों, फूले हुए गालों वाले बच्चे का चेहरा दीवाल पर जोर से हँस रहा था। मैं भयाक्रांत हो चुकी थी।

प्रतीक्षा कर रही एकमात्र दूसरी महिला अकेली थी। उसका चेहरा आँसुओं में डूबा हुआ था। उसकी चटक लाल रंग की चूड़ियाँ उसकी पहनी हुई *साड़ी* और मेज पर उसकी कोहनी के नजदीक रखे मरे हुए फूलों से मेल खा रही थी। उसका पेट मुश्किल से छिप सकता था। वो हमारे सामने ही अंदर चली गई। दरवाजा खिसक कर बंद हो चुका था, किन्तु प्लाईवुड के बड़े–बड़े छेदों से हम अंदर की आवाजों को स्पष्ट सुन पा रहे थे।

'तुम अब क्यों आई हो? मैंने तुमसे कहा था कि पाँच महीनों में ये बिल्कुल संभव नहीं है'।

'लेकिन वो मुझे छोड़ कर चला गया है......मैं.......।' फिर एक शांति छा गई थी। उसने निश्चित रूप से चुपचाप रोना प्रारंभ कर दिया होगा। मेरी भाभी *फिल्मफेयर* पत्रिका के पन्नों को जल्दी–जल्दी पलटती रही थी।

'लेकिन मैंने सोचा कि तुम लोग शादी कर रहे हो?' गायनोकोलॉजिस्ट की एक सख्त आवाज उभरी थी।

'यही तो उसने कहा था...फिर वो मेरी बहन के साथ सोने लगा। वो मुझसे बड़ी है। उसने लूप लगवा रखा है इसीलिए वो.......नहीं हो सकती।' वो औरत सिसक रही थी। 'हे भगवान.....' डॉक्टर सहानुभूतिपूर्ण होने के बजाए नाराज अधिक लग रही थी, जैसे उसके लिए यह नई बात न हो। 'अब सबसे अच्छा तरीका यही है कि बच्चे को पैदा करो और फिर इसे फेंक दो.....कितनी उम्र है तुम्हारी?'

'नौ..... नहीं, बीस। मैं ऐसा कैसे कर सकती हूँ? मुझे यह बच्चा नहीं चाहिए....मैं नहीं चाहती उसे।'

'ये तो तुम्हें पहले सोचना *चाहिए* था। अब ये लो, कोशिश करो और शांत रहो। वो लोग अब कहाँ हैं.....?' उसकी आवाज बिल्कुल हमारी उस स्कूल टीचर जैसी लग रही थी जिसे किसी को परीक्षा के समय नकल करते हुए पकड़ लिया हो।

'वो उसे पूना ले गया है अपने परिवार से मिलाने। उसने कह दिया है कि मेरे पेट में उसका बच्चा नहीं है। वो मेरे पड़ोसी पर इल्जाम लगा रहा है.....।' उसकी सिसकियाँ सांक्रामक लग रही थीं। मैंने अपनी नाक रगड़ी और मेरी भाभी ने मेरी ओर भौंहे टेढ़ी कीं। मेरा सिर चकरा रहा था। मैं मुस्कराते हुए बच्चों से बचती थी। यदि वो मुझे छोड़ गया तो क्या होगा?

खिसकता हुआ दरवाजा खुला था और मैं अंदर देख पा रही थी। मेरे पैर और पिंडली जड़ हो चुके थे। डॉक्टर के केबिन के अंदर सबकुछ एक हल्की नीली रोशनी में डूबा हुआ था। दीवारे, परीक्षण–कक्ष का पर्दा, पतले से चमड़े के बिस्तर पर पड़ी चादर, यहाँ तक कि उनके मेज पर लिखने का कागज भी घिनौना था, लगभग नीला सा सफेद जैसा। उन्होंने मेरी भाभी को देखकर मुस्कराहट बिखेरी। 'सबकुछ ठीक है अभी?'

'हाँ......मैं ठीक हूँ। मेरी *सहेली* ठीक नहीं है।'

मुझे आश्चर्य हुआ कि उन्होंने मेरे सहेली होने का नाटक क्यों किया था।

मुझे डॉक्टर का चेहरा पसंद नहीं आया था। ऐसी लग रही थी जैसे कई दिनों से भूखी हो, मेरा अर्थ है उसकी अभिव्यक्ति। अन्यथा वो बहुत मोटी सी थी। तीन मोटे बालों की चोटी उसके मुँहासे से भरी ठोड़ी पर लटक आई थी जब उसने मेरा परीक्षण करने के लिए अपना चेहरा झुकाया था। मुझे गंदा लगा था। उसकी बाईं आँख के नीचे की काली त्वचा ने एक मस्सा सा बना दिया था और उसका चेहरा धब्बेदार था। उसने मुझे उस चुड़ैल की याद दिला दी जो स्नो व्हाइट कार्टून में आती थी। मैं वास्तव में नहीं चाह रही थी कि वो मुझे छुए। जैसे ही उसने मेरी पेशाब की कुछ बूँदों को एक परीक्षण किट पर टपकाया उसकी आँखे चमक उठी थीं।

'हाँ, तुम गर्भवती हो।' जब वो मुस्कराई तो उसका चेहरा और अधिक भयानक लग रहा था।

'तुम क्या करना चाहती हो?' मेरी भाभी ने पूछा था। वास्तव में यह एक प्रश्न नहीं था।

'मैं उससे बात करना चाहती हूँ....और कब तक हम निर्णय ले सकते हैं?'

'12वें हफ्ते के बाद हम कुछ नहीं कर सकते।' गायनोकोलॉजिस्ट ने फिर से खीसें निकाल दी थी। मुझे अपने कसाई की याद हो आई। वो भी ठीक उसी तरह मुस्कराया था जब मैंने उससे हमारे कुत्तों के लिए बेकार वाले गोश्त के टुकड़े माँगे थे। मुझे वो वास्तव में नहीं पसंद आई थी।

'हम डी एंड सी कर देंगे...,' और अचानक मेरी परेशानी भरी अभिव्यक्तियों को देखते हुए उसने धीरे से जवाब दिया जैसे उसे अभी–अभी मेरी उम्र का अहसास हुआ हो। उसने भौंहे टेढ़ी करते हुए मेरी भाभी पर निगाह डाली,

'डायलेशन एंड क्यूरेटेज.....'

'आप मेरी......काटेंगी' मैं स्वयं को रोक नहीं पाई थी। उसने जानते हुए हाँ में सिर हिलाया था, अब तक वो मेरी उम्र जान चुकी थी। 'हम तुम्हारी योनि के अंदर काम करेंगे, डियर.......' किसे और कैसे वो 'डियर' बुला रही थी? मैं घर जाकर शॉवर के नीचे खड़ी हो जाना चाह रही थी।

जब मैं घर पहुँची तो मैंने उसे फोन किया। वो बहुत शांत था, 'तुम *जानती हो* यदि हम बड़े रहे होते....मैं नहीं चाहता कि तुम.......से होकर गुजरो। तुरंत ही मैं सबकुछ समझ गई थी। वो चाह रहा था कि मैं खुद को समझाऊँ, लेकिन उसने सोचा था कि हम बहुत छोटे थे। और हम थे।

तो मैंने चुनाव कर लिया था।

अगले पाँच हफ्तों तक मैं रोज रोना चाहती थी। मैं 21 वर्ष की क्यों नहीं थी? हम शादी कर सकते थे। मैं कहीं और क्यों नहीं पैदा हुई थी? मैं एक बच्चा भी पैदा कर सकी होती और साथ–साथ एक उपन्यास भी लिख सकी होती। कॉलेज में हम लोग सिल्विया प्लाथ की कविताएं पढ़ रहे थे और बच्चे की उल्टी और पखाने की तेज बदबू का एक भयानक दृश्य मेरी आँखों के आगे तैर गया था। प्लाथ के शब्द तेजाब के समान थे, जो उसके, हमारे बच्चे और मेरे लिए मेरी काल्पनिक दुनिया को जलाते हुए उसमें छोटे–छोटे छेद बना रहे थे। उस रात जब सबलोग सो चुके थे और मैं थोड़ा रो चुकी थी तो मैंने उसे फोन किया। 'यदि मैं ऊटी चली जाऊँ और वहाँ बच्चे को जन्म दूँ तो क्या होगा? तब जब हम बड़े हो जाएंगे और शादी कर लेंगे तो इसी को गोद ले लेंगे? उसके जवाब देने के पहले ही मैं जानगई थी कि ये कितनी मूर्खतापूर्ण बात थी।

अपने पेट में पनपती हुई जड़ की भांति मैं फंसी हुई महसूस कर रही थी।

अगले सप्ताह वो अपने मित्रों के साथ गोवा चला गया। मुझे ठेस पहुँची थी। मैं कहीं जा नहीं पा रही थी। उन दिनों लड़कियों को अकेले यात्रा करने की इजाजत नहीं होती थी। सामान्यतौर पर मैं झूठ नहीं बोलती और मुझे छिपाने से नफरत है अतः मैं उसके साथ चोरी से नहीं जा सकती थी। मैंने लड़की होने से इससे अधिक नफरत कभी नहीं की थी। इतनी कम आजादी और वो भी जब आपको मिलती है तो आपके चेहरे पर ऐसे विस्फोट करते हुए जैसे कोई बेंढग तरीके से बनाया गया पटाखा। जब कभी उनका डी एंड सी किया जाना होता था तो मेरी भाभी किसी–न–किसी मनोरंजक पर्यटन पर चली जाया करती थीं। मैं अपनी माँ से नहीं बताना चाहती थी। उनकी प्रतिक्रिया आश्चर्यजनक हो सकती थी, जैसे मैं उनकी औलाद नहीं हूँ लेकिन शायद कोई ऐसी जिसे सहारे की जरुरत है। आखिरकार वो एक नारीवादी सामाजिक कार्यकत्री थीं। मुझे प्रसन्नता थी कि वो भावुक नहीं हुई थीं। मुझे दुनिया की हर घायल औरत के लिए पर्याप्त मात्रा में भावुकता का अहसास हो रहा था।

उसने गोवा से मुझे फोन किया था, और मैं उसके स्वर से यह निर्णय नहीं कर सकी थी कि वो रोता रहा है। उसने शांतिपूर्वक कहा था कि वो बड़ा होना चाहता है। वो चाहता था कि इस बच्चे को पैदा करने में वो सक्षम बन सके। हम दोनों एक दूसरे को बहुत प्यार करते थे और साथ मिलकर एक घर बसाना चाहते थे। स्थितियों की अपरिहार्यता मेरे मस्तिष्क को ढँकने लगी थी।

कक्षा में, सोमवार को अंतिम नियुक्ति के पूर्व, मुझे एक आघात लगा। हमें सिल्विया पाथ की समकालीन ऐने सेक्सटन की कविता की फोटोकापियाँ पकड़ा दी गई थीं। हमें इनके आलोचनात्मक विश्लेषण करने थे:

द अबॉर्शन

कोई, जिसे जन्म लेना चाहिए था, जा चुका है।

ठीक तब जब धरती ने अपने मुख को सिकोड़ा,
हर कली अपनी गाँठ से बाहर फूल रही थी,
मैंने जूते बदले, और दक्षिण की ओर निकल गई।

ऊपर नीले पर्वतों के पीछे, जहाँ,
पेन्सिल्वेनिया अंतहीन कूबड़ों में फैला है,
ढँका हुआ, जैसे मोम के रंग से बनी बिल्ली, अपने हरे बालों से।

इसकी सड़कें अंदर धंसी हुई जैसे कोई धुलाई का घिसा हुआ बोर्ड;
जहाँ, सच में, धरती दुष्टतापूर्वक फट जाती है,
एक काला गड्ढा जिससे कोयला निकल आया है,

कोई, जिसे जन्म लेना चाहिए था, जा चुका है।

घास इतनी कटीली और मजबूत जैसे हरी प्याज,
और मुझे आश्चर्य है कैसे कोई नाजुक चीज बच जाती है;

दूर पेन्सिल्वेनिया में, मैं मिली एक छोटे से पुरुष से,
नहीं रुमप्लेस्टिल्टस्किन नहीं, न बिल्कुल भी नहीं......
उसने उस संपूर्णता को प्राप्त किया कि प्यार शुरू हुआ।

उत्तर की ओर वापस आते हुए, आसमान भी धुंधला गया
जैसे एक ऊँची खिड़की से कुछ न दिख रहा हो।
सड़क किसी चादर सी सपाट थीं।

कोई, जिसे जन्म लेना चाहिए था, जा चुका है।

हाँ, औरत, ऐसे तर्क ले जाएंगे
बिना मृत्यु के हानि की ओर। अथवा बताओ तुम्हारा क्या है अर्थ,
कायर.....यह बच्चा जिसे मैंने रक्त में बहाया।[2]

मेरा मुँह धीरे–धीरे कड़वे थूक से भरता चला गया था। मैं इसे पी गई और पूरी कक्षा में चारो ओर निगाह दौड़ा डाली। क्या किसी का ध्यान मेरी काँपती हुई उंगलियों या बेचैन पाँवों पर गया है? हरकोई विश्लेषण की समस्या में डूबा प्रतीत हो रहा था।

एक क्षण के लिए मुझे सोचने की आवश्यकता नहीं रह गई थी, मैं जानती थी। मैंने इसे महसूस किया था। मैं समझ चुकी थी। पूरी क्लास के दौरान मैं मौन रही, हर बेहूदा सुझाव को सुनते हुए। 'मोम के रंग से बनी बिल्ली' शब्द का उपयोग क्यों किया गया है? अंकुरित होते हुए प्याज का क्या महत्व है? और बचना? क्या वो दोषी थी अथवा मुक्त?

'वो भ्रमित थी...' मैं चिल्ला कर कहना चाह रही थी।

मुझे हमेशा सोमवार के दिन से नफरत रही है। जिस नर्स ने मेरे बाल साफ किए वो मुझसे छोटी थी। मुझे अचानक ही साफ होने का अनुभव हुआ था, जैसे कोई छोटा बच्चा। जब उसने ऊपर से नीचे की ओर पोंछा तो उसके हाथ मुलायम लगे थे, और उससे जॉन्सन बेबी टेल्कम पाउडर की खुशबू अलग से आ रही थी। वो मुस्कराई लेकिन तबतक कुछ नहीं बोली जब तक बड़ी उम्र वाली नर्स नहीं आ गई। वे मुझे देख रही थीं और मलयालम में गुपचुप बात कर रही थीं। वो और *माँ* बाहर इंतजार कर रहे थे। अस्पताल का गाउन मेरी चिकनी त्वचा पर रूखा सा लग रहा था। वो एयरकंडीशनिंग को कंट्रोल नहीं कर पा रहीं थीं। 'डॉक्टर तो आज बहुत अधिक व्यस्त हैं। आप इंतजार कीजिए, अब हिलिएगा नहीं....।' यदि मैं उस समय कुछ भी महसूस कर रही होती तो उसका उच्चारण मजेदार बात रही होती। ऐनेस्थीसियोलॉजिस्ट को आने में भी देर हो गई थी। मैं उस हरे आप्रेशन कक्ष में अकेली प्रतीक्षा कर रही थी। मुझे ऐनेस्थीसियोलॉजिस्ट से नफरत है; वो इतने आत्मसंतुष्ट और श्रेष्ठ जो होते हैं। मुझे महसूस हुआ कि उसकी मोटी गीली उंगलियाँ मेरी बाँहों में इंजेक्शन लगाने के लिए सही जगह तलाश रही हैं। वो एक नाटे कद का आदमी था, जैसा कि रुमप्लेस्टिल्टस्किन, मैंने उसे डॉक्टर से यह बात करते सुना कि मेरा बदन कितना छरहरा था—हल्की रोशनी के बीच उस अर्द्धचेतनावस्था में भी मैं उसे झापड़ मारना चाहती थी। मेरा दिमाग मेरे हाथों को संकेत नहीं भेज पा रहा था और मुझे लगा कि मैं इसके तुरंत बाद सो जाऊँगी। लेकिन, इसके पहले कि मौन अंधेरा हो जाए मेरा भारी सिर उस पंक्ति को दोहरा रहा था —' कोई, जिसे जन्म लेना चाहिए था, जा चुका है........।'

यह एक स्वप्नहीन बेहोशी थी। मुझे एक भी दृश्य याद नहीं आता। जब मैं होश में आई तो उसका बड़ा सा चेहरा मेरे चेहरे पर टिका हुआ था, उसकी आँखों में ठेस के साथ भारी चेहरा। हम चुपचाप एक दूसरे को देखते रहे थे। एक खालीपन, जिसे शब्द भर नहीं सकते थे, कमरे में भर चुका था। मेरी माँ एक खूब मीठी चाय के कप के साथ आ गई थी। वो मुस्करा नहीं रही थी। हम दोनों ने इसे साझा किया। धीरे—धीरे घूंट भरते हुए, मेरे साथ उसके बड़े होठों को ताकते हुए। मैं जताना चाहती थी कि ये मेरी इच्छा नहीं थी, मुझे एक पीड़िता की तरह व्यवहार करना चाहिए था लेकिन मुझे वैसा कोई दर्द महसूस नहीं हुआ था जैसा कि मैंने सोचा था। इसके अलावा, मैं दूधवाली चाय के लिए मरी जा रही थी। बाद में उसने बताया कि वो सबकुछ मेरे साथ साझा नहीं कर सका था, हालांकि वो करना चाहता था। गाउन में खून का हल्का सा धब्बा लग चुका था। इस दृश्य ने मुझे उबकाई ला दी थी। उसने मुझे कस के पकड़ लिया था। मैं उसकी गर्दन के नीचे के छोटे—छोटे बालों को मेरे गालों के किनारे में चुभता हुआ महसूस कर रही थी। वो मेरे पढ़ने के लिए टिनटिन खरीद लाया था। मैं उसे

प्यार करती थी। मुझे ताकती हुई उसकी आँखों को देखकर मैंने सोचा, हम दूसरे बच्चे पैदा करेंगे। उस रात बाद में दर्द हुआ था। लेकिन शारीरिक नहीं।

10 दिनों तक मेरा खून निकलता रहा था। दर्द तो और लंबे समय तक बना रहा था। ये खून कुछ अलग सा था। ये मेरा नहीं था। मैं अपना गर्भाशय निकाल का दफन कर देना चाहती थी। मैं चाहती थी कि यह सड़ जाए। जब आप उन्हें पहचान लेते हैं तो जीवन की उपमाएं यंत्रणादायक बन जाती हैं। कई वर्षों के बाद, मेरे गर्भाशय की माँसपेशियों के जरिए अपना रास्ता छेदते हुए निकलने वाले अनेक राहत भरे मासिक धर्मों के गुजर चुके होने के बाद एक बार फिर से ऐसा घटित हुआ था। और अभी भी समय गलत पर। हम अभी भी शादी के लिए तैयार नहीं थे। विचित्र बात थी समय।

मेरी माँ हार्मोन सम्बन्धी रोग से पीड़ित थीं और उन्हें गर्भाशय निकलवा देने की सलाह दी गई थी। वो एक मैटर्निटी नर्सिंग होम में भरती थीं। इस बार मैंने उनसे कुछ नहीं बताया। उन्होंने मुझसे वादा करवा लिया था कि मैं उन्हें दोबारा इस काम में नहीं डालूँगीं। मैं ऐसा करना भी नहीं चाहती थी। लेकिन ऐसा हो चुका था। वैसे ही जैसे कि सामान्य तौर हो जाता है, चुपके से होने वाला काम, जीवन–आपको कुलबुलाता रहता है।

तो, वहाँ हम दोनों थे–माँ और बेटी–मैं उनकी देखभाल करते हुए, उन्हें मातृत्व के चिन्ह–उनके गर्भाशय को संभावित रूप से खो देने हेतु उनको तैयार करते हुए। पूरे समय मुझे ज्ञात था कि अगले हफ्ते मैं भी अपने मातृत्व को समाप्त कर रही हूँगी, एकबार फिर। उस रात *माँ* सो गई थी, एक रूढ़ोक्ति का प्रयोग किया जाए तो एक बच्चे की तरह, मुझे आश्चर्य होता है कि हम इस प्रकार क्यों कहते हैं। शिशु तो भयानक शयनकर्ता होते हैं, ये पौराणिक बात है। वास्तव में, उस रात जब मैं निरुद्देश्य चक्कर लगाते हुए, बिना कोई हवा दिए पंखे को ताकती रही थी तब *माँ* शांति से खर्राटे भर रही थीं और जब बगल में सटे बच्चों वाले वार्ड में भयानक चीखने की आवाज फूट पड़ी तो मेरी इच्छा हो रही थी कि मैं अपने दिमाग को बंद कर लूँ। पिछले दिन तीन परित्यक्त बच्चों ने जन्म लिया था। *माँ* सोती रही थी। मैंने अपने कदम बढ़ाए और सफेद टोपी वाली नर्स के पीछे–पीछे उस पालने तक चली गई जहाँ से ये अमानवीय चीखें आ रही थीं। ये एक बदसूरत सा, सूखा हुआ बच्चा था। उसकी त्वचा अप्राकृतिक तौर पर उसके छोटी–छोटी पलकों और टोढ़ी के चारो ओर इकट्ठा हो चुकी थी। नर्स ने जब इस कसकर बाँधे गए बंडल को उठाया तो मुझे देखकर मुस्करा उठी। ऐसा लग रहा था कि कोई प्राचीन मिस्त्री ममी जीवन के बाद के लिए तैयार हो। बच्चा अभी भी रो रहा था, 'तुम इसे गोद में लेना चाहती हो......।' कुछ भी सोचे बिना ही मैंने अपनी बाँहे पसार दीं। जैसे ही मेरे हाथों ने रुई के उस बंडल को छुआ, रोना कम हो गया था, उसकी आँखे खुली और मुझे एक बादल का सा रंग दिखाई दिया, गहरे नीले और दूधिया कालेपन का मिलाजुला रंग। बच्चे निगाह नहीं टिका सकते, लेकिन मुझे लगा कि वो मुझे देख रही है। मैंने उसे प्यार से हिलाया। मुझे किसी ने यह सिखाया नहीं था। रोने के बाद का मौन बहुत प्यारा था। मैं उसे अपनी बाँहों में ऐसे लिए हुए

थी जैसे उनमें उसके चारों ओर लिपट जाने की गोंद लग चुकी हो। नर्स ने उसे मुझे हमारे कमरे में ले जाने दिया। *माँ* जाग चुकी थी। उन्होंने बच्ची का दुलार किया।

उस रात मैं जागती रही थी, किसी और की अनचाही बच्ची को झूला झुलाते हुए, जबकि मेरे अन्दर पल रहा बच्चा न तो रो रहा था और न ही हिलडुल रहा था। कुछ घंटो के लिए मैं एक माँ बन चुकी थी। मैं सोचती हूँ। अगली रात जीवन के दूसरे कष्टदायी रूपकों में से एक ने स्वयं से मुझको परिचित करवा दिया था। मैं अपनी दादी के घर में रुकी हुई थी। मेरे चचेरे भाई–बहन गर्मी की छुट्टियों मनाने शहर में थे। हम हमेशा ही आधी रात में दावतें किया करते थे यह नाटक करते हुए जैसे हम एनिड ब्लायटन की किताबों के चरित्र हों। यह कहावती डॉक्टर के द्वारा दिए गए आदेश जैसा ही था। हम घर में घुसे थे चॉकलेट और कन्डेंश्ड मिल्क से भरे फ्रिज को लूटते हुए। ये एक बार फिर से 12 वर्ष की उम्र का अनुभव करने जैसा था जब बिल्लियों में से एक की अजीब सी चिल्लाहट ने हमें ऑफिस वाले कमरे में जाने को बाध्य कर दिया था। क्लियो, छोटी बिल्लियों में से एक (मेरी दादी के पास उस समय लगभग 38 बिल्लियाँ थीं) दर्द में तड़प रही थी। उसका पीला पड़ चुका मार्मलेडी शरीर बुरी तरह दर्द कर रहा था। आधी बैठी–आधी लेटी, क्लियो मेरे दादा की कीमती चमड़े से ढँकी मेज पर सबजगह खून बहा रही थी।

हम उसे देखते रहे थे, और फिर मेरे अंदर विकसित हो चुके सहज ज्ञान के साथ, मैंने अपनी चचेरी बहन से गर्म पानी का एक बड़ा सा मग और कुछ तौलिए या पुराने कपड़े लाने को कहा। क्लियो दयनीय ढंग से कराह रही थी। मैंने उसके पेट को सहलाने का प्रयास किया। उसका छरहरा शरीर हिंसक जकड़न के साथ काँप रहा था। मैं सुनिश्चित थी कि वह जन्म देने की प्रक्रिया में मर रही थी। अचानक, उसका शरीर तन सा गया और उसकी आँखें सुस्त चौकोर आकार में चमक उठी थीं। मैंने उसे पकड़ लिया था, उसकी ठोड़ी का सहलाते हुए। ठीक तभी मेरी चचेरी बहन पानी ले आई थी। क्लियो ने गहरे हरे रंग के चमड़े पर लगभग काले हो चुके खून में डूबे हुए एक अर्द्धविकसित बच्चे को बाहर निकाल दिया था। मैंने उसके पेट को धोया और इसे लगातार सहलाती रही, वो कुछ राहत पाती लग रही थी। एक बार फिर वो काँप उठी थी, उसका पीला–नारंगी फर मेरी उंगलियों में चुभ रहा था। गर्भपात से निकला एक और छोटा भ्रूण। मेरा चेहरा और हाथ दोनों सुन्न हो चुके थे। मैं समझ नहीं पाई थी कि इस अनुभव से मुझे क्या सीखना चाहिए था। क्यों?

यदि मेरा अनुभव मातृत्व का एक संक्षिप्त सा अनुभव माना जा सकता है तो मैं जानती हूँ कि मैं अकेली नहीं हूँ। बहुत सारी महिलाओं ने इसका अनुभव किया होता है। ये मातृत्व का दूसरा पहलू है। अंधेरे में डूबा, मुश्किल से ही खोज किया गया पहलू। इसे कविताओं और कल्पनाओं में व्यक्त किया गया है, किन्तु हम अभी भी इसके बारे में चर्चा नहीं करते। हम ढोंग करते हैं कि ये हम नहीं थे। हम इससे इंकार करते हैं क्योंकि समाज किसी भी ऐसी औरत के लिए यह गुंजाइश नहीं प्रदान करता कि वो बाहर आए और कहे, 'मैं भी इससे होकर गुजरी हूँ।' अधिकांशतः, आपकी अपनी आत्मा आपके 'हत्यारी' अथवा 'गैरजिम्मेदार' होने का निर्णय कर डालती है। मैं किसी

से कहना चाहती थी, हो सकता है कोई मुझसे कहना चाह रहा हो। अब मैं इसके बारे में स्वयं से भी बात नहीं करूँगीं।

तब से, मैंने एक सहेली की चचेरी बहन के बार में सुना है जिसने 6 बार गर्भपात करवाया था और अब वो माँ नहीं बन सकती थी। एक बहुत प्यारी अभिनेत्री के बारे में कहानियाँ प्रचलित हैं जो एक शादीशुदा प्रेमी के साथ अपनी मोहब्बत को स्वीकार नहीं कर सकी थी और उसे 12 बार गर्भपात के लिए बाध्य होना पड़ा था। उसने अपने जीवन में बहुत देरी से संतानों को जन्म दिया था। ये कहानियाँ चेतावनी के रूप में आदान–प्रदान की गई थीं, उन भयानक स्थितियों के बारे में जो आपकी प्रतिष्ठा को नष्ट कर सकती थीं। गर्भपात करवा चुकने वाली कोई भी ऐसी औरत सहानुभूति की पात्र नहीं हो सकती थी। मैं नहीं समझ पाती। मैं नहीं समझ सकती। केवल इसलिए नहीं क्योंकि मैं उस डरावने हरे कमरे में जा चुकी हूँ, एक चरमराते हुए मकड़ी के पैर के समान स्ट्रेचर वाले बिस्तर में यह प्रतीक्षा करते हुए कि मेरे अंदर से एक हिस्से को बाहर निकाल दिया जाए। इंतजार करते और सुनते हुए, जबकि मेरा मस्तिष्क मुझपर एक धोखेबाज, एक हत्यारी, एक पाषाणहृदया गैर–महिला होने का आरोप लगा रहा था। बल्कि इसलिए भी क्योंकि मेरे पास कोई तर्क मौजूद नहीं था। मैंने उन सब बातों को महसूस किया था। मैं आरोपी और दोषी बन चुकी थी।

यह मुझे लुभावने और दुःखद दोनों ही रूपों में आहत करता है, कि कोई अनुभव इतना गहरा और सार्वभौमिक नहीं हो सकता जिसे और व्यापक तौर पर साझा किया गया हो। मुझे मालूम है मुझे समर्थन की आवश्यकता थी। हम दोनों ने किया, उसने और मैंने। हमने ये एक–दूसरे को दिया, बिना इस बारे में बातें किए। लेकिन बादल के समान ये वर्जनाएं आज भी एक अनुभूति के रूप में छाई हुई हैं। यह कुछ ऐसा है जैसे कि आत्महत्या का दूसरा रूप गर्भपात हो। 'ए' का शब्द, अकथनीय कार्य है। मैं कल्पना करती हूँ कि जिस प्रकार से आत्महत्या के लिए एक धार्मिक सजा हो सकती है, जिसे करने वालों को एक समुचित अंतिम संस्कार प्राप्त करने से प्रतिबंधित कर दिया गया था, उसी प्रकार गर्भपात करवाने वाली महिलाए भी चिरस्थाई रूप से सांत्वना की परिधि से बाहर रहेंगी। फिर गर्भपात किए गए भ्रूणों का क्या होगा?

इंटरनेट पर इस लेख के सम्बन्ध में रिसर्च करते हुए मेरा सामना एक ऐसी वेबसाइट से हुआ जहाँ एनी सेक्सटन की कविता को डाला गया था। *द एबार्शन* नामक इस कविता पर 16 टिप्पणियाँ की गई थी; ये मात्र आत्महत्या की खोज करने वाली कविता द्वारा ही पराजित हो रही थीं। सभी टिप्पणीकर्ता महिलाएं प्रतीत हो रही थीं। रोचक बात यह है कि एक अमेरिकी कवियत्री होते हुए, टिप्पणियाँ ऐसे अमरीकियों के द्वारा पोस्ट की गई थीं जो जीवन–समर्थक तर्कों तथा किसी भ्रूण का गर्भपात किए जाने की कुप्रथा के सम्बन्ध में अपने विचारों को प्रस्तुत करने हेतु लगभग संपूर्ण स्थान का उपयोग करने वाले लोग हैं। कुछ गलत वर्तनी वाले शब्दों के साथ एक हृदयविदारक वर्णन करने वाली ने गर्भावस्था को पूरा किए जाने के पक्ष में अपने मामले को प्रस्तुत किया था, यह तर्क देते हुए कि ये भगवान द्वारा आपको दिया गया कर्तव्य है कि गर्भावस्था को पूरा किया जाए। उसका बलात्कार किया जा चुका था; उसकी अपनी

माँ एक किशोर अपराधी थी और जेल में बंद थी। और इस लड़की ने अपने सदमे के सर्वाधिक शक्तिशाली अनुस्मारक को इस दुनिया में लाने सम्बन्धी मामले के पक्ष में तर्क दिया था। मुझे भ्रम का अनुभव हो रहा था।

आज, तकनीक के विस्फोट के साथ, जहाँ परिष्कृत त्रिआयामी छवियाँ होने वाले माता–पिता को विकसित हो रहे भ्रूण की स्पष्ट छवियों को देख सकने की सुविधा प्रदान कर रही हैं, यह कठिन हो जाता है कि गर्भपात की कानूनी वकालत पर तर्क किया जाए। इन छवियों का उपयोग होने वाली माताओं को इस बात के प्रति संतुष्ट करने हेतु किया जा रहा है कि वे अपने भ्रूण की पहचान एक व्यक्ति के रूप में करें। इंग्लैण्ड में, योजना यह है कि इस नई तकनीक का उपयोग धूमपान करने वाली उन महिलाओं को निरुत्साहित करने हेतु किया जाए जो गर्भावस्था के दौरान अपनी आदत को जारी रखती हैं। किसी भी स्थिति में, गर्भपात से सम्बन्धित दुविधाएं उतनी ही अनूठी होती हैं जितने कि उनके मामले। दोनों ही पक्षों की भलाई–बुराई वैध और अंतहीन हैं। यदि हम विचारों को साझा करते हैं, भावनात्मक उतार–चढ़ावों पर चर्चा करते हैं और इस अंतहीन मुद्दे को समझने का प्रयास करते हैं तो हो सकता है कि हम इन मकड़जालों को साफ करने के नजदीक पहुँच जाएं। युवा लड़कियाँ अभी भी उन दुविधाओं का सामना कर रही हैं जिनका सामना दूसरों के द्वारा दशकों अथवा कोई दो शताब्दियों पूर्व भी किया जा चुका है। माइक लीघ की फिल्म *वेरा ड्रेक* ने इस अत्यंत विक्षोभकारी मुद्दे के एक भिन्न पहलू को प्रकाश में लाते हुए इस तर्क को एक नया मोड़ दे दिया हैः वह है गर्भपात करने वालों का।

जीवन दिए जाने अथवा यह कि सभी जीवन पवित्र होते हैं को नैतिक ठहराना सरल है। सौभाग्यवश, एक नास्तिक होने के नाते मेरे पास धार्मिक नैतिकता की कोई अतिरिक्त बेचैनी मौजूद नहीं है। गर्भपात के विरुद्ध दिया जाने वाला सबसे सरल तर्क यह है कि ये एक स्वार्थी पसंद है, गलती कर रहे वयस्कों के लिए सुविधाजनक और यह कि भ्रूण के अधिकारों के सम्बन्ध में कोई भी विचार नहीं करता। बलात्कार की शिकार हुई उन महिलाओं का क्या जो गर्भवती हो जाती हैं? अथवा एक बेटी जो अपने पिता की ही संतान को गर्भ में धारण कर चुकी हो? उस लड़की का क्या जो अभी स्वयं ही एक बच्ची हो? गहरी जड़ें जमाए हुआ चेतना का एक अभाव इस भ्रम को जारी रखने और फलने–फूलने की अनुमति प्रदान करता रहता है।

लेकिन क्या जीवन का सृजन कर देना ही पर्याप्त है? इसे बनाए रखने का क्या होगा? क्या किसी बच्चे का पालन–पोषण किया जाना उतना ही महत्वपूर्ण नहीं है? मैं एक कष्टपूर्ण विवाह का उत्पाद हूँ और फिर भी, मैंने एक परिवार बनाने के संदर्भ को महत्व प्रदान किया है, चाहे यह जैसा भी हो। इसके अलावा, जब मैं इसके बारे में सोचती हूँ, यदि मैंने अपनी गर्भावस्था को पूर्ण किया होता और अपने बच्चे को किसी के द्वारा गोद लिए जाने हेतु त्याग दिया होता तो मुझे कैसा महसूस हो रहा होता? मैं इस जानकारी के साथ जीवित नहीं रह सकती थी कि कहीं किसी जगह एक बच्चे में मेरी छाप है और वो मेरे प्यार की है, लेकिन मेरे पास हमारे स्नेह का आनंद मौजूद नहीं है। मैंने अपने मातृत्व को समाप्त करने का चयन कर लिया था; हम दोनों अपनी

प्रारंभिक सोच के खिलाफ चले गए थे। हम जानते थे कि हम अपने बच्चे को चाहते हैं, लेकिन हम अभी बहुत छोटे थे। इस बात को कहना बहुत ही अधिक कठिन है, किन्तु मैं सोचती हूँ कि मैंने एक सही निर्णय लिया है। कम से कम मैं यही पसंद करूँगी कि मैंने सही किया है।

दूसरों की परिस्थितियाँ कमजोर हो सकती हैं। कुछ की नहीं भी होतीं। आज, भारत में गर्भपात क्लीनिक हमेशा ही भरे रहते हैं। परंतु घबराहट भरी युवा माताएं, जो स्वयं को माँ नहीं बुला सकतीं, अंधेरों में ठोकर खाती घर लौट जाती हैं। हममें से कुछ सांत्वना दे सकती हैं। यदि हम दे सकती हों तो हममें से अधिकांश ऐसा करेंगी। क्योंकि हममें से अधिकांश को उस संकरे मौन अंधेरे वाले प्रकाशहीन रास्तों की जानकारी है जिनसे कम से कम हम बाहर तो निकल सकते हैं और इसके द्वारा अपना मार्गदर्शन कर सकते हैं।

किसी दिन, मैं एक माँ बनना पसंद करूँगी। यदि मेरा शरीर साथ नहीं देता तो मैं फिर स्वयं से नफरत करूँगी। किन्तु मैं एक रास्ता जरूर खोजूँगी। मैं उस माँ जो नहीं थी के समान पत्र लिखने का चयन नहीं करूँगी। उसने प्रसिद्धिपूर्वक अपने सदमे को अपने अजन्मे बच्चे को सम्बोधित किया था। सेक्सटॅन की कविता देखने के पहले ही मैं एक कविता लिख चुकी थी। यह बचकानी थी और आधी–अधूरी थी, किन्तु उस समय यही अभिव्यक्ति का एकमात्र रास्ता थी। उसके तुरंत बाद, मैंने इस कविता को अपने भाई के मित्र की महिलामित्र को दिखाया था जो एक पत्रकार थी। उसने मेरी ओर सहमति में सिर हिलाया था, 'तुम्हें उन अनुभवों के बारे में लिखना चाहिए जिन्हें तुम जानती हो.......वास्तव में *जानती* हो' 'मैं जानती हूँ' वो शब्द थे जो मेरी जुबान के सिरे पर रुके हुए थे, लेकिन मैंने उससे या किसी और से उस असहजता के बारे में नहीं बताया जिसने कई रातों तक मुझे परेशान किया था। मेरी भाभी ने कभी मुझसे यह नहीं पूछा कि मुझे कैसा लग रहा था। हर किसी को इस मामले से निपटने का सबसे अच्छा तरीका यही लग रहा था कि इसकी उपेक्षा कर दी जाए। क्या यह सफल रहा? मैं सुनिश्चित नहीं हूँ। आज मैं इसकी उपेक्षा कर देती हूँ; उस समय मैं नहीं कर पाती थी। मैं अंत को जानती और समझती हूँ। परंतु मृत्यु, चाहे वह किसी भी रूप में क्यों न हो, अबोधगम्य होती है। समाज में इन गहन, कठिन भावनाओं से निपटने के लिए धर्मों को विकसित किया गया है। हम अभी भी इस बात को स्पष्ट करने के नजदीक नहीं पहुँच पाए हैं कि मृत्यु के साथ निपटने का सर्वश्रेष्ठ तरीका क्या है। 9 वर्ष पहले जब मेरे पिताजी का निधन हुआ, तब वास्तव में मेरी चिंता करने वाले लोगों ने शांतभाव से कहा था 'समय सब घाव भर देता है'। मैं सहमत नहीं हूँ। मैं समझती हूँ वे सब झूठ बोले थे। मैं मानती हूँ कि उनका ये आशय नहीं था। एकमात्र बात जो घटी है वह यह कि दूरी ने क्षति की तुरंतता को मद्धिम कर दिया है। मैं अपने पिता की भौतिक उपस्थिति खो चुकी हूँ, मैं अभी भी उन्हें याद करती हूँ। यह हानि किसी प्रकार से कम नहीं है। जब मेरे गर्भपात हुए तो इसकी सबसे कठिन समस्या थी अमूर्त बातों से निपटना। आप उस रिक्त स्थान के साथ कैसे व्यवहार करती हैं जिसे आपने वास्तव में कभी भी भरा हुआ न देखा हो? यदि आपने कभी किसी बच्चे को शारीरिक रूप से गोद में नहीं लिया है तो आप उस अनुभव से किस प्रकार वंचित हो सकती हैं?

क्या मुझे इसका खेद है? मैं सुनिश्चित नहीं हूँ। उस समय यही करना उचित लगा था। मैं इसे तर्कसंगत नहीं ठहरा सकती। न ही मैं ऐसा करना चाहती हूँ। इसने किसी भी खाली दर्द अथवा किसी पहचानी जा सकने योग्य भावना को पीछे नहीं छोड़ा था, अथवा न ही किसी दर्द के घिसे–पिटे तूफान को। मैं किसी को दोष नहीं देती, सिवाए समय के।

अब हम शादी–शुदा हैं। उसके बाद से हमने उस डिब्बे सरीखे कमरे को दोबारा नहीं देखा है जहाँ हमने एक बंधन गढ़ा था। यह अकथनीय बना हुआ है। कुछ समय पहले, मेरी एक सर्वाधिक प्रिय सहेली ने जन्म देने के 20 मिनट पहले ही अपनी संतान को खो दिया था। मैं मुम्बई से बाहर थी जब यह घटना हुई और मुझे ऐंठन महसूस हुई थी, ठीक वैसे जैसे मुझसे कोई चीज नोंच कर अलग कर दी गई हो। शायद मुझे उसे बताते हुए लिख देना चाहिए था। मैंने नहीं लिखा। हो सकता है मैंने कह दिया होता कि मेरे पास कुछ सुविधाजनक बिन्दु हैं ताकि जीवन की इस अवस्था में उसके भयानक रूप से निस्सहाय होने को समझा जा सकता था। यदि मैं पहुँच सकी होती तो हम कुछ और गहराई तक साझा कर सके होते, कुछ ऐसा जिसे कोई दूसरा वास्तव में स्पष्ट नहीं कर सकता था। परंतु मैंने ऐसा न करने का फैसला किया। पहले कभी मैंने इन अनुभवों अथवा भावनाओं के बारे में बात नहीं की थी। मित्रों से भी नहीं और यहाँ तक कि अपने पति के साथ भी नहीं, जो भूतकाल की इस जानकारी को अपने मौन तरीके से साझा कर रहे थे। इसे मिटाया नहीं जा सकता, न ही इससे इंकार किया जा सकता है। परंतु इसे साझा क्यों नहीं किया जा सकता?

एक बार मैंने सोचा था कि एक बच्चे को थामना असंभव होगा। आज, मैं उन आँखों में देखती हूँ जिन्होंने अभी भी ध्यान केन्द्रित करना नहीं सीखा है और मुझे आश्चर्य होता है। मैं कल्पना करती हूँ, लेकिन क्या मैं कभी जान सकती हूँ कि क्या हुआ रहा होगा? पसंदों, तथा सही और गलत के विषय में चर्चा करना असंभव होता है। मेरा विश्वास है कि उस जीवन, जिसका सृजन करने में आप हिस्सा लेती हैं, की जिम्मेदारी लिया जाना महत्वपूर्ण होता है। महत्वपूर्ण है पालना–पोसना, सिर्फ जन्म देना नहीं। जब कभी भी संभव होगा हम संतानों को जन्म देंगे। मैं आशा करती हूँ।

और फिर भी, कभी–कभी जब मैं बस में अकेली होती हूँ, मौन सवारियों की एक भीड़ में, वो शब्द मेरे दिमाग में एक गीत की तरह गूँजते हैं, 'कोई, जिसे जन्म लेना चाहिए था, जा चुका है।'

मैं जानती हूँ।

अंतभाषण

ऐसा प्रतीत होता है कि शीर्षक की प्रतिध्वनि, इस निबंध की विषय–वस्तु मुझे बार–बार याद आने के लिए वापस आ चुकी है। पिछले वर्ष इस लेख को पूरा करने के तुरंत बाद ही मैं गर्भवती हो गई थी। यह एक अप्रत्याशित और कठिन गर्भावस्था थी, किन्तु मैं समय को लेकर भ्रांतचित्त थी। हम दोनों ही थे। अंततः। अभी–अभी हमने अपना

पहला घर खरीदा था, और मेरे गर्भवती होने की पुष्टि तथा नए घर की चाभियाँ दोनों एक ही दिन मिले थे। यह *दीवाली* थी। इससे अधिक पवित्र और कुछ भी नहीं हो सकता था, यहाँ तक कि एक नास्तिक के लिए भी।

7 मई, 2006 को हमारी बेटी पैदा हुई। घुँघराले बालों से पूरी तरह से ढँके हुए सिर के साथ, आठ पौंड से कुछ अधिक वजन वाली और लगभग दो फिट लंबी। सुंदर बाँहें और पैर नृत्य के लिए तराशे हुए। परंतु उसने अपनी आँखों को कभी नहीं खोला। मुझसे उसके बादलों में झाँकने का मौका छीन लिया गया था, और मैं एक माँ होने पर अभी भी विस्मित हो रही हूँ।

अब मैं शब्दों को सुन रही हूँ, लयात्मक रूप में स्वयं को दोहराते हुए:

'कोई, जिसे जन्म लेना चाहिए था,
जा चुका है.......।'
'कोई, जिसे जन्म लेना चाहिए था,
जा चुका है.......।'

और उसके छोटे–छोटे पैरों, लात चलाने, और उनके स्पंदन की कल्पना करिए।

टिप्पणियां

1. यह लाइन ऐनी सेक्सटन की कविता *द अबॉर्शन* से है।
2. Anne Sexton, *The Abortion*, available online at http://vmlinux.org/ilse/lit/sexton.htm

शब्दावली

अंतरघर (बंगाली)	बंगाल में घर के अंदर का वह स्थान जहां महिलाएं बच्चे को जन्म देती हैं
अक्का (तमिल / तेलुगु)	बड़ी बहन
अरंगेतरम (तमिल)	पहला सार्वजनिक नृत्य
अत्था (तेलुगु)	पिता की बहन (बुआ)
अवक्काई	बड़े कच्चे आम जिनके टुकड़े कर आंध्र विधि से अचार बनाया जाता है
आई (मराठी)	माँ
आपरो (गुजराती)	हमारा / हमारे समुदाय का
ईटो	दूसरों के द्वारा खाया गया भोजन / जूठा
कर्ता (बंगाली)	घर का प्रमुख
कांथे (बंगाली)	साड़ियों से बनाई गई रजाई
कांजी (मराठी)	चावल से बना एक पेय
कुंदरम	गुलहड़ परिवार की जंगली झाड़ियां जिनमें हरे अंडाकार बीजों के ऊपर लाल पंखुड़ियों वाले फल लगते हैं। पंखुड़ियां स्वाद में खट्टी होती हैं और अचार बनाने में उपयोग की जाती हैं
खिचड़ी–चोखा (बंगाली)	मसालेदार मसले हुए आलुओं के साथ बनाई गई खिचड़ी
खुरी माँ	पिता के छोटे भाई की पत्नी
गाठिया	एक प्रकार का नमकीन
चितपावन ब्राह्मण	ब्राह्मण पदानुक्रम में इन्हें सबसे ऊपर माना जाता है
जमाई बाबू (बंगाली)	जीजा / बहन का पति
जरोआ (बंगाली)	जड़ा हुआ
जुटका (कन्नड)	तांगा
ठाकुरमाँ (बंगाली)	पिता की माँ
तुका	संत तुकाराम का दुलार का नाम

दयानेश्वरी	महाराष्ट्र के संत कवि ध्यानेश्वर द्वारा रचित भक्तिमय दोहे
दोसाई	अंकुरित दाल से बना डोसा, एक प्रकार का दक्षिण भारतीय व्यंजन
धनवन्तर (संस्कृत)	हर्बल तेल, जिसे गर्भधारण के दौरान और उसके बाद बालों की वृद्धि /शरीर की मालिश के लिए अच्छा पोषण माना जाता है
निरामिष (बंगाली)	शाकाहारी
नीलभृंगादि (संस्कृत)	देशी जड़ीबूटियों से बना ठंडक पहुंचाने वाला तेल
पिषी माँ (बंगाली)	पिता की बहन
पौष–संक्रांति (बंगाली)	मकर संक्रांति (14 जनवरी)
बापेर बाड़ी	बंगाली में बोलचाल की भाषा में जन्म के घर के लिए शब्द
बोन्ती (बंगाली)	लकड़ी के आधार पर पैनी ब्लेड जिसे सब्जियां, मछली आदि काटने के लिए इस्तेमाल किया जाता है
बोरी (बंगाली)	दाल से तैयार किया गया एक प्रकार का मसाला, जिसे धूप में सुखाया जाता है, सब्जियों में इस्तेमाल होता है
भद्रलोक	मध्यम–वर्ग के लिए बंगाली शब्द, सम्मान को भी प्रदर्शित करता है
मंगलागौर	पवित्र अवसर
मथु–बानू	स्कार्फ
माई (मराठी)	माँ
मादुर (बंगाली)	तिनकों की चटाई
मामाबाड़ी (बंगाली)	मामा का घर–खुशी वाले स्थान का प्रतीक
मालपुआ–छोले (बंगाली)	चाशनी में बना में एक व्यंजन जिसे होली के त्योहार में बनाया जाता है, छोले के मसालेदार व्यंजन के साथ
माशीमाँ	माँ की बहन
रसम	दाल का सूप, दक्षिण भारतीय विधि से
विद्यन (बंगाली)	पढ़ा–लिखा
वेश्टी	दक्षिण भारत में पुरुषों द्वारा पहना जाने वाला एक परिधान
वैद्य	बंगाली हिन्दु जाति पदानुक्रम में वैद्यों को ब्राह्मणों से नीचे लेकिन कायस्थों से ऊपर माना जाता है। अंतरजातीय विवाह समान समुदाय तक में निषिद्ध थे और सामाजिक रीतिरिवाजों का उल्लंघन माने जाते थे

वैष्णव	इसकी स्थापना यमुनाचार्य ने और प्रसार रामानुज आचार्य (1116–1137 ईपू) ने किया। यह पंथ धन की देवी लक्ष्मी और उनके पति विष्णु की पूजा करता है। वैष्णववाद ने, जैसा कि श्री चौतन्य (1486–1533) ने स्थापित किया था, प्रेम और क्षमा की शिक्षा दी और यह बंगाल में बढ़ती जाति व्यवस्था के विरुद्ध था। नवद्वीप (नादिया जिला, प. बंगाल) में नेमाई के रूप में जन्मे इसलिए उन्हें प्रेमपूर्वक 'नादेर निमाई' (नादिया का नेमाई) भी कहा जाता था।
सतरांची (बंगाली)	चटाई
सर्वम् अत्यंतम् गर्हिताम् (संस्कृत)	किसी भी चीज की अति बुरी होती है
सासुबाड़ी (बंगाली)	ससुराल
सावती (तेलुगु)	सौतेली माँ
सोंदेश (बंगाली)	बंगाल की मशहूर नरम सफेद मिठाई जिसे पनीर से बनाया जाता है
शमन	मृत्यु

संपादिका एवं योगदानकर्ताओं का परिचय

संपादिका

रिंकी भट्टाचार्य बिमल रॉय स्मारक समिति की अध्यक्षा हैं। वो मुम्बई निवासी एक सुविदित पत्रकार तथा वृत्तचित्र निर्मात्री हैं। घरेलू हिंसा पर आधारित उनके वृत्तचित्र, *चारदीवारी,* को अंतर्राष्ट्रीय प्रशंसा प्राप्त हुई है। उन्होंने पाँच मिनटों का एक दृश्य–श्रव्य लघु चलचित्र *जननी* शीर्षक से निर्मित किया है जो इस पुस्तक की विषय–वस्तु पर ही आधारित है। सुश्री भट्टाचार्य ने मुम्बई में नारी केन्द्र में एक स्वैच्छिक कार्यकर्ता के रूप में भी काम किया है और सन् 1987 में उन्होंने 'हेल्प' के नाम से एक संकटकालीन हॉटलाइन भी प्रारंभ की थी। उनके प्रकाशनों में शामिल हैं: *बंगाल स्पाइसेज* (2005); *बिहाइंड क्लोज्ड डोर्सः डोमेस्टिक वायलेंस इन इंडिया* (2004); *इन्डेलेबल इंप्रिंट्स–डॉटर्स राइट ऑन फादर्स* (1999); *अनसर्टेन लिएज़न्सः सेक्स, स्ट्राइफ एंड टुगेदरनेस इन अर्बन इंडिया* (1996); *बिमल रॉय–ए मैन ऑफ साइलेंस* (1994); *क्वीज़ीन क्रियेशंस फ्रॉम बंगाल* (1993); फिल्म निर्माता बिमल रॉय पर विशेष लेख, फिल्म कलाकार अशोक कुमार के विशेष लेख, ज़ॉन्र ऑफ इंडियन सिनेमा–लेस स्टार डू इंडियन सिनेमा।

योगदानकर्ता

अन्वेषा आर्य वर्तमान समय में लंदन विश्वविद्यालय के स्कूल ऑफ ओरिएंटल एंड अफ्रीकन स्टडीज (एसओएएस) के अंतर्गत डिपार्टमेंट ऑफ स्टडी ऑफ रेलीजन्स में पीएच.डी. के लिए नामित हैं। वो भारत में वधु–खरीद से दहेज तक व्यवहार सम्बन्धी परिवर्तनों तथा दहेज–सम्बद्ध हत्याओं पर शोध कर रही हैं। सुश्री आर्य पहले भी *बिहाइंड क्लोज्ड डोर्सः डोमेस्टिक वायलेंस इन इंडिया* (संपादितः रिंकी भट्टाचार्य –2004) तथा *ए फ्लैश ऑफ रेड* (2005) में प्रकाशित हो चुकी हैं।

जशोधरा बागची पश्चिम बंगाल राज्य महिला आयोग की अध्यक्षा हैं। इन्होंने कोलकाता के प्रेसीडेंसी कॉलेज, ऑक्सफोर्ड के समरविले कॉलेज, तथा न्यू हॉल, कैम्ब्रिज से शिक्षा प्राप्त की है और उनके जीवन का एक बड़ा भाग यादवपुर विश्वविद्यालय में व्यतीत हुआ है जहाँ वो अंग्रेजी की प्रोफेसर रही थीं। सन् 1988 में प्रोफेसर बागची जाधवपुर विश्वविद्यालय में स्कूल ऑफ वूमेन स्टडीज की संस्थापक–निदेशक बनी, और इस पद पर रहते हुए वो सन् 1997 में सेवानिवृत्त होने तक इस केन्द्र की गतिविधियों का नेतृत्व करती रहीं। उन्होंने स्कूल ऑफ वूमेन स्टडीज, यादवपुर विश्वविद्यालय द्वारा संपादित बंगला महिला लेखक पुनर्प्रकाशन श्रृंखला को प्रारंभ किया और उसका नेतृत्व किया तथा वो कोलकाता में सचेतना नामक नारीवादी संगठन की संस्थापक सदस्याओं में से एक हैं। प्रोफेसर बागची द्वारा रचित, संपादित और सह–संपादित अनेक कृतियों में शामिल हैं: *द चेजिंग स्टेटस ऑफ वूमेन इन वेस्ट बंगाल, 1970–2000; द चैलेंज अहेड* (2005); *द ट्रॉमा एंड द ट्रम्फः जेंडर एंड पार्टीशन इन इंडिया* (2003); और *थिंकिंग सोशल साइंस इन इंडियाः ऐसेस इन ऑनर ऑफ एलिस थॉर्नर* (2002)।

नीला भागवत एक प्रख्यात *ख्याल* गायिका हैं। ग्वालियर घराने की मौलिक शुद्धता में प्रशिक्षित नीला भारतीय प्रगतिशील आंदोलन के साथ जुड़ी रही हैं। नारीवादी गतिविधियों में उनकी सहभागिता तथा सामाजिक–सांस्कृतिक परिवर्तनों के लिए उनके द्वारा किए गए संघर्षों ने एक कलाकार के रूप में उनकी प्रतिष्ठा में वृद्धि कर दी है। कबीर, मीराबाई, तुकाराम, चोखामेला तथा महात्मा फुले की वाणियों की संगीत के माध्यम से उनके द्वारा की गई व्याख्या एक महत्वपूर्ण मील के पत्थर को स्थापित करती है। समकालीन चिंताओं जैसे नारीवाद और साम्प्रदायिक एकता को अभिव्यक्त करने वाली उनकी अपनी रचनाओं ने उन्हें व्यापक प्रतिष्ठा प्रदान करवाई है।

मैत्रेयी चटर्जी एक विख्यात मानवाधिकार एवं महिला अधिकार कार्यकर्ता हैं। शोमा मलिक के साथ मिलकर उन्होंने गुजरात में सन् 2002 में हुई हिंसा के दौरान महिलाओं पर किए गए अत्याचार पर तैयार की गई एक रिपोर्ट का सह–संपादन किया था जिसका शीर्षक था–*गरभागाती गुजरात।* सुश्री चटर्जी ने *व्हूज न्यूज? द मीडिया एंड वूमेन इशूज* (अम्मू जोसेफ एवं कल्पना शर्मा द्वारा संपादित, 2006) तथा *फेसेस ऑफ द फेमिनाइन इन एन्शिएंट, मेडिवल, एंड मॉर्डन इंडिया* (मंदक्रांता बोस द्वारा संपादित, 2000) में भी अपने लेखों का योगदान किया है।

कमला दास (माधवीकुट्टी) अपनी पीढ़ी के सर्वाधिक उर्वरा लेखकों में से एक हैं। उनका सर्वप्रथम कहानी संग्रह, *माथिलुकुल* (दीवारें) 1955 में प्रकाशित हुआ था। उसके बाद 1958 में *पाथु कथाकल* (गोपनीय कहानियाँ) तथा 1960 में *नारीचिरकुल पाराकुमपोल* (जब छोटे चमगादड़ उड़ते हैं) का प्रकाशन हुआ। कमला दास का सर्वप्रथम और सर्वश्रेष्ठ अंग्रेजी कविता संग्रह, *समर इन कलकत्ता* (1965) में आया जिसके बाद क्रम था द *डिसेन्डेंट्स* (1967) तथा *द ओल्ड प्लेहाउस* (1973) का। 1970 के दशक के

प्रारंभ में हृदयाघात से हुई पीड़ा उन्हें सन् 1984 में त्रिवेन्द्रम से एक स्वतंत्र प्रत्याशी के रूप में संसद का चुनाव लड़ने से नहीं रोक सकी थी। यद्यपि वे पराजित हो गईं थीं, तथापि अपने उस अभियान के दौरान प्रेस के द्वारा उन्हें अत्यधिक कवरेज प्रदान की गई थी जिसमें उन्होंने सार्वजनिक जीवन में छल–कपट तथा भ्रष्टाचार के विरुद्ध आवाज उठाई थी। सन् 1986 में उन्हें निर्भय पत्रकारिता के लिए चिमनलाल पुरस्कार प्रदान किया गया था।

शशि देशपांडे एक प्रतिष्ठित उपन्यासकार तथा लघु कथा लेखिका हैं। अपने तीन उपन्यासों के लिए उन्हें पुरस्कार प्राप्त हो चुके हैं जिनमें *दैट लाँग साइलेंस* (1988) के लिए मिला साहित्य अकादमी पुरस्कार भी शामिल है। सुश्री देशपांडे के उपन्यासों एवं लघु कथाओं का अनेकों भारतीय एवं यूरोपीय भाषाओं में अनुवाद किया जा चुका है। उनके नवीनतम प्रकाशनों में शामिल हैं: *राइटिंग फ्रॉम द मार्जिन एंड अदर एसेज़* (2003) तथा *मूविंग ऑन* (2004)।

नोबोनीता देव सेन एक अंतर्राष्ट्रीय ख्यातिप्राप्त विदुषी हैं। वो अभी हाल ही में यादवपुर विश्वविद्यालय, कोलकाता से सेवानिवृत्त हुई हैं। प्रोफेसर सेन को हाल ही में नई दिल्ली स्थित महिला विकास अध्ययन संस्थान में जे.पी. नायक प्रतिष्ठित फेलो–2003–05 के रूप में नामित किया गया था। उन्हें अनेक राष्ट्रीय पुरस्कार प्राप्त हो चुके हैं जिसमें राज्य साहित्य अकादमी (बाँग्ला अकादमी) से आजीवन उपलब्धि पुरस्कार, केन्द्रीय साहित्यिक अकादमी पुरस्कार (साहित्य अकादमी) तथा राष्ट्रपति का पुरस्कार, पद्मश्री भी शामिल हैं। उन्होंने बंगला में 60 से भी अधिक पुस्तकों का प्रकाशन किया है जिनमें उपन्यास, लघु कथाएं, कविताएं, नाटक, साहित्यिक आलोचनाएं, निजी निबंध, यात्रा–संस्मरण, अनुवाद एवं स्मृतियाँ आदि शामिल हैं तथा उन्होंने बच्चों के साहित्य की अनेक पीढ़ियों में भी योगदान दिया है। उनकी कृतियों का भारत तथा विदेशों में कई भाषाओं में अनुवाद किया जा चुका है।

दीपा गहलोत एक सुविख्यात पत्रकार, आलोचक, स्तंभकार तथा पटकथा लेखिका हैं। *फिल्मफेयर* से जुड़ने के पहले उन्होंने अपने करियर की शुरुआत *द टाइम्स ऑफ इंडिया* के साथ की थी और फिर बाद में *संडे मिड डे* तथा *सिनेमा इन इंडिया* की संपादिका बन गईं। सुश्री गहलोत को सन् 1998 में सर्वश्रेष्ठ फिल्म आलोचक का राष्ट्रीय पुरस्कार प्राप्त हुआ था। उनके नवीनतम प्रकाशनों में *द पृथ्वीवालाह्स* (शशि कपूर के साथ, 2004) शामिल है।

ज्योत्स्ना कमल पेशे से इलेक्ट्रिकल इंजीनियर हैं। उन्होंने आई.आई.टी. मुम्बई में शिक्षा प्रदान की है और गोवा में पोन्डा स्थित कॉलेज ऑफ इंजीनियरिंग की प्रधानाचार्या रही हैं। प्रोफेसर कमल राजनीति के प्रति अपने दृष्टिकोण में बहुत कट्टर रही हैं और भारतीय कम्युनिस्ट पार्टी (एमएल) की कार्यकर्ता रह चुकी हैं। मराठी में उनकी पुस्तक *काले पानी* मरियम मकेबा की आत्मकथा का अनुवाद है और इसे व्यापक प्रशंसा प्राप्त हुई है।

सी.एस. लक्ष्मी वर्तमान समय में 'स्पैरो' (साउंड एंड पिक्चर आर्काइव्स फॉर रिसर्च ऑन वूमेन) की निदेशिका हैं। एक विख्यात तमिल लेखिका, जो *अम्बाई* के उपनाम से लेखन करती हैं, सी.एस. लक्ष्मी पिछले 30 वर्षों से महिलाओं के अध्ययनों पर एक शोधकर्ता रही हैं। वे नई दिल्ली स्थित कथा नामक संस्था के द्वारा ऑस्टिन स्थित टेक्सास विश्वविद्यालय, शिकागो विश्वविद्यालय, मैडीसन, अमेरिका स्थित विस्कोन्सिन विश्वविद्यालय, स्कूल ऑफ ओरिएंटल एंड अफ्रीकन स्टडीज, लंदन (एसओएएस) तथा नेहरू सेंटर, लंदन में साहित्य, अनुवाद एवं संस्कृति पर चर्चा हेतु भेजे गए तीन लेखकों वाले प्रतिनिधिमंडल में एक सदस्य थीं। वो सन् 1992 में शिकागो विश्वविद्यालय के इंस्टीट्यूट फॉर कल्चर एंड कॉन्शियसनेस इन साउथ एशिया की रॉकफेलर स्कॉलर–इन–रेजीडेंस भी रही हैं, तथा उन्हें 1981–84 के लिए फोर्ड फाउण्डेशन फेलोशिप भी प्रदान की गई थी। सी.एस. लक्ष्मी के नवीनतम प्रकाशनों में शामिल हैं: *सेवेन सीस एंड सेवेन माउटेन्सः द सिंगर एंड द सॉन्ग* (2000) तथा *ऐन इलस्ट्रेटेड सोशल हिस्ट्री ऑफ वूमेन इन तमिलनाडु* (प्रतीक्षित)।

तुतुन मुखर्जी हैदराबाद विश्वविद्यालय में प्रोफेसर तथा सेंटर फॉर कंपरेटिव लिट्रेचर की अध्यक्षा हैं। उनकी वर्तमान शोध रुचियों में अनुवाद, महिला लेखन, थियेटर तथा फिल्म अध्ययन शामिल हैं। उपरोक्त विषयों में वो व्यापक रूप से प्रकाशित हो चुकी है।

धीरूबेन पटेल, एक सच्ची गाँधीवादी, को अनेक पुरस्कार प्राप्त हो चुके हैं जिनमें गुजरात साहित्य अकादमी तथा साहित्य नाटक अकादमी पुरस्कार भी शामिल हैं। उनके द्वारा प्रकाशित 50 से भी अधिक पुस्तकों में उपन्यास, लघु–उपन्यास, रेडियो नाटक, कविता संग्रह, तथा बच्चों की फिल्मों के लिए पटकथाएं आदि शामिल हैं।

उर्मिला पवार एक अग्रणी समकालीन दलित लेखिका हैं। उनकी प्रकाशित हो चुकी पुस्तकों में शामिल हैं: *सहवान बोत, उडान, अमीही इतिहास घाडावाला, चौथी भिंट, मारिशॅस एक प्रवास* इत्यादि। उर्मिला पवार को अन्य पुरस्कारों के साथ–साथ साहित्य संस्कृति मंडल महाराष्ट्र राज्य पुरस्कार (1989), अस्मितादर्श पुरस्कार (1989), शकुन्तला नेने पुरस्कार (1992) भी प्राप्त हो चुके हैं।

नीता रमैया को अन्य प्रकाशनों के साथ–साथ कविताओं की चार पुस्तकों, बाल–कविताओं की दो पुस्तकों, बच्चों की कहानियों की दो पुस्तकों, कनेडियाई साहित्यिक गद्य के गुजराती में किए गए अनुवाद आदि कार्यों का श्रेय प्राप्त है। उनकी पुस्तकों में से पाँच को गुजरात साहित्य अकादमी तथा गुजराती साहित्य परिषद् से सर्वोच्च साहित्यिक पुरस्कार प्राप्त हो चुके हैं।

प्रतिभा रानाडे ने मराठी में अनेकों पुस्तकों का अनुवाद किया है। उनमें से कुछ प्रमुख हैं *लमाचे रहस्य* (1973) तथा *बंद दरवाजा* (अमृता प्रीतम के इसी नाम के उपन्यास का मराठी में किया गया अनुवाद, 1974)। उन्हें फोर्ड फाउण्डेशन रिसर्च ग्रांट प्रदान की गई है और उन्हें *अफगान डायरी* तथा *स्त्री प्रश्नान्ची चर्चा* के लिए सर्वश्रेष्ठ पुस्तक का पुरस्कार प्राप्त हो चुका है।

मैथिली राव मुम्बई में रहने वाली एक स्वतंत्र फिल्म आलोचक तथा लेखिका हैं। लंदन से प्रकाशित *साउथ एशियन एंड फ्रंटलाइन* में नियमित योगदान करने वाली सुश्री राव *मैन्स वर्ल्ड* के लिए वर्तमान सिनेमा पर एक नियमित स्तंभकार भी हैं। उन्होंने पहले *ईव्स वीकली* में इमेजेस ऑफ वूमेन पर स्तंभ लिखे हैं और *ब्रिटैनिका एनसाइक्लोपीडिया वाल्यूम ऑन हिन्दी सिनेमा, बॉलीवुड* (दकिनी पब्लिकेशंस), *फ्रेम्स ऑफ माइंड* (आईसीसीआर) तथा *रस* में विभिन्न अध्यायों का योगदान किया है।

भारती रे कोलकाता विश्वविद्यालय में इतिहास पढ़ा चुकी हैं और सन् 1988 से 1995 तक प्रो–वाइस चांसलर भी रह चुकी हैं। वो कलकत्ता विश्वविद्यालय के वूमेन्स रिसर्च सेंटर की संस्थापक निदेशिका थी तथा सन् 1996 से 2002 तक राज्यसभा की सदस्या भी। उनकी पुस्तकों में शामिल हैंः *अर्ली फेमिनिस्ट ऑफ कोलोनियल इंडियाः सरला देवी चौधरानी एंड रुकैया सखावत हुसैन* (2002), *फ्रॉम इंडिपेंडेंस टुवर्ड्स फ्रीडमः इंडियन वूमेन सिंस 1947* (अपर्णा बसु के साथ संयुक्त संपादन, 1999)।

रेखा रॉडविटिया एक सक्रिय कलाकार हैं जो वर्तमान समय में बड़ौदा में अपने पति सुरेन्द्रन नायर के साथ रह और काम कर रही हैं। फेकल्टी ऑफ फाइन आर्ट्स, बड़ौदा तथा रॉयल कॉलेज ऑफ आर्ट, लंदन की एक पूर्वछात्रा होने के अलावा वो एक स्वतंत्र मूर्तिकार, लेखिका, शिक्षिका तथा परामर्शदाता भी हैं। रेखा रॉडविटिया की कृतियों का प्रदर्शन विदेशों तथा भारत के अनेक निजी एवं सार्वजनिक संग्रहों में किया जाता रहा है। वो एक सफल पेंटर हैं तथा रहाइशी कार्यक्रमों एवं स्थल–विशिष्ट अंतर्राष्ट्रीय कला परियोजनाओं में काम करने के लिए बहुत सारी यात्राएं कर चुकी हैं। कट्टर नारीवादी, महिलाओं के मुद्दे तथा लैंगिक राजनीति जाँच के ऐसे क्षेत्र हैं जो आजतक उनके काम के केन्द्रबिन्दु बने हुए हैं।

मल्लिका साराभाई एक प्रख्यात कुचीपुड़ी एवं भरतनाट्यम नृत्यांगना तथा मानवाधिकार कार्यकर्ता हैं। उन्होंने भारतीय प्रबंधन संस्थान, अहमदाबाद से डॉक्टरेट की उपाधि प्राप्त की है। डॉ. साराभाई ने पीटर ब्रुक की *महाभारत* में द्रौपदी की भूमिका निभाई थी तथा उन्हें सर्वश्रेष्ठ एकल कलाकार के लिए 'पाल्मे डी' ओर' से पुरस्कृत किया गया था। अहमदाबाद में वो अपनी नृत्य अकादमी, दर्पण, संचालित करती हैं।

रोशन जी. साहनी जय हिन्द कॉलेज में 38 वर्षों तक अंग्रेजी साहित्य की शिक्षिका रही हैं जहाँ से उन्होंने अंग्रेजी विभागाध्यक्ष के रूप में कार्य करने के बाद अवकाश ग्रहण कर लिया है। वो *बीम* (बॉम्बे इंग्लिश एसोसिएशन मैगजीन) की संपादिका तथा स्पैरो (साउंड एंड पिक्चर आर्काइव्स फॉर रिसर्च ऑन वूमेन) की ट्रस्टी हैं। उनके प्रकाशनों में शामिल हैंः *द कैनेडियन फैमिली इन फिक्शन* तथा उनकी माँ की स्मृतियाँ, *एलैन, हर इनफाइनाइट वैराइटी* (स्पैरो द्वारा प्रकाशित)।